U0576650

总主编　李红权　朱　宪
本卷主编　李红权　朱　宪

近代蒙古文献大系

军事卷

◇　第二册　◇

中华书局

目　录

察哈尔的地方自卫

五良　撰

谈起察哈尔地方的自卫，一向虽有保卫团的组织，这可说是设备周到了吧！实际说来，也不过是一种官样文章，遮人耳目，与人民心理上的一种安慰而已。这并不是说保卫团的自身无能，而是事实的不可能，土匪随时随地都可以出没，乡村有之，城镇亦有之，而土匪的来去突然并不像行军，先来个前站，通知我们，由地方警察或地保领着，看好房子，然后浩浩荡荡的来到。这种情形就是保卫团不可能的所在了。城镇地方，固可常川驻着，以事防卫，你能够各乡各村都驻着几十个保卫团丁吗？一个人说不能，千百个人都说不能，怎么呢？那简直保卫团丁的数目要超过居民数倍，土匪的来临，也不过为的是些财物，如此，土匪没来先倾家败产了。

要谈自卫，还须人民各个都具有自卫能力，无事时为居民，有事时为团丁。如河南、山东及河北南部等处，农民均有枪枝，一遇匪军，群出应付，并鸣钟为号，四邻村落，闻声奔援，四邻村庄，并鸣钟以示更远村落。如是，聚集者不知其几千万众，土匪的兵马，常见者为数十人，最多者亦不过数百人，千人以上，运转不灵，内地实很罕见，如此数目当不难歼灭也。

这种自卫组织，叫做"联村制"，甚为完善，除特殊情形外，土匪实难得逞。我们察省的自卫事业已如上述，若与"联村制"

比较，相去何止天地。就目下情形言之，城镇地方为保卫团总分部之所在，势力集中，尚可勉强卫护，相安无事，乡村地方则不免时有匪警。本年暑假，记者家居时，曾闻匪讯二则，实足表现察省人民的自卫力量，特记之于左：

　　一日为新保安集，有双树村大车三辆，车夫等七名，粜粮得钱而返，时已薄暮，中途突为二匪所截，一出手枪，车夫等被逼无法，将银钱悉数付与，匪徒洋洋遁去，事主心中不甘，随即派人赴邻村求援，村中居民亦无可奈何。

　　沙城向南通矾山大道，一日由三匪匿洋河边树林中，行人经过，先行检查，然后拘留（恐其告密也），继续拘留达四十余人之多，三匪始携财而去。

由上面的事实看来，可以知道察省的人民是毫无自卫的力量，所以也毫无自卫的勇气，成群结队的土匪，当然可以待机而动所向无敌。就是孤身一人，只要有一板〔枝〕枪，子弹有无，不必计较，就可以自由走入某村，任意取舍（这是一般情形，特殊情形，那是例外）。

总观以上，我们要想我们的自卫事业臻于完善，则惟有实行"联村制"。不过联村制的实行，谈何容易，枪枝的购买则为一先决条件，据现在情形，各村的保卫团摊款，已在数百元之上，村民皆现不豫之色，并曾有派团丁赴乡坐索勒交的（事实可稽），事实诚然，老百姓虽然掏出相当的自卫摊款，土匪来了，还是无法可施，听其劫掠，既经劫掠之后，还须招待来此巡礼的团丁大爷。现在我们请老百姓拿出钱来，各在其本乡办理自卫组织，无常备团丁，只备枪枝弹药，以团丁工资，尽量发展械弹，并且各村互相联络，成绩准不会坏。不过还须当轴者的负责指导，与有效的辅助，数年之后，成绩可观矣。

　　　　　　　　二十三年十月廿八日书于平寓

《塞外人语》（半月刊）

北平察声社

1934 年 7、8 期合刊

（朱宪　整理）

热察边境及冀北日伪军调查

作者不详

华北自停战后，长城各口，迄未接收，各该处日伪军驻防情形，时有变更，兹将最近调查实况，详志如下。

热边 驻凌南、凌源一带者，为伪东亚同盟军剿匪总司令戚文平部，戚本人现在榆关三神庙，桑树窝堡驻伪民团百余名，及伪保安队五百名，兴隆为日军警备司令部早川联队所属一大队（队长岛村英次郎），古北口里，为骑兵第八联队（队长三宅）所属之一部（约四中队），于去岁十二月十三、四两日，共派三中队赴大阁镇一带剿匪。

察东 多伦：（一）伪察东特别自治区行政长官公署（长官为李守信），（二）伪察东警备司令部（司令亦为李守信），（三）多伦特务机关，（四）察绥蒙古各盟旗联合办事处（处长为巴特玛里克金），（五）蒙古产业局。大阁、大滩一带，为日军第八师团之一部，宝昌有伪军一部分，黑河泛方面，有黑河剿匪司令部，并新筑飞机场。

冀北 榆关：（一）关东军特务机关（机关长山义），（二）关东军十四旅团（旅团长平田）之一部，（三）常驻守备队约三千余名，（四）警察宪兵派遣队，（五）新到（十二月二十七日）伪军二百名，驻东罗城。秦皇岛有榆关守备队所属之一中队，石门寨为十四旅团所属一小队，义院口为十四旅团所属之一小队，由抬头营西至马兰谷，为日军巡哨换防经过道路，在桃林口者，为十四旅团所属之一小队，刘家院为十四旅团所属之一小队，建昌营为十四旅团所属之二十六联队之一部混合兵约五百余名（少佐青砥庆一），撒河桥为第八师团第三十二联队第二中队（队长河野重雄），喜峰口为伪热河警备陆军第二混成旅第二团第一营第四连（连长吴国藩）。马兰谷：（一）伪热河陆军第二混成旅（旅长张俊哲）第二团第二营（营长宋学铭），（二）佐枝旅团三十一联队所属之一中队（队长平泽喜一）。由芦龙沿滦河至乐亭，有滦河装运经理处。滦县：（一）驻滦守备队（队长清水）五十余名，（二）关东军兵站分监部（部长为松田喜九马），（三）警察宪兵派遣队，（四）据十二月二十六日报告日军又由榆关增加一大队到滦。唐山：（一）驻唐警备部士兵四百余名（少佐浅见敏彦），（二）警察宪兵。（十四日《北平晨报》）

《每周情报》（周刊）

南京航空委员会

1934 年 15 期

（朱宪　整理）

日俄战争与蒙古°

古人 撰

一 日俄战争的因素

日本自维新以后，六十年中所抱定侵略中国之方策，第一步曰满蒙，乃其一贯之大陆政策也。自九一八事变以后，以暴力劫夺东北，更进而攫取东蒙，所谓第一步计划，已算达到。但满蒙问题者，非仅中国之问题，乃世界问题也。如市场之争夺，出产之觊觎，以及各种事业之操纵等，各国均有虎视鹰临、各不相让之势，其中尤以俄国为最关痛切，盖以其利益范围之所在故也。今整个东北，亦即所谓满蒙既全入于日人掌握之中，则凡在东北享有特殊权利之国家，均有相当之损失，而俄国之损失为尤大，如中东路之不得已的出售，以及一切权利之被剥夺等，曷可胜言，因此日俄两国便发生正面之冲突矣。俄国为完成其第二次五年计划，固不欲与日本马上交锋，而日本窥穿其中情形，则乘虚击弱，多方构战挑衅，节节前进，或出于示威，或诉以武力，以图将俄国在满蒙之势力，肃然一清，而得安然作其东亚大陆之主人翁。但俄国虽不欲急于作战，亦不欲丧失其在满蒙既得之权利，因亦〔亦因〕此不得不走上准备作战之一途。迩来苏俄在远东之军事布置，异常紧张，备战之设施，尤为严密，观测情形，对日本已据

〔具〕有对战之决心矣。设不幸一旦日俄战起,恐其逐鹿之场,必在我满蒙地方也。

二 日俄战争与蒙古

俄国既有相当之准备,日本又复据速战之决心,何为战事不能即时爆发? 其关键全在日本。盖日本对俄作战之设施,第一步先得东蒙,发展西进之军事交通。近来朝阳、承德间铁路之筑成,即其对俄第一步用意之所在也。第二步侵略西蒙,攫得西蒙之后,可由热河承德经张家口,取道乌得以通外蒙之库伦。外蒙现已为俄国之囊中物,日本插入外蒙之后,或以利诱,或以威胁,鼓吹外蒙脱离俄国独立,则一方可以减少俄国之实力;另一方面日本可在外蒙横行无阻,以达其割断西伯利亚交通,及牵制俄国后方军事之目的。近来日人考察团,屡次赴察哈尔内部视察,以及派遣交通队赴外蒙联络等事,即酝酿其第二步方策之实现也。倘其第二步侵略政策一经实现,则两国之战争可立即爆发。由此可知日俄战争之关键,非系于"满洲国",亦非系于中东路售卖之成否,能促成两国之决裂而至不可挽救者,厥惟蒙古问题是也。

三 蒙古本身应取的对策

东蒙一部,已在日人宰割之下,气息奄奄,生命几将不保,尚何对策之可言? 此所谓对策者,即指西蒙言之耳。近来日本觊觎西蒙之野心,愈露锋芒,而我西蒙本身,为保持生存不受凌夷计,应取何种对策以应付之乎? 是则应从速熟计,赶紧准备者也。谨就管见所及,略陈数端,以供我西蒙负责诸公之参考焉。

兵法有曰:"知己知彼,百战百胜。"今吾欲对日本侵略西蒙加以准备，则当知日本侵略西蒙所采之政策与步骤。日本侵略西蒙之政策与步骤惟何？就一般之观察，可分为三步：第一步是威胁政策。日本攫得东蒙之后，即大散谣言，畏吓西蒙王公及青年，以图我蒙古王公及青年，自动倾向日本，而达其不劳而获之目的。讵知我西蒙诸王公及青年，久已窥穿其毒计，乃镇静观察，严加驳斥，未受其牢笼诡计，因此日本之所谓第一步侵夺西蒙政策，已告失败。乃复变更方式，实行其第二步利诱政策，对王公则宣称扶植独立，对青年则金钱贿买，种种行为，卑污已极。不料此种政策实行后，仍被我蒙古方面负责者，大加不理。日本以颜面攸关，老羞成怒，乃不得不采其第三步之武力政策矣。近来凶焰万丈，兵力集中热河，以及过去不久之承德军事会议，即以西蒙为对象也。处如此局面下之西蒙，诚如残烛当风，危若垒卵矣，苟无相当之对策以应付之，则必蹈东蒙之覆辙无疑矣！然则对策为何？其道有二：

1. 力行自治，拥护中央　蒙古地方自治施行之目的，即在振作蒙古之暮气，刷新地方行政，促中央对蒙边特加注意，以期边疆、内地联络一气，铸成统一之大局，共抗强暴之外侮。但一年以来，成绩鲜佳，蒙古地方自治政务委员会进行不力之责，固无旁贷，而中央经费迟迟未拨之咎，实亦难辞，长此以往，不惟无补实际，且适足以启敌人进窥之机。为今之计，则中央经费应从早拨发，而蒙政会负责诸公，亦应切实负责，戮力推行自治，凡蒙地应兴应革之事，以及日本或苏俄进窥蒙古之种种实情，应常派大员，随时向中央力陈，促中央筹统盘计划，作积极之对策，一旦有事，则中央能以实力辅助蒙政会，协力抗敌，庶乎西蒙或不至蹈东蒙之覆辙也。

2. 整饬骑兵，充实实力　徒恃中央之协助，为力尚小，必须自身据有抗敌之强力，然后相辅而行，方能灵活为用。我蒙古骑兵，向以骁勇称雄于世界，虽无新法之训练，实具战斗之能力。于此风雨飘摇、危险万状之情形下，当尽量招集蒙旗壮丁，授以简单之军事知识，训练其作战之能力，编成强有力之骑兵，作为保护蒙边之实力，敌来则抗之，敌不来则守之，如此亦或可保西蒙于万一也。现在百灵庙中，我蒙古青年富有军事知识者，颇不乏人，即应详拟办法，具报中央，请予援助，克日实行，不宜贪图安逸，不负责任，以遗他人之口实也。

总之，日俄战争，已成最严重之问题，而我蒙古在日俄战争中，又占重要之关键，换言之，蒙古已成日俄战争之交点，我们自身倘无力自主，势必作他人之牺牲品而无疑。于此恶梦频仍、风雨迷离中，为求我蒙古自身之存在，为欲保持我国国土计，则当未雨绸缪，预加准备，决定对策矣。迩来日本即欲施其第三步之武力政策，而我亦必以武力应付之而后可，是以提出上述两项应取之对策，以告负责诸公，其他良好之对策，固不止此。所以为此简单之陈述者，盖欲促起蒙政会负责之人，对此加以注意，俾能就环境之需要，因力量之可能，或本此实行，或另想良善应付之策，保我现在之西蒙，不致凌夷于敌人，是所望也。

《蒙古前途》（月刊）

南京蒙古前途月刊社

1934 年 16 期

（萨茹拉　整理）

暴日侵略东蒙政策变更与西蒙之危机

古人　撰

一　前言

当这世界风云异常紧急的时候，一个落后的国家，和一个国家里面的一部分弱小种族，如同风烛残年一般，要想求安适的生存，真是难乎其难。这个落后的国家是哪一个呢？不用我说，大家一定会猜想到是中国的；所谓弱小种族是哪一个呢？恐怕也不用我说，大家一定会能猜想到是中国内一部分蒙古同胞的。为什么呢？因为有许多很显然的事实摆在我们面前，这些事实也是我们大家每天口念心想，片刻不能忘的，所以稍微一提，便会联想到。这是什么一种事实呢？就是空前所未有的大国难九一八是也。

九一八以后，日本逞其军阀干政之淫威，则施行其对满对蒙双管齐下的侵略政策，以致四省沃土，不复我有，数千万同胞，群陷绝域，回首一想，痛曷能已！东北是中国的领土，而且是最富饶的一块领土；蒙古同胞是中华民族的一部分，而且是从前有过光明伟大的历史，所以这两部分，都容易使我〈们〉猜到。但蒙古同胞，在东北四省除掉黑龙江、吉林几个特别部落外，只有东蒙三盟而已。这三盟的蒙古同胞，因为接近于满、汉同胞的缘故，大部分已由游牧社会，递嬗到农业社会，与汉族同胞的感情异常融洽，风俗习惯、社会制度，亦无不相容洽之处。乃日本惧此整个力量不易击破，故于进占东北伊始，极力把满、蒙分为两途，以期达到各个击破之目的。其对于所谓伪满洲国的政策，姑置不论，仅就对蒙侵略之步骤，与进窥西蒙三盟之大概情形，分别述之，以唤起我蒙古同胞共悉日本的诡计，和有以防范之，勿再中其牢笼耳。

二　暴日侵蒙的三种政策

1. 分离政策　东蒙三盟，占东北最大之一部，一举一动，整个东北攸关。换言之，东蒙和东北，如同唇齿相依一般，合则两全，离则两伤，这是至为显明的事实。同时蒙古同胞，现在虽云衰弱，以体力勇猛论，不惟矮小的矮〔倭〕奴不能及，即汉族同胞亦不能望其项背，此为日本所深知者也。日本欲以武力霸占东北，倘蒙古同胞和汉族同胞，咸感己身之危殆，互相构成联和阵线，以抗暴日，虽不能保东北于不失，然亦实予日本以大不便。日本为防止此种策略实现计，乃于进占东北之始，即利用分离政策，分满、蒙为两途，使斯二者，无接投的机会，而杜绝其合作之因缘。是以当时对满则耍弄傀儡溥仪，造成光怪离奇的所谓伪满洲国，对蒙则划分所谓"兴安省"，牢笼当时未能逃出来的负有责任及名望的蒙古同胞，划定其活动之范围，置日人以监视之。如此则我东北汉、蒙合作的机会已绝，而日本各个击破的目的达到矣！这是日本对蒙古所实行的第一步分离政策。

2. 合并政策　日本之所以造成伪满洲国，和"兴安省"等名词，并非独厚于满洲，亦并非降怜于蒙古，乃是他想要吞并满蒙的假面具和迷离世界公正舆论的烟幕弹耳。从前所以要把满蒙分离的，是为的容易统治的关系，现在，各方面名义上虽然还是仍旧，而实际上日本的人员，已经位置妥贴，马上即吞而并之，未谓不可。乃日本复顾虑前言不远，苟出以断然之吞并，一面有食前言，恐仍激起不测之变；一面过于积极，未免太觉冷然，况在日本眼目中满蒙亦为囊中物，又何必太急耶？是以又拿出来他第二步的合并政策。合并的方式，是把蒙古一部分的"兴安省"，归并成"满洲国"里的一部分，以求同在关东军司令部管辖之下。另外的意思，就是要想法把两方面的力量，渐渐减少。上月《世界日报》载："复生社讯谓：日方近因内蒙自治政委会基础日固，对西蒙之诱致，难有效果，已将治蒙行政加以改变。据某方所接之可靠情报称，日人决于十二月一日，将兴安总署，改称为蒙政部，在伪国务总理直属下，置伪蒙政部大臣一员，同时将各兴安分省，亦改称兴安省、兴西省、兴南省、兴北省。又对于黑龙江、吉林及热河各省中蒙人聚居之七县，亦分别划归伪蒙政部直辖……"这一段话，更足以证明日本对满蒙合并政策的具体化了。

3. 吞并政策　上边所说的两种政策，日本已经都实行了！但我相信，日本的目的，决不止于此。在一般的见解，都知道日本是要把整个东北，甚而至于整个中国，都一齐吞并的，这点确是日本所怀的野心，近来许多事实（如日本军人在华北的调查测绘地图，以及日本学生到西北去考察等）很显然的告诉我们，不过没有见诸实现罢了。未来的事情，何以能预言呢？因为在历史上有许多殷鉴来教训我们，同时我们还知道，帝国主义他亡人国家、灭人民族的把戏，第一步总是来一个好听的名词，谓扶植独立，由独立再进而至于第二步保护，保护既久，则进而至于第三步的吞并了。所谓扶植独立者，乃是哄人的蜜语，诱人的饵食；到了保护已经半灭亡了！换言之，也可以说是名存实亡。譬如苏联对于外蒙，何尝不说扶植外蒙独立，但是现在徒看见外蒙同胞受俄人的支配，独立在哪里？再如日本对朝鲜，起初何尝不美其名曰扶植独立，但是现在徒看见朝鲜人民，受日人的宰割，给日人当牛马，做奴隶，独立在哪里？这许许多多事实，都是前车之鉴。因此我们可以断定说，假如东北最近不能收复回来，日本无论是对满对蒙，必有这第三步吞并政策的实现，不过时间上的问题就是了。

三　日本从东蒙进窥西蒙的过渡办法

日本侵略蒙古，乃是他整个大陆政策中的第一部〔步〕。同时在日本人心目中所有的蒙古，不只是东蒙、西蒙（内蒙），甚而至于把外蒙都包括在内。现在东蒙各盟虽攫为己有，但就内蒙说，也仅仅是一小部分，这哪能满足日人的野欲呢？所以自从占得东蒙以来，无时无刻不想插入西蒙，一遂大欲，是以对西蒙已曾用尽种种办法（详见本刊第十六期拙著）。不料我西蒙负责诸公，以及一般头脑清晰、有识见的青年，久已看破日本对东蒙所施的毒辣政策，乃倡导蒙古地方自治，唤起蒙古同胞，以求我蒙古同胞之生存，以谋我中华民国之复兴，因此日本的诡计就不能施展了。在这个时期，西蒙负责诸公，既不能供日本之利用，同时又在西蒙边境，严加戒备，日本就没有机会窥视了。于是日本又改弦更张，另外想出一种过渡办法，这种办法是什么呢？就是许多帝国主义所常用的惯技——商业政策是也，换言之，也可以说是从经济方面侵略。过去不久，日本关东军司令部，曾指使许多浪人和汉奸，到东西蒙毗连的边境上，贩买牛、马、羊，试问关东军司令部，何尝需要牛、马、羊，显系其中别有作用。据吾人推测，有两种用意：（一）以所谓"满洲国"不兑现的纸币，刮剥蒙古同胞的财产——牛、羊、马，然后再将日货倾销于西蒙，使我蒙古同胞经济日窘，以达其经济灭亡的政策。（二）用这一批浪人或汉奸，刺探西蒙的实况，并钩引边境上无知的蒙古同胞，诱之以利，或胁之以威，使其自相扰乱，以作将来日本进窥的口实。这种办法，用意虽有多端，简要来说，就是想要进窥西蒙的一个过渡桥而已。于此倘我蒙古同胞稍不谨慎，即难免堕日本人的牢笼。那么怎样谨慎呢？第一，在东西蒙毗连边境上的同胞，无论如何，绝对不和日本浪人或汉奸作交易。第二，绝对禁止日本货物在蒙古地方倾销。第三，认清浪人、汉奸，都是我们的仇敌，绝不受它们的利诱或威胁。第四，跟从地方领袖，一致拥护中央，遇有敌人来袭，破身家性命以抵抗之。能够做到这几步，日本无论变更什么样诡怪离奇的方法，也叫他乘兴而来败兴而返，这是我们没有办法时候的好办法。

四　危机四伏险象环生的西蒙

日本对于西蒙，暂时虽然没有采取断然手段，攫之而去，但是我们知道他的心是不死的，我们切不要以为日本暂时不来，便舒心坦意，以没事处之，细细的考查，现在的西蒙，真可以说是危机四伏，险象环生，倘若不预加准备，早谋善策，随时随地都在飘摇之中。我们要知道，日本对于西蒙，除掉了上面所说的过渡办法以外，还有许多进攻的事实。例如青松率领日本学生，深入蒙古内地调查，以及许多退职的日本军官，假游历为名，到西蒙各地观察、测图、拍照等等行为，比较前面所说的浪人，还要利害得多呢！详细揣度他们的内心，都是有所为而来的，所谓游历也、调查也，那不过是一种隐身法而已。然则处在这种环境中的同胞，尤其是负有言守责任的诸公，还能够固步自封，贪图安逸，把许多人命财产，拱手送给敌人吗？我敢断定的说，绝对不是，假如要这样想，又何必提倡蒙古地方自治呢！自治固然是求生存的路子，但是我们自己愈紧张，敌人的侵略愈厉害，回想东北的失陷，不就是因为这个道理吗？所以在这自治工作正紧张的时候，也正是危险最大的时候，就要认清环境的危险，多方防范，方可以。拿区区西蒙一部分的力量，想要应付这种危若累卵的局面，事实上诚属难能，那么怎样办呢？仍要把我以前的主张（见本刊十六期拙著）拿出来，就是"力行自治，拥护中央"，把一切危险情形，常派大员，陈述于中央，促中央以整个国家的力量，来应付一切危险，如此庶可弭祸于无形也。

五　结论

综上所说，日本对东蒙，已经进一步统治，推测起来，假如东北暂不能收复，终不免最后的灭亡。处在这个时候的西蒙，与东蒙壤地相接，在地理关系上说，很容易从东蒙跨到西蒙，在事实上说，日本又时时刻刻来进窥，真可以说是极危险、极困难的时期，措置稍一失当，则祸乱立生。但是要肯努力来挽救，也不难措如磐石之安。努力的方面是什么呢？就要唤起在边境上的蒙古民众，自己组织实力，来抵抗外侮，这种办法，就要靠蒙古地方自治政委会来推行了。

《蒙古前途》（月刊）

南京蒙古前途月刊社

1934 年 17 期

（马小勇　整理）

德王遇匪

云从龙　撰

最近在报纸上有个消息，很值得吾人注意，就是这次德王晋谒班禅大师，在路上遇匪的问题，德王在从前亦常来往各旗，没有听到遇匪并且伤人的情形。自从内蒙自治运动后，德王之名声，不但轰动全国，并及国际，这次蒋委员长莅绥，云王、德王等，晋谒委员长后，各报就有德王将谒班禅大师之讯，在德王本人，我想亦没有想到路上发生问题，但是一般野心家，鬼计已生。

据可靠之消息说，这次所遇的匪，与平常间所遇之匪不同，完全是武装的，我想绥远向来有匪之区，没有听到说有武装之匪，这是使吾人可疑之一点，我知道绥远的土匪，就是怎样多，怎样勇猛，但是没有不怕蒙古兵的，听到蒙古兵来，没有不闻风而逃的。可是这次之匪，不但未有逃去，仅〔且〕在咽喉之地，分截于途，拦住去处，图谋不轨，可见早有准备，其用心之险，可见一般，这是使吾人可疑之二点。

自从九一八事变后，东蒙为日所据，而所余的西蒙，已成四方楚歌之局，顾中央鞭长莫及，德王眼看蒙古民族之危急，已到千钧一发之际，凡有血性的人，安能束手待毙，甘心做亡国去〔奴〕。非团结各盟旗，集合各盟旗之力量，组织整个之机关，积极集中人力物力，通盘筹划，振作民族之精神，发展蒙古之实业，以达到自救救国之目的。

　　不料社会上，一般不肖之徒，挑拨离间，捏造是非，说蒙古自治是脱离中央之关系，说蒙古自治是德王一人之操纵。又说蒙古民族文化落后，游牧生活，故无论政治方面、经济方面、军事方面，都谈不到自治，换句话说，就是不够资格。今日德王坚持主张自治，并且力争保障蒙古人民利益，由此一来，更使帝国主义之引诱政策宣告失败，无不怀恨德王，始而忌妒，继而陷害，故有这次唆使土匪之举，是以于野心者之奸滑狡计，要有深切之明了注意，同时我们希望社会人士，不要固守门户之见，要引领远望国际情况，回转头来一看自己的局面。中国自鸦片战争后，外人窥知我们之弱点，用各个击破之方法，占据我领土，干涉我主权，今日日本帝国主义者，就是用的这套老把戏。所以总理说，中国人是一盘散沙，要想强中国，非团结四万万同胞不可。现在的内蒙，何独不然。在没有实行自治之先，盟旗各自为政，痛痒无关，眼睁睁的看到〔着〕帝国主义者，用各个击破之方法，并吞东北盟旗，故德王不畏艰难，忍劳忍怨，团结蒙古同胞之群力，巩固边陲，抵御外侮，在党国不为无功。再看蒙古之地形，与华北犬牙相接，无可讳言的，假若内蒙亡，则华北与之俱亡，所谓唇亡而齿寒，幸德王主持蒙政，使西蒙无步东蒙之后，今日华北之安全，使中央无后顾之忧者，又何尝不是德王一人之力欤。

　　至于这次土匪与德王之卫队冲突，不论土匪有无政治作用，而现在一般不谅解德王者，只顾目前部分之利益，不明蒙人的苦衷，不管国家的大局，所谓管中窥豹，知识之幼稚，可见一般，卑陋龌龊，唆使土匪，出此下策，殊为痛惜。总而言之，今日中国之局面，要想救亡图存，非团结四万万同胞不可，团结四万万之众，非从各个民族团结起来不成功，否则高歌团结口号，不过画饼充饥，无济于事。同胞们！放大眼光吧！第二次世界大战不久的将来要爆发的，如果我们弱小的同志，不能团结起来，共同和列强

奋斗，就只有同归于尽，当亡国奴，作人家的奴隶。如果我们弱
小同志，认清事实，努力团结，那么第二次世界大战降临之日，
也就是我们弱小同志，复兴之机会到了。

《蒙古前途》（月刊）

南京蒙古前途月刊社

1934 年 17 期

（李红权　整理）

兴安岭一带发现红军

作者不详

据伪组织传出消息，谓有赤卫军数名，以便衣武装潜入于兴安岭方面。近据调查，果有赤卫军数名调查大兴安岭地形之形迹。又传中东路国际列车颠覆事件，亦有红军从中主持云。

《行健旬刊》

北平东北行健学会文艺部

1934 年 35、36 期合刊

（朱宪　整理）

日俄冲突与蒙古

Harry Paxton Howard 著　　　王检　节译

　　日本在蒙古的利益，从辽宁和黑龙江两省内的蒙人区域造成一个大蒙古区，"内蒙古"西部蒙古人的"独立"运动的发生，以及苏俄势力继续支配外蒙古——这种种事情使蒙古在目前变成特别重要。而同样重要的又一件事情是蒙古现已成为日俄竞争的场所了。

　　游牧的蒙古人在最近若干代内被汉族的移民逐渐驱到北方和西方，但是他们仍旧占有一块在一百方英里以上的很大的土地，有二百万以上的人口。这块土地被一条天然的界线——戈壁沙漠——划分为"内"、"外"蒙古。北方的"外"蒙古在地理上和在经济上同西北利亚最密切相连。南方的"内"蒙古倾向中国，和成为日本的主要活动范围。

历史上的汉蒙关系

　　游牧的蒙古人有几千年是中国的大患，因此中国建筑长城来抵御他们。但是他们仍旧常常入寇。到了成吉斯汗的孙子的时候，蒙古人竟在现在的北平建立帝国，就是元朝。不过蒙古人很缺乏团结力，他们不能够永久维持他们的帝国。

　　蒙古帝国崩溃后，"内"、"外"蒙古的分裂日趋剧烈。南方的蒙古人常常受汉人的节制，和北方的蒙古人在明朝永乐帝时也被汉人征服。不过明朝统治外蒙的时期很短，后者不久就宣告独立。在十七世纪初期东南方的许多蒙人同当时勃兴的满洲人携手，共同向南方发展。但是沙漠以北的外蒙古人那个时候仍旧保持其独立。

到了十七世纪末，南方的蒙古人被凯尔默克（Kalmuck）族所击败，有完全征服的趋势。因此他们向满人乞援，愿为满清属国，年年进贡。从此以后，尤其在十九世纪内，汉人逐渐移住蒙古，把游牧的蒙人驱至沙漠以北。本世纪起汉人也开始移住沙漠以北。到了民国纪元前数年，满清当局想在外蒙古行使充分的权力，派遣军队，增加赋税，和确立较大的统治权。

俄国和蒙古

蒙古的最大威吓是俄罗斯帝国，它已在多年前划分长城以北的一切土地——包括蒙古和东三省——为它的特殊范围，英国在一八九九年曾加以承认。

穿过蒙古的大蓬车路是多世纪来中俄贸易的大道。在一八八一年北京政府允许俄国人在蒙古派驻领事，自由贸易，购买土地，和建筑经商或居住的房屋。但是中东路建筑后，俄人目光转注东方，以辽东和不冻港为其目标，同时新铁路也减少大蓬车路的重要。直到俄国被日本逐出南满洲以后，它才开始再特别注意蒙古。

但是那个时候，俄国的势力范围只限于外蒙古。在一九○七年，因法日谅解，法国承认日本在蒙古有"特殊权利"。因此，日本在一九○七年同俄国缔结的密约内只承认俄国在"外"蒙古的"特殊利益"。五年后俄国承认日本在内蒙古东部的"特殊利益"。

在一九一○年俄人曾企图建筑一条从西北利亚铁路起经蒙古到北平的铁路而未成。但是俄国决心压迫中国。它允许〔在〕英国在西藏有"自由行动权和特殊地位",英国承认俄国"在北满、蒙古,和中国西部(喀什噶尔除外)的绝对权"。

外蒙独立

在外蒙古,蒙人对汉人侵占所抱的怨恨被俄政府所利用。一一九一〔一九一一〕年蒙古派遣代表到俄国请求俄王援助,反抗满清。因此俄国致牒北京,指出华人在外蒙古所采的新计画破坏蒙古加入帝国时所订的协定,和宣言俄国是蒙古的邻国,不能够坐视在外蒙古发生的变革。

满洲政府的崩溃,使这问题变成简单。蒙古人驱逐汉人,宣布外蒙独立,和以呼图克图为"大汗"。他们宣言,他们本效忠于清朝,现在清朝已亡,共和国建立,因此他们对中国的附从臣服已完全终止了。

外蒙独立后,俄国即利用机会,以枪械供给外蒙,组织蒙古军队,由俄人充任军事顾问。一九一二年帝俄承认蒙古自治和保证与以种种援助。一年后,在北京举行的中俄会议承认中国对外蒙古保留宗主权,但是中国承认外蒙的自治,和允许同俄国商议外蒙的政治与领土问题。外蒙古的目的在完全独立,对此表示不满,但是在一九一五年终于同意了。因此外蒙古变成一种共同的保护国,中俄允许不干涉它的内政,和不在它的领土内驻扎军队。

日人控制外蒙古

但是,到了一九一七年俄国发生革命的时候,中国乘机恢复了在外蒙古的统治权。受日人操纵的安福政府派遣军队驻在库伦,徐树铮在一九一九年亲赴蒙古,强迫蒙人取消自治,解散军队,并且向日本借款一五，〇〇〇，〇〇〇元，以蒙古的农矿富源为抵押品。因此日人借安福派取得外蒙古的控制权。后来安福派被逐出北京，于是日本又利用侵入外蒙的白俄。

在一九一九年著名的白俄领袖谢米诺夫已被举为"大蒙古国"的领袖，想从当时被各国和□俄军队占领的西比利亚东部扩张到西藏。这个计划如果实现，将使蒙古事实上成为日本的保护国，和进一步使日本统治亚洲的一切蒙古人。日本代表到达库伦，劝诱蒙古教长派遣代表参加"大蒙古"会议，但是这个计画不久失败，苏俄红军立刻占领了西比利亚东部。

但是日本的另一工具"疯狂的男爵"恩格伦·史登堡（Ungern von Sternberg），当"白"军在西比利亚被击溃后，逃入蒙古，由日本援助组织白俄、蒙人和蒲利亚人（Buriats）的混合军队，在一九二一年占领库伦，屠杀华人、犹太人和不信正教的俄人。恩格伦企图组织"大蒙古国"，自任为最高军事领袖，和以库伦的教长为"皇帝"。但是他的大批屠杀和残暴行为，引起蒙人的怨恨。教长派代表到北京要求恢复中国统治，同时集合于恰克图和组织"蒙古人民革命政府"的许多蒙古青年，请求俄人援助，驱逐这个疯人。同年六月恩格伦在进攻恰克图时被红军所击败，和他的军队倒戈相向。苏俄军队乘胜占领库伦，和蒙古新政府就在那里组织起来。日本对外蒙古的控制——无论借白俄工具或华人工具——因此终止了。

外蒙古和苏俄

在库伦新成立的"蒙古人民革命政府"，要求苏俄政府在共同的敌人的威胁消灭以前，不要撤退红军。这个要求苏俄当然是乐于接受的。一九二一年十一月五日库伦政府同苏俄政府缔结一个条约，终止了中国对外蒙古的统治，和使该地成为苏俄的保护国。

　　但是到了一九二四年，北京政府同苏俄缔结了一个协定，苏俄政府承认外蒙古是"中华民国的完整的一部分"，断言它尊重中国在该地的主权，和允许在下次会议保证边界的安全后，撤退苏俄的一切军队。据报告苏俄军队已在若干年前撤退。因此，外蒙古在名义上属于中国，但是实际上中国毫无统治权。

外蒙古在战略上的重要

　　倘使外蒙古有仇视苏俄的军队存在，苏俄的远东区域将处于很危险的地位。因为这种军队构成很长的苏俄远东交通线的一种威吓，在太平洋沿岸发生战争的时候，苏俄不得不留一部分武力监视这些中国军队，以免他们截断西比利亚铁路。这种威吓在目前更大，因为日本占已〔已占〕领中国东北四省，他随时可以派遣伪满洲国统治下的中蒙军队，威胁整个俄属远东。

多数蒙人现受伪满洲国统治

　　现在大多数蒙人在伪满洲国统治之下。在兴安岭区域——包括黑龙江和辽宁两省的西部及热河北部——内的蒙古人约在一百万以上。内蒙古西部的蒙古"自治"运动同这些蒙古人联成一气，所以这个运动会有重大意义。日人在蒙古人中活动已有好多年，已经训练充任领袖的许多蒙人，和勾结蒙古亲王及守旧的蒙人。

　　再向西，在青海和新疆，蒙古亲王同中国官厅合作。这些西方的蒙古人数目没有东内蒙那么多。但是，倘使东西内蒙都能够受"满洲国"和日本的统治，那么将构成一个环绕外蒙古的半月形，与库伦区域以重大的威吓。日本目前正以完成这件事情为目的，毫无疑问。

二三、四、四于南昌

本文译自《密勒氏评论报》第六十七券〔卷〕第十二期，
原题为《Mongolia and Russia-Japanese Conflict》

《扫荡》（旬刊）
国民政府军事委员会政治训练处
1934 年 40 期
（李红权　整理）

日本侵蒙之近谋

咸　撰

据我们所得的情报，日本近来对于侵略蒙古的计划，益为积极，其着手方法，系从政治方面入手，即提倡满蒙种族的一致合作，并设法诱惑人心。其诱惑方法之一，即派往大批医生，并携带药品及蒙古包，义务代蒙古人民医治疾病。现在蒙民被其诱惑者颇多，蒙古前途益觉危险。又日本近日曾派密使多人，潜赴外蒙古有所谋干，企图将外蒙古改称为民主共和国。又因苏俄在该处的势力极大，没有许多方法可想，乃竭力劝外蒙古王公避居内蒙，与内蒙古王公互相联络以为日后全并于满洲伪国之准备。

日本想将蒙古并吞与伪组织合而为满蒙伪国之计划，在九一八那日，日本关东军司令官菱刈的谈话，也可以明白看见。他说：余履任后未几，即逢事变二周年纪念，今日又重逢此纪念日，感慨为之一新。其间关东军及在"满"各机关，韬于"满洲帝国"肇国之大义，以不屈之意气，上对圣虑，下副同胞之期待，虽力行不懈，尚恐不足，建设之大业，非一朝一夕所能成，就欲完成之，有待今后之努力。国际危机亦渐显著，须从满蒙之天地克复之说，欲确保光辉之东洋和平，余信在于建设满蒙之圣业，因此举国一致之事，无有急于今日者。所谓满蒙之圣业，所谓须从满蒙天地克复之说，其对于蒙古之不能轻易看过，已昭然若揭了。

然而日本人亦决不止此，对于宁夏、甘肃、新疆、察哈尔、绥远自然包括在蒙古之内，也要予以侵占，所以近来一方面派了许多人到西北各省来秘密作调查联络的工作，一方面又多方拉拢汉奸，无论汉、满、蒙、回、藏各族的民众，无不一意挑拨离间，以期全部入其彀中。而且又派许多人去信奉佛教、回教，改头换面为蒙、藏或回族人民，以达到他们里应外合的理想。日本人真是无微不至的了。

因此我们深切地觉得，不独察哈尔、绥远时时有失去之危，即西北各省也处于同样危险的地位。今天我们在西北各省的同胞，如果还是醉生梦死，那么将来亡国之日，虽欲为东北各省的义勇军而不能，岂非万劫不复了么？

《青海评论》（旬刊）

青海青海评论社

1934 年 41 期

（丁冉　整理）

日觊觎乌珠穆沁旗为侵略西蒙中心点

作者不详

日攫占东北四省后，已完成其满蒙计划三分之二，于是又〈为〉进一步实现其所谓整个满蒙政策起见，乃有侵略西蒙之动意。西蒙之面积，占察、绥二省三分之二，日如占取西蒙，北可控制外蒙，作对俄军事之根据地，南则可以虎视华北。

日伪自划东蒙〈为〉兴安总〔北〕分省及东分省后，复划热北卓索图盟蒙旗及锡林果勒盟东部之乌珠穆沁旗为兴安西分省区域，暂设兴安西分省公署于热北林西附近蒙旗，以地位不适中，将北边乌珠穆沁旗，该旗原设有特务机关，同时并调多伦特务机关长鲁布中佐任该处特务关〔关〕长，装设长波电台于该旗附近之地，可直达东京。彼蓄心侵略西蒙之计划，由来已久，并策划乌珠穆沁旗为西侵西蒙之中心，又可以想见。因该旗地位占锡盟之东北部，北接连〔辽〕宁之突泉县，南邻热河之经棚、林西二县，已早为日方所觊觎。该旗亲王为索王，即现任锡林果勒盟盟长之索王，年将五十，拥护中央观念极笃。该旗为产盐之区，每年出产，可销于热、察两省及绥远东部，诚天然一大富源。该旗地位又关重要，日之苦心积虑于此者，良有以也。蒙旗自卫力薄弱，地方枪械，只能防御小部分匪患，以之对外防备，实感不足。久驻察、绥及西蒙之日方蒙事调查专员盛岛觉芳，由多伦乔装蒙民乘马返抵张垣后，即寓其张垣东太平街私寓。盛妻为张垣华民女，亦谙蒙事。盛岛能说极流利之蒙话，闻常川居西蒙一带，已达十三年之久，行动几类似蒙人。最近日关东军，拟从事训练三个蒙古警卫军，分布于东、西兴安分省区域，甄选素经训练之蒙古青年应征为兵，并在兴安东分省及兴安总署一带，甄选蒙古青年曾受过中等教育者，官费送至东瀛留学。又日驻察军事驻在员松井源之助，定日内偕内蒙调查专员盛岛觉芳及关东军谍报员大迫五福等，由张垣搭汽车赴多伦视察，并转道热北，及蒙地一带云。(十月二十日张家口通讯)

《每周情报》(周刊)

南京航空委员会

1934 年 52 期

(李红权　整理)

德王遇匪之背景
——绥远通信

黄龙　撰

　　蒙古云、德两王，对于中央，素来热诚拥护，虽日方一再威迫利诱，亦不为所惑，以致甚为日方所不满。因日方久抱吞并蒙古之心，以云、德两王态度坚决，遂引为障碍。

　　日方既不满意云、德两王，所以尝予云、德两王以压迫。闻德王出入，恒有日人八名随行监视，犹忆日前德王来绥谒见蒋委员长时，日方曾予以警告，不许前来，幸德王尚明大义，不为所惧，卒到绥谒蒋。惟德王尝语人以处境困苦，并谓中央如不放弃蒙古，则蒙古到底必拥护中央，其志之苦，可想见矣。

　　德王谒蒋，日方警告无效，乃日前德王赴伊盟谒班禅，日方又恐蒙、藏切实团结，益引为忌，故在日人八名监视之下，德王复有遇匪枪击之举。查当时德王带同卫队及随员共四十余人，护卫力量，似不薄弱，乃匪胆敢截击，幸而卫队向匪迎战，卒将匪击退。传闻该匪为杨猴小部，早受日方所收买，专在内地捣乱，兹之截击德王，其为背景，难免无受日人指使嫌疑，否则匪虽凶横，似不致猖獗至是也。在德王个人所感，以迭受日人之谋危，当益知日人之不利于已，此后之拥护中央，应愈具决心矣。

《礼拜六》（周刊）

上海礼拜六报馆

1934 年 582 期

（朱宪　整理）

日俄战争准备与蒙古问题

杨伟昌　撰

蒙古，中国一般的国民乃至知识阶级，向来对于她的概念，都以为不过是一片大沙漠，居住了一些游牧为生，信奉喇嘛教的蒙古人罢了；其实蒙古问题，现在已成为远东问题中的最重要问题，成为最近的将来日俄的战场。

日本的侵略政策，并不是偶然出现的，自中日之役得了朝鲜，日俄之役得了东三省的大部分权利，九一八得了东三省与热河以后，进攻苏俄，并吞华北的野心全然暴露，于是他的略侵〔侵略〕政策，遂为一般人所注意了。兹为便利计，约分为数端以讨论之。

一　日本的战争准备

日本以必死的决心，倾全国的力量，由他的策源地向苏俄进攻的事实，由以下的三例可以证明：

第一，最近二年间，日本如同害热狂病一般的，建设了战略上必备铁道，如吉会路与满鲜路的联络，拉宾线的完成，由齐齐哈尔与哈尔滨直达黑河的铁路，由鲜北至宁古塔的横断中东路的铁路，由朝阳至承德及赤峰的铁道，都以最快的速度完成了，而这些铁路中，以经济为立场的，不过十分之三四，这是目下日本以全力倾注于军事准备的铁证。

第二，所标示的为道路建设，在这二年当中，已建设了二千二百余启罗米达，看道路的方向，或向国境地带，或为将来用兵的展开，都是最有利于日本。

第三，所标示的为飞行场的建设，日本在最近已建设了五十个以上的飞行场及航空基点，而这些飞行场和航空基点，都散在沈阳、哈尔滨、齐齐哈尔等三角地带以北。

不但如此，日本占领东三省时，只有一万的兵力在东三省，现在已达十三万，又加以编成白俄军一万二千，又在松花江航游的舰队有二十四只。这都是显然的战备，其他如军需工业的猛进，更足证明。

二　苏俄的战争准备

苏俄自帝政时代，即积极于远东的防御，故特别注意西伯利亚及后贝加尔的战线防御，苏联革命以后，表面上虽仍继续帝政时代的军事计画，实质上已注意于专门技术的充实，自九一八后，更积极的整顿防线，充实空军，增设外蒙军官学校、飞行学校，及技术兵团、机械兵团等，以应付未来的战争。兹为明晰其兵力之分配，详别如次，以资参考：

在包西挨特、乌拉机斯特克、拉斯特尼罗挨、尼古利斯克一线集中的兵力，为第一九狙击军团，他有狙击联队八、骑兵联队四、飞行机二五〇（内有水上飞机一五）、大炮一八五（榴弹炮、野炮、重炮、高射炮）、战车四〇（小乃罗氏的二〇，中乃罗式的一〇，重乃罗式的一〇），又装甲自动车一五，船桥大队一，化学大队一，及朝鲜共产联队，其他国际联队编成的，又称为沿海州军。

布拉古挨斯溪爱斯克兵团，是由第一狙击联队、安蒙尔骑兵联队、格柏乌第五六国境部队、格柏乌国境部队〈组成〉，是散居在各地带的，第五九部队是在乌拉机奥斯特克，第五八部队是在尼古利斯克、古罗太科夫，第五七部队及格柏乌骑兵第二联队，是在哈班罗夫斯克。这虽是不外沿海州军的强大，然而他配置在西伯利亚及爱春的兵力及独立部队，都属于这方面的。

后贝加尔军是以第一八狙击团为主力部队，他的内容，是以狙击联队九、骑兵联队七、蒙古布利亚特骑兵大队一、飞行机六〇、大炮一一七、战车中队三、装甲裂〔列〕车三、装甲自动车一五、化学大队一及格柏乌第五五国境部队所编成的。

外蒙古苏俄军的势力，有飞机二〇、战车二五、装甲汽车二五、山炮六、野炮一〇、六英吋榴弹炮一〇。这种推定的编成①，有骑兵师团七（两个旅团编成）、狙击师团二、重炮兵师团二（炮一八）、装甲汽车三六、轻战车一三、飞行队二（飞行机一八），在库伦设有飞行学校，及上、中、下各级干部学校。

乌挨尔米夫乌机斯克及贝加尔的西方，依尔克次克为外蒙重要的地点，为飞行的根据〈地〉，其次克拉斯罗亚尔斯克、托蒙斯克、罗维奥尼古拉挨维斯克及奥蒙斯克，为苏俄远东预备军所在，配置有西伯利亚军区的军队。

由以上日、俄军备看来，双方都增加了二倍乃至三倍以上的兵力，旗鼓是相当的。然而日本所以积极取攻势者，因其在战略上有优胜之点，即交通之便利，军需工极〔业〕之充实，其所以不能立即爆发的原因，则因苏俄增加了不少的爆击机，又有航续距离二千五百启罗的超爆击机数十架，东京和乌拉机奥的距离，不

---

① 原文如此。——整理者注

过一千启罗，这是给日本以很大的打击。

但无论怎样，蒙古已成为九一八事变前的东三省，两军短刀相接的重心，这是丝毫没有疑义的。

三　蒙古问题的本身

日、俄军备所以成这样紧张，这完全在蒙古问题。其在军事地位上之重要，已如上述，然因政治与经济的冲突，所以更加紧军事的配备，兹分为数事以讨论之如左。

四　日俄政治上的冲突

现在的蒙古，依政治的分布，约划分之为三，一外蒙是属于苏俄统治的，在内蒙是已为日人所强占一部，只有察哈尔和绥远及其附近之各盟旗〈属我〉，在这种情况之下，无论在任何方面，蒙古问题便显然成为远东问题的重要因子了。

日本自占据了东三省与热河，有了西进的根据地，苏俄在内蒙无势力之可言，而中国又无力对抗，于是日本为避免孤立外交计，为完成其大陆政策的另一阶级计，就积极的在北满增加军备，设立军官学校，训练蒙古兵，宣传佛教，扶植傀儡，无非是想夺取蒙古及西伯利亚，以对抗苏俄在外蒙的势力。

苏俄以"赤化"世界的野心，他在外蒙方面，他并不以武力为基础，他的基础完全建立在政治思想的宣传，所以他以解放被压迫民族为标帜，怀柔蒙古的民族，建立不〔布〕利亚〈特〉共和国，作为他代表的共产主义理想之乡。在各市镇里建设公园、图书馆，开药局，兴学校，且新设产科医院，创办卫生机关，举凡其他如印刷事业、剧场及游戏等，莫不尽力从事。

最可注意的，他们于专门及大学或普通学校里，极力培养他们的政治思想，养成他们的生力军，这是不能不令日人胆寒的。

五　日俄经济的冲突

无尽的宝库蒙古，一切重要原料，大森林以及鱼类、鸟类、矿产，无不丰富异常。

在苏俄方面，他是以思想战线、军事战线，及经济战线，同时并举的。所以他在外蒙到处开发集团农场，及建设最新工场，从事生产教育，开办科学化的牧蓄〔畜〕场，增高劳动者的生活，由政治的密切合作，发生了经济的势力，如蒙古银行、农商银行、远东银行，及国家贸易公司等，实权均操之俄人。据苏俄的统计，在一九三一、三二两年，对蒙输出，已突增至三千七百万金卢布，为对日输出之二倍，这是苏俄对外蒙的经营。

日本的力谋攘夺，也决不是纯为政治与军事的关系，实在也有经济的野心，他修筑的朝阳、承德，及朝阳、赤峰等路，一半固为军事，而一半是纯为经济的，这是很明显的事实。

六　结论

日俄双方在军事上的设施，及政治与经济的关系，已使蒙古问题显得十分紧迫，不论最后胜利属于何方，蒙古将蹈东三省同样的覆辙，但如我有相当的准备，则一切问题可以迎刃而解。

今后对于蒙古的方策，第一要有积极的军事准备；其次觉醒喇嘛教徒的自觉，提高蒙古的文化教育，使有中心思想；第三要以科学方法指导蒙古的牧畜；第四，卫生设备；第五，科学教育的设施。五者备，蒙古问题自有办法了。

《边事研究》（月刊）

南京边事研究会

1934 年 1 卷 1 期

（赵红霞　整理）

外蒙古侵略新疆之近史

曾问吾　撰

　　详考史籍，历代雄据漠北的游牧民族，必策马西向，略取天山南北以为属地，例如汉代的匈奴，南北朝的突厥，唐季的回鹘，宋末的蒙古等，先后如出一辙。民国初年，外蒙独立，亦曾师此故智，移兵西进，想夺新疆；唯其发动机，操自帝俄政府，外蒙古不过受人愚弄而已。幸而新疆当局，应变有方，打退蒙军，俄人狡计始不得逞。否则新疆早已步外蒙、西藏的后尘了。此事经过，国人知者殊少，兹根据当时往返的公牍，写成是篇，以供留心边务者参考。

一　外蒙独立及西陷科布多

　　辛亥年，中国革命军起义，外蒙活佛哲布尊丹巴受俄人煽惑，于是年十月初九日在库伦宣布独立，称大蒙古国。更由俄人赞助，于民国元年进兵侵略科布多。于是阿尔泰及新疆省，大受威胁。

　　科布多是蒙古人游牧的地方，有杜尔伯部右翼十一旗，左翼三旗；辉特部前后各一旗；明阿特部一旗；扎哈沁部一旗；共十八旗。设有参赞大臣，统领诸部。科布多的四界，东邻喀尔喀四部之一的扎萨克图部，北邻唐努乌梁海，西北一隅与俄国接壤，西连阿尔泰山，南接新疆省。俄人已唆使外蒙独立，复令西侵科布多，更想乘机攫取阿尔泰及新疆省，使中亚细亚，与外蒙及西伯利亚联成一气。此是帝俄政府的大企图。如此计划成功，不特新疆陷于灭亡，即中国西北的藩篱，亦完全被撤，内蒙、甘、陕边患立至！

当时外蒙的带兵官为丹柏江村，兵数约四千余人，军械均由俄国供给。外蒙军又以枪弹发给乌梁海及科布多的蒙人，使助外蒙而攻中国。科布多的参赞溥润得此警报，急电乞援。北京中央政府于六月（阳历，以下同）初旬电令新任科布多参赞延年会同新疆、阿尔泰的军队进援科布多。但各地援兵迟迟不发，六月十二日溥参赞急电中央报告："科城情形，危急万分，阿、新等处援兵尚无到科消息。库伦派人，虽经拿获，仍虞复来，殊深焦虑……"七月二十六日科城被围。至八月二十日夜间，蒙军攻破科城（旧历六月十二日至七月七日）。经驻科俄领事库思敏斯齐调解，由溥参赞交出印信、军器，官商免遭屠杀。

科城失陷，延参赞逗留阿尔泰，畏葸不前，实难辞其咎。阿尔泰亲王帕勒塔所派兵队，曾与蒙军接仗，亦无功成。新疆都督杨增新于六月中奉令援科，急急调兵队，筹粮械，延至八月十四日始有马、步军各一营出古城，二十日始开拔。携带三个月粮草，预备直达科城。而不知是日夜间，科城即告失守。至九月取道五云集至大营盘（距科城五站），被驻科俄领事派人阻止，退驻察罕通古。

二　俄国阻止中国进兵科布多

十月初，科布多的外蒙军撤去大部，据阿尔泰电告新疆有云："喀匪因东三省库蒙与官兵开战，平〔业〕将喀匪撤回，所留只千数百人。"是〈时〉新疆、伊犁各派有援兵五营计二千余人集于阿尔泰；又新疆前派援科的马步两营，及续派的马、步三营，工程、炮队、警察各一队，退扎于察罕通古及元湖一带，扼住由科布多至阿尔泰赴新疆的要道。于是帕勒塔倡议恢复科布多，杨增新亦赞成此议，又以兵队人数已多，权力相等，号令不一，电请中央："颁发命令，准帕勒塔亲带阿营及新、伊援军，集合进取，收回领土。待进至清格河一带，与新疆现扎察罕通古等处陆军三营会同进取。此项陆军仍归帕勒塔节制，以一事权。此外再由增新于元湖、鄂伦布拉克一带，厚集兵队驻扎，以顾后路，而壮声援。"至十月下旬，援军愈集愈众，将近二十营。且士气很盛，均具奋勇精神与克复思想。杨都督与帕亲王会电恳请乘机进兵，恢复失地。中央政府覆电不准。此是由于俄政府从中捣鬼，故袁世凯不敢用兵，恐碍及邦交！十一月初驻扎察罕通古的新疆军队有严保清、李华桢两营，不遵命令，自动东进，取道乌梁海（阿尔泰所辖乌梁海人游牧的地方）至叶尔羌，距料〔科〕城一百余里。士气之盛，可见一斑。惟碍于俄人干涉，是夜派人赶回原防。

是月俄国驻乌里雅苏台领事官雅及带兵官瓦派人送公文于察罕通古，阻止中国军队前进。兹将该项公文照抄如左：

> 古城带兵官览：闻得贵军多系乌合之众。如果不避嫌疑前来，其显然自大可知。我素知古城并无五千人，均系艰窘之辈，不过虚张声气而已。乌里雅苏台人烟稠密，意在将此喀尔喀蒙古，驱逐出境，不令在乌居住，现在雅克台、奇尔克台地方颇怀畏惧，故暂归俄国保护。此次之乱，因前满人办新政，如遭焚掠。若你们官兵大众再来，则蒙古定必不令前行。我今祈求祷告，事早平靖，不必再来大兵，则可以安慰众人。若你们官兵前来，我必有以回敬！用敢详告隐情，迎头投递。我们系奉君令，不放你们进兵，以免蒙古畏避，通同吃亏。此皆和好之辞，非狡诈之语也。

读此公文，俄人的横蛮态度，跃然纸上。又十月间俄国驻迪化领事，及驻科布多领事均先后照会新疆，不许派兵进援科布多，惟措词较和婉，不若此文露骨的表示其狰狞面目而已！

我方既慑于俄势不敢进军，收复失地便告绝望。而敌情叵测，和议不成，阿尔泰及新疆，仍受威胁。援军布防边境，以防蒙军西进。自罕察通古、元湖一带由新疆兵驻守，阿尔泰境内，由帕亲王及伊犁援军防御。严令各营：如外蒙军来攻，则迎头痛击；如敌人不来，则不许东进一步！于是老师糜饷，士气骤落。加以严冬降临，粮草、寒衣、燃料等，筹集运输更觉困难。

三　外蒙西侵声中新疆的防备情形

自科布多失守之后，新疆东北一带大有唇亡齿寒的危险；西南一带处处与旧土尔扈特、和硕特各蒙古部落接壤，防范抚绥，亟宜加意，煞费苦心。兹将当时防范情形，略述如左：

（甲）哈密东路　哈密为新疆的门户，该厅（当时为哈密厅）的沁城、小堡、茗冈一带为通乌里雅苏台的道路。又哈密缠民与回王，生有恶感，时虑变乱。此地除旧有巡防营外，杨都督已拨陆军马队张彩廷、张东文、张锷三营。又有回王所招马步队两营。又派新军步队李寿福一营、马队李策胜一营、炮队赵廷桢两队，赴哈密择要驻扎。

（乙）镇西　由哈密而北是为镇西，该厅所属的纸坊沟、卧云矶、三塘湖等处与乌、科接壤；而三塘湖尤为赴归化的要路。若外蒙由乌西侵，则镇西首当其冲。此地除旧有巡防营外，杨都督已派马队王兆琳一营、步队刘荣升一营，又王琳添募团练一营，以资御防。

（丙）奇台　由镇西而西北则为奇台（即古城）。奇台西北一带与科布多、阿尔泰接壤。若外蒙由科西犯，则奇台首当其冲。此地除旧有巡防营外，杨都督已派步队李华桢、严保清、杜发荣三营进驻察罕通古，以扼科、阿来往的要冲（已述于前）。又于鄂伦布拉克、元湖等处，分拨马队、炮队，及新编古城旗兵、马步等营驻扎，并派陆军旅长蒋秋林驻扎奇台，以便调遣。

（丁）绥来　由奇台而西则为绥来县，与阿尔泰蒙、哈，及新疆旧土尔扈特北部落接壤，为往阿尔泰必由之路，又为省城的西路咽喉。若阿尔泰有事，则绥来适当其冲。此处除旧有巡防营外，派驻马步队各一营，马队团长马绍星亦驻于此。

（戊）库尔喀喇乌苏　由绥来而西则为库尔喀喇乌苏，扼迪化赴塔城、赴伊犁的要道，与旧土尔扈特东部落接壤。此地除旧有巡防营及原扎之马队二营外，添派步队马扑仓、马队马成有各一营，勉敷防守。

（己）塔城　由乌苏而北则为塔城，与旧土尔扈特北部接壤，又为中俄交界通商地点。此地除协标、巡防队外，毕参赞又拟新编陆军一标。

（庚）精河及伊犁　由塔城而西南则为精河，与旧土尔扈特西部接壤。又由精河而西则为伊犁，有察哈尔、额鲁特、锡伯、索伦诸部落，又为中俄交界通商地点。精河向有标兵，伊犁有标兵亦有旗兵。自去冬伊犁起义后，即将标兵、旗兵一律取消，改练陆军，归伊犁镇边使主持。

（辛）焉耆至温宿　由伊犁而南则为焉耆，与旧土尔扈特南部及和硕特接壤。又由焉耆而西轮台、库车、拜城、温宿，皆与焉耆及伊犁的蒙古部落接壤。此地除巡防营外，又由阿克苏添募中和步队一营，于温宿驻扎。所有新疆境内蒙古部落，均经详细调查，设法联络。蒙古王公等，皆深明大义，赞成共和，抚绥有道，驾驭有方，故得相安无事。

（壬）乌什至蒲犁　由温宿而西则为乌什，由乌什而西则为喀什，由喀什而西南则为蒲犁，沿边数千里均与布鲁特接壤。又为中俄交界，而喀什尤为通商重镇。自乌什以西各属已无蒙古部落。除喀什旧有提标巡防各营外，因本年南疆不靖，各属文武亦多有添练新军者。综观全局，自哈密西至伊犁，北自塔城，南至焉耆，皆与蒙古部落接壤，而伊、塔、啊〔阿〕、哈各地又三面与俄交界。适遇乌、科有事，北路各属人类庞杂，所以御外侮、防外患者皆注重北路；北路无事，则不至牵动南疆。除上述各军外，省城有陆军新军、防军合计不下十余营，亦加紧训练，不论省内何路有事，即可调遣，以资策应。此是当时新疆军事驻防的大概情形。

四　外蒙进犯阿尔泰两次失败

元年冬间，大雪封山，天寒地冻，两方各守原防，未有接触。至二年春间，屡据谍报，蒙将官丹柏江村带领大兵八千人（其数未必实在），将进犯阿尔泰。是时我方布防情形：阿尔泰境内有阿尔泰军（数目待考）、伊犁军五营，及新疆军马队三营、步队二营、炮队一连；布尔根河驻新疆军马步各一营。察罕通古驻新疆军步队三营、马队一营，由团长张键指挥。其余元湖、古城等处亦驻有相当军队。目各军均操练纯熟，器械精良。而张键团长平时督促训练，闻警则昼夜梭巡，严加防范。

三月初旬，俄国风闻我方将进兵萨克赛何〔河〕，由驻迪化俄领事照会新疆表示强蛮意思，说是："中国军队若开进萨克赛河，则阿尔奉〔泰〕及沙尔苏美等地，难免俄国不发兵占据。"显示以武力干涉我内乱，其蛮横无理如此，我国除抗议外，亦无如之何。查萨克赛河在阿尔泰山之北麓，系阿尔泰所辖乌梁海游牧范围，由此可达科布多之西北。此时大雪封山，行军不便，我方虽有此拟议，尚未实行，及经俄照会之后，因而中止了。

四五月间，前方各军积劳致疾，酿为疫疠，愈染愈众，十人九病。一说是冬令受寒气，春夏之交为热风所吹，以致于此。即省城军民，亦有此病，好在都是外感，服发散药便愈。幸当时外蒙军未行进攻，诚为不幸中之大幸！

五月二十二日张团长接到外蒙将官的下战书。该书照录如左：

大蒙古国钦差西边劝慰托古伲拉胡领大兵参赞为照会事：民国之兵，忽入蒙境牧地驻扎。我与你们大臣，虽然均系奉命驻防而来，你们这些兵，驻我蒙古地方，据的甚么理由？你们带兵，直然到此，所因何故？请明白示覆！（此是原译文）

张团长当即答覆，其文如左：

中国驻扎察罕通古统兵官张为照覆事：民国二年五月二十二日接到照会内开："……（原文见上）"等语。蒙古地方，本为中国完全领土。前清隆裕皇太后宣布共和，成立民国，蒙古全境当然应在民国版图之内，载在约法，五族遵守。蒙古王公效忠民国，赞助共和，受我民国大总统封号，有加无已。乃库伦独立，袭取科布多城，又谣传有窥伺阿尔泰之说。领土所在，岂能放弃！察罕通古地方在中国防御线内，奉中国大总统命令驻兵防守。若库伦不派兵前来，我国亦不进兵科城；若库伦派兵前来，中国官兵亦不能稍有退让，盖为保存领土起见，自应不受他人干涉。况库伦独立，系库伦一部分之行为，非蒙古全部之行为。现奉中国大总统命令，正在停战议约，将来如何解决，自有正当办法。若不候政府解决，妄开边衅，则我国领土所在，我国官兵实难稍为退让。为此照覆，请烦查照。

因为察罕通古是由科布多赴阿、赴新的咽喉，故外蒙军特别注意于此。六月十四、十七两日连据札哈沁部蒙人等来营报告："外蒙军已分三路进兵，一由乌梁海进攻布尔根河，一由包墩庆、五云集两处夹攻察罕通古。前锋马队千余人已到保土工地方，距察三站。十四日敌人二百骑，已到五云集，着札哈沁人预备毡房料等项，旋即转回保土工。"张团长得报，复派人侦探，确属实情。即电请速令驻扎元湖的炮队星夜开拔前来，以壮军威。幸是时各营病兵，十愈八九。又包庆墩河水涨发，蒙军前锋千余人，未能渡过，暂住未来。过几日蒙军又下一战书，限中国军队十日内退出察罕通古；否则枪弹对待。张团长亦答覆，大意是：中国与库伦事件，不如彼此静候政府交涉解决，最为上策。轻启战端，不论胜负，两无利益。如你们必来攻击，则中国官兵不能不采正当防卫手段。

　　是时由库伦派来的兵卒有一千五百人，开到沙札盖台（在科布多境内，由察往科的官台），纠集各部人共有四千余名。其中有索伦人、乌梁海人及札哈沁人，统兵官名萨克札杜布。所用枪械有单响、五响、六响等类，均系俄人发给的。因札哈沁公往投蒙军，告知中国方面又由古城调兵前来，他又以马队七十名助蒙军，每日在蒙营来往。蒙古军官想趁中国调兵未到，前来攻击，于七月四日黄昏时候，由沙札盖起程，共三千人，均系马队，特来察罕通古劫营。到三更时分，已被我军侦探探悉。张团长因黑夜无光，兵力单薄，不敢远出，号令各营，守住战沟，沉着对敌。四更时两方开火射击。至天明我军逾沟进攻，兼有炮队助射，敌人抵御不住，始行退走。我军因兵少，未敢远追。此次蒙军大部包围我军驻地，三面散兵战线约三十里。及敌人退后，计阵毙敌人二百余人，战马三百余匹，生擒两人，夺获枪械数十枝。我军共计阵亡官兵六十二名，驼夫二名，受伤官兵九十八员名，驼夫三名，死马四十五匹，失枪三十二枝。此次战事全得力于地势平衍，我军先挖战沟，借资屏蔽。又以步击马，以逸待劳，故能以少胜众。于是外蒙西侵的气焰，始受一次打击。

又据俘虏报告：当蒙军袭攻察罕通古时，另有丹柏江村率领马队三千驻扎萨克赛，距布尔根河六站，不日就要起程来攻布尔根河。杨都督以布尔根河四面高山，中间平地，纵横不过二里，形如釜底，易遭敌人射击，又以兵力单薄，故电令该地二营，退驻察罕通古。

七月十一日天将晓，外蒙军有三千余人来攻察罕通古大营。另有七八百人，先踞偏南数里的高山，枪弹可以直达我第四营营垒。又派队越出我军后路，断截我粮道、牧场及樵地。北面山后十余里地有大股敌军以为接应。情形甚为危急。张团长指挥军士分头迎击。又以第四营形势最危迫，恐抵敌不住，随派杨团副庆明及备补营马营长得贵带队前往协击。两员奋勇直前，轰击四点钟之久，占领南山的敌军始纷纷逃散，全围亦解。此次阵毙敌人一百余名，中伤者不知其数，死马两百余匹。我军马营长得贵不幸阵亡，令人痛惜！其余各营兵丁共亡五名，伤七名，失炮马七匹，枪械等件均未遗失。惟在外放牧的马匹，被敌人开花炮惊走四十匹。敌人战败后，退二十余里，即行驻扎。我军因兵力单薄，且马队尤少，不能出营追击。此是外蒙军第二次的失败。

先是四月间，中国中央政府正与俄使商定条约，所有阿尔泰山以北乌梁海、哈萨克地段，华俄双方均不派兵前往，俄人不令外蒙军西趋。而外蒙军即于七月两次进攻察罕通古，俄人不顾信义如此！幸而两次获胜，否则阿尔泰必继科布多而失陷。

五　华蒙战争的危机

外蒙军失败后，扬言"誓不干休，派人回后方调开花炮两尊，借俄兵九百，再来攻打"。中国军虽两获胜仗，但无生力军补充，军老气弱，形势很为危险。杨都督于七月十六日密陈中央，畅论华、蒙战争的危机，大意是：

（甲）就全国大势来看，华、蒙不宜久战的理由有四：（1）五族一家，宜共谋幸福。若杀机一起，怨毒必深，鹬蚌相持，渔人得利。（2）蒙古民族，在元代为世界最强的民族，今若频年战争，智慧日开，胆气益壮，将来必为西北的大患。（3）中国国基未固，内争隐伏，不宜劳师糜饷于对外。（4）黄雀捕螳螂，戈〔弋〕人在后。纵中国战胜外蒙，俄人必出而干涉，我吉、黑、新疆，先遭其害。是以内争而招外患。

（乙）就新疆情形来看，不宜久战的理由有五：（1）新疆东、北二面，自哈密、镇西、奇台，与乌里雅苏台、科布多接壤，沿边二千里，防不胜防，战争一开，应接不暇。此对于境外的蒙部言，不宜久战者一。（2）新疆境内有旧土尔扈特、和硕特、察哈尔、索伦、额鲁特等，与汉、回、缠、哈相杂居。此次各蒙部不为库伦所煽惑者，虽是各部王公深明大义，亦慑于兵力，不敢轻发。若我与外蒙久战，一有挫失，必损国威而启戎心。此对于新疆蒙部言，不宜久战者二。（3）近来俄国于我喀什、伊犁、宁远等地添驻军队，又于边境萨马尔、阿拉木图等处调驻重兵。又查明俄民车马，不准远走，又派人入新疆，潜购粮食以备军用。此就对俄人言不宜久战者三。（4）新疆、伊犁尚未实行统一，啊〔阿〕、塔亦各树一帜，喀什亦想扩张势力，一省之内，俨同数国，已有四分五裂的形势。且游民、会党，伏莽潜滋。若遇外蒙相持，一遇失败，南北两路，必受影响。此就通省言，不宜久战者四。（5）新疆系受协饷省份，前清时，各省岁协饷二百四十万两，近年以来，协饷久绝。自本年一月至六月仅收中央接济银十两万。本省解款，只收喀什解来五万两。此外更无分文收入，全恃发行纸币以度目前之急。又无准备金，万一信用一失，危险堪虞。以

〔此〕就财政言，不宜久战者五。

（丙）就察罕通古来看，有可虑者四：（1）由古城至察，沿途所经，仅由古城四十里至北道桥尚有居民，此外约计十程，一望沙漠，人迹罕至，又不通车，运输粮草，专恃骆驼，入夏以来，骆驼放厂，虽有粮草，不能运往。此就粮草缺乏，所宜虑及者一。（2）孤军深入，兵家所忌。察罕通古紧与蒙地毗连，后路的鄂伦布拉克、锡伯图台、号赖通古台、乌什克台等处，现虽步步为营，拨兵分驻，然平沙无垠，处处通匪。万一敌人抄袭后路，则粮运梗塞，声息不通。此就后路辽廓，所宜虑及者二。（3）自新、伊开战以来，子弹消耗已多，前敌各军每枪仅携三百发，勉敷一两战之用。现虽从速拨发，而省城所存无几，杯水车薪，难期有济。而由京领用的军械，目下仅至泾州，有缓不济急之势。此就军械不足，所宜虑及者三。（4）各军远戍察境，将及一年，旷野沙碛，并无营房，虽有帐棚，难御风雨，冬寒夏暑，辛苦备尝。加之夏令疫疠盛行，十人九病，疗治甫痊，猝遇敌大〔人〕，幸而军心团结，尚能以少胜众。然由察前往，四面皆蒙人牧地，山谷起伏，我军未谙途径；加以俄人干涉，即使战胜，亦不敢冒险进攻。况两军相持，必无长胜之理，而由察内向古城，路逾十站，水草缺乏。设或万难抵御，急待旋师，敌人纵不追击，人马亦将饥渴而死。此胜负无常，所宜虑及者四。

以上各种情形，新疆当局，极为明了，然仍死守察罕通古而不敢放弃者，直接是保护阿尔泰，间接就是护卫新疆。然势穷力尽，恐不能继续维持，故该呈最后恳请大总统饬部与驻京俄使交涉，毋令蒙军轻启战端，以免涂炭生灵。又说，闻中俄条约已交议院提议，惟愿及早通过，条约早定一日，即边患早弭一日云。

六　中俄订约双方停战

　　蒙军自两次失败之后，未曾发大队来攻，仅时时派少队来劫掠牧场，或袭击后路元湖、乌什克一带，想断绝我军粮道，先后都被我军打退。九月初阿尔泰帕亲王与驻阿俄领商议，双方停战。由俄领电库伦，勿再进攻。但事实上蒙军依然不断的派小队来骚扰。至十月初旬帕亲王为中俄协约尚未解决以前，维持现状，保全领土起见，与俄领商议，新、蒙双方停战，订临时条约六条。兹将原约草案列左：

　　第一条　阿、新军队与喀尔喀军队，自此条约签字后，各守现驻地点，均不得前进，互相攻击，静候中俄协约之成立。

　　第二条　中俄协约，未经成立以前，阿尔泰与科布多疆界，暂以阿尔泰山最高分水界为界，但自江个什阿噶什起以布尔根河为界。至济尔噶郎河口，即济尔噶河入布尔根河之处，再向东南经甜陶策凯至哈尔根图、阿满止为界线。

　　第三条　乌梁海、哈萨克人民，无论中俄协定成立与否，自此条约签字后，满八个月内，任其随便迁移，中国官与喀尔喀官，均不得阻止，俟八个月限满之后，其在阿尔泰分水界以北者，归科布多管辖。

　　第四条　阿、科两属，自此条约签字之日起，应开通商路，听商人自由贸易，凡商人生命财产，经过各该管境内者，彼此应实力保护，并负其责任。

　　第五条　阿尔泰军队，中俄协约未经成立以前，再不加兵，喀尔喀亦不得加增兵力，将来应练军队之多寡，悉遵中国政府之政策办理。

　　第六条　此条约自签字日起，共同信守，俟中俄协约成立之日，失其效力。

该项草案最大弊端有二：（1）第二条规定中俄协约未成立以前的科、阿两地的分界线。易遭失地的危险，故中央不予承认；（2）第三条八个月内任乌梁海、哈萨克人自由迁移，八个月后在阿尔泰山北者归科布多管辖一则，流弊很大。原来哈萨克部向在塔城边境居住，自中俄分界后，始有中哈、俄哈的区别。中哈居塔城者以人多地狭，势不能容，始由科布多借来啊〔阿〕尔泰、哈巴河一带安插他们。前清末年科城索还借地，塔城不允，奏请查办，数年不结，最后议定设阿尔泰山办事大臣。人随地转，又有塔哈、阿哈的分别。惟哈萨克以游牧为生，阿、塔两处，只有冬窝而无夏窝。两处哈人每年潜来新疆的镇西、奇台、阜康、孚远一带，逐水草以居。因他们素性慓悍，常事抢掠，居民受害。而阿、塔两城又以该管人民，利用他们当差，不容外出，于是新疆则派员驱逐，阿、塔则派人接收。特以地方辽阔，驱者自驱，收者自收，潜逃奔窜者如故，乘隙抢劫者如故。近来以蒙军西侵，哈人益发鸱张，四出骚扰。新疆当局，以哈人亦是中国人民，恐怕他们闹乱，故饬各属拨给牧场暂为安插，原期军事解决，再令各回原牧地。但已安插者不能恪遵定地；未安插者，又飘忽无常，以致镇西、奇台各县禀报创〔劫〕抢伤人之案，纷至沓来！各地官绅有请力加驱逐者；有议设法安抚者；更有请缉凶惩办者。惟蒙事未定，若不安抚哈民，必投入敌方，以为我害。而该条约第三条，限以八个月，定以分水界者，是俄人想攘夺我人民的阴谋，显然可见。八个月之后，我方境界，仍不能禁止科属哈民来往，如是俄人可利用他们窜入境内，从事扰乱，其祸害何堪设想！

十一月五日中央政府与驻京俄使订定《中俄声明文件》，内容大要是：俄国承认中国在外蒙古之宗主权，中国承认外蒙古之自治权（其他从略）。又订《中俄声明另件》，其第四条规定："外蒙古自治区域，应以前清驻扎库伦办事大臣、乌里雅苏台将军，及科布多参赞大臣所辖之境为限。惟现在无详细地图，而各该处行政区域，又未划清界域。是以确定外蒙古疆域，及科布多、啊〔阿〕尔泰划界之处，应案照声明文件第五款所载，日后商定。"此项声明成立之后，上述临时条约即失效力。闻当交涉时，我方力主以喀尔喀四部为外蒙自治范围。俄方力争科布多要包括在内。假如阿尔泰失守，外蒙自治领土更为广大，即俄人侵略的成绩亦更上一层，则啊〔阿〕尔泰不属于新疆省了！此是新、阿当局竭力抵抗的功绩。

十二月二十一日帕亲王与驻阿俄领签订《中蒙军队停战条约》，该约第一条："驻察罕通古一带中国军队，于此条约签字后三个月内，退回新疆元湖地方。再此条约系指双方驻兵地点而定，与阿、科疆界问题决无干涉。"于是至明年三月二十一日，双方撤兵，一场风波，始告平靖。

七　善后事宜

自二年五月间外蒙军进犯阿尔泰境，阿属乌梁海、新和硕特、新土尔扈特诸部落，均遭蒙军蹂躏。新土尔扈特正盟长、亲王密西克栋固鲁于五月下旬率所辖三苏木（即佐，佐属于旗）南投于新疆，受安插于孚远县四厂湖地方。其他如新土尔扈特副盟长贝勒，新和硕特辅国公，及乌梁海贝子等，均被蒙军掳去，勒令缴销旧印，颁发伪印。至议和停战后，各部贝勒、贝子、公爵等始放归，印亦发还；惟外蒙所发伪印，未曾收去，新疆当局，拟设法收毁，后因俄人干涉，即行中止。当蒙军退后，各部纷纷投诚，愿效忠民国。又以蒙军撤退时，驼马牛羊，全被抢去，损失极大。中央颁给抚恤金，计新土尔扈特贝勒银二千两，新和硕特一千六百两，乌梁海二千两。各部均极感戴，亲来新疆，趋谒杨都督，以示内向的诚心。

前事不忘，后事之师。此次阿尔泰之幸存，新疆之苟安者，皆由于地方与中央能切实联络，一面交涉，一面抵抗，故有此结果。假如仅有外交，而无武备，阿尔泰必不能守，新疆必不得安；假如新疆不与中央联络以壮声气，俄人欺地方势孤，进侵益急，而阿尔泰亦必不能守，新疆亦必不得安。现在新疆的内忧外患，较民元间尤为危急，甚望新疆当局取法前事，诚心内向，与中央切实合作，共谋补救之方！

《边事研究》（月刊）

南京边事研究会

1934 年 1 卷 1 期

（李红权　整理）

苏俄在外蒙军备一瞥

两大飞行场军用飞机五百架　赤卫军五万分驻外蒙各重镇

作者不详

（东北社哈尔滨讯）自日寇强占东北后，日本军阀愈信其大陆政策之迷梦有实现之可能，于是进而欲独霸远东。而在苏俄方面，表面上似较消沉，但据调查所得，苏俄虽故示镇静，而在外蒙各地陆空军之布置，急为猛进，军工设施，尤为急切，无日不准备与暴日火并中。而我东北及外蒙各地之大好河山，竟为外人角逐之战场。吾施〔同〕胞睹此，应作如何感想。兹将苏俄在外蒙陆空军布置情形晰录如次。

空军状况

外蒙国境之苏俄军备状况，非常紧张。最近外蒙第一飞行场，著名之萨贝依斯飞行场库中飞机由一一五架已增至四五三架，修理机件工场延长工作二小时。飞机场及工厂周围一五〇〇米内禁止通行，日夜设有便衣警备员百余名，补助赤军警护。其中"戈臂乌"占十分之八，严重可想而知矣。第二飞行场在可尔右尔河之右岸。界荣罕飞行场，有爆击机三十七架（重爆机十二架，轻爆机二十五架，翼面、腔体、速度、马力侦察中）。巴尔卡哈尔哈境界之贝尔诺尔湖附近，于七月廿日至八月十五日间，苏俄特种机（侦察兼战斗机）曾飞翔四次。

陆军布置

赤军之在外蒙古者，总额达五个师团。以萨姆贝依斯为中心，向贝尔诺尔湖南岸一带哈尔滨、罕以尔斯、哈尔哈河、素〔索〕伦配置。此外由本年（一九三四）八月起，由前述诸地方抽调两个联队作为游击部队，向上述各地方时时移动，作徒步强度行军训练。贝尔诺尔河口之哈夫林蒙古寺已被赤军将僧侣驱逐作为兵营。由哈尔申庙至八韦沁河下流右岸，赤军轻机械化骑兵巡逻队每日巡行六次。贝尔塔湖附近哈尔哈河口左岸瓦达可夫渔场，及依瓦布尔其庙内，为苏俄号称精锐之突击骑兵旅团驻防地，并有一部步兵担任地方治安，警备该地，备有重机关枪两架、铁甲汽车两辆（大型轻式，六轮，装甲正面十三米唐〔厘〕，两侧十米厘，其他六—八米厘）。此外长途载重二·五吨至六吨汽车达四十辆以上，专由库伦向渔场输送建筑材料，往来频繁。塔地喇嘛庙地方驻有骑聊〔联〕队与巴尔卡，接续负警备贝尔诺尔湖南部地方警备之责。乌蓝呼都克设有三百四十名警备哨所，依里得其力王府驻屯骑兵一个联队，负王府、库伦间交通警备之责。诺尔欣哈伦至索伦方面沿哈拉〔尔〕哈河建筑军事专用汽车路中，严禁地方人民往来，工事非常秘密云。（十月九日）

《东北消息汇刊》（季刊）

上海东北通讯社

1934 年 1 卷 2 期

（丁冉　整理）

绥西各县人民负担军差的小统计

赞　撰

　　绥西各县向素苦瘠之区，人民生计艰难，自去年孙殿英部队开来驻扎及西去攻宁之际，该地人民受害至重，以致哀鸿遍野，状极凄凉！而军事供应一项尤为巨大，除被其直接勒〈派〉征掠无从计算外，兹就差徭处之支应而有记载可考者统计如后，以朋其概：

县名	物称	数值
包头	粮秣	一一〇，〇〇〇元
	骆驼	八五〇头
	牛车	二七〇辆
五原	粮秣	八〇，〇〇〇元
	骆驼	七五〇头
	牛车	二二〇辆
临河	粮秣	一三〇，〇〇〇元
	毛驴	三〇〇头
	骆驼	七五〇头
	牛车	八〇〇辆

续表

县名	物称	数值
安北	粮秣	二〇,〇〇〇元
	骆驼	二四〇头
	牛车	一二〇辆
固阳	粮秣	六五,〇〇〇元
	骆驼	七四〇头
	牛车	一八〇辆

《边铎》（半月刊）

南京边铎月刊社

1934 年 1 卷 3 期

（朱宪　整理）

察东日伪驻军概况

作者不详

日本自以军事占据热河后，即企图席卷西蒙，在我察东驻兵筑路，为所欲为，直不啻为其俎上肉！兹将察东日伪驻军状况统列于后，借事警惕：

驻兵地点	部队	军队数额	备考
多伦	伪军李守信部	三〇〇	
多伦、沽源交界处	伪军金团	二〇〇	
梁经堡	伪军戴团	六〇	
大阁镇	日军		
	伪军	二〇〇	
		一〇〇	附飞机二架
沽源	伪团长刘殿成	二〇〇	新由土匪改编
黑达子	伪军张海鹏部	一〇〇	内有二三日人
总计		一，一六〇	

《边铎》（半月刊）

南京边铎月刊社

1934 年 1 卷 3 期

（丁冉　整理）

可怖的库伦暴动实况

——满洲里通信

陈华　译

外蒙何以成为秘境？

外蒙何以成为秘密境域，实一有兴趣问题。外蒙古自一九二四年宣言改为共和制度以来，于今十载，始终在苏俄"赤色帝国主义魔手"压迫之下。对外门户紧闭，实行极端的锁国主义。

关于外蒙事务之情报，来源有二：一发自天津、北平、南京；一发自呼伦贝尔、满州〔洲〕里、海拉尔。然前者系经华人之手，含有宣传意味，不尽可靠。后者为苏俄把持，欲求正确情报，为绝对不可能之事。二十年前，侨居库伦之日人，男女共计百八十名，加以贱业妇女，达三百三十名之多。当时日本在彼处之商业，亦颇活跃，占有相当地位。北京日本使馆，并遣派武官、书记官，留驻库伦。喇嘛教主对于日人，曾表示种种好意。彼时可自满州〔洲〕里、海拉尔到达库伦，兼通外蒙各地。商业发达，往来频繁，故该处情形，极易明了。迨后俄罗斯革命爆发，波及蒙古，俄罗斯布尔雪维克军将远东之白党谢米额夫军队击退。其部下乌格尔败走库伦，自立为蒙古独立党首领，旋与蒙古青年革命党开战，革命党得布尔雪维克军之援助，乌格尔一败涂地，不复能振。

日本现任台湾军司令官之松井石根大将，彼时正充库伦特务机关长，于纷乱杀戮之中，逃出该地。此后日本势力，剧行衰落。现在外蒙古，严禁外人旅行，决非寻常手段所可入境。最近居住库伦之日人，仅女子中岛歌子一人，为中国商人之妻，伊于二年前至海拉尔寻找故知，不幸未遇，遂展转流落此处。

满州〔洲〕里、海拉尔等处，已与昔日情形不同。满州〔洲〕里与库伦间道路，遍生野草，久已无人通行。然吾人对于探悉外蒙情况之兴味，不因之减低，关于此方面情报之获得，亦非决无方法，吾人欲知其政治情形，但努力观察其军事行动，斯可矣。

确实情报

去年九月间，西伯利亚线满州〔洲〕里站，有朝鲜夫妇二人下车，彼等留外蒙十年，在乌梁海地方，采掘生金。归时携带砂金约值三千元，出俄之际，遭严苛之检查，所有金钱，全被没收，衣服亦被剥去，而易以破烂之衣，即彼归来时所着者是也。自六月以来，边境空气，突然紧张，西伯利亚及外蒙一带之苏俄军事行动，着着进行。在昔出境时，须受严密检查，与苛酷关税之剥削，今则大半禁止出境，情形稍较可疑者，即行枪杀。国境间之监视，严重已极。

前据报：“最近居住乌梁海地方之六万蒙人，对于苏俄当局劳动赋役之苛酷的剥削，及厉行私有财产没收种种虐政，已忍无可忍，反俄空气，日趋浓厚。苏俄一面饬令卫军严重警戒，一面避免对于蒙古人民实行武力高压政策。劳动赋役，减收百分之三，私有财产，减收百分之四，以图缓和空气，收拾人心。惟外蒙反俄之酝酿已久，事态将有扩大可能云云。”乌梁海在库伦西方，为外蒙古唯一产金区，占苏联产金额总数百分之六十，故该处成为外蒙古之特别区，武装警戒，异常严重。当地六万蒙人，全部被强制从事采金劳动，采得之金，完全交由苏维埃政府代收。一面利用武力镇压，以制止暴动，然劳动者对于此种榨取手段，究不能甘心，乌梁海地方民心动摇，渐趋严重。迨至十一月间，一俄人自乌尔乃其斯克市乘西伯利亚车至满州〔洲〕里，彼谓系避难而来。并谓库伦发生大暴动，现一般蒙人，陆续逃往北部恰克图方面避难等语。

先是，基达地方西北之威斯木街，有一千名反俄分子暴动，继之，西伯利亚沿线安洛弗巴乌基地方，亦有一千二百名暴徒响应，伊儿库斯库附近之军用列车，被彼等袭击。旋有满载赤卫军之装甲车，在西伯利亚线上，昼夜往来巡逻，威吓警戒，一时战云弥漫，情形异常严重。

当时苏俄赤军，在蒙古边境无人之处，严密戒备，大有滴水不泄之〔之〕势，目的安在，外人无从索解，库伦暴动之消息传出，疑团始解。

暴动的真相

月前由某方面得到确讯，库伦暴动真相，乃得大明。缘现任库伦司法部长蒙古人克尼布麻达麻基亚夫，目睹同胞呻吟于暴政压迫之下，极表同情。同时，对于赤色帝国主义之侵略，尤为切齿痛恨，秘与库伦骑兵联队长麻塔木亚库，商议独立之策，一面联络反对苏维埃之赤军及劳动者援助，相机而动。

十一日十八日黑夜，事乃暴发，在库各机关担任指导之俄籍要人四十人被杀，当时参预暴动鸣枪者，数达二万人。

独立军原拟将库伦各机关，如内政、外交、财政、陆军、司法、参谋等部占领，东营子之火药库炸毁，市之东北飞行场夺回，惜均未成功，终至败北。苏俄急调驻屯蒙北马米基安地方之赤卫骑兵三千，及飞行大队出动，惟努力避免巷战，实行爆击，亦极注意库伦街市之安全。

独立军之给养、兵器，均感缺乏，无法支持，失败后，主要分子以下二千名，均被惨杀。无何，市面镇定，所有参加暴动者，几全部被俘虏收容。

此事传至蒙古各处，蒙人各自怀惧，络绎向西方乌里雅苏台、科布多等处逃避。

苏俄当时并在呼伦贝尔西部边境配置重兵，计有骑兵五百、唐克车五辆、飞机三架，阵线颇为坚固。蒙人向满洲逃亡者，深恐被赤军拿获，指为暴徒。外蒙人心动摇，至今未息。苏俄欲将外蒙全部完全"赤化"，决非短期间所能实现，故今后外蒙情形，仍极堪注意也。

译自《世界知识》第六卷第三号

《新蒙古》（月刊）

北平新蒙古月刊社

1934 年 1 卷 3 期

（朱宪　整理）

最近日本对内蒙之侵略

方秋苇　撰

一　"匿名"的蒙古

假使有人对中国国势前途作一个估价时，我一定回答："中国是匿名了。"这个话怎么解释？有的解释。好，让我们说来吧：

巴克林（Paklin）说道："你走了么？至少对我说你住在什么地方吧。"

"我是没有定所的。"

"我晓得，你是不愿意我晓得，好，至少请你对我说这一句：你们还是受着瓦士里·尼可拉奕逸奇的指导么？"

"你问来有什么用呢？"

"或则还是受看别的一位——受着西多尔·西多里奇（Sidor Sidoritach）的指导呢？"

浅西拉没有回答。

"更或则还是受着一个匿名者的命令？"

浅西拉已经跨出门限去了。

"唉，大约是受着匿名者的命令。"

她把门闭上了。

巴克林在掩闭着的门前，屹立了好一会。

　　他结局说出了一声道：

　　"匿名的露西亚！"

——Turgenieff：Virgin Soil

　　唉唉，"匿名的露西亚"早已不匿名了。巴克林结局说出了一句"匿名的露西亚"，我们要说的是什么？一定的，我们对于中国的前途抱着无限的忧虑，眼前的事实，我们只要说出来："匿名的中国！"

　　真的，中国是要"匿名"了，也许必要"匿名"的了?! 可不是么？西藏是早已"匿名"了；东北四省也是"匿名"了；难道新疆、云南又不是"匿名"么？就是我们的老邻居蒙古，也是要渐渐地"匿名"了……这话不错么？那么中国一定是"匿名的中国了"！

　　现在，要谈谈我们的老邻居蒙古了。这里所谈的蒙古，是指内蒙而言，即是日本帝国主义所谓的"东蒙"和"西蒙"。

　　现实地，东蒙在日本帝国主义武力压迫之下，将全部被宰割了；同时西蒙在日本帝国主义及所谓"满洲帝国"威胁之下，随时都有被宰割的可能。事实上，现在的西蒙已在日本帝国主义威胁之下。特别是东蒙和西蒙的分离，更增加了整个内蒙前途不少的隐患；如果从失去"民族统一性"这一点上来说，现在内蒙已立于最危险的时期了。关于这一点，我们只有以事实来说明，也只有以事实作根据而说明，才能透视出日本帝国主义对内蒙侵略野心——特别是最近，日本帝国主义者对内蒙的侵略、宰割、吞并种种野心，已显明地暴露于吾人的眼前，难道大家还不能认识么？假如不能认识，那真是"匿名"的蒙古了！

　　中国人的一个最大弱点，就是不能认识自己，同时也轻视敌人。我记得在许多年代以前吧，一个国家的一个重要城市，被敌人的木马围困了。这个国家的人都在城市朦胧地睡眠着，因为他们轻视了敌人的木马。但不幸得很，也许是意料之外，敌人的木马终于是将城攻破了，将这个国家征服了。这时候，这个国家的人，才知道木马的力量，于是他们屈服于木马的威力之下了。

这一个有兴趣的故事，正与今日之中国的情形一样。要知道，现在围攻中国的，已经不是木马了，那是比木马还要厉害的武器啊！

这些话，我们不愿再说了。现在，我们要就最近日本帝国主义对内蒙的侵略事实，作一个客观的、忠实的分析！我想这一点，对于研究蒙古问题的人，不无相当的贡献吧?!

二　日本对东蒙之宰割

日本帝国主义对中国领土的侵略，完全是一种"蚕食鲸吞"的政策，换言之，即是一种慢性的步步前进的侵略政策。如对"满洲"的侵略，它首先将"满洲"分为"南满"与"北满"，然后它的侵略势力，先从"南满"伸入"北满"！对于蒙古的侵略，也是一样的。因为日本帝国主义为便于侵略内蒙起见，所以将内蒙分为"东蒙"和"西蒙"。自从热河陷落，东蒙已被日本帝国主义取得，现在唯有西蒙的存在了。事实上，日本帝国主义必要以侵略"南满"及"北满"的方法，而同样地施行于"东蒙"和"西蒙"的。

现在，我们就要看日本帝国主义是如何侵略东蒙？换言之，东蒙在日本帝国主义统治之下，是什么样一个形态？关于这一点，日本帝国主义对内蒙的侵略计划，是采取如下的步骤：

（1）要将东蒙的政治形态分化，将旧有政治组织粉碎，置于"满洲国"体系之内。

（2）再扶助西蒙亲善日"满"当局者，组织自治政府，形成半独立的局面。

（3）然后将东蒙和西蒙溶成一体，实现"大源共和国"的计划（注一）。

日本帝国主义基于这个计划侵略内蒙，首先对于东蒙的侵略，即施行那阴狠的宰割手段。据报载，东蒙方面，自九一八东北事变后，日本即派员赴东蒙煽动，冀完成田中内阁所主张之"既定计划"（即满蒙一元计划），当按地理之情况，将东蒙划分为数省。现在，可以简单地说明其概况：

A．东分省　即黑龙江省以西，大兴安岭以东之地域。东南接南分省，西邻北分省，北方又与黑龙江省为界。全域悉为兴安岭及其支脉所蟠结之山地，平野则为河流之谷域，亦仅于山与山之间有之而已。惟山岭不甚高峻，大抵成缓倾斜之势。河流之大者，则注于嫩江之甘河以至土拉、诺敏、革尼、阿伦等河，皆无舟楫之便。伪兴安总署定札兰屯地方，分为八旗，如下：

（一）那文旗　位于最北，占有甘河之东北部，住民则以俄伦春族占其大部分。

（二）巴彦旗　在那文旗之南，占有甘河之西南地域，住民于平地为达呼里族，山地则多俄伦春族。

（三）莫力达瓦旗　简称莫力旗，在巴彦旗之西南，占有诺敏河之流域，住民之分布与巴彦旗相同。

（原文中无"四"）

（五）阿荣旗　在中东铁路之北，住民与莫力达瓦旗同。

（六）布特哈［旗］左翼旗　简称东布旗，位于中东铁路之扎兰札〔屯〕、哈拉苏、巴林等旗两旁之旗，住民多为俄伦春族，亦有移来之中国人。

（七）布特哈右翼旗　简称西布旗，在东布旗之西至兴安岭之部分，住民同上。

（八）喜札嘎尔旗　简称喜札旗，在东分省之南，占所谓索伦山地方，住民之大部分为索伦旗〔族〕。

此分省以布特哈蒙为中心，日本帝国主义为求便于统治，故派布特哈王鄂伦春为省长。

B. 北分省　即为兴安岭山脉之西斜面，西及西伯利亚，西南接外蒙古，为外交关系重要地域。此地即为呼伦贝尔，别名为巴尔虎。分省公署在海拉尔，派呼伦贝尔都统贵福之长子林陞为省长。其地分为八旗，如下：

（一）索伦左翼旗——东索旗 ⎫
（二）索伦右翼旗——西索旗 ⎬ 在分省之东南部，住民以索伦
旗〔族〕居多，各旗之总管不限于索伦人。

（三）新巴尔虎左翼旗——东新巴旗 ⎫
（四）新巴尔虎右翼旗——西新巴旗 ⎬ 在分省之南部，住民大
部为蒙古族之一派之巴尔虎人。

（五）陈巴尔虎旗——陈巴旗，陈者，旧之意，系对新巴尔虎而称。

（六）鄂鲁特旗——鄂鲁旗，鄂鲁特即额鲁特，住民为蒙古族之一派加尔马克族。

（七）布里雅特旗——布雅旗，与蒙古族一派之巴尔虎为同系，此族在俄领内亦多。

（八）鄂伦春旗——鄂伦旗，在本分省之东北部，住于兴安岭山中。

C. 南分省　南自辽宁〔自〕彰武、康平西〔两〕县之北部，北及东分省，东自辽宁省之郑家屯、瞻榆县、镇东县、突泉等县，西至西分省及热河省之西域，于南部则包围辽宁省所属之通辽县。其面积及人口，尚无确实调查。此分省设达尔罕王府（西辽河南方，通辽之西北方），地方则如左：

旗名	略称	俗称	旗长之爵
1. 科尔沁左翼前旗	东科前旗	宾图王旗	多罗宾图郡王
2. 科尔沁左翼后旗	东科后旗	博王旗	多罗郡王
3. 科尔沁左翼中旗	东科中旗	达尔汉旗	和硕达尔汉亲王
4. 科尔沁右翼中旗	西科中旗	土谢图旗	和硕土谢图亲王
5. 科尔沁右翼前旗	西科前旗	扎萨克图旗	扎萨克图郡王
6. 科尔沁右翼后旗	西科后旗	苏鄂公旗	喇嘛什希克镇图〔国〕公
7. 扎赉特旗	扎赉旗		固山贝子，晋多罗贝勒

D. 西分省　自去年五月划热河省之西喇木伦河以北而设。分省公署设开鲁，地方则分为六旗二县，如下：

（a）六旗

（一）扎鲁特左翼旗　简称东扎旗，区域则为旧域中除去开鲁县之属地之部分。

（二）扎鲁特右翼旗　简称西扎旗，区域则为旧城〔域〕中除去开鲁县之属地之部分。

（三）阿鲁科尔沁旗　简称阿鲁旗，区域同为旧域中除去开鲁县属之部分。

（四）巴林左翼旗　简称东巴旗，区域如旧。

（五）巴林右翼旗　简称西巴旗，区域则为旧域中除去西林县属之部分。

（六）克林〔什〕克腾旗　简称克旗，区域如旧。

（b）二县

（一）开鲁县；（二）西林县（注二）。

由以上的记载，我们可知日本帝国主义分裂东蒙的情形了。日本帝国主义这种作用，即是要将现有东蒙的政治形态改变；因旧有的政治形态改变以后，而新的政治形态，便是"满洲国"一个体系了。在吞并"满蒙"这一点上，此种计划实为必要的一种手段！现在我们可以说，整个的东蒙，都被日本帝国主义宰割了；并且在"满洲国"体系之下，被统治，被管理了。

三　日本对西蒙之威胁

日本帝国主义宰割东蒙的计划成功，那么它第二个步骤必要：再扶助西蒙亲善日"满"当局者，组织自治政府，形成半独立局面。事实上，日本帝国主义为了这个计划的实现，曾向西蒙施行种种威胁、利诱及压迫的手段！尤其是最近以西蒙为中心之内蒙自治政府之成立，日本帝国主义更要加紧努力于威胁、利诱及压迫的手段！据最近报载：

……日在侵蒙古前，决不先占华北。盖侵蒙为对俄之要着，取华北为万不得已之手段！且侵蒙企图渐已证明，数日前曾有蒙古王公二十余人被邀赴长春。日前承德伪省府会议时，有日军领袖在座谈话，对侵蒙公然不讳。现承德之日军有全部向西移动之准备。近来日人在华北所募工人，扬言为修筑输送热河铁路，实则多数集合多伦、沽源以备西进时充输送工作（注三）。

无论这个消息确实否，总之，日本帝国主义对西蒙之威胁、利诱、压迫为必然的手段。事实上，日本帝国主义这种侵略手段，完全是一种有计划的。现在我们要看它的计划怎样？据最近报载：

据蒙人方面消息：日人顷在林西设置一种特务机关，由名盛岛者主持其事，其任务专事联络西蒙王公贝勒，企图某种活动。四月上旬，由盛岛带同蒙旗王公数人，由长春到沈参观，并予隆重招待。该王公等在沈匀留约有半月，嗣由通辽赴蒙，着手工作。此间（［此］北平）蒙人闻讯后，俱极注意未来之开展云（注四）。

如果我们将前后两项消息看来，一定不会否认这个事实之不正确的了！总之，日本帝国主义对西蒙之利诱是必然的，假如这个利诱的计划失败，它必进一步地作威胁的手段；假如威胁也失败了，无疑地它将再进一步作武力压迫了——换言之，即是发动领土攻击战争，将整个西蒙夺取！

我们根据以上的事实看来，可知今日之西蒙是最危险的了，尤其是东蒙被宰割后所存在的西蒙的孤立局面，是最为危险的了。关于这一点，我们又不能不从东蒙和西蒙的关系，而剖析西蒙在孤立的威胁下，所潜伏许多的危险因子！

（1）所谓内蒙（即今日所谓的东蒙和西蒙）是一个整个体；自有蒙古之存在，即有不可分离的关系，无论从哪一方面观察，东蒙及西蒙都是有着不可分离的关系。虽然现在的东蒙和西蒙，在两个不同的环境之下存在着，但它终久必是要融合成一块的。究竟西蒙融合东蒙呢？还是东蒙融合西蒙呢？这是一个最大的问题！

（2）日本帝国主义对蒙古的计划，是一种慢性的蚕食吞并计划。第一步，它是使东蒙与西蒙的分离；在西蒙孤立以后，再施行其第二步计划，引诱西蒙投降于东蒙。总之我们可以说：东蒙在日本帝国主义手中一日，而西蒙之孤立形势必危险一日，必受日本帝国主义威胁一日。换言之，日本帝国主义为了要整个内蒙的取得，是可以在任何手段的施行下，将西蒙置于日本帝国主义铁蹄之下（注五）。

由以上的观察，我们可知：东蒙与西蒙（原来就是一个整个体）是有着不可分离的关系。正因为是这样，所以日本帝国主义侵略东蒙，也是不能离开西蒙！现在的西蒙，好似一个地球，离开了太阳系（假定为东蒙），必为其他恒星（假定为日本）吞并的。反之以现在的东蒙来说，其理由也是一样：东蒙好似一个地球，在地球离开了太阳系（离开了西蒙）以后，必为其他恒星（日本）吞并无疑！

以上的种种观察，都是根据事实而来的，决非我们将这个事件看得太夸张了。因为事实摆在面前，决不容许我们有丝毫的夸张！

四　日本侵蒙最后目的

在日本帝国主义宰割东蒙、威胁西蒙的进行上，对于内蒙之取得，其最终的目的在那么〔哪里〕？关于这一点，我们根据日本帝国主义的侵蒙计划，它是要：把东蒙和西蒙溶成一体以后，实现一个"蒙古大源共和国"的计划。不错的，日本帝国主义企图这个傀儡国家的造成，其手段方法是与制造"满洲国"一样的。

这个事实，也并非我们夸张。假如大家不健忘，当能记忆热河失陷时，日本帝国主义即怂恿蒙人从事于此计划之实现。据当时中央社发表消息云：自热河陷落以后，日本采取两种政策：对于汉人方面，极力施行小惠，以收买人心；蒙人方而，极力施行挑拨，以期与汉人绝缘。又谓：对于蒙人方面，则以种种挑拨之词，谓蒙、汉本无关系，特以蒙古民族受汉族之欺凌所致，现日本愿以全力扶助蒙古民族建立"内蒙大源共和国"等语（注六）。由这个消息看来，我们就可知道：日本帝国主义对内蒙的阴谋，露骨地表现出：（1）是造成蒙、汉两族的分离；（2）因蒙、汉两族分离以后，蒙、"满"便可以打成一片；（3）于是，它可以任其所为了。

基于这个计划之下，所以日本帝国主义将东蒙宰割，并且要用同样的方法，去蚕食西蒙。据最近报载：日本对中国侵略的计划，顷已由局部问题（即是满洲问题），而入于整个问题。至对察、绥及内蒙，已在着手进行勾结不肖王公，期成一"大源国"的伪局面（注七）。这完全是事实，谁也是不能否认的！现在日本帝国主义对东蒙及西蒙的种种措施，都是企图在使这最后计划的实现！由这一点看来，我们就可知今日之内蒙，其处境之危殆了！现在我们且引中央特派北平军分会委员何竟武，在百灵庙参加内蒙自治政务委员会成立归来之谈话，作本文之结论。据何氏自己说："外蒙和东蒙都已丧失，现在剩下的，只有东蒙一部，和西蒙而已。它的面积，虽无统计，大约五六百万方里，要比察、绥、宁三省还大的多。假如一伸长，我们的版图，又会去了一大片，同时察、绥、宁三省，立刻就会摇动。'满蒙帝国'的酝酿，已非一日，多伦的日本特务机关，无一时一刻，不在想法垂手而得蒙古，现在日本已公然向世界宣布，有东亚领导权，世界公论置之不顾。一片荒漠的蒙古，日本随时都可以攫为己有。"（注八）由这短短一段话，我们就可知内蒙已处于岌岌可危的地位，反之，我们再根据客观许多事实，更当看出日本帝国主义者对内蒙之进攻了！

二三，五，二十五，脱稿于北平

注一：拙著《内蒙古之现势》（载《东方杂志》第三十卷第二十四期）。

注二：李长傅：《傀儡省——兴安省》（载《中华月报》二卷三期），并参见民国二十二年十月二十三日上海《申报》：《日人将东蒙裂分数省》。

注三：民国二十三年四月二十六日北平《民国日报》载。

注四：民国二十三年五月三日北平《全民报》载。

注五：参见拙著《内蒙自治之前途》（载《前途》杂志第二卷第五期）。

注六：民国二十二年六月十二日北平《世界日报》载。

注七：民国二十三年五月八日北平《民国日报》载大陆社消息。

注八：民国二十三年四月二十七日北平《世界日报》载。

《新蒙古》（月刊）

北平新蒙古月刊社

1934 年 1 卷 5 期

（李红权　整理）

世界大战与满蒙

田守信　撰

一　世界大战爆发的必然性

世界大战"未响"的炮声，已响彻了世界人士的耳鼓。这无论从日本军费预算之可惊的增加，或是从美国最近大海军计划案之成立，以及英、法等国海、空军之扩张计划，以至英、美、日在太平洋上海军根据地之竞建等来考察，在在均足以证明。日、俄形势之紧张，俄、"满"边境军事设备之积极，日俄战争，几有一触即发的形势。德、法之尖锐对立，德国之骄傲与狂暴的气概，与其对法之报复的雄心，德、法之间，随时都有爆发战争之可能。战争无论爆发于日美或日俄，或是爆发于德法，而战争爆发之后，将立刻牵涉到广大的范围，形成了各国与各国间的冲突而变为世界战争。是世界大战无论在欧洲与亚洲，均已呈露了不可避免的爆发的危机。

在各列强间，日本自然是在努力的促进着战争，制造着战争。日本是将要毫无顾惜地登上大战的阵角。而英、美、法各列强，一面似乎有所顾忌，想避免战争，但同时却又在制造着战争，促进着战争。这是一种矛盾，然而，这是一种无可解除的矛盾。各帝国主义者在第一次世界大战中自然受到了深刻的创伤与教训，战争原是破坏与损失，然而在目前的阶段，却又不能不负着创伤，步上第一次大战的覆辙。可是中国呢，战争于中国没有丝毫的利益，所以中国并不愿意战争，要避免战争，然而战争要找到中国的头上来。各列强要在战争中争取中国的利益，中国在战争中只有丧失生命，丧失权利，而列强却是为了争取和掠夺中国的利益而战争。是以不问列强对战争的态度如何，吾人应该根本反对战争，反对侵略。因有〔为〕战争对于中国只是绝对损失，绝对不利。

世界大战之必然爆发，已成为世人周知的事情。但战争究将爆发于远东呢？抑将爆发于西欧呢？回忆自九一八事变，日本于远东发出了世界大战的第一炮，全世界便立刻呈现了紧张与动摇的状态，日美冲突与日俄恶化，已达一触即发的形势。而德法之间固已形成一种尖锐对立之局面，但德国自问并未具有一举而战胜法国之能力，即在最近将来，恐亦未必可能。是将来大战之爆发，将不在欧洲而在远东。此种趋势已成为世界人士之共见与共感。然大战究将爆发于日美抑将暴发于日俄呢？此为世人急欲明了而又未能遽然肯定之问题。盖日本之吞并我东北，无异对美之正面冲突，美国于十余年来于《九国公约》保障之下，在辽东实获了不少的利益。是《九国公约》一方面成为美国远东利益之保障，而另方面则成为对日的威胁与压迫；此为日本十余年来所不能忍受而又不能不忍受者，亦十余年来日本所每欲报复于美国者。九一八事变，日本实撕碎了《九国公约》，此又为美国之所不能容忍；此由美国前国务卿史汀生一再申明美国的立场谓"美国不承认日本以武力在满洲造成的任何局面"之宣言已可证明。罗斯福登台后，对于史氏主张并未有丝毫变更。九一八事变后，美国一切内政与外交上之措施，莫不以远东问题为出发点。美、俄复交与美国最近通过大海军计划案，均为对远东问题而发。严格说来，当为对日而发也。由此考察所得之结论，则大战之爆发殆将开始于日美也。

此种事实，吾人固不能否认，一二八上海事变之后，日美冲突已达到极度尖锐化。盖日本自九一八炮声燃放以来，对中国进攻即采取一种试验主义，逐步以美国以及各列强对日态度及其能力而确定其侵华步骤。起初日本之侵略"满洲"，是以进攻苏俄为条件而获得了美国与各列强的同情的。盖日本之侵略"满洲"，基于其大陆政策之野心，乃为其必然的行动与步骤。此日本所以视"满洲"为其生命线也。此行动之结果，一方面是对美国以及各帝国主义在华利益之争取，一方面则是建立了进攻苏俄的根据地。但一二八事变以后，日本以未履行其所允许于各列强的条件，以是在国际间遂处于孤立的地位。于此日本自不得不谋脱出此孤立的环境而缓和各列强对日的关系，因而亦即不能不履行其进攻苏俄的条件与任务，于是日俄形势遂告紧张。

根本说来，日美冲突无论达到如何尖锐程度，究非日俄间之不可调解的冲突。在某种场合，日美间是有其一致的利益的。在国际形势某种变动之下，日美间便立刻有联合协作之可能，此种联合与协作与美俄之联合是具有本质上的不同的意味的。而日俄以政治上的绝对相背，乃为永远不相容的敌对与冲突。苏俄于一九三三年以来，对欧洲各国尤其与其境界毗连之各小国间，均已缔结互不侵犯条约，此为世人所公认的苏俄在外交上之大成功，于此苏俄确已从危难孤立中走上安全的道程，而其第一、第二五年计划之成功与遂行，又成为苏俄发展强大之基本条件。此对于日本实为一大威胁。盖苏俄之发展强大对于日本之侵略主义——即其所谓"大陆政策"的遂行上，是一严重的打击，甚至成为日本帝国主义之存在上的致命伤。美俄复交后，日本亦觉自身之孤立与恐慌，对美自不能不表示其和缓的态度。而欲唤回列强对日的信任与脱出此孤立的环境，则又不能不加紧进攻苏俄也。此由纠纷已逾一年之中东路问题，以及俄"满"边境之严重形势，已可证明。而日来各报所传广田、赫尔间互换书简事，又可证明日方在急谋日美关系之和缓，于此吾人可以确信世界大战发生之可能已由日美转移于日俄了。

二　日美换文与世界大战

自日美互换非正式交欢文件消息传出后，颇引起世界各方面之注意。欧洲各方面咸认此为世界和平之好消息，惟吾人则未敢遽信也。倘吾人认此为日本放弃其所谓"东亚大陆政策"，或缓和其此项政策之进行，则为绝对错误之观察。盖日本目前政策以其东亚大陆政策为原则，须缓和其对美的关系，而以"努力健全并发展满洲"准备以专力对付苏俄为目前急务。日外相广田弘毅之登台，即以此为其外交上之中心任务，而斋藤博使美之中心使命，则又为"获取对美关系之改善"。斋藤大使于赴任之初，即以日美换文之事件闻，日本急谋对美关系之改善之意志，殆甚显然。

日美换文，如谓日本具有此项迫切之要求则可，如谓日美双方均具有此项要求则不可；如谓此事具有确切之实现性则尤不可。严格言之，谓之为日本之单恋，亦不为过甚之词。吾人考察广田与赫尔间互换之函件，则亦不过为外交上一般常套。吾人再进而考察日美换文内容，可分为以下四点：一，修改美国排日移民法；二，美国承认"满洲国"；三，美国批准菲岛独立；四，日美间维持伦敦海军会议协定之海军率。吾人姑不问美国是否接受此项条件，自日本自动提出维持伦敦会议协定之海军率，将来能否实行，又谁能担保（日海军省曾声明否认日本放弃海军平等之要求）！又何况美国焉能无代价的放弃其一再坚持之不承认主义而承认"满洲国"。考察换文内容，实无美国所必需或使美国认为满意之条件，而吾人亦从未发见美国准备放弃其对满洲不承认主义之意向。俄报论及日美换文事件时，谓："日本帝国主义欲借广田致赫尔之函件，探悉彼所希望者为何，以及所必需或恐惧者为何。以四十年时间努力巩固其自身在太平洋地位之美国，决不能为投东京所好，而将该项地位无斗争而放弃。日本此次外交行动，表示太平洋上帝国主义矛盾之严重化，同时亦表现日本为准备对亚洲大陆军事搏战，而进行疯狂的外交工作云。"俄报谓日本帝国主义欲借广田致赫尔之函件，以探悉彼所希望者为何，以及所必需或恐惧者为何。然吾人就赫尔覆广田之函件观察，则美国亦同样"欲借此以深〔探〕悉日本之意志以及彼所希望者为何，与所必需或恐惧者为何"，为具有同样的确切性。赫尔或亦将为俄之对中东路问题般的玩一套聪明的外交把戏也未可知（中东路问题，实俄国愚弄日本的一套外外〔交〕把戏）。由此吾人可以证明，日美换文，确不易达到实现的境地，因而世界和平亦未见有若何之好消息也。

退一百步说，即日美换文果能实现，究能造福于世界和平乎？日本果能立即停止其疯狂的侵略行为而放弃其大陆政策乎？吾人于上文已经言及，日本意向，不外谋取对美关系之改善。而对美关系之改善，乃正是说明将集中力量于对华之侵略与对俄开战之准备。日俄战起，势必引起不可逆料的范围扩大之战争而终致造成世界大战。

三　田中政策与满蒙

第二次世界大战的导演者兼主角的日本，自九一八以还，其工作即已开始，伪满洲国之成立，为其第一步工作之告成。此工作盖基于前内阁大臣田中义一拟具之东亚大陆政策。而日人口中之所谓"满蒙政策"又为大陆政策中的第一步工作，而大陆政策全部工作能否展开与完成，则全视其第一步工作以为断。以是在日人眼中，每视满蒙为其"生命线"。满蒙就其地位上来说，既接近日本，复与朝鲜接壤，于日本对华侵略上为最便利。而北临苏俄，南接中国本部，日本无论于侵华侵俄，均为其必须据有之根据地。且满蒙又为太平洋西岸之广大富源，此其所以又为世界大战中必须握取之重要地区。就经济上来说，满洲为一食粮、矿产、森林之富产区，蒙古为一未开发广大的富源，此日本所以视满蒙为其生命线也。

基于日本之大陆政策，吞并满洲后，则继而袭取东蒙与西蒙，再则为华北之全部以至中国之全部，北之西伯利亚，南之菲律滨以及南洋群岛，而成为独霸远东的东亚大国，此日本东亚大陆政策之最后完成，此亦日本之疯狂与野心之暴露也。吾人于考察日本之大陆政策时，当知中国全部之成为日本侵略之对象，已成为日本所企图吞噬之物。日人之所谓"非常时"乃系准备战争与准备侵略之"非常时"也。

由此吾人可以知道，日本基于其大陆政策之野心，自九一八事变以来，即努力扩大其侵略工作，于占领满洲后，继而进占热河。外相广田于申明其对华外交政策时，谓"在于扶持满洲经济之健全的发展"，此谓为"对华外交政策"，毋宁谓为"大陆政策"之发挥。所谓"满洲之健全的发展"与"对美关系之改善"，乃系出发于同一基点之同一工作之不可分离的全部。盖日本欲以专力以对苏俄，则不得不改善对美关系，欲以侵略蒙古，则不得不健全发展满洲。日本一年来在外交上之努力，盖即以此问题为其中心，而日本之外交政策，又每与其所谓"满蒙政策"为相辅之进行。广田弘毅每作豪语，谓"不用武力而取胜利"，盖即指以外交手腕，以打开对美僵局也。

满洲之健全的发展，不仅可以救济日本经济恐慌之一部，而在其对俄战争与在世界战争中均为唯一重要的军事根据地。观于日本对"满"军事上充分的准备与实业机关之建立，经济的开发与交通的建设，均可作为事实上的说明。再观于三月廿五日各报所载"近来日军陆续集中北满及北韩，似准备对俄一拼。苏俄飞机队屡次出没边境方面，侦察日方军事布置"，以及苏俄动员四十万红军，以日本为假想敌之操演。日俄形势之严重，可见一班〔斑〕。

四 日俄战争与蒙古

日本自去岁年终复进占我察省二、四两区后，即陆续增兵，积极建设公路，建立飞机场，对当地民众并作种种扇动与拢络，以作进一步侵略之准备。当内蒙自治运动酝酿时期，日方即施其狡猾诱惑之手段，召西蒙各盟王公赴东蒙秘密会议，企图引诱垄断西蒙各王公。近日又复开到日军一师团。日前日机连日飞赴赤城、云州等处侦察，日军官原野中将组织之"入蒙调查团"已历锡林果勒盟及乌兰察布盟，日本积极谋我西蒙之野心，已显然若揭（自然不仅西蒙如斯，即华北全部，实亦岌岌可危也）。

日本之积极谋我察、绥，吾人应知日本正不仅在于占领西蒙，日人觊觎已久之吾山西煤田，实为日人所急欲谋获者。盖山西有面积广大、含量丰富之优美煤田，东北三省实未有可与山西儴〔媲〕美之煤田也。

日本之谋我西蒙（即察哈尔、绥远），固已成为彰明皎著之事实，但日人野心却不止此，吾人于上文述及日本之大陆政策时即已言及，日人将由蒙古而侵入苏俄之西伯利亚，于贝加尔湖之东仍为利用溥仪故技以利用白俄建立"白俄独立国"。日本为夺取西伯利亚以及获取对俄战争之全部胜利计,而首先夺取全蒙(内外蒙)以为其进攻根据地,乃势所必至者。反之苏俄为抵御日本之进攻,亦必先夺取外蒙。在此,在领土主权的中国,已无过问蒙事的资格,而任人之争取与掠夺。此吾人不得不加以深切之注意而知所警惕者也。前苏俄举行四十万红军大操演之布置,即设有外蒙古集团,其主力根据地即为库伦,而该处兵力则为苏俄红军与外蒙新偏〔编〕之骑兵混成旅团。蒙古乃系属于中国之领土,今乃为苏俄主要防区之一,俨若苏俄之领土然。于此在日俄大战中蒙古将沦于如何命运,则不难想像也。

总之,日俄战起,无论胜负谁属,内外蒙将不复为我之所有,乃为显明之事实。

吾人于考察外蒙现状时,当知苏俄在该偌大区域内在各方面均有特殊势力。无论在军事上,政治上,实业、教育上,以至地方建设上,多半为俄人或亲俄派蒙人所掌握。苏俄于外蒙各重要城市均有多数工厂、商店之设立,外蒙出产之原料(如皮毛等)多半流入苏俄,而其日用品亦多半由苏俄输入。以此外蒙之经济利益与政治权力固已非吾中央政府所有矣。而目下外蒙之政治组织与经济结构已俨然苏维埃化。此种现状之形成,一方面固由于边区辽远,交通阻塞,中央有鞭长莫及之感,他方面亦由于外蒙古民族与俄边诸民族风俗习惯与文化之相近,更加以俄人之努力经营与宣传之所致。而吾中央政府之向来疏于边陲之经营与设计,亦为不可否认之事实。

俄人之经营外蒙已如上述,吾人反观日人对外蒙又具有如何之注意与积极的态度。日人对于外蒙各方面情形,早经多方面之考察与记述,且多著述论文以讨论外蒙问题。观于玉井庄云之最近外蒙古之情势一文(见本刊第二期)可见一般。玉井氏谓:"万一以此大亚细亚宝库之键(指外蒙),投诸世界共有之时,将发生如何影响及事态，吾人不可不及早觉悟也。吾人不能仅认库伦为外蒙全部，尚有许多都市如乌苏雅里〔里雅苏〕台，科布多，唐努乌梁海等处，均有研究之必要。且上述各部尚有未被苏俄侵略之地方极多，此等地方，不啻特为日本开放。外蒙对日货如何需要，及成立交易后，日本方面如何有利，本文均加以说明……"此外日人对于外蒙之研究与论列当然甚多，此处引用此文，不过作为一例证而已。此吾中央政府及吾全国人民所应深切注意，并须以有效之方法加以处置者也。

一九三四，三，二八

《新蒙古》（月刊）

北平新蒙古月刊社

1934 年 1 卷 5 期

（李红权　整理）

攻略赤峰之茂木旅

日陆军骑兵少佐森吾六　稿　　　晋三　译

一　前进开始

　　参加热河作战最右翼方面前进的茂木旅，在通辽的时候，就已竟〔经〕准备完了。二月二十三日命令下来时，他就开始行动。

　　从那天的朝晨，烈风很大，接着又下起雪来，风吹雪舞，对面几不能见人，为蒙古地方特别最可怕的天气，霎时间，广漠的一遍〔片〕原野，竟变成了银色的世界，气温约在零下三十余度，前进时从正面吹来的风雪，刮在脸上，刺的如刀割一般，无论军官士卒，均不得不转过脸去向前行进，但是终因为意气的旺盛，不觉的走出了一百二十余里的行程，在那天夜里很晚的时候，到达金家屯地方，方才宿营。见村落户口不过有十五六家，百姓因避乱，均远避他方，所以各家的门窗户壁，全都破坏不堪，仅能略避风雪，和露营也差不许多。于是拾取秫秸、杂草焚火炊饭，大家又把马饮了一饮，围火休息，这一夜不觉的就亮了。次日为二十四日，收拾完了后，在午前五时，向开鲁方向取道前进，在午前十时就占领了开鲁。开鲁乃是热河东北方的第一道关口，于是在开鲁休息了两点多钟以后，又转道向西方的八仙洞前进，走了四十里，天气就已竟〔经〕昏黑了，但雪色茫茫，沙漠的平原，虽没有道路可寻，约料取向南的方向，仍然继续作夜行军的前进。

"不要困，不要冻伤！"

"前后要注意！不要失断了连络！"

官兵互相告戒的喊着，向前行进。在此茫漠砂丘的地带，雪虽然止了，但是烈风仍然是刮着，寒风刺骨，吹起地上的积雪，和降雪似没有区别的，马的蹄子下，所积成的雪丁，又尖又圆，马行时，时有易颠踬的危险。

"不要睡！加小心马倒了！"

互相告戒着，继续前进，在夜间十二点钟，不觉的迷失道路，和在前卫行进的黑谷团失了连络，在以后继续前进的骑炮兵大行李、汽车班等全都零散不一，均彷徨在那沙漠的原野中。余（森少佐）在旅司令部的先头行进中，拿出手电灯向附近一照，见雪地中，微露出种地的垄沟来。余想，有垄沟，附近必有人家，乃搜索向有人家方向前进，行不远，果闻远处有犬吠声，余更决定有犬吠必有人家居住，乃派翻译向该方向搜索，相离不远，发〈见〉二蒙古人家，唤起来询［见］问道路方向和村落的有无，没想到在此附近还有许多人家，星散居住，并且在这些附近的村落里，曾被日军铃木旅击溃的李海青军约二千，也在此处宿营，才知道我们茂木旅在无意中走到了敌的背后。

二　夜袭和追击

恰好已失了连络的骑炮兵和其他的部队全部到达，遂立即决定夜袭。茂木旅长率先令一蒙古人作向导，可算是孤旅深入，实行夜袭，时刻恰在午夜十二时，敌人正在梦乡，遽闻枪声，无怪乎仓皇失措，狼狈溃走了。

我茂木旅紧接着就开始追击，翌二十五日遂占领了八仙洞，二十六日又追出了百二十里之远，经兴隆地、下洼等地方，二十七日到马家店，二十八日到五牌子，三月一日到赤峰的东方约十余里的地方，连日连夜急追猛进，仅七天的工夫，已竟〔经〕突破了八百余里的路程，在此经过的中间，所经过的战斗，不下十七次，现在才到赤峰跟前。

所说的追击，就是从敌人的后方追赶前方跑的敌人的意思，但是此次的追击，我们处处的常绕到敌人的前边，各处堵击，那末到赤峰一看，像以前那样容易的事情，恐怕再没有了，因为在赤峰东方高地所占领的军队为孙殿英所部，约三千五百人，战斗力亦颇不弱，甚为顽强，看来赤峰也不容易就让给我们（日本），所以在此处为要发生〔了〕意料以外的大战。

三　在赤峰的肉搏

最初在赤峰的东边约三十余里的地方，据间谍和飞机的报告，言说赤峰的住民全都逃出避难去了，驻扎的华军听说日军将若〔要〕来到，也都要准备退却，因想就是赤峰东方的高地一带，当然也没有很多的华军，所以仍然继续前进。正往前行进的时候，忽接得先遣队之黑谷团长的报告说："赤峰东方高地现已竟〔经〕被敌人占领，黑谷团目下正与之对战中。"

接得这个报告后，于是我们茂木旅的主力，乃向前急进，打算增援前边的黑谷团的战斗。正往前进着，就到了赤峰东方高地的岭底下一个村落，时候也就在太阳落了以后了。于是一方急速集结部队，一方命黑谷团占领前面高地的一角，我们就开始了夜袭，但是，在日落后敌人的兵力也陆续增加，从午前二时一直到拂晓，敌人再三再四的顽强向我夜袭上来，双方的机关枪声和枪炮声，轰轰振耳，敌弹过来或左或后，战斗越发演成白热化，激烈已达

到极点，于是在彼此的激战里不觉得就到了次日（三月二日）的
早晨。

四　超越堑壕从敌之后方攻击

天〔气〕已竟〔经〕亮了，同时我茂木旅断然转取攻势，但
是没想到敌人从右方钵卷山高地，沿着慢坡的山下到左方一间房
的村落之线占领着很坚固的阵地，各阵地全用电话连络，防御非
常的周密，那末战况也越发的激烈。此时向右看到达高地中腹的
西冈连，前方受高地方向敌人的瞰射，旁边受钵卷山高地的斜射
和侧射，以致不能前进。在西冈连的右方属于野野垣连，同时也
向险峻的钵卷山高地攻击，但是也因为敌的顽强抵抗，不过像蚂
蚁似的匍匐着一点一点的往上移动。〈奉〉命攻击西冈左方的敌
人，属于桥本连。桥本连长此时奋马当先，全连骑兵，也随之跑
步驱进，超越堑壕，占领敌阵地的后方，标高七百米达高地，从
后方又加力攻击敌人，此实为华军溃退的一大原因。在此次的袭
击，该连的不破中尉和兵一名，中弹阵亡，岸田少尉负伤落马。

当该连袭击蓦进时，不破中尉排长胸部中弹，该中尉乃急唤右
翼班长野地，令代理指挥本排，并指示目标。当该排长的随从赶
上时，该排长已竟〔经〕落马很多的时候了。据该随从学说，该
排长冥〔瞑〕目时，尚且默念敕谕五条。战况既是这样的迫切，
占领高地的桥本连，和拟反攻高地的华军两下对峙，一方对中央
平地方面敌阵地的中坚一间房的村落用骑、炮和机关枪的全火力，
集中猛射，此时爆弹烈烟剧烈非常。同时太田连也向前跃进攻击
敌的侧面，并与攻略钵卷山的野野垣连相连系，西冈连夺取敌的
右翼据点，太田连攻进敌的主阵地的侧面，所以在午前十时三十
分，敌之全线不得不向赤峰开始退却了。

五　追击

我军乘敌的退却，命松田团先头追击，其他全部乘机进迫赤峰城前，敌人退入城后，紧闭城门，仍然继续抵抗，所以我军从正午到下午五时，约费五时间的工夫对城门攻击，城壁破坏后，黑谷团遂先占领赤峰的东门，嗣后敌人溃走后，赤峰遂归我有矣。

我茂木旅已竟〔经〕占领了赤峰以后，更向西方约三百里的围场，尾追敌人，至广道河地方，始追上有孙殿英军队约四千余，在该处激战一昼夜后，孙军完全失掉了抵抗能力，全部往多伦方向溃走。

六　广道河之战斗

原来广道河的战斗，也不下于赤峰战斗的激烈，第一山势险峻，例如攻击敌的右翼的太田连，该处的标高实达一千一百余米达，敌人并构筑很坚固的工事，攻击时，由下往上，攀登非常困难。所以最初攻击的时候，伤亡不少，战况很难进展。赖太田连长率先前进，排长以下士兵，随之一鼓作气，遂得占领该高地据点，但此后准尉司务长以下也伤亡了不少。

七　必胜之信念

日军的作战，对无论如何多少的敌人，抱必胜的信念，断取攻势，所以必胜的信念实为战胜的要素；其次，我军的飞机，时时和我协同，爆击敌军，使敌人在精神上受打击不小。

八　补给和后援

　　我茂木旅，从通辽出发以来，连日连夜的战斗，伤亡的数目，计战死十六名、负伤二十七名（译者按：此数恐系虚数），但是在严寒的地方，并未发生冻伤患者，并且因有汽车辎重队的活动，补给和后援均不感困难，也是作战容易得胜利的原因。

《枕戈半月刊》
北平枕戈半月刊社
1934 年 1 卷 6 期
（李红权　整理）

察东形势与华北危机

维中　撰

最近，日军借剿匪为口实，突然进占察东，又在沽源两区修飞机场，筑汽车路，以作军事活动准备；进攫察、绥，或侵略华北，业见加紧步骤。

日本军政要人，盛倡一九三六年世界大战有绝对爆发可能，故为军事上或经济上之计划，夺取华北，彼辈早已视为必然步骤，则华北前途，实不堪设想。

吾人回忆民国二十一年一月，日军攻取锦州，旋下辽西数县；民国二十二年一月，日军夺下榆关，进扼长城要塞；相继则热河弃守，滦东沦陷。日本每次军事行动结果，必有占城得地之收获；故其野心日炽，贪壑难餍，于今民国二十三年一月，因有进占察省企图。国难未三年，失地达数省，华北前途，恐不迨一九三六年，早非我有矣！

环顾世界各国，均以应付经济恐慌，解决自身危机，暂时无如此一只狂猖疯狗何。而国内则于忧患之余，自相纷扰，启敌人侵略之机，弱国民御侮之力，只有精诚团结之呼声，而无确切团结之实例；则以言察省危机，而推断华北前途，实非吾人故作危词，用耸听闻也。

察省为内蒙及华北与苏俄交通要道，日本为防范日俄再战时，中苏携手，对察在军事上，诚有必争之势，前已言之矣。且西可达西北新疆数省，用以包围整个中国，南可控华北，而占黄河北部。

于此，吾人试问，日军果进占察省时，吾方取若何态度？交涉乎？抵抗乎？以言交涉，则东北失地至今未复；以言抵抗，则长城抗日之战，即为前例，《塘沽协定》，才几日耳！乃我方忍辱喘息未定，日人又欲以兵戎相迫耶！？

吾人于此，顾一检讨过去。九一八事件发生后，国人抗日抵货之声，响彻云际；热血沸腾，已达极点；请缨杀敌者，大有人在，国人如疯若狂，大有非与日本一拼不可之势；而锦州之陷，上海之役，环境愈益危急；国人愤慨程度，则愈益减低。去岁元旦榆关炮声，国人又稍兴奋，迄热河弃守，长城鏖战，滦东失陷后，华北危机，已呈千钧一发之势，国人殆变怒而为恐，变恨而为惧矣！是以《塘沽协定》签字，华北暂得苟安一时，国人大有国难已去天下太平之势，士气消沉若斯，华北已早在国民意识中亡掉，此诚深可危也！

则日军果再占察省，国人当如之何？努力，奋斗，团结等兴奋字样，论者用之备矣尽矣！

一月十四日

《东北旬刊》
北平东北旬刊社
1934 年 1 卷 13 期
（丁冉　整理）

日俄在外蒙之军事准备

倭寇图蒙日亟将造成日俄冲突之新战区

作者不详

日寇进攻苏联之要道有二：一为由北满进犯西伯利亚；一为由内蒙进占外蒙，然后再犯俄边。最近对于前者之准备，日在进展，而对于后者尤为积极努力，以求贯彻。据东北确讯，最近日寇恣恿叛徒新编蒙军，设蒙古军事学校于齐齐哈尔，以养成蒙古军官人材；并设有独立司令部，招纳内外蒙古青年，增编两师，作侵略蒙古主力之烟幕。留日军官巴林塞，闻已被任为蒙军司令，确否待证。叛徒等又计划，将东蒙及兴安岭一带，划为蒙古人自治区，设兴安公署管理。一切官员，均拟采用蒙人，并予以种种优待，实行诱惑。月前，日方曾派员向蒙游说，但经蒙人拒绝，尚无结果云云。

据某救国团体讯：长春伪参议会开会时，日人在议会席间声称，日"满"侵蒙，为对俄要着。日军官在承德伪省府会议时，对于侵蒙计划，公然声述。

承德、凌源间之铁路，多伦、承德间之汽车路，原为侵略蒙古之张本。现闻对于该项准备，业已着手进行，不久即可完成。日前，日人在河北各县所招募之贫农，扬言修筑热河铁路，实则多数集中多伦、沽源，以备侵蒙古时，担任运输工作。

又讯：倭军因北满兴安岭，山脉绵亘，行军困难，故极注意多伦、库伦间，与多伦、赤塔间两线，以便战时截断上乌金斯克、赤塔间之西伯利亚铁路。倭伪方面拟于本年七月一日实行将热河行政区，改为道制，蒙古盟、旗改设县治，缩小蒙人辖境，以便统治蒙民。近来日参谋本部，派出多数工作人员，从事侦查蒙边之状况。承德一带之日军，有全部向蒙边移动之准备云。

苏联鉴于日军进图外蒙日亟，已有相当之防御工事，借资抵制。苏联派往外蒙之赤军，迄今已达三万以上，其名为外蒙集团军，以库伦为根据地。该集团军之骑兵，完全机械装甲化，武器多新式出品。据闻俄方在外蒙对日之作战计划或军略，将由外蒙之库伦出动，经张库大道，向热河推进。其目标有二：（一）遂行其大纡回之包围战略；（二）威胁日军兴安岭一带之阵地。闻苏俄要人莫洛托夫，已于四月一日亲赴库伦视察，借作防日对策之筹划云云。

《黑白》（半月刊）

上海黑白半月刊社

1934 年 1 卷 13 期

（朱宪　整理）

日军主力集中海拉尔

作者不详

黑龙江情报：（一）海拉尔现住日军一旅团，飞机三四架，坦克车四辆，铁甲车十余辆，现正雇用大批蒙人赶造兵营，并积极凿井，每凿一井，即于井上建筑碉楼。（二）扎兰诺尔离俄境仅十八里，俄方飞机及骑兵，不时通〔过〕境侦察，日人对之亦无可如何。海拉尔以北即无日军，仅驻少数"国境警察队"。（三）黑河市面近极萧条，因开江（即江水解冻）后江水甚浅，轮船不能直驶黑流，且沿江一带，依兰、虎林、密山等处，潜伏义军甚众，佳木斯日本武装移民团，屡被义军攻袭，延寿、宾县之围迄今未解，通河现又被义军包围，城外大火，焚烧三百余户。（四）日本兵船，前驶至三江口时，苏联军忽以大炮轰击，死日兵一人，伤水手一人，该日船即又退回。（五）日人拟于本年内，实行通车至黑河龙奇官道，铁轨已铺至二站。近更由黑河招募苦力二千余人，已筑成土基三十余里。（六）佳木斯以南五十余里之山边地方，树密山高，潜伏义军极众，驻佳木斯日军司令官山村大佐所部，时彼〔被〕袭击。本月十二日，又由哈开到日军一部，共二百人，即在南岗驻扎。

《东北旬刊》

北平东北旬刊社

1934 年 1 卷 27 期

（朱宪　整理）

日本组织蒙古军与内蒙之关系

辰　撰

日本夺我东北四省之后，其目光集中内蒙，久居多伦，不肯撤兵，即欲以此为攫取内蒙之军事基点。我国对内蒙计划，当今最重要工作，莫过于保守未失领土，以图进而收复失土，若未失之土尚不能保，则已失之土何能收复？吾人试一考察日本所孜孜经营内蒙者，实足令吾人栗然危惧，盖其一方运用羁縻手段，欲联络蒙古王公，以供驱使，一方又运用同化政策，欲软化蒙古青年，以为爪牙。双方并进，此盖帝国主义者所惯用之方法也。

前闻日本为同化蒙古青年计，在我兴安区王爷庙地方设立兴安军官学校，专门收纳蒙古青年，施以特殊军事教育。而主其事者，则为历年奔走内蒙之松本七郎。校长虽属蒙人巴特玛拉布坦，但拥虚名，毫无实权。兴安区原为蒙之一部，惟彼之目的，欲利用此地为训练蒙古军之重心，以图侵入察、绥两省。该军官学校设立趣旨书中，首谓："对于蒙古人施以特别军事教育，以为将来蒙古军之骨干，而谋蒙古民族之复兴。"该校教育科目中，复特别规定："从东亚大局观察，应有调和日满两国亲善之必要。以不违反与他民族协和之精神为限度，应助长强化对日信赖之倾向。"试问东北四省既在日本囊中，有何组织蒙古军之必要？所谓蒙古民族之复兴，无非欲以此口号，挑动蒙古青年，使其离叛中华民国而已。所谓助长强化对日信赖之倾向，更显然表示欲软化蒙古青年，以作反华之基本。故该校教育方法，以同化为第一目的，所谓军事教育，不过初步之军队智识，备作下级军官而已。该校系于本年七月一日正式开学，两年毕业，在学学生约有二百余人。据闻两年之内，彼必先在兴安区招集蒙古军队，以此项毕业生充任下级军官，营长以上，则由日本人任之。再过两年，复有一班毕业生，则又将业经在队供职之下级军官，派往察、绥两省，组织军队，而由蒙古人出面要求我国政府拨付军费，在相当时期以内，表面上仍佯作服从我国之态度，一俟时机成熟，日本即挟其武力，代求独立。彼时彼既有实力作前驱，我进退两难，结果，将陷放弃外蒙之同一命运，以撤尽我之藩篱耳。

日本处心积虑以谋内蒙者，亦〔已〕历二三十年之久，彼〔此〕所养成之"蒙古通"，亦不下百数十人。凡内蒙之地形、交通、经济、风俗、气候，无不了如指掌，在九一八以前，徒以东北尚未到手，未易进窥内蒙，今东北既在其掌中，东蒙亦归其统治，则内蒙即在唇边，安得不积极进行。故彼日本将来攫取内蒙之方式，不外两种：其一，挑动内蒙与伪组织启衅，然后彼根据军事同盟之约，出兵助伪，一举而侵领百灵庙，再仿照伪组织办法，由蒙人出面，组织蒙古帝国。其二，利用彼所养成之蒙古青年军官，夺取蒙古军权，迫胁蒙古王公、民众，宣布独立，日本首先承认，缔结军事同盟，使我国陷于不能讨伐之境遇。彼操纵两个伪组织，以夹攻我之北部，不难将我置于彼铁蹄之下。此两种方式，当然须视彼时环境而定，惟彼终必欲攫我内蒙而去，可断言也。

吾人默察日本行动与内蒙情势，觉其危险性远过于九一八以前之东北。倘非自今日始，集合全国人士之力，以扶助内蒙，开发内蒙，则内蒙之变化，必不出三五年以外。故为今之计，第一，更力助蒙人自治；第二，须启发蒙人智识；第三，须开辟蒙古富源；第四，须增进蒙人生计；第五，须整理蒙古交通；第六，须统制蒙人军队。凡此问题，悉应切实计划，负责进行，而内蒙人士，亦当洞察世界大势，增强国家意识。须知真正能援助蒙人者，唯有若干年来同患难共休戚之中华同胞。勿为他人之花言巧语所惑，以自丧其民族永久之生命，则东亚前途，未始无吾人扬眉吐气之日也。

《蒙藏月报》

南京蒙藏委员会

1934 年 2 卷 1 期

（丁冉　整理）

暴日并吞蒙古进行之积极

竹梅　撰

一　暴日并吞蒙古之阴谋

日本帝国主义并吞其所谓"满蒙"，早已成为他们固定的计划了，所以"占领了满洲，就占据蒙古"，这是日本军人从"九一八"事变以来唯一的口号。现在虽然已经组织成立一个伪国，但是这也不过"田中奏章"一部分实现而已。然而它的野心是无限的，对于并吞蒙古的计划，无论在何情势之下，都是不变动的，何况夺取满洲以后，对于蒙古的并吞已有充分的把握。在经济关系上，蒙古实为一个出产原料很多的地方，又可以作为销售大量商品的市场，也是一个尚未开发的处女地，可以殖民，可以投资。日本帝国主义为"日满经济体制"发展这一点上，必然的要取得这个"处女地"，无论施行任何的手段和策略。在政治关系上，日本帝国主义为要完成"满洲政策"，必然的要将满洲和蒙古打成一片，以便将来实行并吞。在另一方面，日本帝国主义取得蒙古以后，便可以作为"满洲"的护翼，在维持"满洲国"境界上，蒙古可以作为缓冲地带，并且可以左顾右盼，威胁中国和进攻苏联。现实地，日本帝国主义所高唱的"大亚细亚主义"，便是将蒙古包括在内的。在军事上的意义，是为他们对俄战争必要的准备。日本的竭力缓和对美关系，也为了对俄；远东战争爆发，日本为战略上，也势必先力谋内蒙占为己有的。

那末，日本帝国主义并吞蒙古的计划，最重要的便是造成蒙汉两族的分离。所以在事实上，他们对于热河的蒙民，除施行种种残杀之外，复狡计离间蒙汉情感，借达其以华制华之目的。兹将其对于蒙民荒谬之谈话志之如下：

（1）热河土地自古即为蒙民私产，后以蒙民自己不争气，而日习安佚，遂为野心汉人，乘间攫为己有。

（2）现在帝国君民，鉴于中国政府摧残蒙古益急，不容再事顾虑，故持抑强扶弱之志，毅然进兵热河，驱逐万恶中国官吏，以救蒙民于水深火热之中……

（3）希望蒙古同胞勿负帝国之意，赶快起来，组织内蒙独立政府，实行收回被汉人以暴力占去之土地……

综观上述日人谈话，其主要的用意，不外激起蒙汉互杀，借收渔人之利，不幸开鲁方面的蒙民因误信邪说，近竟有一部蒙民将汉人购置之土地，在日军掩护之下，实行以武力收回了。

二　暴日并吞内蒙步骤之推进

现在，日本帝国主义者企图并吞内蒙的野心，并不是口头上的宣传，而是实际上的动作。日本人的野心，可以说比他们那矮小的身躯要大无量数倍。它们不但有了大亚细亚主义的宣传，并且实际上有了作亚洲皇帝的企图。这种蛇吞象的野心，从"日本秘密地图"和"日本国新计划"两种方案中，就可以很明白的看出。日本灭亡朝鲜后之大陆政策，是以并吞东北为第一步，以**侵据蒙古**、宰割华北及西比利亚（尤侧重东海滨省，及库页岛北半）为第二步的。现在第一步既已完成，第二步的推进亦已发动。他们把东北整个的并吞以后，便是要开始采取下列的步骤：

第一步，将东蒙改划数省，置于"满洲国"的体系之内。

第二步，扶助亲日派建立自治政府。第一，使内蒙脱离中国政府，而把东蒙和西蒙打成一片；第二，由伪满洲国扶助东蒙与西蒙建立"蒙古大源共和国"。

最近他们放弃军事侵略，改用经济和宗教政策，事实上他们早已经派来了日本僧人四名，由东京出发，赴百灵庙，以研究黄教为名，拟晋谒德王，作初步之联络工作。并向德王建议："内蒙可派喇嘛四人至六人，留学日本，所有学费、川资，概由日人担任……"日本帝国主义在内蒙地方之联络工作进行无已，随日俄关系之恶化，及国际风云之紧急，日本随时准备并吞内蒙，进取新疆，断绝中俄的联络，实现其大陆帝国的迷梦。

三　暴日并吞蒙古威胁利诱之活动

日本并吞蒙古手段之毒辣，尤其是完全抄袭满清的故智，从把握满清治蒙两大工具入手：一为联络喇嘛，故示推崇；一为笼络王公，许以权力。因为蒙人对于国家政治观念率皆薄弱，日本窥破此点，所以，它们暂不采取武力征服的办法，只由若干特务员秘密活动。最近又利用溥仪皇帝这个名义，加封蒙古王公。蒙古封建思想，迄今未变，王公脑筋仍然是印有皇帝的名义，用此法自然是很容易收效果。所以当在福建事变的时候，日本便很快的派人到蒙古，怂恿蒙古的王公和有势力的喇嘛，劝诱他们与"满洲国"联合起来。日本的方法是允许援助蒙古的旧统治者，使他们在他们的领土内从事自治。据最近报载："日本在并吞蒙古之前，绝不先占领着华北。盖并吞蒙古为对俄之要途……"日本帝国主义之并吞蒙古，完全是一种有计划的。然而直到现在，关东军不时鼓吹着"满"蒙合并，并派大批人员赴内蒙一带向着王公游说，对于察哈尔的各旗兼施以威胁利诱……并高唱救济蒙人的论调，每旗发给贷金十二万或六万元金票，极力买好蒙人，分派于各公务机关工作，优其待遇。今日内蒙问题的严重，已成为不可掩蔽的事实了。据七月十六日《时事新报》载："制造九一八事变发生的日阀功臣土肥原由津秘密出发，赴西蒙古各地活动，并且携带大批的金款和绸缎、古物……等等的礼物，以利诱西蒙各王公及各盟旗长，使其依附日伪，但蒙政会成立后，德王和云王等，对本党主义，都有深切的认识，故决不被其诱惑云云……"日本帝国主义企图并吞西蒙的野心，特别是最近益渐积极，关于蒙古地方交通、文化、土地、矿产、民情，迭经秘密调查。近日日人又派遣大批汉奸，由日人率领，潜赴西蒙各地宣传诱惑，该汉奸等，均着蒙服，用蒙语，以种种手段挑拨离间，并且集重兵于多伦，派大批间谍潜入西蒙各地，积极威胁利诱蒙人反革〔华〕运动。

四　暴日并吞西蒙积极之新企图

日本帝国主义自夺取了我们的东北四省那天起始，虽然东蒙已经操入它们的掌握了，但是企图将整个的内蒙并吞，据为己有，以便窥伺外蒙，所以自从热河沦陷之后，它们就已积极从事于道路之修治，以为进攻西蒙之计。日本派遣满蒙殖民协会会长杉浦，赴内蒙古调查。今该氏调查竣事，除回国报告外，并决将此次在蒙调查情形，向全国宣传，征求赴蒙移民及有志赴内蒙经商者。据杉浦谈："内蒙天然富源不亚于东三省，日本近来对移民满洲，颇见进行，此后宜更派赴内蒙或外蒙国境方面，所得效果必不见逊。此次征求赴蒙志愿者，颇希望各方面之援助云。"同时，他们更以所谓二年计划分期调查西蒙、兴安省各地的矿产、商务、农业、水产、狩猎、牧养，以及工商企业等之资源、交易、种类、数量、性质种种事项。日本企图侵略西蒙，特别值得我们注意的，就是以下所述的几点：

（1）设立蒙古军官学校　　自从日本把伪傀儡政府造成了之后，它们便作积极的策划，对于蒙古民族，施以特殊的军事教育，以作将来蒙古军之骨干。所以在"九一八"事变发生的第二年冬天的时候，它们就已经在前兴安屯垦军的营房里，筹设了一个所谓"兴安军学校"，并于本年七月间正式开学。

（2）积极训练蒙兵，援助土匪　　最近日本军人在呼伦贝尔方面设有蒙兵训练机关，现已编成三个中队的蒙古自治军，以作并吞内蒙之先锋。至于援助土匪，尤其是多在察哈尔边境里面。日军援助土匪的目的，一方面好作为并吞内蒙的先锋队，另一方面则作扰乱华北的准备。

（3）极力扩充伪邮入内蒙　　日本为便利于将侵略势力伸入各蒙旗地方计，除在沽源三、四两区设立伪邮局，又在多伦设置邮局一所，属于热河省的邮区管辖。

（4）满布飞机场　　日人近在热河的朝阳、凌源、承德，以及察哈尔省的沽源……等处，建设数十多个飞机场所。

（5）企图汽车路网之完成　　自日本占领热河之后，除添筑铁路外，更注意汽车路之开辟，借名营业，实为备战。

除掉上面所述的各种积极新企图之外，值得我们特别注意的是，日本更建设了炮垒、无线电台，与夫运输机关、囤积粮食、组织蒙古旅行调查团，和改组蒙人的武装，种种的新企图。

我们根据了这些显明的事实看来，便可以真确知道，日本帝国主义企图并吞西蒙，处心积虑，没一时一刻不在积极猛进中。

《新蒙古》（月刊）

北平新蒙古月刊社

1934 年 2 卷 4 期

（李红权　整理）

从日本组织蒙古军说到我们应有之对策

小月　撰

　　轰动一时的蒙古问题，现在又像石沉大海一般的无声无臭了！说到这里，吾人除感觉到中国事的无办法外，实不愿再有所论列。诚以蒙古目前情势的危险，是举世周知的事实，岂以当局之明，而能见不及此？明知之而不设法积极挽救，这才是吾人真正大惑不解之点！回忆当蒙古开始要求自治的时候，全国空气是如何的紧张？政府的言行，公私的舆论，几几乎把整个的目光放在这个问题的上面，当时我曾自己这样想道：“蒙古问题从今后似乎不会再被国人那般的轻视了！”讵料时不经年，而这一个极端严重的问题，便又复淡然若忘了呢？我们试一检查蒙古自治后的情形，除产生一政委会外，究竟又有什么新的施展？值此国际风云紧急的今日，而站国防第一线和受赤白两帝国主义夹攻的蒙古，竟会被国人如此的漠视，又何怪环伺其旁者，吹胡瞪眼，跃跃欲试呢？我真有些不但为蒙古前途悲，而且为国家前途忧了！

　　老实讲，时至今日，中国人那种“头痛医头，脚痛医脚”和“好了毒疮忘了痛”的坏毛病，似乎还未能完完全全的把它除掉。在一种事情未曾爆发以前，虽是栖身危楼，总是漫不经意，装聋装哑，企图马虎；及到事件已经爆发，到了无可推诿的地步，便又演一幕“急来抱佛脚”的把戏，这够何等的无聊？何等的可耻？据我耳闻，现在中国政界有一种急剧的转变，即是放弃从前夸大宣传的积习，而步入埋头苦干的途径，这当然是令人可喜的一种好现象！因此，我在这里愿代表五族之一的蒙古民族向当局申请，那便是要把眼光放大些！目前蒙古环境的过分恶劣，以及挽救的过分困难，自为一种公认的事实！但知其难，因而自强不息，尽力而为，这才是负责当局应具的磊落态度！不然，在心理上先自行放弃，势必形成土地未失，而人心已死不止，岂不令人寒心？昨据蒙古来人谈："……蒙古政委会的一切工作，现尚在静止状态中，最大的难点，即是经费的无着，中央若不实践诺言，诚意扶植，则蒙事前途，殊难想像云云……"我们从这几句话里，就很可以看出蒙古人士对于政府的感觉失望，和蒙古目前"依然故我"的一般了！但反观敌人则何如？言之实令人惴惴不安了！小者不论，仅以浪人的到处活动，"蒙古通"——这当然是日人养成的侵蒙急先锋——的深入侦探，就可以看出对方野心的所在。其尤足令人胆寒心惊、寝食难安者，即开始组织蒙古军是也。蒙人体质素强，勇敢善战，万一受人麻醉，甘为鹰犬，则国防前途，尚堪想像？！诚如《北平晨报》八月廿五日《日本组织蒙古军之严重性》一文所云："……近闻日本为同化蒙古青年计，在我兴安区王爷庙地方设立兴安军官学校，专门收纳蒙古青年，施以特殊军事教育，而主其事者则为历年奔走内蒙之松本七郎，校长虽属蒙人巴特玛位〔拉〕布坦，但据虚名，毫无实权。兴安区原为蒙古之一部，惟彼之目的欲利用此地为训练蒙古军之重心，以图侵入察、绥两省，勿待赘言。该军官学校设立旨趣书中首谓：'对于蒙古人施以特别军事教育，以为将来蒙古军之骨干，而谋蒙古民族之复兴。'该校教育科目，复特别规定：'从东亚大局观察，应强调日满亲善之必要，以不违背与他民族协合之精神为限度，且应助长强化对日信赖之倾向。'试问东北四省，既在日本囊中，有何组织蒙古军之必要，何谓蒙古民族复兴？无非欲以此口号，挑动蒙古青年离叛中华民国之心理而已。所谓助长强化对日信赖之倾向，更显然表示欲养成甘做日本奴隶之蒙古青年。故该校教育方法，以同化为第一目的。所谓军事教育，不过初步之军事知识，备作下级军官而已……。依吾人观察，两年之后，彼必先在兴安区召集蒙古军队，以此项毕业生，充任下级军官，营长以上，则由日人任之。再过两年，复有一班毕业生，则又将业经在队供职之下级军官，派往察、绥两省，组织军队，而由蒙古人出面要求我国拨付经费，在相当时期以内，表面仍佯作服从我国之态度，一俟时机成熟，即挟其武力要求独立；彼时彼既有实力为后盾，我则进退两难，结果将陷于放弃外蒙古之同一命运，藩篱尽撤，我将奈何？"又云："……彼将来攫取之方式，不外两种：其一，将挑动内蒙与伪组织启衅，然后日根据军事同盟之约，出兵助伪，一举而占领百灵庙，再仿照伪组织办法，由蒙人出而组织蒙古帝国；其二，利用彼所养成之蒙古青年军官，夺取蒙古军权，挟迫蒙古王公、民众宣布独立，日本首先承认，缔结军事同盟，使我国陷于不能讨伐之境遇，彼操纵两个伪组织，以夹攻我之北部，不难将我置于彼铁蹄之下……"该文所言，虽未必与吾人意见尽同，但所言者，亦大半为吾人之所欲言，因此不避抄袭之嫌，把它特别的介绍出来，以为关心蒙事问题者之参考。说到这里，我们把敌我的情形，对照一下，能不令人汗颜？敌人是处心积虑，得寸进尺，而手段之毒辣，用计之险恶，亦殆如水银泻地，无孔不入，而我则鱼游沸鼎，得过且过，长此以往，蒙事何堪设想？因此愿以三事，以为我政府当局勖！

（一）须诚意扶助蒙人自治，以企得到蒙古自治之实际效果。诚如《大公报》八月廿九日短评所云："日本觊觎内蒙，多所活动，这是内外周知的事情，因此我们对于内蒙不能似从前那么冷淡。今春因为百灵庙会议的结果，设立自治政务委员会，蒙人相当满意，但蒙委会虽已成立，进行上问题尚多，尤以经济困难为甚。我们希望政府重视蒙疆，任令如何困难，总以实践成诺、扶植自治、宽筹经费为要！"但我们除此以外，尚有一件事情，向当局要求，即是指导长官公署赶快设立，以企中央与内蒙，发生密切联络，共策自治进行，同时我们并希望何委员长，不要一再坚辞，致使蒙古人心惶惑！

（二）应增进蒙古生计，改善蒙民生活。蒙古现状社会，实属黑暗得令人可怕。卫生的不讲求，文化的低落，在在均为蒙古民族前途之奇忧！若不设法改进，即无外人侵略，长此以往，宁有幸存之理？因此我们竭诚的盼望当局，应视蒙古问题，即为整个中国问题，兼顾并筹，根本设计，对于其交通方面，卫生方面，以及生产方面，均应尽力指导，竭诚扶植。前据报载，蒙藏委员会副委员长赵丕廉氏抵京谈话云："蒙政会经费今后可按月发放。"不过，我希望政府，不要仅仅的按月发放官员的薪金就算完事，因为那仅是蒙事的一小部分，我想中央允许设立蒙古政委会的用意，以及蒙古人士要求自治的目的，并不是安置一批委员、厅长之流就算完事，而是令他们就职以后，对蒙事拿出办法来！但"巧妇难为无米之炊"，按月发放蒙古官员的薪金，最大的效果，也不过使得荒凉偏僻的蒙古社会里，添了一批新的达官贵人，解决蒙古一部青年失业问题就算完事，但与国防、民生……等等的根本大计，尚有七十二丈之远。所谓蒙古问题，又岂如是之简单？因此我们希望赵氏所谓"按月发放"者，不要仅是经常费，而建设费亦是如此才！这样下去，非但蒙民生计，逐渐改良；即蒙、汉感情，亦必日趋接近，纵有人从中勾煽，但我既一心一德，无隙可入，敌人虽狡，其如我何？

（三）应组织蒙古青年，以为组织蒙古民众之先声。此种问题，当然非同小可，必须持之于永久，方克有济。吾人以为值此日人组织蒙古青年军人之际，吾人为未雨绸缪，以资应付计，实不能不赶快设法，以资对抗，所谓"以子之矛，攻子之盾"者是也。想蒙古方面，不乏明达之士，只要中央出于诚意扶植，则体健神旺之蒙古青年，固莫不欲俯首听命，以为保国家、救民族而效忠！但看我们政府有无决心罢了！

一九三四，十，十一

《新蒙古》（月刊）

北平新蒙古月刊社

1934 年 2 卷 5、6 期合刊

（朱宪　整理）

日苏战争与蒙古

剑夫　撰

　　无疑地，日俄战争的爆发，只是时间上的问题。这我们是根据着如次的理由：从理论方面来说，在绝对相互对〈立〉的两个社会体制之下，以东亚宪兵自居的日本帝国主义，无论在为了缓和对英、美的冲突上，在更便利地宰割中国上，在打算逃出可怕的恐慌之深渊上，以及为了骗取整个资本主义世界的同情，以隐蔽它在远东的强盗侵略上，都只有冒险地向着苏联横冲过去，此外是再没有"更好的"去路。就事实方面来看，事实表现得更为明显：自远东划期的九一八事变以后，日帝国主义兵力的积极向北满及内蒙推进，军用铁道、公路之积极建筑，互不侵犯条约之拒绝签订，中东铁道之劫夺，东铁职员之逮捕，以及一切军用、军实之运输、存储与备置，与苏联方面之西伯利亚大铁道双轨之铺设，贝加尔湖附近之屯殖与军需之存储，远东红军之积极动员、集中与训练，及一切飞机、武器之配置与防御工事之完成，苏联当局之英勇地揭穿日帝〈国〉主义之侵略的阴谋，与苏联红军将在"不失寸土"之原则下歼灭敌人之宣言……在在都织成了远东前线的可怕的战云。这种暴风雨的黑夜，谁能否认那不是大战前夕的凄惨的情景？原来所谓九一八以来的远东战争，从世界一角的中国的观点来说，固然是日本帝国主义对中国的侵略战，但若从整个世界的观点来说，那便是反苏联战争的前哨战。因之，在今日，日苏战争，已经不是战争爆发与否的问题，而仅是爆发的迟早问题了。故本文是把日苏战争看做既定的问题，而仅依据现实，来采〔探〕讨和阐明蒙古在此次战争中占着如何的地位。

真的，由于九一八事件的发生，蒙古在日苏冲突的发展中，急遽地增加了它的重要性。九一八以前的蒙古，正如中日战争以前满洲，它们中间都有朝鲜或满州〔洲〕做着缓冲。同样，今日的蒙古，却已经变成了一九〇五年以后的满州〔洲〕，无论在军事、经济、政治以及文化各方面，现在及未来，都已经变成了日苏两国短兵相接的战场。这种情势的变迁，实有促使我们重新估量蒙古〈在〉日苏战争中所占新的地位之必要。

蒙古与俄国，因为壤地相接，发生关系甚早。十三世纪时，蒙古曾征服俄罗斯，臣服者达二百余年。十七世纪以后，帝俄又屡侵蒙古，清初与俄又订立《尼布楚条约》，蒙、俄之关系愈益密切。"辛亥革命时，帝俄乘我国内多事，曾一度煽动外蒙独立，直至民国四年六月中、俄、蒙三方订《恰克图条约》，由我允许外蒙自治，俄方始承认我在外蒙之宗主权。一九二一年，俄国白党谢未〔米〕诺夫等败退蒙境，盘据库伦，作为反赤根据地，这时，我因忙于内乱，北洋军阀均不愿派兵以实力驱逐其出境，于是赤军乃借口消灭曰〔白〕党残余势力，攻陷库伦，缔结《苏蒙条约》，援助外蒙独立。"这样，外蒙领土变色，完全变为苏联附庸之一。至日本与蒙古的关系，则发生比较甚晚。一八九六年中日战争以后，日人虽已积极侵略满蒙，但与蒙古仍没有发生直接的关系。一九〇五年日俄战争以后，日人虽曾利用南满铁路附属地的特殊势力，不断地向东蒙调查煽惑，可是仍然在蒙古设〔没〕有巩固的地位，可以与苏联比肩抗衡。但是，这种情势由九一八而大大地改变了。由于中国的不抵抗，日帝国主义以飞越的速度，由辽、吉而热河，由热河而察东，现在，已掌握了东四盟，修筑军用公路，建筑军用飞机场，及配备一切军事设置，准备积极西侵。同时，苏联因日帝国主义已侵占东内蒙，为保持其在外蒙的优越地位及巩固东部西伯比〔利〕亚的后防，更密结其与外蒙的关系。这样，双方以不同的方向而相向前进，距离日益缩短。由于日苏关系的愈益恶化而使两国积极经营蒙古，更由于两国积极经营蒙古而使两国关系更形恶化，濒于短兵相接。这便是目前蒙古在日苏冲突中所占据的地位。

　　在军事的观点上，蒙古在日苏战争中究竟占着如何的地位呢？这，我们只要指出将来日苏战争所要采取的必然的战略，和目前日苏军事准备的〈事〉实，便可以充分地认识它是占着如何重要的地位了。

　　前面已经说过，在目前，满州〔洲〕与热河的军事地位，正与一九〇五年第一次日俄战争爆发前夕的朝鲜相同，而现在的蒙古，却代替了满州〔洲〕在那时候的军事地位。据一般军事专家观察（注一）①：第一，日苏战争的爆发，必先从日本发动。日本以"速战"为有利，更由于其他经济上的、战略上的种种理由，她所采取的必是"进攻战"，要求迅速地占领最后目的地。反之，苏联却以"延缓"为有利，战争多延缓一天，就是前线的红军能够加强一天，后方的工业组织能够更巩固一天。所以她一定采取"防守战"（当然，这不是绝对的，为了战略上的必要，她也可采取暂时的进攻，但这不是主要的战略）、"消耗战"以增厚国内的利益，及树立敌人侵略责任的国际价值。复次，苏联的目的，在于创伤日人进攻的意志，所以只要使日本在金融上、经济上、精神上和军事上一蹶不振，那便是她的胜利了。第二，战争的主要一幕，将集中在贝加尔湖区域。贝加尔湖处于群山环抱中，这一

　　①　未见注文。——整理者注

带的山岭是中亚细亚山脉（Mitasiatio Ranges）的分支，山脉的东面是中亚细亚的沙漠地。贝加尔区的东北衔接维定高原（Vitiv Platen）。与此地平平而俯瞰西伯利亚铁路的，有雅布罗洛山脉（Yallonoi Mountains），此处虽易受侧袭的危险，但仍不失为战略上重大的障碍物。俄方的军队倘能继续从这障碍物附近出击，那末日本在满州〔洲〕北部和西部的军事地位就不能稳固。日方如不能占据这一地带，就是战事获得胜利，也无多大裨益。同时，日本若是占领了这一地带，也就无须从这里再向前推进。因为贝加尔湖区是阻止西方军队进击的有效障碍物，正如它能够阻止东方军队进击一样。如果如〔从〕这里的山口再向西推进，日方的交通线就得延长，反而得不到战略上利益。因此，贝加湖区是双方最后胜负决定的地带。日方的胜利是在拼命地占据此地，而苏联的最后目的则在死守这块领土。第三，贝加尔湖区虽是胜负决定的地带，但绝不是开始就在这里战争。苏联绝不会在战争一经发动，就把敌人引到此山岭地带，不惮一击之劳，而放弃前线千哩的领土。不，绝不。基于基本的战略，应该使敌人延缓和难于接近自己的最后的防守线。苏联利用着"消耗战"的策略，更是想延缓最后决胜的斗争。她主要的将在西伯利亚的太平洋沿岸——满、鲜边境及海岸各重要地带，实行大规模的"后卫战"。西伯利亚铁道之终点海参崴，当然要扮演极重要的角色。

　　海参崴和第一次日俄战争时代的旅顺的地位相当，现在苏联在这里已设有极巩固的防御工程。苏联坚守此地，至少可以阻延日本推进到贝加尔湖区的军队至六个月以上。复次，我们知道，此次的战争，不会有多少海上的斗争。日本海军称霸于远东，苏联海上的活动，将仅限于海参崴附近潜水艇的小动作。海参崴的优良海港及许多水道，足以使此种潜水艇的活动敏捷而有效。据闻该埠已有大量潜水艇的设置，此种潜水艇的活动，至少可以扰乱甚或严重地阻碍日本与满洲间军队和军实的水上运输，使日本的军舰、航空母舰离开海参崴相当距离，而不敢接近。

复次，苏联还有一个优点，那便是庞大的空军的优越。苏联已在远东集中飞机五百架，其中有四十架至一百架是长距离的重爆炸机，它们的续航力都在二千五百公里以上，在以伯力、海参崴为根据地时，它可以爆炸相距仅一千一百公里半径以内的日本各重要中心都市。如朝鲜各海口，大连、沈阳的铁路系中心，长春、哈尔滨等，甚至日本本部的东京、大阪、神户、横须贺等，都在以海参崴为根据的空军射程之内。日本的防空设备，并不十分完备，日本城市的用木材、纸料建筑，其危险性更属极大。苏联即或不至于不分皂白地、整批地与一轰炸，但她至少对于纯军事的目的物（兵工厂、兵实储存处、飞机停放处、军事军需运输机关……），将与一全力的轰炸。据一般观察，苏联如果能够适当而技巧地运用其空军，她除了上述破坏日本的军实、接济、运输的工作外，还可以牵制日本的空军的活动。这是因为日本的防空设备极为贫乏，如果苏联的空军向分散的日本重要都市袭击成功时，日本也许会应〈用〉自己的空军以为当地的防卫，这样便会使日本的空军力分散而失效。

同时，苏联也有一个相当严重的缺点——它不是军队数量和训练上的缺点，因为她平时有七十万以上的现代化、机械化和通过政治意识的勇敢而诚实的红军，在全部动员时，她可以有六百万人参加作战。也不是武器、接济和设备能力等经济上的缺点，因为苏联的第一五年计划，实际上便是国防计划；自这种计划圆满而迅速地完成以后，无论在轻工业、重工业方面都有极大的成功。同时，她有国家统制下的有计划的工业，有庞大的狂热的生产；她没有像在资本主义国家内的恐慌、罢工，也没有笼罩世界各国的赤字财政危机。她所有的物力、财力，在对敌人战争的必要时，都可以很迅速而顺利的全部为国家使用。但苏联在对日战争上有唯一的缺点，那便是从苏联产业中心到东部前线距离数千公里之地理上的限制。把几百万战士，和他们每一个人一份的食料，和军器、弹药等，都从一双狭窄的铁轨上，由苏联工业中心运输到远东前线，那实在是一件不容易的工作！一九〇四至一九〇五年第一次日俄战争时，西伯利亚铁道还是单轨，但因为行车技巧的精良，故于不足一年中，帝俄能将远东的俄军从十万人增至三十万人左右，最近西伯利亚铁道已敷设双轨，将运输量至少增加四倍，但同时，现代战争所需要的材料，也比从前增多了三四倍。苏联当局深深地察觉到他们的这一缺点，故自第一五年计划实行以来，即积极把军需工业的重心，向东迁移。并积极向乌金斯克及贝加尔湖区移殖屯垦，求战争爆发后军事食料上之自足自给。复次，更敷设西伯利亚铁道为双轨，求运输效能之增加。——这一切的努力，虽曾收获了相当的效果，但距理想的成功还很远呢。

这里，我们更须知道日本在日苏战争中的弱点。如一般国际政治家所指出：日本在日苏战争中之唯一弱点，便是她的经济支持力之微弱，和能够运往前线参加作战的士兵数量上的寡少（因须留驻相当数量的军队于国内及朝鲜等殖民地，以镇压国内的革命运动及殖民地叛变）。因之，如前面所述，她一定要采取"速战"及避重就轻的战略。

如果依照一般的预测："日苏战争的战线是从堪察加角起，沿海岸向南，经库负乌〔页岛〕、黑龙江口，至海参崴，直抵苏、鲜边界为一线；又从图门〔们〕江口起，向北经绥芬河，达兴凯湖，再沿乌苏里江直至伯力为一线；又从伯力西向溯黑龙江，经同江，再溯江直至黑河为一线；又由黑河再沿江而上抵满洲里为一线；又由满州〔洲〕里，经呼伦贝尔池、索伦山地，至热、察北境为一线。"那么，攻守的重心，将是海参崴、伯力、绥芬河、同江、黑河、满洲里、呼伦贝尔池及库页岛和黑龙江口诸地。然而，上述诸地，如我们所已知道，除了有图们江、乌苏里江和黑龙江的天然险要外，在满、鲜边境各要地，苏联均已建筑了坚固的防御工事和准备好了一切军事上的设备。这种情势，对于采取攻势的日本，将与一致命的抗阻与延缓，使战事旷日持久，而没有巨大的进展，这对于利在速战〈的〉日本是极为不利。

那么，日本是否束手以待"侥幸之神"到来呢？不，绝不！她必然避重就轻，而采取侧面的袭击。这样，便进入了本文的中心论点。即日军将由察、热，经库伦、赤塔，而直取贝加尔湖区，至少，将截断苏联前线与后防的联络与接济，使前线接济与归路断绝，而收到迅速的胜利。——这种揣测，诚如一位美国军事专家所说："好像是一种荒妄无稽的神话（因为从赤峰、多伦、张家口到库伦以至赤塔，都有几千里途程的遥远，交通机关又是那样的贫乏），然而事实却在那里着着实现着。"现在就让我们来看一看这些事实吧。

事实很明显，日本的大陆政策是包括着已经占领了的朝鲜、满洲及中国本部，内外蒙古、新疆、西伯利亚，更进而发展到中亚细亚、波斯、印度以及印度支那半岛等地，而造成日本统治下的"东亚大帝国"（见田中奏折）。此种计划实现之唯一障碍，如田中所指出："便是苏联与美国。"因之，九一八事变，一方面固然是吞并满蒙的大陆政策之第二步（吞并朝鲜是第一步）的实现，他方面也是向苏联的进攻。热河占领以后，为避免与列强在华北的冲突，及诱致资本主义国家之同情，中止向长城以内之军事侵略（这或许就是华北尚能在目前苟安一时的基因），而积极准备向苏联进攻。这种进攻苏联的准备，除了加紧在东北的军事交通的建筑（吉会路已联络满、鲜铁道，拉宾线已完成，由齐齐哈尔和哈尔滨直达黑河的铁路，和由鲜北至宁古塔横断中东路的铁路，都以最大速度，限期通车）外，便集中全力在内蒙的占领与多库（多伦到库伦）大道的打通。因之，察之占领，迟迟不退。且以此为根据，积极建筑军事交通，设置攻守工事。从朝阳至承德，及从朝阳至赤峰的铁路，现在都以极大的速度进行修筑，限期完成；此外承多、赤多、通赤及其他已完成、未完成和计划兴工的公路，尚不下五万里。飞机场的建筑、蒙古军校的成立、蒙兵的训练，及对于蒙古王的诱惑，都在积极进行中。她想由张家口、多伦、赤峰等地，由张库或多库大道，经外蒙库伦，而直驱贝加尔湖区，截断苏联后防的接济，使前线濒于绝境，毁灭苏联的空军根据地，以此而战胜苏联。最近日本的猛攻东蒙，更足以说明个中阴谋。

　　然而，"日方的这种可能的战略，早已被她的敌人窥破。热河、多伦相继陷落以后，苏联便加紧在外蒙的军事训练布置。据日方的调查：除平时训练蒙军，扩充库伦兵工场，统制全蒙汽车而外，本年特派步兵一万八千，大炮四十二门，高射炮七门，轻重机关枪约四百架，飞机十数架，坦克十八架，开入外蒙，屯驻于汉黑特大兵营。现在买卖城有军需工程三个，兵营七个，陆军大学及军官学校各一所，飞机格纳库也很完善。如有动员，立刻可出兵二十万，军马三十万匹。通克鲁伦的汽车路也已经完成，通乌里雅苏台的汽车〈路〉正在进行修筑中。又据白云梯去年五月三日视察蒙古归来所谈：外蒙现共有飞机约三百架，张库线内外蒙交界之乌德地方驻有五十架。又据世界社库伦通讯："蒙古现役兵有：独立骑兵旅团一、联队二、中队一、炮兵大队一、溜炮中队一、加农炮队一、装甲大队一、飞机队一、汽车运输队一"。（见《世界知识》创刊号）我们要知道，外蒙在政治上已经几乎是苏维埃联邦之一，她的军队，完全由苏联的军官训练指挥，因之，我们可以说外蒙的一切军事设备就是苏联的军备。那么，苏联在外蒙对于日军进攻之防御之严密，也就可见一般了。复次，唐努乌梁海部早已加入苏维埃联邦，布利雅特蒙古亦已为苏维埃联邦之一，该地住民与外蒙车臣、三音诺颜、土谢图、扎萨克图四汗部为同族，苏联即以布利雅特蒙人为密切联络外蒙之媒介。苏联对该地之努力，为在第二五年计划中特别注意该地之产业与文化的发展，极力改善该族人民的生活，以提高蒙人对于苏联的信仰。最近，苏联人民委员会外交次长加拉罕氏乘"外蒙独立十周年纪念"的机会，曾亲访"库伦政府"，作长期间的勾留，在政治与军事各方面都有积极的活动，而形成外蒙与苏联之更进一步地联接一致。

这样，我们已经明白了蒙古在日苏战争中占着如何重要的地位，和日苏在如何积极地争夺蒙古！

这里我们要特别指出的，即上述的说明，是把中国的力量除外而得的结论，即把中国看作在日苏战争中一点没有作用，蒙古任人夺取，和第一次日俄战争时的满洲任人作战一样。假使中国政府以蒙古之主人的资格，配置极严密的防御工事，阻止外人的利用作战，那么，日本也许不会把通过蒙古当作进攻苏联之唯一捷径，而结论也就两样了。

本文多参考自：

（一）Foreign Affairs：（7—9 月份，1934）"The Strategy of Another Russo Japanese War"；

（二）《国际评论》（八月份，日本外事协会《加拉罕之访外蒙》，及《日苏冲突与蒙古》）；

（三）《世界知识》（创刊号，生活书店）。

十一、八

苏俄在外蒙及远东兵力配备

增兵筑营明示态度　阴谋活动暗斗机智

作者不详

哈尔滨讯：远东战机，已达尖锐化，日俄双方，均成剑拔弩张之势，除各在区域内增兵筑营，积极从事工事上设备明示态度外，并互相暴露军情，诚大战〈前〉夕之现象也。据可靠消息，苏联政府，已在外蒙选一地点，建筑一大规模之兵营，现正在收容骑、炮、机关枪队之混成队等干部。兹将苏联驻外蒙军队之内容及远〈东〉兵力配备，汇志如次。

外蒙方面兵力　先派精锐部队一万八千人，炮四十二门，高射炮七门，重机关枪百三十架，轻机关枪二百四十架，飞机十二架，装甲车十八台。统率以上部队各总指挥官，为苏联将校伊瓦洛夫蝶投拉卜氏，其属下有士官六十三名。目下数处飞机场，闻在建筑中。

海满之间兵力　由海参威〔崴〕至满洲里间之苏俄兵力，总数达四万，其中特别国际警备军一万五千名，国境警备军四万五千，另有预备军（数目不详）。

军用机根据地　苏俄军用飞机总数四百十二架，分布于伯力斯兹瓦斯克、拉兹德立那牙、保其加力若夫、大乌里，因不时飞动，各地机数，则无从调查。

兵力配备状况　（一）斯瓦巴斯克至尼口立斯克地方，步兵四个师团，骑兵一个师团，此方面现正由欧洲运输大量兵员及军需品，以资增厚实力。（二）驿马地方，有包括华人实数不明之兵团。（三）伯力地方，有极东赤旗军本部，总司令布雷兹西赫尔。（四）阿穆尔地方附近，步兵三个师团。（五）拉巴若下尔东部地方、诺尔其斯克，兵力不明，保尔基亚克尔母衣斯克及赤塔地方，步兵三个师团，骑兵一个师团。（六）德拉立牙马其斯克牙兵力不明。（七）占贝斯克得地方，有蒙古革命军骑兵三个师团。以上总计步兵二个师团（实数不明），坦克战车三百乘，装甲列车十二列，海参威〔崴〕附近潜水舰十二只。

军用道及铁路　（一）一九三三年十二月，阿穆尔线之瓦尔其牙也夫克站至尼口立司克站，完成军用道路。（二）一九三三年十二月，满洲里至先不斯八十五里之军用道路，工程完成。（三）西伯利亚本岁贝尔邦若夫斯克站至蒙古乌尔克立也司伯衣间铁路，正在工程进行中，此外国境附近五千粁内，居民须得格别乌（密警）允许，方能移动居址，以防人民逃亡。（东北社）

《东北消息汇刊》（季刊）

上海东北通讯社

1934 年 2 卷 9 期

（朱岩　整理）

察哈尔和中日、日俄的军事关系

枡子　撰

一、察哈尔的形势和现状

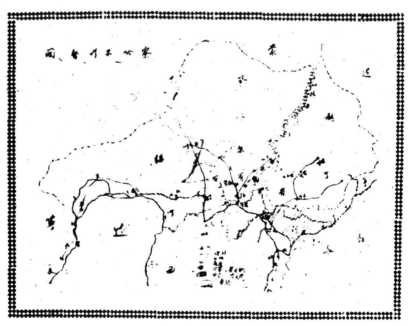

　　这是一幅察哈尔的位置图，从这一辐〔幅〕地图中，我们可以考见下列数点：

　　第一，察哈尔的东西〔面〕是热河省，不幸的热河省，早已被日本人认为满蒙政策的对象，已于民国二十二年一月，被他们攻占，该省人民在日人铁蹄下度其亡国生活者，已在一年以上了。

　　第二，察哈尔的南面是河北省，河北省自热河沦陷后，受到日本海、陆、空三方的攻击。北平以东的地方，也被日军占据了很久，后来中日两方订立《塘沽协定》，把芦台、宝坻、顺义、延庆以东地方，划为中立地带，虽然规定中立地带在〔再〕不驻兵，而以中国的保安队担任维持秩序之责，但是日伪两方的军队，至今尚有留存。所以我们可以说日本对于察哈尔的控制，已成了蟹螯的形式，如今的察哈尔便在蟹螯之中过活着。

　　第三，察哈尔的北方是蒙古，蒙古自民国十年以后，受了苏联的"赤化"，组织了共产主义的独立政府，我们谁都不甘心说蒙古不是我们中华民国的领土，但在实际上早已成为苏联的一个保护国了。所以察哈尔便是两面受日人的控制，一面是受了苏联的控制的。

　　第四，察哈尔的西面是绥远省，绥远是黄河上游最肥沃、最适宜于垦种的地方，所谓"到西北去"，以至绥远为最便，最有可能。"到西北去"，以平绥路为惟一捷径。平绥路是以张家口为中心的，张家口就是察哈尔的省会，所以察哈尔实在是把握西北移民的中枢，自从绥新汽车路通车后，平绥路益见重要，察哈尔的地位，也愈见重要了。

二、察哈尔与中日的军事关系

　　不幸得很，自从日本人占据了热河以后，他们便得陇望蜀，更想占据察省，以制我国的死命，所以热河失守后，察哈尔东部的多伦、沽源，相继沦陷，康保、张北、独石口等地，也有风声鹤唳、草木皆兵之慨，而张家口方面，更有好几次蒙日本飞机的光临。多伦一带的地方，虽曾因为刘桂堂（原属叛逆伪满洲国）的归降，一度由我国军队驻防，但是不久仍为日人占去，日人在此且曾开过什么蒙古人的联欢大会，想利［利］用察、绥蒙人，分化我们内部的民族，这次内蒙古人的要求自治，同日本人不无关系，可见日本人对于察哈尔的野心了。

　　日本人的窥伺察省，不但为了领土欲，也是为了中日两国的全盘军事。东北四省的沦陷，我们全体同胞，莫不附膺切齿，誓报此仇，日本也知道武力不足以服中国人的心，最后的解决，还须武力。但在最近的将来，我国假使要和日本人拼一下，非广结友邦，得世界各国的帮助，不会有什么成功的。日本崛起东亚，并吞东北四省，与各国利害冲突甚大，自从日本前外相内田康哉提倡"焦土外交"，实行退出国际联盟以来，日本在国际上早已处于孤立的地位，虽广田宏义继内田之后，力创"协和外交"，但日本军阀如此骄横，难得国际同情，怎样能够增高它的国际地位呢？这是日本的弱点，假使我们中国政治家能够利用这个弱点，运用巧妙的外交手段，何难得友邦的力助，一举而收回东北四省。日本军阀对于这一点颇能了解，所以对于察哈尔的掠夺，作盘马弯弓的形势，先将要害之地，如多伦等收于掌握，以威我国，以驻兵不前的方法，向我国表示假的好意，使我们的政治家，不遑遑于抵抗，一方面却可随时占据察省全部，以隔绝我陆路方面的出路。很显然的，中日如果开战，中国的经济与军火，均须友邦的接济，这些接济，不外海陆两路，以达中国。日本是世界第三海军国，他的领土如琉球、台湾、澎湖等都〈与〉中国海岸距离甚近，海洋交通，日本海军可随时加以封锁，惟察哈尔的张家口，有张库汽车路，可接西伯利亚大铁道的上乌丁斯克，为我国运输军火的唯一要道，而为日本陆海军势力之所难及。故日人于取得热河后，进窥察省，一方面果然为热河得一保障，而欲于未来的中日战争操必胜之权，尤为其着眼之点。

三、察哈尔与日俄的军事关系

还有一点，也是日本夺取察哈尔的重要用意。第二次日俄战争，是不能避免的，这不但是日俄两国的当局和人民作如此想，就是日俄以外的中国人以及世界各国的人士都作如是想。第二次日俄战争之所以不能避免，简言之，为了日本人要独占东三省的霸权。东三省的霸权，在日俄战争以前是俄国独占的，日俄战争以后，日俄两国以长春为界，平分秋色。惟自俄国革命而成苏联，北满势力，不免减少，所余者为一中俄合办之东省铁路而已，自九一八以后，日本即欲将此残余之苏联势力而占有之。但是东省铁路为西伯利亚通海参威〔崴〕之捷径，海参威〔崴〕为苏联三大海港之一，远东货物之吞吐，皆由于此，决不肯轻易放松，所以东省铁路也就连带的不肯轻易放松了（苏联虽曾提议将该路出售于伪满洲国，但在条件上绝不妥协，出售云云，决无实现希望，所以这是一种手段），所以这也是非武力不能解决的问题。日俄两国早已预备着，黑龙江省的北部日军屯集甚多，俄境黑龙江岸，电网也已密布，大有箭在弦上之势。日本是现代的强国，苏联自革命成功后，工业孟〔猛〕进，实力亦颇雄厚，所以这场恶战，决非短时期内所可解决，战事的范围，也必愈演愈大，察哈尔也必为双方争夺的目标，殆无疑义。这也是察哈尔的形势使然，因为日人如果占领察省，使〔便〕可由张库路进兵蒙古，以窥西伯利亚，则赤塔一带，势必大为震动，贝加尔湖以东的战事，也许可以迎刃而解。苏联如得察省，则可由张多汽车路（张家口至多伦）进兵多伦，〔据〕趋围场，据赤峰，分兵朝阳、开鲁，则辽西大震，南满路遂有被截之虞，而黑龙江方面的前线日军，势成瓦解，然则察哈尔对于日俄军事的关系重要，可想而知了，所以察哈尔省在中、日、俄三国军事形势上，成为角逐之场，命运如何，殊不可知！察哈尔系由蒙语翻译而出，国民政府统一全国，将旧察哈尔特别区，改称朔宁省，取朔方安宁之意，可怜它在最近的将来，恐怕要成为全国最不安宁的地方，也许还要在赤色或白色的帝国主义铁蹄下，过亡国的生活呢！

四、怎样挽救察哈尔的危机

我们推算察省命运的前途如此凶险，但是不替他预为之谋，坐视他日趋于凶险之途，这也是不对的，所以我现在贡献些鄙见。本来自从热河失守以后，察哈尔的东部是不易扼守的，因为热、察之间，虽有苏克斜鲁山（亦称内兴安岭）作为天然防线，但该山已经受过很久的侵蚀，已至老年时期，山坡斜缓，山岭亦常平坦，多伦附近，山顶犹可行驶马车，所以多伦一带，实为无险可守之地。今多伦已失，延庆以下，又已划为中立区域，所以以北平为张家口之后方声援根据地，殆已不可能。为今之计，即宜建筑同成路的一段之同蒲路，使晋、陕军队，得于最短期间，斜趋大同，应拨〔援〕张北。同蒲路自山西极南之永济（即蒲州）以达该省东北之大同，而与绥平〔平绥〕〔远〕路相交。陕、甘军队渡河至风陵渡而达永济亦甚便利，该路近在积极建筑中。正太路与同蒲路相交于太原，可作为平汉路、同蒲路之联络线，中部资源，然后可以渊〔源〕源入晋，军需可告无虞。平、津两地距中立地带已近，中日战事如果发生，平、津必与张家口同为前线重镇，战线必将沿北宁、平绥两线，也许要突至平汉线，大同方面对于平、津战事势难并顾，当另筑陆军根据地于保定，以为平、津之后方要地。大同、保定之间至少当筑汽车路，或设大飞机场以资联络。这是关于军事根据地方面，应该预先布置的。至于目下更急迫的事情，便是安抚蒙人，使能与我中华民族，站在同一战线上，以与日人作殊死战，鄙人曾作《内蒙自治论》一文，刊于《大道》月刊第二期，兹不赘述。

《晨光》（周刊）

杭州晨光社

1934 年 2 卷 41 期

（李红权　整理）

准噶尔旗事变记

裕如　撰

准噶尔旗位处绥西，北邻托、萨两县，南界陕西府谷、晋之河曲，西近神目〔木〕、东胜，东则隔黄河遥对清河、遍〔偏〕关，龙盘虎踞，势颇凶险。

全旗占地约五千余方里，居民以汉人占多数，而蒙民中更以喇嘛居多。故人民逐年减少，实可注意也。生活多靠耕种，游牧人家连百分之一也找不到。

民国二十一年，轰动一时之奇寿山案即发生于准噶尔旗。各方欲明真像，曾聚多人，拟实地调查，而因交通阻碍，未克成行者殆半，真像难明，故皆引为遗憾。记者认为奇寿山此次之革命经过，颇有纪载的价值，故将所知者，略述于左。

奇寿山之出身缘盟旗历来即有贵族及平民之别，俗谓台吉、百姓是也。百姓终身，或至几辈，永久须为台吉奴仆，负一切纳税、当兵等义务，而不得权力，更不能为官宦。凡奇姓，皆为台吉，即贵族，余者皆为百姓，即平民。由此可知，奇寿山为贵族无疑，且其父曾任管旗正章京，故又可证系少爷出身。在那样封建思想的准旗，都是特别的恭维他。

幼年时即异于常人，性喜骑马、射箭、打猎等工作。且同玩耍的小朋友，台吉、百姓不分，并不和普通小孩一般。后渐读蒙、汉文，天资聪敏，时常非难教师。

出走他乡之因　民国十七年，准旗匪患颇盛，其白发老父，以涉及嫌疑，而遭东协理那森达赖之惨杀，家中财产亦尽被抄没。其时奇寿山方由宁夏同那之子奇子俊返旗，途中闻变，置而未信，至旗境内之河套，始得确息。言且遣人将刺汝，距此不过数十里，宜急谋去，此彼出亡内地之因也。

那森达赖出身及其子　那森达赖，奇姓台吉也，身高大，辈〔异〕常人，故皆以大汉台吉呼之。家甚寒苦，一妻一弟，每以为人赶车，或营小本生意，以资糊口。然而天资过人，精明强干，遂于廿余岁，谋得王爷府收账之职，既勤且劳，复善于辞令，故颇得王爷另眼相视。彼更尽百日之功，而粗通蒙文，不数年，即荣任王府管家，又数年竟不劳而获得东协理之位。时老王爷已暴卒矣。民国四五年间，袁世恺〔凯〕总统招集内蒙各盟旗王公至北京谈话，籍〔借〕以联络感情，多惧而弗敢。那森达赖从哈拉寨某商人之劝，作首途谒衰，且彼能操汉语，故带得公爷之头衔而归，所以人民又独称之为那公。其子蒙名若布动，汉名奇子俊，为人无学鲜能，实不及其父百分之一。民十三年，曾任团长、司令等职于国民军，兼任本旗西协理（王爷以下之最大两职，咸为其父子分任，可见一般矣）。民十九并任职中央监察院监察委员，所识数友亦系靠其父之金钱声势耳。

二十余年来，准旗行政情形　那森达赖执政廿余年，对地方治安保护颇周。民国十四年，王爷去世，而今之小王爷，年将十龄，系俗所谓"墓底抽"，王爷故后数月所生，因年幼，故由那森达赖署理扎萨克职务，名虽署理，实则政权完全操诸彼手矣。且有王爷故去不明之说，未审是否，姑勿论。然那森达赖之妒才成性，则构成不可掩饰之事实。例如黑少旗（老王之侄）、阿拉登五气儿（奇寿山之父）以及〔追杀〕奇寿山等皆系有志之士。彼曰"斩草须除根"，不期竟"打草惊蛇"，致使彼脱逃矣。又准旗之同仁小学创于民国十八年，系经奇子俊之友贡君之劝说，而于不得已中所设，至于那森达赖方面，是十分不满。至十九年，奇子俊五分钟热度过去，募捐所得万余元，除购书籍等用去两千多（其中尚有被人骗去千余元），余者却给几位太太们作了脂粉费。自奇子俊抵京任职后，虽然师生们勉强度着生活，仍旧上课，迨后吃烧一切多不能领，始停课。原因不外那森达赖认为所教书籍，多系三民主义等革命性的，他自己却是封建思想很重，深恐一般小学生起来革命，故绝不供给学校经费，其用心之毒辣可见一般矣。十九年放寒假，即无形停顿，识者为准旗可惜，可惜有希望，能造就者，不在少数。苛捐杂税层出不穷，羊厘、靠圈、牲畜税等，剥削特重。人民敢怒而不敢言，稍有反抗，即遭不利，奸淫妇女，倚势横行，无人过问。又因起家寒微，视钱如命，故一切收入，无分公私皆为己有。

　　奇寿山出亡经过及返旗原因　缘自民国十七年出亡，先抵北平，考入河南某军官学校炮兵部，劳苦不辞，以冀有成。熟料尚未期满，即逢遣散，志不得伸，遂辗转赴南京，得考入中央政治学校蒙藏班，三年光阴，埋首读书，卒业于民二十年。时奇子俊方任职南京，不时会晤，及冬乃相携返旗。事前曾有友好等，要求返旗后，关于奇寿山之生命财产，特别加以保障，奇子俊亦曾应允"彼之生活安全，余负完全责任"等语，又兼中央政校派奇寿山为内蒙各旗党务调查员，有以上两种原因，所以彼决不犹疑的先返准旗，借以探望别后数年的妻子、兄嫂。

　　首起杀意者　二奇返途中，天气甚寒，鹅毛掌片，纷纷不止。奇子俊乃书一函，命家人速派兵，及携皮衣等语。那森达赖展读之下，面容顿更，咬牙切齿，若不胜恨者，忽而面呈喜容，一阵狂笑，半晌不止。盖彼恨容满面者，系妒才性发，认为奇寿山数年以来，进益非浅也。所喜者，无依小鸟飞而复还，自投罗网，那森达赖之起杀意，早潜伏内心矣。

二奇返后情形　奇子俊父子家居杨家湾，奇寿山返旗后，亦居那府内。那森达赖仍恐奇寿山职务在身，去留未定，故百般利诱，给银一锭，极力表示好感，以安其心。旬余日后奇寿山先除夕一日返里，夫妇小儿，以及兄嫂，自有一番天伦之乐。新正初三，乃趋杨家湾为那父子拜年，是晚即宿于奇子俊院内。

何以激起杀机　奇子俊之卫队，有段继盛、杨庆山、杨子林、杨保保，尚有一奇某等数人，皆与奇寿山颇友善，数年阔别，就休息之暇，互道别后一切，钟发三响，尚未入睡。有山斗林者，那森达赖之亲信护兵也，枪头甚佳，是晚持枪突然而入（欲将奇寿山暗杀，此种消息，尽人皆知，惟替奇寿山捏一把冷汗耳），见十余人相坐而谈，乃引退。众知来意不善，乃加防备，退而复返者再，[次怨] 均以未得机而罢。时渐天明，奇寿山以危机四伏，险作鬼，且准旗行政，那某一手包办，人民忍声吞泣，莫敢如何。为公为私，值此千钧一发，决再不能默默，加之杨、段等人，鉴于昨夜事，亦怒不可遏，相协起事。时已初四日晨八时矣，那森达赖、奇子俊同时身故，据谈费时不过十数分钟。最怪者，那府中跨院即系营盘，住兵不下四五十名，并无任何动作。事后据云，以为新年放炮，有的听见一两声，又以为某兵士或有失火等语，纷言不一，所有那手下之军队，群起响应。

临时的组织　当时在百忙中，组织临时治安公署于沙各都，维持治安，商民安静如常，殊出意料之外。一面更派人赴绥远省政府报告经过，一面招集旗民大会，在正月十九、二十、二十一三天，所有商号皆悬党国旗，以志庆贺。人民自得言论自由后，益形欢天喜地，一番新气象，实不可言喻。票选结果，奇君寿山以百零四票，获东协理。以八十余票公布扎布获得西协理，在民众欢呼声中旗民大会闭幕矣。

奇寿山整理准旗之计画　　奇君鉴于专制下的准旗，形将破产，极〔亟〕待整顿，执政之第一先声，即铲除苛捐杂税，正赋减轻。例如前那森达赖时每年羊一只，征税八分，奇定减四分；靠圈每年每三十只取一只，奇君则定每五十头取一头，一奉公用。又如水草（即牧牲畜时所食山中野草），先时每年收入很多，奇君则一律豁免水草捐。或有人为之进言曰："照此情形，每年收入将不及往年之少半，奈若何？"奇曾〔君〕言："那森达赖所有收入，皆纳为私有，仍言不敷支出，实则彼若肯拿出半数，即富有余矣。且本旗士兵、官佐，向无发饷之说，三年一套老羊皮衣而已。如今年收入不敷分配时，余当有相当办法，绝不能敲骨吸髓，只在民众身上剥削，不顾民艰。"

又劝人民植树，并印就布告若干，以便分发。内容甚详，不外说明森林予人的利益，如何调和气候，如何避免天灾，如何变好土壤等语。又废除努〔奴〕隶制，规定佣工每名三二元不等。又令全旗军队，每日出操，特请富有经验教官训练，并亲身解劝戒烟（原那森达赖时之士兵，无所谓操，多养成游手好闲之辈，加之十分之九皆吸鸦片，遇匪交战，虽万分紧急，亦须退下，先吸烟才能支持，令人见之可怜亦复可恨）。士兵月饷六元。

又所有贪官污吏一律撤职，绝不徇私。那公时一般官吏暗送贿赂，成为恶习，无资人民有怨无处伸，故奇君非常注意，一经查实，绝不宽贷。

又拟定扩充中学两处，小学十余处。又规定设工厂，如毛织工厂，可利用西北过剩绒毛，一切毛织品可供本地以及各旗应用，利既不外溢，尚可教养一般游民，其益甚多。余如减去见官叩头下跪等礼，更难尽述矣。

综以上数条，有已实行者，亦有尚未就绪者。彼乃恐一人见解不周，乃函约挚友胡君、吴君等数人抵旗，为之设计一切。如此平安度了两月光景，忽然节外生技〔枝〕，竟伏下导火线。

　　缘有名点石者，亦台吉也，系那森达赖之堂侄，为人颇阴险，那在时即任连长，领兵三十余名，驻圪直汗板沟，又有色尔各令者亦充连长，率兵驻霸梁。民国二十年，色某因对那进贡稍懈，而被革职，将所部全数交点石统率。至奇寿山执政时，点石即存图谋不轨之心，其部某兵士，前来告密，遣人调查，属实，故令色尔各令连长，仍任原职，士兵照旧归回，以减点石部之实力。令行后亦相安无事，至三月二十一日，为埃金郝老会（即成吉斯汗逝世纪念日，地点在准旗、贾沙旗、抗金旗三旗交界，每年三月人马喧腾，颇极一时之盛），距准旗公署约四百里，循例各旗职官多应往祭，奇寿山亦往参加埃金会，并见盟长谢委，携官佐等百余名，浩浩荡荡于三月十七日动身。抵埃金郝老诸事已毕，二十四日返途中得信，系相约打奇寿山也。行经那陵沟，路甚窄（距沙各都公署二百五六十里），忽对面梁上有兵士多名，发枪数十响，于是一行躲避，一行抵抗，一夜奔驰，竟抵沙各都公署，虽人乏马困，亦未敢稍息，急派人探听，放步哨，究其原因及作乱首领。

　　据报原来点石自被解半数队伍时，即不愤，不过人单力薄，不敢动耳。适逢奇君寿山赴埃金会，以为时机至矣，乃函约那森达赖之堂弟，二菊把业尔，半路腰劫（闻其中尚有井某人助之，盖彼深知奇君系出类拔萃人材，不敢轻视，恐于己不利故也），不期二次信为奇亲得，竟徼〔侥〕幸返回也。

　　原因既悉，乃派妥当人马，注意提防。初不料有内奸根动及郝聚斌等暗助，众意以点石及二菊把业尔既无正当理由，亦无力作乱，更不悉有外人参加，助纣为虐。自二十五日相持至二十七日早，根动等先煽惑军队，外边开火，时间不久，根某等即在内趁人不意，强迫收枪达百余枝，军心摇动，第一营及混成营首先哗变。根某复引一迫击炮手，架炮房上，轰打公署，时外面全部军队先后退沙各都。公署之卫队，早已手无寸铁，逃之夭夭，大门紧闭，只有奇君寿山一人耳。同时起义者皆分散出外抵御，未能联络，多数遭惨杀。奇先由正厅爬上风火墙，转至小炮垒内，双手发枪，[曾]击毙十余人，围兵始退。下午一点余，重新围住，计百余名，长枪齐打，加之迫击炮弹，连发不已，屋瓦为揭，惊心动魄，喊杀震天，已而墙壁摧成蜂巢，再难避身，如此以一人之精力支持一昼夜，亦云难矣。不得已，遂于大雨滂沱之夜中突重围出走，经古城八龙沟，甚饥渴，抵农家，索食不得，饮米汁数碗，两足疼痛难忍，乃少息。复出走至台子岩，欲渡黄河而进河曲县，适无渡船，于是徘徊山头间，突发现骑兵三名，时雨已止，知为追兵，乃引退（三人中，一名郝秦克尔，粗人也，系根动所遣，许以如得奇寿山，赏金千元）。两方先后发火，郝不得计，遂扬言曰："奇先生你出来，我们知道你很有希望，不能加害于你，可是我们也不能交差，不如同逃吧。"奇闻言急促间未辨真伪，一抬头，郝某转奇身后，连发三枪，一中头部，奇知中计，急发数响，皆未命中，再一枪由郝腿下扫过。郝复还几枪，卒至中左腰部，始大喊数声，倒地而亡。彼等欣喜之余，借农户刀割耳一只，并搜得东协理之委任状等，返旗领赏。谁知一切物品交上后，竟一文莫名，只将奇子俊之三姨太太，作为奖赏。晚间饮酒，郝秦克尔顿足痛哭，询之始曰："啼者岂只吾！唉，余悔晚矣。奇先生——奇寿山——为人忠诚，接人待物，一切一切，手屈一指，尽人皆知。吾独贪金钱而置彼死地，吾心痛极，故泣也。"奇之尸身，经河曲县验毕，领回时，记者曾得一谋面。上身无衣，仅着一裤，左眼成凹，缺一耳，左腰一大洞，血迹模糊，惨不忍睹。两足掌有水泡数个，显系行路难所致。体甚魁伟，薄薄小棺，就埋在沙梁地下了。妻子逃走，田产等二次被封，较之奇君寿山为那森达赖父子丰棺厚椁，念经超度，为之保护家产，实有天壤之别，英灵不灭，当亦饮恨九泉也。

《新蒙古》（月刊）

北平新蒙古月刊社

1934 年 2 卷第 3 期

（李红权　整理）

从察东事件说到抗日问题

叶挺晖　撰

一

我们早已大声疾呼，日本帝国主义的对华侵略，永恒地还是与日俱炽。中国民众如不能坚决进行勇猛的抗日运动，则只有招致日本帝国主义者的贪求无厌，只有益使中国大陆日沦万劫不复之危境。这次的察东事件，更足以证明我们这一论断的确实性。

所谓察东事件的爆发，其真实的原因，究竟何在呢？据传乃是起于界线的执争，即长梁、乌泯〔泥〕河、北石柱子、南石柱子、永安堡、四楣沟一带，原属实〔察〕省沽源县境，而日本帝国主义者则指为热省丰宁县属，强欲占领。于是日本关东〈军〉又复煞有介事地，风云滚滚，厉兵秣马，调动傀儡为挡箭牌，日本“皇军”则殿其后，总数达万余人，各种科学战器，应有尽有，并以飞机助张声势。一月二十三日，居然轰击东栅子，继而投弹沽源与独石口，一九三五年这新春之夜，日本帝国主义者竟又施放爆破国际和平的第一声！

察东长梁、乌泥河一带，原无中国正式军队驻守，唯当地民团二百人，维持治安而已。所以日本帝国主义者的炮队发炮，机枪劈拍，飞机轰炸，只是玩弄其原始时化〔代〕野蛮残酷的兽性，对我良善居民，施以屠杀。想一想那惨景吧，柔驯如绵羊的同胞，做了日本"皇军"的炮灰，村舍为墟，闾里成烬，在此隆冬时节，那又添了一批难民了。

现在这一事件，是已和平解决了，在日本帝国主义肆虐之下，"和平解决"了。损失的奇重，自不待言。我们也不必徒事悲伤嗟叹了，消极的咒诅，是丝毫无补实际的，主要地，须是能够从这里去获得宝贵的教训，更坚强我们的抗日主张，更认识日本帝国主义者的凶相。

二

首先我们必须考究的，日本帝国主义者这一次的无理取闹，竟搬演流血的惨剧，到底是〈为〉的什么？好多人都以为那是热、察界线的争端，在国际的反响上，如英国的朝野，也轻轻地把它只当为边界问题的"口角"。这到底是否真实呢？我想，只要是明眼人，绝不应该这样"大事化小事"地观察。当此"弱肉强食"的时代，唯有强者才能得人尊重，才能得人庇护；而弱者则突〔哭〕诉无门。所以从国际上的反响的微薄，原是无怪的。各国对于远东这一角，老早则持以不敢闻问的态度，即使是滔天事变，也要轻轻地放过去的。然而在我们国人的观点，就不应该如此了。因为怕事，因为无办法，于是竟掩饰事态的严重性，这是"亡国奴"的败类们，才会忍心。实实在在地，日本帝国主义者这次的行动，决不在于这狭小的地带，而是另有其他严重的意义，这只是它的"借口"，并不是它的目的，看吧——

第一应当为压迫华北问题，压迫整个中国民族，更进一步的控制中国大陆的企图。我们知道现在日本的舆论界及其政府当局们，尽管在口头上是如何如何地宣扬和平的旨意，干叫"协和万邦"

的政策，实质上它一直都是迷信武力主义的。记得［在去年］日本朝野名人，在去年曾举行一个对华外交座谈会，这是最足以代表整个日本帝国主义的行径的。他们的结论很简单，即"要解决一切中日问题，促起中国朝野的觉醒，就须看我们日本的对华态度是怎样。如果日本是放松一些，则中国必顽强一些，中日悬案也就更棘手；倘若日本是拉紧一些，则中国必不能不低头，而一切中日问题将获得顺利的开展"。再显明没有了，日本帝国主义者为着实现其侵略的目的，为着要我们承认一切不利的问题，它是要采行严厉的压迫手段的。俗语说的"压迫愈强，则反抗愈烈"，这在日人的看法，则恰恰相反，中国在日人的心目中，并不是"压迫愈强反抗愈烈"，而是"压迫愈强，则软弱愈甚"。所以，尽管一方面广田外相正在国会上大演其说，高调对华"亲善"；另方面则关东军可以在察东飞机掷弹，战马驰驱。这在近视眼的国人们，或者又要说这是日本"文治派"与"武力派"的冲突，而幻想"文治派"真可以"怜救则个"；实则这是全不明了日本对华外交的本质："外交应以武力为后盾，应以国防为第一线主义"，广田外相老早就这样说过了。所以广田在议会的"和平"演说，与日本军队在察东的炮火连天，并没有矛盾，毋宁是相附而行。广田的温和口吻，只是一种遮眼术，避免冲动国际反响之一种更巧妙的手段罢了。实质的说，日本之对华武力主义，固未尝稍为敛迹，察东事件的爆发，则为此种一贯政策的继续。它始终是这样执迷着，即要使中国低首的帖服，只有不断地发挥日本飞机、大炮的英威，经常地"刺激"中国朝野，"恐吓"中国民众。目前几多错综复杂的战区问题及华北问题，又耽延未决，日本帝国主义为要使中国屈服于日本所提出的不利条件，便来了察东事件的爆发这一恫吓，并进而造成整个中日问题解决的前提。所以当察东战乱的时节，日本使馆高桥武官，居然与中国北平当局杯酒交欢，而有吉公使亦入京"拜访"。这些蛛丝马迹，充分可以看见日本帝国主义者欲乘日本"皇军"的压迫，强求中国政府的承认一切秘密的方案。这就是日本之所谓"和平"外交，这就是日本之所谓对华"亲善"。

第二是囊括内蒙的一步前进。上面我们所说日本的武力主义，系欲借以压迫整个中国，解决一切中日问题。这并不是说，日本在察东的军事行动，只是一种"装腔作势"，而没有侵略土地的野心。恰恰相反，日本的军事行动，正是为要囊括内蒙土地的一步前进。谁都知道日本帝国主义者自夺得热河以来，竟在多伦建造飞机场，努力在内蒙古实施其"感化"政策，如设立医院，免费医治蒙民，施行"慈善"事业，赈济土著，固〔故〕意抬高价格，收买牧畜出产，放低利借给蒙民发达牧畜业，更又拉拢内蒙王公，应酬宝贵的礼物。这一切行为，充分可以觉察日本对内蒙的企图，实意旨深长，抱负远大。历来帝国主义对于发展殖民地的政策，都是首先厉行麻醉手腕，宣布德意，牺牲金钱物质的。在这第一步完成了以后，武力行动便继而实现了。

不错，现在察东事件的结束，日本帝国主义者并没有完成其内蒙的囊括，这种论调，或者未免是"杞人忧天"，然而我想这只有蠢物，才能作这样大意的思虑，占领一种地域，不待说是要经过阶段的。在目前关于内蒙的一般情势来说，谓为日本已经是"实际上"的囊括，亦非过言。试问像这次日本在察东任意的军事行动，既毫无理论的事实的根据，又毫无尊重邻国的国际礼仪，只要高兴，航空军机随便可以低旋高飞，投弹轰炸，步队、马骑随意可以增加前线，枪响炮击，若入无人之境，我们的主权安在？无疑地，在经济上的价值，在军事地理上的价值，内蒙早为日本所唾〔垂〕涎。这次的察东事件，谓为乃夺取的预备演习是妥当的！

　　第三是远东战争危机逼迫的信号。日本帝国主义者必在内蒙建立坚强的军事根据地，以进攻外蒙古与苏联。这完全不是什么偶然性的，在察东事件发生的同时，日伪军又在哈尔〈哈〉与外蒙军队发生冲突。根据我们的观察，如果察东事件乃是囊括内蒙的"前夜"，那末哈尔哈的哨兵接战，则为日本帝国主义者进攻外蒙的尝试。而察东事件，直接在于窥视内蒙，间接上也就是对付外蒙古与苏联的准备，加速远东战争的信号。我们知道，在目前日苏两国的关系，紧张的局势，一直都是有增无减。中东路的买卖虽告成功，但决不能谓为日苏外交的调整。苏联政府多年来所建议的缔订日苏不侵犯条约，直到现在还未有〔为〕日本政府所接受。日本政府显然是不兴味这一道的，那末国交关系原为战争与和平二途，不侵犯条约的拒绝，反之，则为侵犯的暗示。不是吗？日本帝国主义者，因为苏联远东军在西伯利亚国境已经巩固其铁桶似的防御，于是乃重提一九〇五年的日俄和约，要求扩大朝鲜与俄境的非武装区，而在俄"满"边界，撤废军事设备。这似乎真是娓娓动听的"和平亲善"，实则乃是日本帝国主义者的巧妙计策，即欲使苏联三年来在远东边境所施设的防御工事，自动撤除，以便于日本军队的进攻。苏联政府虽未明示态度，但从其机关报所说的，即所谓日俄和约的规定的解释："日本政府自己打扮的煞像一个'和平'的娇儿，谴责苏联违背日俄和约，在西伯利亚境建设自卫上的国防。日本果欲表示和平，则该项日俄和约固未规定日本应在满洲驻扎如目前那么多的军队。反之，苏联政府固早已放弃驻兵中东路之权利。"这些言论的确是最堂皇的了。日苏两国这种唇枪舌剑，正是日苏关系空前紧张的反映。日本帝国主义既不能巧避战争的企图，而益发暴露其野心，为看〔着〕准备未来战争的"胜利"，自然就不能不预先好好地布置其军事进攻的根据地。我们知道察哈尔的天然地域，正是进攻外蒙古，并而截断西伯利亚大铁路的捷径。日本帝国主义参谋部，早就潜心计划这一军事根据地的优胜了。我们谓察东事件乃是这一中心目的的演习，实非过言。

三

　　从上面的分析来看，这次的察东事件真是仅仅地方问题吗？显然不是的。这是压迫整个中国的问题，这是夺取整个内蒙的问题，这是远东大战的问题，那末这就不该轻轻的忽略它，而是需要细心的考究我们的对策。

　　无疑地，抗日问题的重要，谁都会理解，谁都不敢异议抗日的非是。然而在这次察东事件所表现的，为什么还是"损失奇重"，日本军队简直是在无人岛上横行无忌。看看菲〔非〕洲的小国阿比西亚吧，它是处在各强国的环攻中而挺立生存。意大利历年来的觊觎，既未能稍寒黑人的心胆；甚至施行飞机的轰炸，军队的越境屠杀，亦未能使这个黑人国家屈膝降服。相反地，它是奋发英勇的抵抗精神，为着区区的边界，阿比西亚国毫未稍慑意国的军容，既接二连三，向意政府提出坚强的抗议，复不顾英、法的劝告，而径向国联要求同情，更调兵遣将在边境严加戒备。这种不为威屈的精神，视之我国这一文明的泱泱大国，未免太惭愧了。现在的察东，早成门户洞开，不但毫无戒备，毫无国防可言，而且是不断地往后撤退，蚕食鲸吞的危机，我们简直不敢想下去了。

　　有武力的人，才能受人尊敬，越坚强的人，才能使人畏惧而莫敢冲犯。目前的世界，立身立国，正是如此。日本帝国主义已经看穿了我们的弱点，而益发疯狂咆哮了。要打击日本的进取，显然不是一直的向后退，而是拼命的向前冲。如果在每次的危机，我们都能够奋发抵抗的精神，即使结果还是失败，而这种宁死不屈的气节，必将为国际所敬重，必将稍戢日本帝国主义的欺凌。中外古今的历史，都莫不如是。希望国际的同情，也须自己表现，表现一点威武气概出来，你越不中用，人家是越不理你的。看吧，从各国对于此次察东事件的舆论，总合的观察一下，不是"宁事息人"的态度，便是幸灾乐祸的态度。前者是充分表示对于日本军事行动，不敢丝毫异议；后者则希望日本赶速布置对俄战争，领着"反赤"的先锋令牌，而以内外蒙为战场。

在这里，我们应该特别提出美利坚来说一说。美国，这是九一八以来，一直被我们所〈认为〉能最可〔最可能〕主持公道与救援的国家；但在这次的察东事件，据东电所传，美国国务院的态度，只是"镇静观察"而已。所谓"〈镇〉静观察"，实则就是"无办法"的代名词。现在这个事件已经结束，美国的态度，当然也就天晓得了！不错，有时候，美国的长裙〔袖〕善舞，的确是最好看的，在不久以前，美国参议院某议员，不是曾提议调查日本在满蒙的行动，是否违反《九国公约》吗？这听说也叫做炸弹动议啦。不但日本舆论曾为之异常冲动，即中国舆论界，尤大书特书，洋洋得意，溢乎言表，然而仔细想来，这是多么可怜哟。日本帝国主义占领东北已数年于兹，得寸进尺，窥伺华北，蹂躏察东，割裂中国的领土完整，妨害中国的行政主权，就三岁孩儿也能知能道，然而美国的"公正"的参议员，却还要来调查，才会相信哟。恍惚日本一手制造的局面、历年来书不胜书的恶迹昭彰，还是合法的呢！显明，所谓国际的同情，在中国不能进行抗日运动的条件下，简直是"缘木求鱼"。老实说，要想得国际的同情，只有发挥真正的抗日精神，不是口头上的，须是实践上的，才属可能。

为什么呢？我们知道，依据帝国主义者间的内在冲突的法则来看，我们固不能谓日本在目前的国际处境，还是四面楚歌；但是无可怀疑的，日本在远东之破坏列强的均衡势力，已是尖锐了各帝国主义者间的矛盾与冲突。其所以尚未引起直接行动者，则另有其他主观客观的原因，而间接上的明争暗斗，则有无限的可能性。这就是说，中国的不抵抗主义，虽然是加增日本帝国主义的侵略，加剧列强在远东均势的破坏，但无非是一进一退，伸缩性是能够相当展开的。假如中国民众能起而对付日本的侵略行为，在各国尖锐冲突的形势下，暗示中国能够粉碎日本帝国主义的存在，扫灭其破坏均衡的祸首，则各国为着要打击自己的敌对——日本，自然乐于借刀杀人。中国要获得国际的同情，实在只有这一动向，即坚决抗日的动向。一二八战役，日本军队的不断的失败，欧美各国政府不是张目正视中国民族革命的英威而肃然起敬吗？各国的群众们，不是书札、电文像雪片纷飞地向中国公使馆及领事馆恭贺与慰问吗？显明无论从理论或事实来说，要获得各国的同情与援助，决不是伸手求救的可怜态，这是只有益发招引欺凌与轻蔑的，必须是挺起胸膛，插上刺刀，向着日本帝国主义者的要害，"白刀子入，红刀子出"才能达到。

察东事件还是没有解决的。日本帝国主义为实现其重大的企图，惨酷的屠杀，还是要搬演的。真正地阻止其侵略的行动，只有实行广大的抗日运动，以战争消灭战争，以武力消灭武力，这才能促起日本帝国主义的反醒。用空洞的希望，要求交还东北，要求不继续侵略，这是"与虎谋皮"。然而国内的舆论，竟有这样的主张者，企图欲以"真理"去说动敌人的心情，求其良心的发现。可怜的人们哟，帝国主义的内在法则的发展，所谓"良心"，不但要紧握着东北不放松，而且吞并整个中国亦未谓足。真正地要促其"良心发现"，只有炸弹和大炮，去争取我们的胜利。而这已是连根带蒂的，掘发日本帝国主义的存在了。

《大道》（月刊）

南京大道月刊社

1934 年 3 卷 4 期

（丁冉　整理）

应在内蒙划定军区开府设防

作者不详

自美、俄复交以后，论者多谓远东均势之局，暂可保持，日人对华侵略，或于短时期内，中止进行，而吾人则以为形势未必如此简单。盖俄人之戒备益严，则日人之忌俄益深，益不得不加紧侵华，以为将来对俄作战之准备。甲辰日俄战役，彼国户水宽人，所拟媾和条件，曾有割俄之贝加尔湖以东领域，使归日属之议。其后民七，中、日两国所订共同出兵协定，亦有日本军可派遣其兵力之一部，随中国军自库伦方面，进至后贝加尔之议。盖日人欲割取俄国西伯利亚东部，已为其日俄战争以来之夙愿，而对俄作战，如能出兵一支，取径外蒙，以掠取后贝加尔，则西伯利亚东部与西部之联络中断，而欧俄援军，无从直达，孤城落日，自易一鼓而下。故日人欲图俄，必先图蒙，已为其用兵一定之形势。而蒙古固为中国领土，取之以自肥，反可避免与俄直接冲突，所以日、俄之形势缓，而中、日之形势，则似缓转急。况由蒙以入俄，由新疆以入俄，均为国际交通要道，日人如奄有蒙古，进略新疆，则中国海陆两方，均受封锁，战失其所以为战，守失其所以为守，大河以北，已为日人控制所及之区，在彼之立场上，毋宁虚与委蛇，扶植其经济势力，以避免国际物议，而暂时致力于西北，为得寸则寸之计。现时日人侵略中国，显采分工合作步骤，对于本部，暂由外务省秉承军阀之意旨行事，沿袭九一八以前亲善提携之论调，乘机行其离间分化手腕，对于察、绥蒙古，则由其军阀假关东军部以便宜经略之权，而名义上则以伪组织为幌子，始终在幕后主动，不用日本名义。吾国欲讨伐伪满，须先与日本抗战，目前既不能出此一着，如欲责问日人，伪组织既已强指辽、吉、黑、热为其领土，何以又思侵轶，又显似承认四省之割弃，故国联以不承认伪组织为其最大限度之成功。而日人转利用此不承认之弱点，以扩大其侵略之进行，其进占多伦也，其进占沽源二、四两区也，始犹甘言，谓为越境剿匪，事平即退，继且张贴布告，谓为"满洲国境"，则彼之进一步欲举蒙古入其掌握，又何怪乎？今之论者，动谓四省沦亡，冀省失险，其形势略等于昔日之南宋，不知南宋虽曰偷安，而用兵尚规远势，自张浚倡以川、陕为江、淮根本之议，终南宋之世，别遣重臣，开府川、陕，治兵积粟，以固上游，故得牵制金、齐〔夏〕，竭蹶以图自保。今则进战退守根据，不在华北，而在西北与内蒙。故今日之西北与内蒙，犹南宋昔日之川、陕，诚宜合全国人力、财力以经营。窃谓内蒙三盟，政府虽许其设区自治，而国防军务，应归中央处理。方今察、绥两省防军，均屯驻于已设县治境内，其盟旗地方，惟有各该王公所练之保安队，只能为防御盗匪之用，如不早筹办法，一旦有事，鞭长莫及。急宜于设区自治之际，同时另就三盟地方，划定军区，择其居中便于控制之区，建牙开府，慎简威望素著、富于韬略之将帅，镇守其地，配以精兵，辅以空军，而兼许其就地添练蒙古骑兵为辅，似此严为布置，或足潜消窥伺于无形。在我尽力抵抗，明知今日，固无胜算，但如此筹划，决可获胜于将来也。

《蒙藏半月刊》

南京蒙藏委员会

1934 年 3 卷 5 期

（朱宪　整理）

日寇侵蒙与中苏互助

张友渔　撰

一

　　日寇侵略我国的行动，遭遇到我们的强烈抵抗和严重打击，已逐渐走入失败之途了。在这时候，如何继续支持它的侵略战争，如何挽回在我国战场上的颓势？在它，应该成为目前的急务。另去挑起一种新的战争，似乎是不可能和不必要的，然而事实上，它又开始向外蒙侵略，自五月十一日起，配合陆军和空军的力量在 Nomn Kan Burd 区域，不断进攻，和苏蒙联军发生了激烈的战斗，一直到现在，还没有停止。这是为什么？难道真像有些人们所理解的那样，这仅是一部分日本军阀的冒险行动吗？这仅是日本政府和军阀的矛盾乃至陆军中央部和关东军的矛盾之表现吗？不，决不是的。日本军阀虽然愚蠢，虽然鲁莽，虽然专横，但他们决不至完全违反了整个国策，完全忽视了实际利害，而无意识地、无计划地，挑起了一种毫无把握的，有失〈败〉可能的，危险的战争。假使日寇侵蒙，真是偶然发生的一部分日本军阀的冒险行动的话，它决不能在遭遇苏蒙联军的抵抗和打击之后，依然不为他们的政府所纠正，而继续向危险的途径迈进。它的真正的原因，乃在配合整个国际侵略阵线的行动，造成有利于日本自身的国际环境，以完成其侵略行动的，首先是灭亡我国的目的。即第一，日寇侵略我国，并不真是完全为了"防止赤化势力的南渐"，并不真是完全为了"尽资本主义世界的东洋宪兵的任务"，并不真是完全为了"反对威胁英美各资本主义国家在中国的利益的苏联和共产党"，而主要地就是为了灭亡我国——虽然进攻苏联，也是它将来必然会有的企图和行动，但它却拿这些口实，来欺骗各资本主义国家，以博得他们的同情和援助。事实上，自九一八事变以来，在这些口实之下，它的确获得了各资本主义国家的不少同情和援助。例如"当一九三一至一九三二年间，美国迭次申请英国共同反对日本公然破坏《九国公约》，但是全被英国断然拒绝了！"（杜德著《世界政治》罗译本二四五页），致连国联调查团的领袖李顿博士，也不能不说："不接受美国的提议和不援助史汀生先生，或许是我国政府的最为遗憾的错误。"（Lord Lytton，Speech at Manchester，May 7th，93）法国的白里安先生，也和当时英国的外长西门先生一样，是日寇的侵略行动的有力的支持者。然而随着日寇的侵略行动的进展，苏联的和平外交的成功，尤其是七七事变后，我国的抗日自卫的神圣的民族解放战争之发动和坚持，使国际环境渐渐转变到有利于我，不利于日了。特别是最近英、法、苏谈判的进行，对于日寇，和对于德国一样，是一种可怕的威胁。为了冲破和平阵线的威胁，为了造成有利于它的国际环境，日寇不能不再喊出进攻苏联的口号，发动侵略外蒙的战争，以欺骗各资本主义国家，尤其是一直到现在，还幻想拿和平的妥协的方式，实现所谓"中日问题之和平的合理解决"的英国。第二，日本是国际侵略阵线的一环，它的侵略我国，是整个国际侵略阵线的侵略行动之一表现。它的行动，不能不配合着整个国际侵略阵线的行动，亦即它在东方的行动，需要西方的德、意，遥为声援，而德、意在西方的行动，也需要它在东方呼应。

在但泽问题极度紧张的时候，日寇发动了侵蒙战争，正和侵蒙战争还未结束，英、日谈判正在进行的今日，而德军十万开到波兰边境一样，决不是无目的、无计划的。它是要在欺骗的作用之外，同时，给予在妥协的外交政策支配着的英国政府，以实际的威胁，使它不要参加或拥护和平阵线，使它不要反对或打击侵略阵线，尤其使它不要缔结英、法、苏互助协定。好像在说："在德、日两面夹攻之下，苏联自顾不暇，哪里能援助英、法，解决欧洲问题？英国不必和苏联接近罢，还是到右边来好！"如果这一威胁，真发生效果，则不仅对于整个国际侵略阵线有利，对于它的西方法西斯战友有利，而且对于它自身，也是可以造成有利的国际环境的。第三，日寇在把它的侵略我国的策略，由"速战速决"，转变到"速和速结"以后，所谓巩固"占领区"的伪政权，以为继续进攻我国乃至将来进攻苏联的根据地，已成了它的主要的任务。这便不能不一方面谋健全伪政权的自身，他方面造成间接承认至少默认伪政权的事实——虽然不是法律上的承认。侵略外蒙，在目前这一阶段，还不是日寇要贯彻它的所谓"满蒙政策"，因为它的力量还不够，时机还未到。第四，和欺骗世界一样，日寇也想拿"反共"、"防赤"、"反对苏联"来欺骗我国，尤其是它对于我国的军事进攻失败，而采用政治阴谋的今日，是想拿侵略外蒙，证明它是"反对苏联"，而不是侵略我国。甚至它的侵略我国，也是为了"反对苏联"，好使汉奸汪精卫之流，有理由（？）来主张投降，主张卖国，主张拿分裂代替团结，拿内争代替抗战，这是最毒辣的阴谋。也许有人认为日寇侵略外蒙的目的，就是开始进攻苏联，因而认为这一事件的本身便是日苏战争，至少，可以发展到日苏战争，我们可以坐着等待"中日战争"转变为"日苏战争"，这是错误的见解。姑且不论外蒙在法律上还是我国领土的一部分，并不隶属于苏联；即在日寇自身的打算，现在也决不肯真正挑起大规模的对苏战争——虽然苏联是它最后的敌人。正像德国法西斯政权，以"反苏"为号召，而在事实上，不先进攻苏联，而先吞并奥、捷，准备进攻波兰，威胁英、法利益一样，日寇目前的企图，一切都在灭亡我国。因此，我们对于日寇侵略外蒙，不能像秦人视越人之肥瘠，袖手旁观，也不能仅仅打几个鼓励的电报，发几篇赞许的宣言，就算尽了应尽的任务，必须在实际上，加紧我们的抗战，以声援外蒙，以拯救自己。也就是说，日寇侵略外蒙，还不是大规模的日苏战争的前哨战，而是它侵略我国的战争的一部分，不容许我们作壁上观。

二

外蒙在法律上，是我国领土的一部分。日寇侵略外蒙，还不是要向苏联真正进攻，那么，苏联为什么要给日寇的这一侵略行动，以重大的打击呢？这是苏联负有援助外蒙、反抗侵略的义务。本来，"自一九二一年，外蒙得苏联红军之助，将和侵占苏联领土的军队互相联络着的白俄军队，逐出外蒙领土以来"，苏联和外蒙之间，便始终保持着"友好关系"。九一八事变后，日寇迭次侵犯苏蒙边境，使苏蒙为了保卫各自的领土，"维持远东的和平，继续巩固双方的现存友好关系"，不得不作进一步的密切联系。因而，先有一九三四年十一月二十七日的《绅士协定》，更进而于一九三六年三月，将这一《绅士协定》，正式改订为《苏蒙互助协定》。"规定以全力互相援助，以避免及防止遭受攻击与威胁，并于任何第三国攻击苏联或外蒙时，彼此互相援助。"（《蒙苏互助协定》全文）在它的第一条规定："苏联或外蒙的领土，如受第三国的攻击、威胁，则双方应立即共同考虑发生情形，并采用防卫及保全双方领土所必需之各种方法。"在第二条规定："苏联和外蒙双方承诺，缔约之一方，受军事攻击时，相互予以各种援助，包括军事在内。"当时，日寇曾企图利用我国出面打破这一协定，但苏联则声明："《蒙苏协定》并无丝毫损害中国主权之处，该议定书也不容许并不包含苏联对于中国及外蒙，有任何领土之要求。"并谓："该议定书之签订，于中国与苏联及苏联与外蒙，迄今存在之形式上的或实际上的关系，绝对没有变更。"也就是说："苏联承认外蒙仍为中国领土之一部分。"不过"在中国中央政权，鞭长莫及的时候"，适应实际上的需要，而订立这一协定罢了。这样，我们自没有反对的必要，假使没有这一协定，外蒙也许早会变成日寇的俎肉上〔上肉〕。因为有这一协定的存在，所以苏联援助外蒙，才成为法律上当然负有的义务。远在一九三六年的春天，斯大林便已表示："倘若日本决意进攻外蒙，侵犯它的独立，那我们就援助外蒙。关于〈这〉一点，李维诺夫的代理人斯托莫尼科夫，在不久以前，已向驻莫斯科的日本领事声明过了，并曾提出，自一九二一年以来，苏联与外蒙的友好关系，毫无改变。我们一九二一年，曾经援助过外蒙，现在我们要给以同样的援助。"（和美记者霍瓦尔德的谈话）最近莫洛托夫更加明白表示："根据苏联与外蒙间的互助协定，我们认为给予外蒙以必要的援助，以保障它的边境，是我们的义务。对于由苏联政府所签订的互助协定等，我是们〔们是〕看得很严重的。我必须警告，由于《苏蒙互助协定》所发生的力量，使我们将要保卫外蒙的边境，正好像保卫我们自己的边境，同样的坚决。"（五月三十一日，在苏联最高会议上，关于外交的报告）因为"给予外蒙以必要的援助，是苏联的义务"，所以日寇每一次侵略外蒙，都会遭遇到苏联的严重打击。

那么，苏联为什么和外蒙缔结互助协定，使自己负担援助外蒙的义务呢？是不是因为仅仅援助外蒙，就是保卫自己，完全由一时的利害打算出发呢？不是的。苏联的一切外交行动，都是依据它的一贯政策，而它的外交政策的本质和基本原则，不是别的，正是像莫洛托夫所说，"基本上，是和平的，反侵略的"。因为它拥护和平，反对侵略，所以不仅是"不需要别国的一寸土，但也不容许把一寸土壤给别人"（斯大林在联共十六届代表大会上的报告），并且进而"援助那些被侵略者所侵略，及为他们自己的祖国的独立而斗争的国家"，"不怕侵略者的恫吓，并准备以双倍的打击，去回答那些战争挑动者"（斯大林在联共十八届代表大会上的报告）。即它不仅是消极地，"愿意自己以及其他民族，都享受和平"（李维诺夫在全苏第八次临时苏维埃代表大会上的演说），"不参加重行分配世界的竞争"，"不加入以掠夺外国领土为目的的帝国主义同盟"（达拉克著《苏联的外交政策》），并"不让敌人把自己抵到战争旋涡中去"（斯大林在联共第十六届代表大会上的报告），而且是积极地，以实力援助被侵略、被压迫的民族，以实力援助世界弱小民族的解放，以实力打击国际侵略阵线，而保卫世界的和平。本来"和平政策"，是苏联在十月革命成功的第二天，便以它的有名的《和平公告》，郑重地、明确地宣布了的。它呼吁全世界各国的人民和政府，立即停战，不许赔款，并不许割地。尤其对东方被压迫的民族，它曾特别发表援助他们解放运动的宣言。因此，我们可以知道，苏联和外蒙缔结互助协定，并不是偶然的事件，也不是仅仅为自身一时的利害打算的措施。

　　然而，也就是因为《苏蒙互助协定》的根据，是苏联的一贯的和平的、反侵略的外交政策，所以同样的外交行动，可以适用到苏联对其他国家的关系上去，并不限于外蒙。它对于一切被侵略、被压迫的国家和民族，都是愿意担负援助责任的。像 A. L. Strong 氏所说："苏联在阿比西尼亚，无国家利益可言，两国亦无邦交，它与意大利的关系，反而原来是很好的。可是苏联却首先要求国联制裁意大利，而完全实行联合制裁的，也只有它一国。""在西班牙也是这样。苏联和西班牙，连大使也没有交换过，可是却仅有苏联援助政府军反抗以希特勒和墨索里尼为后台的叛军。"（《亚细亚杂志》）关于这一点，李维诺夫在一九三七年九月所召开的国联大会上，便曾说道："苏联在西班牙，没有矿产的利益，没有经济的利益，也没有战略的利益，而且并未计较到所谓均势。苏联所企求的，只是要使每个民族有根据他们自己的意志，来决定内部政治制度的权利，而不受到外国，特别是外国军队的干涉。苏联所企求的，只是不许在西班牙建立起侵略整个欧洲的新的根据地。"又不仅是对于被侵略、被压迫的国家和民族，纵令它是资本主义国家，是曾经压迫别人的国家，只要它目前是愿意和苏联共同拥护和平，反对侵略，在这一目的和行动之下，苏联也是可以和它携手的。这是在列宁时代便已确定的政策，见《论□莽》等文。而最近斯大林和莫洛托夫们，又曾迭有阐明。事实上，我们知道，在一九三六年《苏蒙互助协定》签订之前，苏联已于一九三五年，和曾经是苏联的敌人的法国和捷克，"为了对付侵略者的可能的进攻"，先后签订了互助协定。现在，又进而和英、法两大资本主义国家，在进行三国间的反侵略的互助协定完全缔结了。

根据苏联的外交政策和外交行动，我们可以说，像《苏蒙互助协定》这样的东西，在中苏之间，也是可能成立的。何况外蒙原是我国领土的一部分，假使我们自身的、内部的问题，适应地解决，《苏蒙互助协定》应该是可能扩大到中苏互助协定的，像过去的《奉俄协定》变成《中俄协定》的一部分一样。

三

因为有《苏蒙互助协定》的存在，所以苏联拿它的陆军和空军的实力，援助被侵略的外蒙，因为苏联拿实力援助外蒙，才使侵略者遭遇严重的打击，而他的一切企图，都被粉碎了。也许像张高〔鼓〕峰事件一样，在不久的将来，日寇会可耻地偃旗息鼓而退罢。这一事实证明，苏联具有援助被侵略者的决心和威力，另一方面，也证明，侵略者在苏联的威力之下，是会遭遇到打击和失败的。不仅外蒙在苏联的实力援助之下，保障了自己的安全，而且我国也因苏蒙联军牵制了日军，而间接地获得有机会从事反攻的利益（据说，最近有日军五个师团，从华中战场，开驻关外）。这会使英、法各资本主义国家，更加信赖苏联，会使我们的抗战信念，更加坚定，日寇破坏国际和平阵线，动摇我国抗战决心的企图，将成泡影了。也就是在这样的理由之下，我们不能不认定苏联是最有力的、最可靠的援助我们抗战的友邦，同时，我们不能不希望苏联能像援助外蒙那样，援助我们。固然，我们的抗战，应该依靠"自力"，不应该依赖"外力"，但是在"自力"之外，更争取外援，也是必要的，而在外援之中，主要的，当为苏联，这恐怕已是无可怀疑的罢？A. L. Strong 氏曾说："张鼓峰事件，证明苏联决意战斗；慕尼黑会议，证明英、法决意屈服。"在最近日寇侵蒙和东京谈判中，更表现出这一点。

本来根据苏联的外交政策，它是应该援助被压迫、被侵略的我国之民族解放斗争的。我们且不必远溯苏联放弃帝俄在华权利，缔结平等的《中俄协定》，以及援助我国的国民革命等过去的历史，仅就我们发动神圣的抗日战争后，苏联当局的表示而言，也可以相信他们是以赤诚和实力，来援助我们的。日丹诺夫在列宁逝世十四周年纪念大会上的演说里，曾经说到："世人都知道我们对西班牙共和国的同情，也都知道我们对那正在进行英勇的抗日战争的中国人民，表示最大敬爱。今在列宁逝世十四周年纪念的当儿，我们特向正在奋斗中的西班牙人民，和中国人民，致深切的热望，并深信他们必将战胜帝国主义者。"尤其是莫洛托夫最近的表示，更为明显。他说："我们对中国的态度，是无须我来说明的。诸位对于斯大林同志关于援助已成为侵略牺牲品而正为独立而战的国家的声援，当然都知道得很清楚。这声明，对于中国及其为民族独立的斗争，完全可以适用。在实际上，我们是坚决地执行这个政策的。"（在苏联最高会议上，关于外交的报告）的确，事实上，苏联是援助着我们的抗战，不仅它在我们发动抗战后，和我们缔结了互不侵犯条约，并在每一次国际会议上，坚决主张援助我们、制裁日寇，而且曾给于〔予〕我们以经济上、武器上、技术人才上等等实际的援助。不过因为〈我〉们在抗战前，由于种种原因，和苏联的关系，还不够密切，不但不能和在九一八事变后，曾经支持日寇的英、法，同日而语，且不能和日寇的同盟者德、意相比拟，自不会有《中苏互助协定》这样的东西存在，因而苏联也就不能像援助外蒙那样，以陆军和空军的实力，援助我们了。要希望它像援助外蒙那样，援助我们，除却国际和平阵线，一致制裁日寇，或国际联盟议决，各会员国应对日寇实施武力制裁外，便须我们和它（苏）缔结互助协定。

曾经有些人责备苏联，为什么不在我们抗战之初，便出兵夹攻日本，殊不知国际政治非常复杂，不像个人行动那么简单。苏联要出兵援助我国，不能仅依据所谓抱打不平的主义的理由，必须更有政治的、法律的根据和条件。在过去，因为国际的和我们国内的条件，还没有成熟，苏联冒然出兵，不仅对它自身有害无利，即在我们抗战上，也不是需要的。我在抗战初期，便常说，苏联援助我国的抗战，是毫无疑问的，但它的步骤，可分为三个阶段。在第一阶段，除却道义的、言论的声援而外，仅能在经济上、武器上、技术人才上，援助我国；在第二阶段，是由外蒙参加抗战，而苏联以实力直接援助外蒙，也就是间接援助我国；在第三阶段，才是苏联和我国缔结互助协定，而直接出兵，援助我国（参看拙著《论中苏互助协定》——载去年七月一日《战地周报》）。现在，由于苏蒙联军的打击日寇，已开始走进了第二阶段。而由于《英法苏互助公约》之商订，《日美商约》之废除等国际形势的转变，有更由第二阶段，进到第三阶段的可能，也就是中苏互助协定，已有缔结的可能，不论它是独立的，或是成为集体安全的公约的一部分的。

然而苏、蒙打击日寇，还仅是抵抗日寇侵略外蒙，而不是外蒙参加我们的抗战，假使我们不能适当地解决对于外蒙的关系，它是可能在日寇被击退后，停止了进一步的战斗的；另一方面，张伯伦主持下的英国政府，还没有完全放弃对侵略者妥协的企图，假使我们不能以坚决的态度，克服它的这一倾向，依然可能阻碍中苏互助协定的成立。也就是说，我们如不能坚持正确的对内政策和对外政策，仍能影响到苏联对于我们的援助，使它从第二阶段的开始，又逆转到第一阶段。

四

总之，日寇侵略外蒙，外蒙抵抗日寇，不是真正的日苏战争，而是局部的中日战争。因而，苏联直接援助外蒙，就是间接援助我国。我们应该以积极反攻，遥为声援，而不应该坐观成败，无所表示。同时，由于苏蒙联军打击日寇，使我们愈加感觉到有缔结中苏互助协定，使苏联能够更进一步援助我们的必要。而这一

种互助协定，不仅有缔结的必要，而且有缔结的可能。但是它的
实现，还须经过我们克服国际的和国内的诸种障碍和困难的坚决
奋斗。

一九三九，八，七

《中苏文化》（月刊）
南京中苏文化协会
1934 年 4 卷 2 期
（李红权　整理）

伪蒙突冲事件

作者不详

外蒙古今昔

　　蒙古壤地延袤，向称朔北屏障。宋代末叶，成吉思汗崛起漠北，兼并四邻，亡金灭宋，蒙古遂入我国版图；面积占一百三十七万方哩，人口仅二百万，其在漠北者称曰外蒙古，在漠南者称曰内蒙古。内蒙古早已列于行省，惟外蒙古则孤悬边陲。中央政府鞭长莫及，始终未暇为慰抚治理之谋；兼以外蒙与俄接壤，俄国经营西伯利亚，以西伯利亚铁道为惟一之利器，若我国于外蒙有重要发展，则西伯利亚首当其冲，故苏俄百计排除我国在外蒙古之势力，一九一一年及一九二四年外蒙古两次独立，均由俄人乘隙煽惑、发踪指使而成，追念往事，令人浩叹！现蒙古虽亦建立政府，而行政大权则完全操诸俄人掌握之中。尤以民国二十年俄蒙私订密约，规定"苏俄军队得驻扎于外蒙，协助蒙人保全领土，以御中国；外蒙森林、矿产及土地，均给蒙古贫民及苏俄农民居住、耕种，一切富源，禁止私有，特许俄人开采"。从此外蒙古实际上已成为苏俄之藩篱，成吉思汗拓展版图之丰功伟绩，竟尔湮没。

傀儡戏开场

日人于民国二十年先后非法占领我东北四省后，历三载有余，袭俄人对外蒙古故智，伪造所谓"满洲国"，与所谓"蒙古人民共和国"，实皆极无耻之尤，而堪称媲美者。然日本企图贯彻所谓满蒙政策，与苏俄之保护外蒙政策，利害关系始终冲突，绝无妥协之可能，是所以有伪蒙之纠纷，而傀儡戏于焉开场。

纠纷之起及其经过

迭据外电所传，连日以来，日俄通信机关对于此次冲突事件之疆界问题与责任问题，各执一词，表面虽互相辟谣，实际则各自备战，包藏祸心，均有背景。苏联通信机关塔斯社声称：一月二十四日，蒙古边防军队，见有武装军士十七人，自伪境侵入蒙境，至哈勒欣苏美地方，蒙边防军队长顿杜伯氏趋前辨认，几遭掳架，互起冲突，顿杜伯氏致饮弹而死。哈勒欣苏美地方，向属外蒙古之领土，一九二一年以后，树立界碑，从未变更，居其地者，均属蒙古土人，绝无外籍移民。查哈勒欣苏美地方，临近贝尔湖，为外蒙古与伪国之天然境界，地广人稀，往来于该处者，仅有狩猎、游牧之民，绝少经商、传教之人，且从未属于巴尔加，外蒙古人民共和国总理兼外交部长根登氏因此于二月六日发表声明谓："吾人对于日满军队强占哈勒欣苏末之举，绝对不能同意，以此乃侵入蒙古边界，强占吾国一部分领土也。唯总司令部方面为愿以和平方法恢复蒙古权利起见，故遵照蒙古政府之一般政策，令边境卫队不准与侵入蒙境之日满军队开火，退守某阵线，日满报纸一再伪称，彼等对一月二十四日事件显欲和平解决，唯蒙古当局

对其建议，始终未加接受，且置诸不理云云。实则蒙古政府所属
机关，从未拒见满洲当局专差，或拒纳满方正式公文，蒙古政府
决不反对与满方进行谈判，以证明任何方面欲占夺该区域之全无
根据"云。

日联社六日东京电　外蒙政府当局关于哈尔哈事件发表声明，
路〔略〕谓哈尔哈庙自古即为蒙古领域云云。陆军当局关于此事
主张以"满洲国"政府所采取之行动为正当，发表其见解如左：
（一）哈尔哈庙及其一带地方，自古即属于蒙古领域，未曾属于呼
伦贝尔等语，不知何所根据而云然，但"满洲国"则确信其为该
国之领土也。（二）查哈尔哈庙事件，系一月八日因外蒙军侵入该
地方，将"满洲国"警备队驱逐，因而惹起之问题，但"满洲国"
方面，极欲将该案和平解决，要求外蒙军自动撤退，并于一月二
十三日前往交涉之"满洲国"军及关东军之一部队，达到哈尔哈
庙附近隔十米突地点时，忽由外蒙军方面一齐开始射击，竟敢杀
害我军将校一名，及兵士一名，而关东军对于此种非法行为，仍
欲极力企图和平解决也。（三）因此向蒙古政府提议交涉，而外蒙
方面拒绝之，倘蒙古政府若拒绝提议之事实，则为该地方之外蒙
古官宪任意拒绝提议交涉者也，可见外蒙古政府之命令，尚未能
达到边界地方，此其明证也。（四）查哈尔哈庙一带地方，确属
"满洲国"之领土，关于其他该地方之国界，须加以确定起见，倘
外蒙政府承认"满洲国"政府所提议，则为避免今后惹起纷争上，
当有莫大之效果也云云。

纠纷待决

路透社六日东京电　据长春消息，北兴安省防军司令与外蒙当
局已开始初步谈判，以解决哈拉〔尔〕哈庙冲突事件，闻日蒙双

方于正式谈判开始时，均将提出若干重要要求，内有赔款及保障不再有边境争执等项，蒙方现主张在库伦举行会议，但"满"方则主张在哈拉〔尔〕哈庙举行，关东军司令部亦主张在哈拉〔尔〕哈庙开会，谓因边境业已封锁，碍难在库伦举行云。

又讯：贝尔池蒙伪军冲突后，日伪军陆续抵达该地一带，但现双方已似不欲事态扩大，伪满拟向外蒙当局提抗议，闻其内容如下：（一）外蒙当局须负此次冲突之责任；（二）要求外蒙确认哈尔哈为伪境；（三）要求外蒙保障此后不再越境。

《每周要闻》

江苏省政府保安处

1935 年 2 期

（丁冉　整理）

日本积极进攻下的察哈尔

二刘 撰

当日外相广田正在国会演讲日本和平外交政策，日军关东首脑部亦同时声明日军决不干涉我国华北内政的时候，怎能怪惊弓之鸟的中国民众，欣欣自喜呢？这两个论调是发在他们军政两方面的要人口里，无论怎样的反覆，决不会立即出乎尔反乎尔吧！还有人把它看作千古不变的名格言，遂回复了老毛病苟且偷安的态度，将从前风声鹤唳的愁容，一概抛去太平洋，预备尽情地来享乐。唉！又谁知曾几何时，日本于所谓和平，所谓不干涉的呼声之下，又已于本月二十三日下午六时开始进攻我国的察省边境了。不知道宽容大度的中国民众，得聆了这个恶耗，又抱着怎样的态度呢？态度，不要说我们民众除了摇头叹息，不能别有表示外，连当局恐怕也只有奴颜婢膝，不见得会有反抗的表示呀！不过察哈尔省终是我国的领土，无论亡或不亡，我们须要知道该省的大概。

察哈尔为汉上谷郡，晋为拓拔氏地，随和唐初给突厥所据，到了辽的时候，便为上京和西京地，元为上都、兴和等路。一至明季为插汉儿部——即近边的意义，今乃转音为察哈尔。但它改建行省，是和热、绥同在民国十七年九月。常人因察、绥、热三省大半属内蒙古境，位在我国本部十八省之北，当蒙古高原尾闾，即大漠以南之地，而疆界三省同是北接外蒙古，南连河北、山西、陕西、甘肃四省，东界辽宁，西邻西套，形势则东拊满洲，北控朔漠，西顾陇右，南瞰幽、燕、秦、晋，唇齿相依，呼应相助，是河城的屏藩，筹边要地的缘故，遂将三省一提并论了。三省的位置，居其中的却是察省，它的面积约八十三万方里，人口约三百九十万，全省统辖十六县，锡林郭勒盟五部十旗，察哈尔部八旗，及达里冈崖牧场。

察省既有了这良好的地方和物产，只可惜我国素来不注重它，从不去开垦它，一任货弃于地。野心的日本，既侵占了热河，热河的隔邻便是察省，正像一块到口的肥肉，又岂肯眼巴巴的看着而不去取来咽在肚里？所以这次积极进兵侵略，在明人眼里早已知道的了。日本此回进兵的理由，所恃以为借口的是拿峙在察省边境的沽源，硬当作伪满辖下的热河省内的地方。日本一方面勒令我国驻扎该地的军队退却，双手将该地送归伪满；另一方面实行不宣而战的故技，不待我国当局发一言，遂炮轰弹炸起来。本来在《塘沽协定》所载不驻兵线仅至延庆、独石口为界，西北二百里之长城线，当然不在内，况沽源一带并无驻军，日本此举不想并吞察省，为的是甚么？

据熟悉外交情形的谈论，日军此次侵察，纯为其积极对华侵略的实现。日本近鉴于意和法成立《罗马协定》，萨尔问题解决，欧陆各国将可以出全力对付远东问题，美又有加入国际法庭的希望，那么欧美会对日的可能性更大。而日本因宣布废止华府条约，国际舆论对彼更不利，故为先发制人计，想在远东方面发动示威行动，作对列强要挟的地步。一月以来，日方早已暗中布置种种步骤了，如外相广田之命亚细亚局长桑岛起草对华政策方案，召集外省首脑部会议，和上月四日关东军幕僚及驻华武官在大连会议决定要求中国充分履行《塘沽协定》；广田又有发表所谓将采啄木鸟外交政策之传说；关东军各级主要干部之尽易少壮派官佐，及高桥所发表所谓中日间暗云之一扫方针等，皆可为明证。我们根据这类事实，便可见日本的举动是有计划的了。

假若我们用点心思来研究这个计划的内容，事实上虽明显地表示向英美示威，他为甚么不进攻长城以内的华北各省，而偏要侵攻察东？其目的必是欲越过张家口，截断苏俄和中国的联络线，又可踞守险要之地，随时可以派遣大军威胁西比利亚铁路，或向南进迫，窥伺中国本部。日本现在虽未有意即时实施此种军事计划，然证诸日本之屡提出警告，谓"苏俄暗助中国之共产党军，在中国中部进攻中国军队，故日本将来或欲向此施一猛击也"云云，合之此次行动，正与日本之独霸远东的野心相符。

可怜的中国哟！可怜的炎黄遗胄哟！吉、黑、辽三省亡了不久，热河随之而失。目前的察省不需几时，也要随之而归他人了；察省一失，长城以外的领土，便可消灭尽绝。那时舆图变色，将由北而南，而东，而西，整个的中华，无复有青天白日的旗帜飘扬在光天化日之下了！假若你们要保存身家性命，非保存祖国的领土不可。武装起来吧，同胞们！宁为玉碎莫为瓦全，我国或有重见光明之日。你们知否，现在南京政府无意抵抗日本此次之进一步侵略呀！

《策源地》（周刊）

香港策源地周刊社

1935 年 6 期

（朱宪　整理）

蒙伪冲突形势严重

作者不详

苏联否认参加蒙伪冲突

（塔斯廿六日莫斯科电）近两日来国外报纸盛称苏联与日"满"军队曾在贝尔湖附近冲突。塔斯社今受命声明，此项消息，纯系矛盾而恶意之造谣。盖贝尔湖位于蒙古人民共和国与"满"之边界，与苏联边界相去约二百公里，该地绝无且绝不能有苏联军队，彰彰明甚。该项消息复称，与日军发生边界纠纷之蒙军，乃由一苏联红军军官指挥，此点亦系恶意之造谣。盖蒙古民族军队中，绝无苏联军官为之统率也。该项报告又谓苏联飞机曾越过"满"境，在海拉尔附近村落上轰炸云云，亦系武断造谣。莫斯科消息灵通方面咸信此类动人谣言，乃为若辈梦想在远东引起战事者之把戏，盖彼等正斤斤以为此种战事最近即将爆发。

蒙当局说明冲突之真相

（塔斯廿六日库伦电）世界报纸均载本月二十四日蒙古人民共和国边境军队于贝尔湖附近侵入"满"国境，并向"满"军攻击。蒙共和国国务总理兼外交部长根顿氏称，此项消息，全与事实不符。至其真相，则如下述：本月二十四日下午一时，蒙古边防军队见有武装人员十七人，自"满"境侵入蒙境，至哈勒欣苏美附近，离界址已二公里，蒙边防军队长顿杜伯即趋前辨认。此等武装侵入边境人员，竟欲掠队长以去，顿氏加以抵抗，结果伤重殒命。此后遂发生前哨战，双方均受损失。蒙古人民共和国政府当即派负责官员驰赴肇事地点调查。根顿结语称，哈勒欣苏美一向属于住居该地之哈勒欣蒙古人，一九二一年以后该地即为蒙古共和国一部分领土。当地所立界碑自蒙古人民共和国成立以后，从未有何变更云。

　　伪组织拟向外蒙抗议　　（日联廿八日长春电）贝尔湖蒙伪军冲突后，日伪军陆续抵达该湖一带，但现双方已似不欲事态扩大。伪满拟向外蒙当局提抗议，闻其内容如下：（一）外蒙当局须负此冲突之责任；（二）要求外蒙确认哈尔滨〔哈〕为伪境；（三）要求外蒙保障此后不再越境。

　　双方死伤人数　　（《申报》廿八日北平电）日伪军在兴安屯垦区贝尔湖与外蒙军冲突后，日方除积极布置军事外，并利用种族火并方法，唆使东蒙各蒙古部队一致向贝尔湖方面出动，统计日与外蒙冲突事件：（一）蒙兵十余名任〔在〕贝尔湖以东地区之乌尔逊河岸，与伪满达尔哈自卫团发生冲突，蒙兵击毙伪团丁八名；（二）蒙兵占领欧毛带三地地带；（三）日伪军在阿特宝与蒙兵冲突，击毙蒙兵二十余名。

外蒙拒绝抗议书

　　（《申报》卅日长春电）三十日关东军分〔发〕布情形如左：二十六日曾由兴安北省新巴尔虎旗长将"满洲国"要求撤退出境之公文，而交侵入哈尔哈庙内之蒙兵。但于二十八日，由该蒙兵将该项公文退还于"满洲国"哨兵，并无任何回答，且仍旧占据哈尔哈庙内。

日外务省称冲突真相　（日联卅日东京电）关于满蒙冲突事件，外务省于三十日接到报告，据谓其真相如左：（一）"满洲国"兴安省与外蒙古之国界系由数百里之哈尔哈河与贝尔湖划作界线，去年该处洪水为患，由乌兰河发源之乌尔匈河，原由家里资河注入，现已与哈尔哈河合流，因该处此成为三角洲矣。（二）此三角洲由哈尔哈河决定国界言之，当然成为"满洲国"领土上之地形变化，亦系国界线哈尔哈本流之移动。然蒙兵则以哈尔哈河向东北移动，以为此项三角洲乃外蒙之领土，而屯兵于此。（三）然国界方面之河川发生变化时，当以旧有河道为界线，此为国际法上之大原则，是以该三角洲不属于外蒙古也明矣。（四）蒙兵为何而称兵于此，盖以哈尔哈河经过之地点，即贝尔湖东北岸，乃冬季渔业有望之处，故侵入以图利耳。今忽由"满洲国"警备兵偶巡至此，发见蒙兵侵入情形，故发生此次之冲突事件也。

日关东军文告　（路透卅日东京电）外务省发言人今日声称，外蒙军队侵入"满"境一案，将由"满洲国"与外蒙直接解决之，苏俄与日本均不致被牵涉。外报访员询以此案是吾〔否〕将有严重发展，该发言人答称，吾人希望不致如此，惟一切视外蒙态度为决云。同时长春关东军司令部今日发表关于此案之文告，述此案之发生情形，并谓外蒙军队对此侵犯土地完整之举动，未予满意之解释，既未退兵，且反在哈玛庙区增兵云。说者谓此文告表示关东军现准备以严峻行动对付外蒙军队。

日军夺取哈尔哈庙

（路透东京卅一日电）据长春来报，昨夜日军与外蒙军激战于贝尔湖北之哈尔哈庙区。后又来报，谓日军已占据哈尔哈庙。据今晨二时左右所来战报称，日"满"军三次攻击外蒙军，外蒙军抵御两小时之久。交战时，外蒙军大受损失，卒不支，向南而退云。按贝尔湖在"满洲国"西北隅，距海拉尔北约百哩，为"满"蒙间天然界线。日军指出外蒙军越界入"满"。今晨林陆相在议会答覆关于察哈尔与哈尔加〔哈〕事件之许多问话，皆属日人一方面所传之情形。末称，渠信日军不欲越入中国疆界云。又长春华联社电，据日伪方声称，关东军之某部队，自昨夜进攻哈尔哈庙外蒙军，至今日拂晓夺回该庙云。又另据息，日军料外蒙军将反攻，陆续调驻海拉尔日军驰往现地云。

（日联卅日长春电）"满洲国"军，对于哈尔哈庙外蒙军，要求撤退达三次，然遭拒绝，遂决定扫荡。和田部队于三十日晚长驱进行蒙古平原，开始攻击哈尔哈庙。

俄边境戒备严

（华联卅一日哈尔滨电）据日方声称，苏俄自去年初以来，由海参威〔崴〕西郊起至绥芬河、东宁、海兰波及满洲里筑俄式堡垒一千二百余座，今已大略完成，随〔虽〕以最低之工资，工程费已达一万万五六千元日金。现在集结于国境兵数达四师十七万人，驻海参威〔崴〕及伯力之空军五旅云。

（路透卅日莫斯科电）国防副委员杜恰基夫斯克，今日向参加苏俄全联大会之代表宣称，对俄战争之说，现愈唱愈高，政府已准备应付任何攻击，其任敌人越界一试吾国陆军之力量云。杜氏宣布红军已由六十万人增至九十四万人时，二千代表欢呼历十五分钟之久。杜氏又称，政府曾于一九三四年，以五十万万卢布用于国防，本年将续用六十五万万卢布，因今有完成远东防御工程之必要故也。末称远东沿海防务，近四年来已大加增固云。

《时事汇报》（周刊）

上海时事汇报社

1935 年 8 期

（李红权　整理）

对我蒙古军界人一点希望

裕先　撰

比年以来，在国际上重要之国家，掌握国际之大权，完全是武力强的国家，而由繁荣的幻梦，转到极度的恐慌，军备竞争的空气，笼罩了全世界。沙漠中的蒙古民族，同时因为军事薄弱、文化落后，政治上更形成恐怖、危险、黑暗的途径。蹂躏在赤、白铁蹄下蒙古民族，早就失掉了原有的精神与武力，一变而为昏愦积弱，反抗思想、革命心理完全消灭的民族。于是就有乘我不能自救时候的人，乃以暴力占我东蒙，日本帝国主义者出来，居然还想吞并全蒙古而后快。而我们以广大的领土、无穷的富源，竟强迫的拿去，不敢反抗。无数的同胞，由其奴隶，因为自己的能力没有，不能挣扎，每一念及，殊为痛心！

虽然，我们不要恢〔灰〕心丧气，反过看看他们从前是现在那样吗？不是！也同我们是一样，甚至不如我们这时候好呢，如日本在明治维新前是何种现象，德意志在欧战后何种惨状，土耳其在一九一八年何种衰弱。反过再看，日本明治维新后因民族努力，军事日胜，现成五强之一；德国、土耳其欧战至现在，没有数年，经他们的努力，军事的整顿，若再经此数年，现已俱恢复还〔原〕来状况。为什么他们能在国际任有重要的地位呢？不是因为他们的武力强吗！！

再拿英、法、美〈来看〉，为什么这样的雄〔凶〕恶暴列

〔烈〕，称雄于世界，也不是凭持他们的武力吗!？

我们现在用最近的战争而说明一下：一二八松沪抗日一役，我军设备简陋，器械窳旧，必败而无胜利可言，但到结果还是战败了日本帝国；还有日俄战争时，旁观者说日本军器不如俄国，一定打不过苏〔沙〕俄，但结果胜利属日，俄国战败。若是将我蒙古民族现在的武力振作起来，一定能洗今日的耻辱，恢复已往的光荣。且我蒙古民族并不是体格不强，能力没有，实在是因满清二三百年的愚民政策，优遇王公，使无有向上之心，只有退后之志，勇气消失，兵力减少，毫无对外的能力与自保的力量。今我们要急自振兴，一定能大有成功，而这个责任，我军界人所负者多。兹提出几点意见以供参考：

1. 军人要戒除一切嗜好；

2. 军人要有革命的精神；

3. 以抗敌救民为职志，不要以升官发财为职志；

4. 〈以〉死于战场为荣耀，不要以畏敌避战为应该；

5. 训练士兵要以身作则；

6. 训练士兵要赏罚分明。

以下〔上〕这几条是我献给负军责同志者，虽很简单，但要本此训练士兵，本此为民族，一定能使蒙古同胞在狼涎虎口之中，有了精能强干之能，那就复元的萌芽，已露出土外，光荣功绩，全成于前，免去我三十万蒙古同胞，受人蹂躏之苦了!!

《蒙古前途》（月刊）

南京蒙古前途月刊社

1935 年 20 期

（侯超　整理）

日伪军再事进攻察哈尔

作者不详

　　我东北自被日军强占以还，匆匆三载有余，《塘沽协定》后，继之有通车、通邮之实现，我方期于苦忍之余，作全国精诚团结，共赴国难，充实国力，以冀有收复失地之一日。无如野心者，贪狠成性，已要称霸亚洲，必先征服中国始，对我之欲从忍气吞声中，作埋头苦干之拟举，即作作贼心虚之表现，不曰我将亲欧美

秦德纯与宋哲元

而复仇，则日将暗中举行大规模之反抗运动，挟其战胜之余威，动辄以武力惩戒相恫吓，负外交、行政责任者之言如斯，主持舆论中心报纸言论亦莫不如斯，人之谋我，可谓朝野上下一致。

说者谓日本已有撕弃华盛顿海军条约之冒险行为，退出国际联盟之义务时期又复届满，其有不惜为世界敌之野心，不啻昭然若揭，为贯彻其野心计，当必有乘人不备之际，用得寸进尺之惯技，夺取华北，进而控制全中国，为大战发生后之资源；果也，于大连举行之关东军对华秘密会议未届一月，进攻察东之大炮响矣。

近月来，日军方面强指我察哈尔沽源县境之长梁、北石柱子、南石柱子、乌沉河一带，为热河属之丰宁县地，屡欲进占，于一月二十日，日军即以驻热伪军张哲俊、彭金生等部数千人，自围场等地开抵丰宁县境之大滩，声言开始军事行动，并命其驻张垣之日武官松井氏向察当局传达意见。我方之察省主席宋哲元，即令前方镇静确寸〔守〕防地，并由察省民政厅长秦德纯与察省外交特派员岳开先与松井商洽，以期作地方事件之谈判，以谋和平解决。至二十二日，察省府复派定省府代表一人，沽源县代表一人，与日方商洽。讵于二十二晚，日方即以日步、炮兵千余人，伪军二三千人，携钢甲车十余辆、大炮二十余门，日机四架，同时进占我长城线之独石口、沽源东乌泥河、长梁一带，炮击东栅子，飞机复轰炸民房，计发炮四十余响，掷弹十余枚，伪军并开到距延庆六十里之黑豆子营，及距延庆百里之花盆等地进攻不已，日机并散放侵察之荒谬传单。

二十四日，日机在沽源县及独石口各掷弹十余枚，该地以我方本无驻军，故无抵抗，民间损失甚重，独石口外我保安警察及民众被炸死四五十人，我长梁、乌泥河、大阁镇、沽源城内等地居民四散逃避，难民数千麇集张垣，东栅子全镇被炮击后，顿成瓦砾场，无辜居民被炮击死伤者达数十人，驻热之日伪军陆续向察

日军第七师团长杉原
——指挥日伪军侵察者

省开拔，长城线外之马村地方增坦克车二十余辆，大阁方面增日军千余。午后三时，复掷弹八枚，死排长李心悚、士兵王希成等七名，居民十五名，督官一名，民团队长一名，伤民众、士兵、团丁数十名，毁民房五十余间。

日伪军攻占我察东后，我北平当局，即派员向日方交涉。日军事联络员松井要求我方派员同赴察东视察实际情形，并会商解决办法。

欧美各报对日军侵察，极为注意，伦敦《孟却斯德指导报》认日本为垂涎察东之金矿与遮断中俄之交通，占据张家口，北向可攻西伯利亚，南下可占领华北。《泰晤士报》谓日本侵察事件与日国会中之广田外相宣言恰恰相反，可见日本军人在军事上所认为适宜之行动，无不尽情为之，至政治观念，非所顾及，而日本外交家亦无由加以阻止也。

《时事旬报》

上海大众出版社

1935 年 22 期

（丁冉　整理）

收复失地应有之我见

儒　撰

光阴荏苒，年华如驶，东蒙沦陷之情形，始终在我脑海中鼓动着，回忆当时，不禁声泪俱下！我同胞经此长期间之努力，所获得之结果，不过寇焰日张，国难日重，以致东蒙河山，沦陷益深，东蒙同胞，忧患更切。吾同胞有因失败而灰心，有因丧亡而绝望，此种情况，使人目睹，更觉伤心惭愧而已矣！吾同胞要认清东蒙问题绝不能因妥协而解决，而帝国主义更不能因吾同胞放弃东蒙而即满足其欲望。于以知东蒙存亡即是中国存亡之关键，即是吾蒙古同胞生死之关头，未有东蒙亡而中国尚能永久独立，蒙古尚能安然存在也。是以吾同胞，只有准备，只有奋斗；不然，则中国未有不亡，蒙古未有不灭者也。今将准备及奋斗之方略，分述于左。

一、准备：吾同胞皆知收复东蒙是全国人之责任，而不是一部分蒙古之责任，所以准备，亦是全国同胞俱应准备，而准备方略，最少有以下几点：

1. 全国同胞须永久团结——东蒙之所以失，国难所以严重到若此程度，敌人之所以称我为一盘沙之民族，无组织之国家，皆因此义未能表现，故欲收复东蒙、复兴中华，必须充分表现此义。

2. 杀敌之心须永久不懈——外人称我中华民族为五分钟热度心，故毫不畏惧的帝国主义，任意割让租借及占据，以致东四省沦亡，而东蒙亦失陷在内，我国欲收获〔复〕东北和东蒙，非增高杀敌热度，不足以达到最终目的。

3. 五族同胞须一致行动——因为一旦与帝国主义宣战，范围扩充到如何程度，时间延长到如何久远，不可预知，必须全国一致以最大的抵抗力，方能得到最后的胜利；假若其他四族因事多不暇，而我蒙古同胞，亦要始终一致，以达最后之期望。

以上所言准备，大部分是要中央以及其他同胞之帮助，设因内地多事，鞭长莫及边疆，而我蒙古同胞，有良好之土地，天然之富源，勇敢之人民，坚苦之才性，果能共同合作，以万众心为一心，作十年生育教训之计划，虽独力收复东蒙，亦易事也。

二、奋斗：只有准备，而无奋斗之精神，必致全功尽弃，是以收复东蒙尤贵乎奋斗。奋斗有以下两点：

1. 要有大无畏之精神——自从东蒙沦亡以后，一般蒙古同胞，日日希望全国出兵先复旧土。但凡事求其在我，吾蒙古同胞既望全国出兵，必要自己去作先锋，牺牲在全国人之前，若因吾蒙古同胞之牺牲，能引起全国同胞同仇敌忾之心，则吾蒙古同胞之牺牲，亦有无限光荣；即不然，亦尽民族一分子之责任矣。人人抱如是精神，则打倒帝国主义，收复故有河山，岂有难哉？

2. 具有牺牲之决心——华盛顿有血战八年之久，方能求到美人自由，孙中山革命四十载多，始能建设新中华，吾蒙古同胞欲收复东蒙，必须人人抱必死决心，各个存杀敌观念，务期还我河山，保我主权，纵使我蒙古同胞，俱战死于疆场上，亦所不惜！果能如此，则收复东蒙，如反掌之易矣。

总之，我蒙古同胞，对外以打倒帝国主义为目的，对内更要拥护统一，则必能铲除一切阻碍，达到收复东蒙之计划，这是吾蒙古同胞共同之目标，光明之大道，且希望我五族共同起来，勇往直前，努力迈进，打倒帝国主义，收复我良好的河山，以挽救中华民族之危亡焉。

《蒙古前途》（月刊）

南京蒙古前途月刊社

1935 年 25 期

（李红菊　整理）

伪蒙冲突与日俄战争

纫之　撰

一　哈尔哈事件发生经过

延宕了将近两年的中东路非法买卖虽告解决，但紧接着便有伪满与外蒙在贝尔湖的武装冲突发生，这充分的证明了苏联在远东的退让政策，只是把日、苏冲突的焦点，由满洲境内的中东路，转移到伪满的边境上去，并不能缓和日本进攻苏联的危机。

贝尔湖冲突发生在一月二十四日，正是日军侵入察东问题紧张的时候。这不会仅仅是出于偶然吧?!

事实是这样的：在那一天，伪满军队与外蒙军在贝尔湖附近哈尔哈庙发生武装冲突，日伪军随于三十一日将该地占领，双方均认该地为自己领土，互推启衅责任，最近虽都表示可以用交际方式解决，但就只开会地点一个问题，双方至今还不曾得到同意。整个纠纷，悬而未决。就此问题本身来讲，责任本极明显，因为在几个月前日本出版的伪满边疆地图上，贝尔湖完全在外蒙境界之内，较迟的地图，则边线已改为横贯贝尔湖，在最近日本出版的地图当中，边界就恰在贝尔湖的南岸了（见二月三日北平英文《时事日报》）。这一地图上变动的结果正和日方说该地明为"满洲国"领土的声明相符合（联合社长春五日电）。

当问题发生之初，日方所传播的消息，直认为是日伪军与苏联赤卫军的冲突，到后来虽然承认只是伪蒙间的冲突，并且可以用交涉的方式来解决，但也并不否认此问题的严重性。三年来日本军阀一贯的以"远东安定力"自居，伺隙蹈瑕，积极从事准备，苏联虽然顾虑着本国建设事业的完成，极力退让，并曾提议订定两国间的不侵犯条约，但这一和平政策只是遭受日本军阀的唾弃，两国邦交的危机一天天尖锐化起来，去年九月间曾以中东路问题纠纷一度达到非常紧张的程度，那么，这一以日、苏冲突为背景的贝尔湖事件，是否会引起两国间更大的冲突？日方的目的究竟何在呢？在解答这些问题之前，我们有先明了双方在满洲方面，实力的准备和配置的必要。

二　日、俄军事对峙现状

日本自从夺占了东北，便积极的进行着军备的扩充，国内常备兵额已从十七师团扩张到二十一个师团，同时更急剧的把军队机械化和科学化。在伪满方面除却拥有十万内外的伪军，和四千白俄军而外，更借着肃清盗匪（？）、巩固边防的名义，把直系日军一师团又一师团的输送了去。到去年上半年为止，满洲方面已驻有日本步兵七师、空军四团、技术兵五团、坦克车二十二辆。配置的情形：在伪满西部与热河有日军一个师团，中东路西段博洽〔克〕图、海拉尔、扎兰诺尔、满洲里等地有步兵一师一旅、骑兵一团、技术兵二营、坦克车两辆、铁甲汽车二十五辆，并在满洲里、博洽〔克〕图二处，设有较大的飞机厂。中东路中段，齐齐哈尔有步兵一师、骑兵一旅、空军与技术兵各一团以上，更建有满洲最大的飞机厂。克山通北海伦一带和哈尔滨各有步兵一师、骑兵一团，在哈更有空军和技术兵各一团以上。吉林东南境一面坡到绥芬河一带有步兵一师等，在延吉、珲春各地有朝鲜兵二师。除却这些配置而外，更积极开辟交通，建设铁路，除海克、北黑、宁讷已定〔完〕成外，并赶筑索突、辽承、义赤各路；其中尤以北黑和辽承、义赤等路，在军事上具有极大的价值，经过前者可以由黑河、奇克进窥海兰泡，利用后者可以迅速运兵到热河西部。

但日本这样的布置，还远不如苏联在远东军事经营的雄厚有力。苏联虽然以和平政策相标榜，但它却没有一天忽略了帝国主义国家进攻的危险——尤其是日本。当它对日极力退让和容忍的期间，同时就加紧着远东军备的充实，在五年计画中本已注意着重工业和军事工业的建设，在第二五年计画中更着重西伯利亚和远东的开发。大规模的向西伯利亚移民——例如犹太移民地的建设、西伯利亚铁路赶铺双轨、发展远东航空线、开辟北冰洋航路，完成边境上各要点的洋灰防御工程等等，无疑的都是一种战争上必要准备。远东的赤军，据日方情报讲，约共十个师团，骑兵二师，考尔家斯（一种屯垦兵）二师团，飞机五百架，超重爆炸机四十架，坦克车六百辆以上，装甲汽车三百五十辆，兵士额数约共二十余万。集中配置于四区：1. 以海参崴为中心的东海滨省南部；2. 以伯力为中心的东海滨省北部，伯力是远东军司令部所在，各地配置有最精锐的乌苏里兵团；3. 以海兰泡为中心的黑河方面；4. 以赤塔为中心的后贝加尔省方面。这里是远东军的后方，配置着最强大的部队，是苏联对日的主要作战地。这些部队都在有名的战略家加伦——布吕歇尔将军统率之下严重的戒备着，先声夺人的向着日伪。无怪乎日本屡次向苏联提出撤消远东方面军事设施的要求了。

从战略上来看双方对峙的形势，日伪正处在战术上所谓内线作战的地位，而苏联则占得外线战的形势。所以苏联在未来的战争中一定采取包围与挟〔夹〕击的战略，在海参崴方面使用飞机、潜艇威胁日本的后方和破坏日、鲜的海上交通，同时在伯力和海兰泡两个重要地带配置相当兵力，以保持外线作战的联系，并施行全部的包围和挟〔夹〕击，主要的是以赤塔为中心，利用强大机械化的部队和骑兵，与飞机配合着由后贝加尔攻取满洲里，向大兴安领〔岭〕作大规模的袭击。在日本方面，则利于敌方兵力分散的广袤，突破包围，以切断其联络线，再施行各个击破的战术。由齐齐哈尔到大黑河的铁路，在这一战略上实具有无上的作用，日人的所以亟亟完成这一条糜费巨款而在经济上远不如他路价值重要的路线，正是为了这种缘故。但另一方面，日本还可以从呼伦贝尔的南部和外蒙东部直捣远东军的后方——赤塔和上乌丁斯克，切断远东军与欧俄的联络，这是双方决胜的关键。日本的积极经营东蒙、占领多伦和察东、勾结蒙古王公，是为了准备这一攻击；苏联的竭力经营外蒙，在库伦和桑贝子地方屯驻重兵、修筑飞机厂，也是为了准备这一防御。这一次伪蒙发生冲突的贝尔湖和哈勒欣河一带正是未来这一方面战争中的冲要地带，我们应该在日、俄双方全部的军事对峙形势上认识这一冲突的严重性。

三　日、俄战争之前瞻

那么，这一冲突事件是否就会引起将来大规模的日、俄战争来呢？固然很有可能，但在目前条件尚不具备。日本军阀固然是暴戾恣睢的侵略者，却不见得只是一味盲目的蛮干。现代的一个国际战争的爆发，除却应该考虑到双方国力的对比而外，还要决定于微妙复杂的国际政治关系。从国力来讲，军备景气的日本，实际是外强中干，比起社会主义建设成功的苏联，在任何方面都望尘莫及，在军备上，苏联空军的轰炸东京、大阪，正是日人所忧虑恐怖的。日人的屡次提出要求苏联撤消远东军备，提议设置日、伪、俄国境委员会和非武装地带，以及过去苏联对日屡批逆鳞，而日则莫可如何，都可以看出日本没有立即和苏联决战的勇气与决心。但是更重要的，是因为日本在今日世界中处在孤立地位，既没有像过去日、俄战中那样的优势，对其他帝国主义国家也没有进攻苏联的默契和共同准备，在这种情形下，日本绝不肯孤注一掷的冒险。帝国的政治家和外交家，现在正在不断的努力，以谋这些有利条件的取得。

从九一八事变以来，日人一贯的以进攻苏联、防止中国"赤化"为借口，耸动各帝国主义者的听闻，掩饰掠夺侵略的行动，这种策略在过去曾经收到一些效果，并且现在还继续在运用。如同林陆相在众议院答辩察东问题，把察东事件和贝尔湖事件混为一谈，这显然是为了混淆国际视线，把世人注意的目标，从察东转移到反苏战争上去。同时驻美大使斋藤在演说中力言日本在远东之政策，其目的在阻止西方各国对中国之政治及军事侵略，并力称苏俄对东方和平的危险（合众社芝加哥九日电）。这正是袭九一八以来的故智。哈尔哈事件并不见得真就引起战争，但确是日方烟幕弹的放射，另外，也就是日本准备遂行未来对俄战略的一个试验。

四　结语

目前的国际关系动向，正临到了严重关头。一方面美、苏债务谈判破裂，两国关系在最近期间难望好转，这自然使日本感到轻快，削减了从这一方面所受的威胁，更可以放手做去的进行既定政策。同时英、美间的矛盾尖锐，也失却共同对日的力量，另一方面英、法协定成功，德国乘机表示进攻苏联的积极，使国际上反苏联的联合战线又有复活的趋势。这些形势都是日本求之不得的良好条件，它一定会乘机加紧胁迫中国，用进攻苏联博取国际上的好感。无论大战爆发与否，中国处境都是万分艰窘，值得全国人士的审慎注意。

在贝尔湖事件中最令我们感觉惨苦的是：所争执的是中国的领土，伪、蒙都是中国的一部，而现在双方在剑拔弩张的对峙，中国却站在一旁，无从置喙，国人也都看成秦诚〔越〕肥瘠，熟视无睹，任凭他人宰割自己的领土，这真比"日蹙国百里"还可惨痛！国人不要只欣羡萨尔的复返德国，应该学步德人的刻苦自励。

《北方公论》（周刊）
北平北方公论社
1935 年 89 期
（赵红霞　整理）

伪蒙冲突

作者不详

当日军进攻察东之际，"满"蒙边境随亦传伪、蒙两军冲突之警报，彼此呼应，不约而同。日军攻察，强以察省沽源县属之长梁、乌泥河、南北石柱子系热省丰宁县辖境据为理由，而伪军侵蒙，亦以哈勒欣苏美区域系"满洲"领土为其口实，强辞夺理，更如出一辙。不必多加深究，已知此次伪军侵蒙，无非为实现"满蒙一体"计划之初步，因已昭然若揭也。

事变情形，双方所传互异，据日本军部发表之文件，谓系一月八日外蒙军侵入哈尔哈庙，将"满洲国"警备队驱逐，但"满洲国"方面极欲将该案和平解决，要求外蒙军自动撤退，并于一月廿三日前往交涉之"满洲国"军及关东军之一部队，达到哈尔哈庙附近十米突地点时，忽由外蒙军方面一齐开始射击云云（见七日《中华日报》）。至据外蒙古发表之声明，则谓系一月廿四日蒙古边防军队见有武装人员十七人自"满"境侵入蒙境，至哈勒欣苏美附近，蒙边防军队长顿林伯即趋前辨认，竟反为击毙，此后遂发生哨战云云（一月卅一日《大公报》），究竟真相如何，殊难猜测。吾人于此，亦不必考其真相，更不必评其是非曲直，盖满蒙虽同为我国领土，但前者业已山河变色，后者亦属名存实亡，故当察东事件发生之初，国内舆论，多有论列，国际目光，亦注及中国态度，至此次哈尔哈事变，除见俄报抨击日方谬论，日军部驳覆蒙方声明以外，而居主人翁地位之我国，反一无表示，因与其作滑稽无效之表示，不若沉默藏拙之为愈也。但吾人之感想，亦有不能不一述者：此次事变，戎首之为日伪，固无疑义，然外蒙军队，未肯示弱，亦系事实，惟日伪尚不敢过事压迫，愿意谈判，此已较察东事变中日军对我之态度，更为和缓。现闻双方业已开始初步谈判，外蒙对于会议地点，坚持库伦，亦似较我之唯命是听者，略胜一筹。而关于哈勒欣苏美区域管辖问题，外蒙外长根登宣称："该地确属蒙古，日军占据，绝对不能同意。"（见七日《申报》）亦足见其态度之强崛。将来会议结果如何，虽难预料，但总不至较大滩会议尤为屈服。故以此次哈尔哈庙事变方诸察东事件，固同为日本之侵略行为，但我国之地位犹不及苏俄覆翼下之外蒙古也。堂堂华夏，刍狗不如，有心人能不同兴一叹乎？

《时代公论》（周刊）

南京时代公论社

1935 年 150 期

（丁舟　整理）

论日寇内蒙

胡秋丰　撰

"内蒙"为我华北的屏障。

在地理上看来，"内蒙"与"华北"为唇［其］齿关系，形势有如春秋时之"虞"与"虢"，未有"虢"亡而"虞"可以免祸的，这是稍有历史癖的人，都会预感着，将有一桩什么事情展开在我们的眼前。

据报纸告诉我们说，"内蒙"东部之三盟二十六旗，已悉为日军所占，硕果仅存者，惟西部三盟三十三旗而已。这是何等惊人的边报！

然而，剧情还更严重的演着。

"最近年余以来，日本军事人员，前往西蒙各旗联络、侦察者，络绎于途。热、察边境一带，且遍置电台，赶筑公路，屯兵积械，待时而动。"《申报》十月二十二日"时评"这样说。

这简直是要血淋淋的割去这一块半滥〔烂〕了的唇——内蒙呀！

我们知道这些矮人中的混世魔王，是具着如何骇人的鬼计，在做着犯罪的行为——

（一）为了反俄的准备战。这一少数之群的矮魔，为了永久的吸血嚼骨计，是怕笨重的苏俄侠士的铁拳出来打抱不平，于是恶念一动，先下手为强，摆好交手的架子，作为抗俄的缓冲地，在这意义上，富有国际战的色调，才积极的规划夺取"内蒙"。

（二）为了傀儡编篱笆。这些矮魔，日本军阀，既很顺利的抱出了个傀儡溥仪，放在沈阳〔长春〕城里以自己的喜怒情绪牵着线子扮演一切，很够开心，但又恐别的野物来踢翻了这场把戏，于是眉毛一绉，计上心来，厉兵秣马，准备夺取内蒙，以为满州〔洲〕屏障。

（三）为了田中奏折内的阴谋的煽动。日阁田中上昭和天皇奏折中有组织"蒙古大原共和国"的阴谋。于是受着武士道精神毒害了的太〔大〕和民族中的少数分子血气方刚，偏想跃跃欲试的做几天"蒙古大原共和国"的凌烟阁上的功臣。

然而，除这三点外，还有一个附带的严重的动机，"占据内蒙，利用形势，控制华北，夺取幽燕，实现其并吞北中国的秘谋"，这是值得观众如何惊心动魄的一个紧张场面啦！

在这唇将亡而齿未寒之际，我们，政府及国人，应如何制止"日寇内蒙"，这实在是一个刻不容缓的对策，愿我国人力图之！

兹提出我的微意如下：

一、文事。这是用所谓政治手腕，使蒙古王公内附，勿受日人煽惑叛离，因为我们的国家原是五族共和的呀！

二、武备。这里讲的是用兵，以暴力抵抗暴力，这是合乎国际公法（!）的自卫战。须政府与内蒙西部各旗，极应组织拥护主权的守土军，并设制〔置〕电台、屯械、积谷、修路，以备敌人第一颗子弹的降临。这是一步很扼要的切实的工夫，"有文事者，必有武备"，圣人已晓喻我们了，愿国人深切注意！

《西北刍议》（半月刊）

南京西北刍议社

1935 年 1 卷 1 期

（刘哲　整理）

蒙边冲突真相

作者不详

据中央社塔斯社廿六日电，谓世界各报所载廿四日外蒙古边境军队，于贝加尔湖附近，侵入"满"境界，并向"满"军攻击等事，蒙古当局根顿氏，称此等消息，全与事实不符，至其真相，则如下述：本月廿四日下午一时，蒙古边防军队，见有武装人员十七人，自"满"境侵入蒙境，至哈勒松苏美附近，离界址已二公里，蒙边防军队长顿杜伯，即趋前辨认，此等武装侵入边境人员，竟欲攫队长以去，顿氏加以抵抗，结果伤重殒命，此后遂发生前哨战，双方均受损失，外蒙当局即派负责官员驰往肇事地点调查。根顿氏结语称：把〔哈〕勒松苏美一向属于久居该地之哈勒松苏蒙古人一圈，廿一年以后该地即为外蒙一部分领土，当地所立界碑，迄未有如何之变更。此为外蒙古当局之声明。至于苏俄亦由塔斯社声明谓贝加〈尔〉湖位于外蒙古与"满"之边界，与苏联边界相去二五公里，日伪军焉能与俄军冲突，定系某方之造谣云。由此声明观之，日俄两方，虽无正式冲突，然前哨已渐短兵相接矣。

《晨熹》（月刊）
南京晨熹社
1935 年 1 卷 2 期
（刘哲　整理）

观测日俄未来战争谈

——哈尔滨通讯

作者不详

据哈埠熟悉日俄两国备战形情之某军事家谈称，日俄在远东角逐之形势，已至图穷匕见，大战爆发，随时有可能性，就双方备战之陆、海、空军势力，并战略上与军事领袖之统率力，及国家财政、生产事业、军需资源等来观测，胜利恐属苏俄云云。兹记该军事家所述如下。

日俄军备：（甲）陆军方面：日本陆军，据今年八月日本陆军省所提出十年度之预算总额，为六亿八千万元，平时兵力约二十三万，战时兵力，每师人数为二万五千人，全国动员人数，可增五百万元〔人〕。（二）苏联陆军，最近预算不详，惟据一九三〇年国际裁军准备委员会调查，为七亿七千八百万元，常备军正规军五十六万二千人，国家保安队十三万名，共计六十九万二千名，据一九三三年调查，苏联常备军，已增至一百三十万名，战时可增至七百五十万。（乙）海军方面：（一）日本，据日本海军省十年度预算总额为七亿一千四百七十万元，海军舰数，计有主力舰九只，吨数二七二，八七〇，航空舰四只，吨数六八，八七〇，甲级巡洋舰十四只，吨数一二三，五三〇，乙级巡洋舰二十只，吨数九三，三七五，驱逐舰一百〇二只，吨数一二一，〇五六，潜水舰七十一只，吨数七七，八四二，总数二百二十只，吨数七

五六，二四二。以上统计系一九三三年二月三十一日①调查数字
〔字〕。（二）苏联，战舰四只，吨数二三，三七〇，巡洋舰四只，
铁甲舰五只，驱逐舰二十三只，水雷艇六只，潜水二十五只，马
达艇二十五只，炮舰二只，扫海舰二十只，河川炮舰七只，飞机
母舰一只，总数一百一十二只。以上为以一九三一年的统计，其
中旧舰颇多，战斗力极薄，据最近消息，苏联在海参威〔崴〕装
置多艘，并有潜水艇十五艘，小型鱼雷〈艇〉六十只，其鱼雷多
为法国最近发明之新式武器，装有鱼雷发射管四门，重机关枪四
门，有四十至五十节之最大速力。（丙）空军方面：（一）日本空
军：据四年前调查，日本飞机数为陆军八百五十架，海军四百六
十架，据最近调查，飞机的种类与数目，侦察机十一中队，战斗
两〔机〕十一中队，爆炸机四十九中队，练习机三飞行学校共计
〔军〕十六中队。（二）苏联空军：苏联自五年计划完成后，其理
想之无敌空军，竟然实现，兹据野口昂所著之《赤俄大空军之威
龚〔袭〕》内所载，苏联空军陆军方面有二十个空中旅，每旅有
五十架爆炸机编成的空中爆炸队，及六十架战斗机编成空中驱逐
队，飞机总数为二千二百架，全国配置四十八个大队及六十个独
立中队，每中队有二小队，每小队以飞机三架编成，独立中队，
以飞机八架编成，此外尚有十个气球队，三飞行船；海军方面，
有二个爆炸大队，六个爆炸独立中队，战斗中队，侦探中队，以
及远东军队之水上航空队，共计二百二十中队。分配情形如次：
侦察机七十八中队，战斗机六十八中队，爆炸机四十九中队，练
习机六中队，海军机二十四中队。现配置于远东方面（乌拉尔以
东），由新西伯利亚军总管辖者，计有阿穆斯克一个爆炸中队，伊
尔柯次克一个爆炸大队，伯里一个水上航空队，赤塔一个侦察中

---

　　① 原文如此，日期有误。——整理者注

队，新西伯利亚二个爆炸中队，斯巴斯可那一个侦察中队，海参威〔崴〕一个侦察中队。据上述日俄两国海、陆、空三方面来说，苏俄的海军显然不及日本，可是陆军方面则日本又远不及苏俄。此外适于交战之机械类日本亦难占优势，兹比较如下：装甲列车，苏联三十八队又一队，日本未详，装甲汽车苏联十五队，日本未详，战车队三团，日本一中队，电信队〈苏联〉十二团，日本二团。

战略观测：再就战略上说，日本亦有许多不利的地方。该军事家谈，日本如与苏俄开战，在战略上，最感受威胁的有三种：（一）为苏联之集中攻击战，（二）为呼伦贝尔之平原战，（三）为苏联之化学战。集中攻击战，为远东军总司令官加伦将军与许多军事领袖，如空军参谋蔡得氏等所主张，这种战略，是在两军战事最激烈时行之，在战斗危急中，一面以炮兵在固定阵地内与敌人作炮兵激战，同时以驱逐机掩护战场，攻击机袭击敌人移动部队，以爆炸机攻击敌人空军根据地，以若干战车冲入敌人阵地，再以空军全力数百架飞机大集团前进，一举而歼灭敌人，这就是所谓的集中攻击。呼伦贝尔方面的平原战，即运用上项战略以攻日本，日本最恐惧之平原战，并不在苏联之有多量的陆军而在苏联之空军威胁，故日本军事专家主张，日本如于平原战无把握时即应退守大兴安岭，另以小兵力进攻于呼伦贝尔一带，以牵制苏军之前进。苏联之化学战也是使日本军事陷于苦痛的东西，据称苏联化学队在每师团中，设有瓦斯主任一员，一切师团及一切飞行机战事团，均设有化学队一排，更特别设有瓦斯军官及军用化学员之军事教导队，其瓦斯防御面具，已普及全军兵马。就产业动员、军需资员〔源〕与国家财政方面来说，日本亦难占优势，盖苏联为社会主义的国家，一切国内产业，均归国有，真可以设全国总动员苦境之集中攻击战与呼伦贝尔平原战，结果日俄战争如果爆发，苏联有获得最后胜利之可能性。**惟有必须申明者，财政方面，因五年计划之成功，已不感困难，军需资源，以西伯利亚双轨完成，已无阻碍**。反之，日本因以海、陆、空军之扩张而陷于赤字财政，再加上国内的经济恐慌，其财政益感困难。其余如军事领袖之统率力与附军联合之辅导，两国互相伯仲，盖日本虽可以利用伪国，而苏联亦不妨联络中、美，日本军事领袖虽强，苏军之党员层，亦颇不弱，据云，一九二八年为百分之三一·六，至一九三三已增至五九·四％。日本虽有许多地方不及苏俄，然而亦有优越于苏俄之地方：第一，日本在东北铁路网之完成；第二，日本军需资源，不须取诸远道，而可以直接取于东北或华北；第三，日本海军强大，可以威袭苏联海参威〔崴〕的要塞。

最后胜利：据上所述，两军各有优点，然则胜利将属谁，成败决于何处，据日本军事专家半田晋所著之《赤军极东作战》内云"日俄战争，以大兴安岭为主要战场，是为两国军事家所公认"，故赤塔所驻军团之任务利在以迅雷不及掩耳之手段，夺取必陷入苦境，盖日本仰攻苏俄，须受极大之牺牲，况大兴安岭多松柏，繁茂参天，所谓阵地战、山地战，无一不备，困苦艰难，可思而知。反之，若日本先占该地，苏军亦必感受同样苦，故若以齐齐哈尔为根据地之日军〔事〕、以满洲里为根据之苏俄，同时发动，一达山之东，一达山之西，则两国势必演成争夺山地之剧烈战，谁若夺取山顶，即可以获得战争之最后胜利。惟苏俄一方面，倘〔尚〕有日本莫敌之化学战，盖苏军所用之毒瓦斯，为一棒色雾状，可于一周内不散，兵士须常着防毒衣，被毒区域之草木，均将枯死，其猛烈亦可想见。他方面，苏俄据有强大之空军与强大之陆军，亦足以致〔制〕日军也。这是就日苏两国现有物质基础而下之论断，至如参与其他国家或其他事件，胜利之究将谁属，实难预测云云。

《新生活周刊》

上海国防周刊社

1935 年 1 卷 46 期

（朱宪　整理）

日本进攻察东之真象

涤生 撰

近来日人野心勃勃，进攻察东，与我国驻防军宋哲元部接触，占领独石口等处，以武力又占我一千六百方哩之地盘，压迫孤军无援之宋部，完全由省界线向后撤退。而日人心仍未足，犹口口声称，华军虽退入长城，而若不远离长城，亦决加以攻击，不辞侵犯长城内之跋踄等云。

查自民国廿年秋东北沦陷，廿二年春，热河继失，不旋踵而察东门户之多伦及沽源东南等区，又被占领，于是内蒙、西三省，则根本又发生动摇影响。盖日人所以如此者，实因其自掠夺我东北及热河后，欲贯通其素抱大陆之政策，以察、绥、宁西等三省屏蔽黄河，若不占领，则无以控制我华北，进窥我中原，是则与其统制全中国之愿望违，于是不得不借我疮痍满目之老大中国，内政不修、外交无方之际发动耳。但日人此项野心，实非自今日始，此次进攻察东，不过为实行其所预定之策略计。记者于本刊第二卷第一号中所著之《日本愈演愈烈的大陆政策》一文，内述日本驻美大使斋藤对美《费城晚报》记者谈话："日本如以为远东和平有维持之必要者，则必须并吞华北，列强之言行如何，均可置诸不理，日本一向遵行前定之政策，即为维持和平起见，不惜与英美同时作战"，是则可知日本进攻察东之计划久矣。又记者于去年秋末旅京时，即风闻日人无理要求我国某巨公，须将宋哲元驻察部队调入长城以内，我国某巨公为忍辱负重先安内而后攘外起见，即电令宋部调防，旋记者因事离京，该宋部是否遵令离察，则不得知。（按据报载，日军已与宋部发生战事，则宋部仍未离察可知。）今日人见世界不景气遍布全球，一九三六年已届，而世界大战之浪潮，渐演渐近，为欲霸持东亚大陆盟主，威吓欧美列强，巩固已霸占之东北地盘，应付世界大战潮流计，不得不积极进攻察东，一方可控制我国华北，为进窥中原之张本，一方则侵占内蒙，钳制苏俄，使苏俄之长蛇阵式首尾不能兼顾，为将来以武力与列强周旋时，免却掣肘之虞。斯时再以海陆威力，称霸东亚，以实现其大陆政策，其处心积虑，实为此次进攻察东之真象。

根据上项观察，在日本方面，欲蚕食我国，欲称霸于东亚，威摄〔慑〕列强计，固不得不如斯。但我国主持党政军当局者，倘若仍抱一面抵抗、一面交涉之主张，是则国亡无日，有何以对吾侪民众殷殷之望耶？为今之计，设各方当局主持者，若不再疾心痛首，改革前非，彼此开诚〔诚〕相见，精诚团结，以收生聚教养之效，不但亡国有待，而亡种之祸亦随之矣。

《国民公论》（半月刊）

桂林国民公论社

1935 年 2 卷 2 期

（朱宪　整理）

赤俄操纵下外蒙之军事、经济的透视

英杰　撰

一　前言

外蒙受赤俄之煽诱，离我独立已及十余年，举凡政情消息，一如赤俄讳莫如深，吾人很难知其内幕。本文材料，系由多方索寻而凑成，残章断语，在所不免，但汇集这些无系统的零碎材料，未尝不可以作吾人了解外蒙情形之一参考。

二　九一八以后的外蒙

自满洲事变发生以后，与满为邻的外蒙国防，突现紧张，赤俄对日本之侵满，抱有十分严重的戒心，赤、白帝国主义原是势不两立的，当然战争的危险，因地域的接近而更加危迫，赤俄为了保障外蒙的统治，防止日本的略蒙，他不得不集中大部注意力于远东，特别重视他的保护国蒙古。而且蒙古在地势上为赤俄的左前卫，对于日俄战争有很大的关系和作用，因此，他为未雨绸缪之计，首先在外蒙加紧"赤化"工作。在政治上，积极强迫执行苏俄的政策，加紧阶级斗争，努力铲除王公、喇嘛势力，以固其根基，另外大肆暴露日本帝国主义的残暴，日本侵蒙的野心，在报纸上、无线电广播间，加紧其宣传鼓动，以提高人民仇恨日本之心，鼓起其反日作战的情绪。在军事上，动员赤色蒙军，集中"满"蒙边境，坚守呼伦贝尔南境，以防日军之北进，同时扩大军力，蒙军原额仅三万人左右，很快的新扩充到七万人，又施行普遍的国民军事训练，以为预备军。总之，九一八以后的外蒙，整个国家，都在紧张的空气笼罩之下。

三　目前外蒙的军事概况

1. 蒙军的起源史略

蒙古军队，称为蒙古国民革命赤卫军，其起源始于一九二一年。当时人民革命党首领等，为从库伦驱逐中国军队计，乃在亚尔坦普乌梭附近，组织义勇队五百，由总司令土木巴特尔将军指挥，先后与中国军队及白俄军战，败之。是年末，副司令汉东巴特尔及其啊巴尔散率领的"巴尔栖札"队来汇合，共约二千余人，于一九二二年春改编成联队。同年四月，蒙政府派军委员会主席林特诺夫至莫斯科，接洽供给武器及派遣教官事宜，及归国，乃着手新的组织，十一月并编成定员的预算，外蒙赤军，至是始成现代的军队。

2. 蒙军的内容和编制

蒙军的中心干部，大都系留俄学生。中下级军官羼杂有很多的布里亚特人，军队有与俄军一样很精密地政治工作系统，当〔党〕代表的权威也是高过一切。军队的精神还很团结，再加上有严密的"格拍武"工作笼罩着，蒙军算是赤俄的忠实工具了。

蒙军全系骑兵，除骑兵外，没有别的兵种。其编制者：

达斯克十五名。

莎拉，三达斯克为一莎拉。

梭蒙，三莎拉为一梭蒙。

贺诺，五梭蒙为一贺诺。

特壁基，三贺诺为一特壁基。

据上表所示，达斯克约合我国一班，莎拉为一排，梭蒙为一连，五连为一贺诺，约与我一团不相上下，三团为一师，即蒙军之所谓"特壁基"是。

3. 蒙军的兵器

蒙军所采用的兵器，与俄国骑兵相仿佛，每人都有枪、大刀各一柄，枪械大部为新式的苏俄制造品。另外有特种兵器，据日人一九三二年五一节调查，在库伦市内游行及各地所有的特种兵器，所得统计如下：

野炮三十门

山炮五十门

装甲汽车六十部

铁甲车一部

飞机二十架（包含邮用飞机）（其他不详）

4. 蒙军的人数和驻防地点

外蒙古的常备军，在一九三一年前，还是以团为单位，直隶于军事委员会，总兵额约三万人左右。但满洲事变后，蒙军大加以扩充，将近七万人，另外又添了装甲兵种，俄国想利用蒙军，以阻档〔挡〕由满洲袭来的日本。据日人一九三二年调查，蒙军分布驻扎地点如下：

一、库伦驻蒙军一师，其所属部队为：

骑兵　第一贺诺

机关枪　第二贺诺

野炮兵　第三贺诺

其他士官学校学生约千名

二、车臣汗部驻蒙军约三千名，部队为：

骑兵　第三贺诺

骑兵　第九贺诺

三、土谢图汗部驻骑兵第五贺诺，附有特科〔务〕队，人数约千五百名。

四、贝加尔湖南岸一带，驻蒙军约二千名，部队为骑兵第十五贺诺，无特务队，但设有青年军校一所，学生约二百余名。

5.　关于军事教育

蒙古在最近两年来，普遍的进行国民军事训练，加紧国民的军事教育，规定凡十八岁以上至四十五岁的男子，都有服兵役的义务，只有已经登记住在寺院的僧侣，以及正在学校中肄业的学生，才能免去此役。兵役期间前定为三年，一九三二年改为二年，缩短了一年的期限。虽然蒙政府对国民军事训练十分认真，连侨民都不免，可是仅限于几个中心镇市是这样的在奉行，但成绩并不见若何的好。

负责教育的人员，除一部分是蒙古军校的学生而外，再就是俄国来的二百五十名俄国军官。

在战时，大约蒙古全国连民兵在内，可动员五十万人之谱。

四　目前外蒙的经济概况

1.　商业

外蒙地旷人稀，其面积大过东北四省，但人口不上百万人。地属亚洲内陆，为大陆性气候，土地硗确，不适耕种，蒙人大都营游牧生活，一群一群地人口牧畜着东奔西走，散布各地，经济落后，自不待言。因为历史的关系，外蒙早与我国内地通商，一切日用物品，都由我国供给，经张家口、多伦等地运往，甚至连一针一线都得仰给我国。他们输出的交易品，大都为牲畜、皮毛、药材、鹿脯、鹿茸等物，这种交易关系，从通商以后，即在继续发展扩张。不幸外蒙"赤化"以后，对我商业渐渐采限制政策，至一九二九中俄战争时，它一方面断绝中国的通商，另方面对个人营业，课以极重的税率。蒙政府将营业税分为七等征收，计：

一等　　年额五万元以上

二等　　年额三万元以上

三等　　一万元以上

四等　　五千元以上

五等　　三千元以上

六等　　二千元以上

七等　　一千元以上

此外，另加附税三厘。店员一名，征收年额百的人头税，因征收税率过高，故中俄商人秘密买卖者甚多，若被蒙政府发见，则课以商品十倍的罚金。普通商业者往往被课一等或二等税，只有少数俄国商人才被课六等税或七等税，因此大商店几皆停闭，个人营业者更不能立足，只有苏俄及蒙古官营的合作社才能发展，所以赤俄操纵了整个的外蒙经济，垄断了外蒙商业。它在外蒙设了几个商业机关，主要的为中央合作社、俄蒙贸易公司、蒙古转运公司和银行等，就由这几个商业机关，支配了外蒙贸易的全部。

自提高税率、断绝我国与蒙古贸易以后，外货在蒙几告绝迹，俄货遂乘时占领市场，但苏俄本国物质缺乏，哪能对外蒙尽量供给，这就引起物价高涨。据日人调查外蒙物价，约如下表：

一、茶砖　每块　一·五〇托格利克（外蒙货币单位）

二、麦粉　上等每包　九·一四

三、牛肉　每磅　〇·一四

四、羊肉　每磅　〇·二三

五、白糖　每磅　〇·三五

六、方块糖　每磅　〇·五〇

七、面包　每磅　〇·一五

八、粗布　每匹　二·五〇

物质缺乏，物价腾贵，人民生活困难，市场衰退，外蒙的商业是急剧地破产低落了。

2. 工业

以游牧生活为主要生活手段的外蒙古经济，当然谈不上什么工业，可是在赤俄五年经济建设计划的口号之下，外蒙也跟着赤俄去实施经济建设，主要不外就现有的产业基础上，实行生产合理化，借以提高生产率，添设几个新的生产部门，借以扩大生产，最高限度的要求，也不过达到自给程度。现有的产业，大致为：A、库伦有制酒工厂、制毯工厂、皮革工厂、制靴工厂四所，最大的只容得五百人工作，其余三二百人不等。B、恰克图、博因土木几处小镇市，不过有几个手工业作坊。在恰克图的毡靴作坊算是较大的，但还不满六十人工作，博因土木的几个作坊，如毡靴、皮鞋、缝纫，都只有十人或二十人工作。一九三二年初，为满足蒙古人民的需要，在各处镇市添设许多手工作坊，像制糕饼、制蒙靴、制马鞍等等，并成立一个全蒙手工业组合，从事计划的生产。在这个系统下工作的，统计亦不满千人，所制造的产品，还难满足蒙古人的需要，大部分的日用品仍需由俄国运去。

这一些工厂的创设，完全由俄人一手包办与操纵，机械不用说要从俄国高价购买，就连建筑房屋的砖瓦，也得要俄国供给。管理工厂的，名义上有一个蒙古人，实权完全在俄人之手，所有机师、机匠，都是俄人，他们享有很高的待遇，无限制的汇兑权利。俄国工人很多，中国工人亦不少。有一些中国工人是被没收财产的商贾不得已去劳动的，因为机器采用的不高明，工人们又多不见熟练，因此生产率并不佳，生产的结果除付给高价的俄藉〔籍〕机师、工人的工资外，盈余几等于零，有的企业甚至还亏本。这就是外蒙在赤俄领导之下的工业建设，实际完全是赤色帝国主义剥削蒙古人的巧妙手段，以高价购买俄国机械，这就是很好证明。据闻，蒙人在东边区布翼尔湖开办一所渔场，由海参威〔崴〕买到一只拖两只帆船的小汽艇，购买和运费总共耗费一万数千"托格利克"（蒙币），但如从哈尔滨购买，连运费至多不到七千蒙币，这种事实，完全暴露了赤色帝国主义者的真面目。

以那样落后的蒙古经济，怎样谈得上什么共产主义的经济建设，削足适履另有用心的结果，在五年计划第二年度（一九三二年）作总结时，也无用其掩饰喊出"全蒙企业仍是局蹐于原有的地位"，外蒙的工业，不过如是而已。

不过我们还可以看到，许多面包房的添设，新建筑房屋的增加，但这不是外蒙产业发展的表现，而是赤俄含有军事意义的军事设施。

3. 农业

蒙古气候冷暖无常，土地又乏灌溉之利，以天时、地利而言，都不适于农业的发展，事实上外蒙的人民，在其客观条件之下，适合于游牧为生，营农耕种，不过是附业而已。自"赤化"以后，俄人在外蒙提倡"发展国家农业"，组织什么"国家农场"，大约〔业〕在一九三〇年时，由俄国运往库伦两架耕种机，在城郊首作农业试验，结果，由人民革命党中央决议组织国家农场，并提出消灭富农的口号，把牲畜较多的"丹加特"（即富农），强行没收其牲畜，令其加入国家农场，许多"丹加特"因此逃出外蒙，跑入我内地，其所没收的牲畜，都被赤俄赶去。这样没收了牲畜，主要的牧畜业也现出衰落的情况，剩下来集中到国家农场的牲畜数量很少，一些参加农场的人，不过榨点牛乳，收集些牛粪，谈不上什么生产效力，施行于耕种上的两架耕种机，就是国家农场的生产资本，在库伦附近曾划出一个农业区去实行，然而经常地仍然是歉收，农业的难于发展，于此可见一般了。

《边事研究》（月刊）

南京边事研究会

1935 年 3 卷 1 期

（朱宪　整理）

日骑兵秘密移动增防满洲里

作者不详

日本驻海拉尔骑兵旅团，最近迭次以强行军演习为名，密派部队向满洲里移动。据悉因苏俄由伊尔库滋克向大布里方面，增加赤军一万五千余名，分散配置，似与东京东铁交涉有相当关系。加以国际列车自满洲里开出后，禁止旅客向车外观看之情形，苏俄必有秘密军事活动，故驻海拉尔之日本骑兵旅团，得谍报员之报告后，始有此种秘密移动之动作，以防东铁问题解决后之暴力行动云。（海拉尔特讯）

《东北通讯》（半月刊）
北平东北通讯社
1935 年 3 卷 1 期
（朱宪 整理）

辽北蒙边骑兵第一路成立之经过及血战之概略

李海山　撰

　　溯自民国元年，余由吉新军帮统调充卓亲王府统领以来，惟率旗属壮丁努力于剿匪工作，用保旗民安全，暇则襄办地方事宜，以期咸归治理，对于政务之兴革，军事之训练，莫不悉心研讨，竞〔兢〕业自持，概未参加任何内战，亦未听从何方驱使，故颇得蒙、汉人民之同情。

　　自九一八事变，日方挟其满蒙政策，首先利用蒙古，于是多方利诱，百计威迫，使与中国脱离，而作彼之先驱。当有达旗之韩瑞庭、博旗之包善一等，甘心从贼，为虎作伥，因而派员，到旗相约，并令恭亲王、肃亲王之后裔交相劝诱，使与合作，不惜界予重任，供以械款。而余素怀忠诚，凤嫉自残，既愤暴日之蛮横，无理侵我国土，更恶韩、包等无知鲜耻，有辱我族，且不忍坐视我东北三千万民众沦于暴日铁蹄之下，一任其黩武横行，奸杀蹂躏。即欲自行起兵抗日，只以军火缺乏，经济困难，冒然从事，恐徒牺牲，故隐而未发，徐图善举，且拟骗彼械款，相与周旋。方在接洽条件之际，忽奉陆海空军总、副司令之电召，于是星夜来平，计议抗日。于面陈一切经过外，并将日方之预定计划，及我方应于〔予〕注意之事项，一一详陈于张副司令，当承面谕机密，令即起兵，并委为辽北蒙边骑兵第一路司令，就近归辽北蒙边宣抚专员高公荫周节制。于是披星戴月，化装回旗，即将所部蒙兵及旗属壮丁，与夫素有学识之学子，夙具信义之望族，集合五千余人，遵照上峰所颁之编制，组为中、前、左、右、后五路。每路设统领一员，由蒙人中之素有军事学识者充之，帮统一员，由政府及专员所派之人员充之，于十月十五日编练完毕，呈报备案。

时日方司令松井正督率日、蒙、鲜军由通北萧河敖包及舍贝吐一带向通辽进攻，乃率全部出发，于旧历十一月二十四日在萧河敖包地方与蒙匪甘珠尔加卜及日军松井司令接触，血战四昼夜。经我右路统领关荫南、后路统领王云升，由侧方夜袭，将日、蒙军包围，击毙日、蒙士兵二百余名，校尉官十余员。于是匪势不支，即向舍贝吐地方溃退，是役我路伤亡士兵百余名，校尉官四员。

二十七日，据侦探报告，松井及甘珠尔加卜在舍贝吐议决，以舍贝吐为根据地，再取通辽。阅报后即联络辽北蒙边骑兵第二路司令刘震玉，为先发制人计，于二十九日向舍贝吐进攻。本路由西面攻击，二路由北、东两面攻击，又与日蒙军血战三昼夜有余，击毙日蒙士兵一百五十余名、日军大尉二员，遂将舍贝吐完全占领，而将该敌驱之于钱家店矣。是役我两路伤亡官兵六十余员名。

旋以高专员召集全部，讨论进攻钱家店之具体计划，奉令回通，待命前进。该松井即携铁甲车及唐克车，附以日、蒙、鲜军，陆空联合，大举围攻通辽。当于旧历十二月八日早六钟开始接仗，彼此坚峙，经两昼夜，双方伤亡为数甚巨。延至十日，通辽各界环恳停战，以免商民遭受流弹之杀害及飞机之轰炸。高专员目睹商农惨切之状，及官兵伤亡之巨，迫不得已，俯循众情，痛苦出城，退保余粮堡，于是通辽城池遂陷于敌矣。

抵余粮堡后，所有奉政府委派及专员行署差遣之人员，即均化装回平，仅余高专员及行署之秘书长王铭，并随从官兵数人。于是召集会议，公推专员化装返平，向政府请求军火、服装，及日后援助接济办法。

旧十二月二十一日，莫力庙小佛爷白起，竟率蒙匪三千余名，并联合日军羽山联队一千五百余名，袭我余粮堡防地，又血战一昼夜，双方伤亡均非少数。嗣因我军弹药缺乏，不堪久峙，乃猛力冲破重围，向西退却，幸中路统领吴宝山掩护得当，得安全退至热河开鲁县境之南树甬地方，停止待命，而整顿各部。

二十一年旧正月八日，复联合第二路司令刘震玉反攻余粮堡、莫力庙两地方，于十六日早五时到达余粮堡西五里之龙湾甬，遂分由两路向目的地进攻，血战一日，敌势不支，相率败溃，向莫力庙退去。是役计毙日、蒙两军士兵三百余名、军官二十余员，俘获日兵十一名、蒙兵二十五名、大枪二百余技〔枝〕、子弹三万余粒，其他战利品无算，我两路官兵伤亡二百余员名。

是晚七时，复与第二路司令刘震玉会议分路进攻方法，当即选出敢死队三百余名，各持手枪，乘黄夜之际，跳入莫力庙内，鸣枪为号，内外夹攻，几经肉搏，敌渐不支，遂于次晨七时将庙之西半部占领。适有热河陆军骑兵第九旅由该庙北面用步兵、炮兵向该庙内射击，日、蒙两军受三面夹攻，伤亡甚多，兵心已乱，俱无战意，于半夜十二钟时，乘黄夜黑暗之际，由东南面冲出，仍向舍贝吐地方溃退。是役击毙日、蒙两军士兵三百余名、校尉二十余员，我一、二两路计伤亡士兵一百六十余名、校尉官八员。于十九日，我一、二两路复到余粮堡集合，又与二路司令刘震玉及各路军官开军事会议，拟以全力攻取通辽。讵于翌晨（二十日）八钟据牒〔谍〕报报告，日、蒙两军已开军事会议，议决由到头营子、曹家营子两路进攻开鲁，如将开鲁攻下后，再以武力威胁蒙古西四盟，而热河全省亦不战即得等情。余闻报后，拟即出发堵击，以阻西窜。忽据侦探报告，日司令松井督日、蒙两军五千余名已到曹家营子地方。余即与二路司令刘震玉会议，即日（二十一）出发，并一方遣差转报开鲁驻军九旅，请为援助，以阻西窜。于是我一、二两路由南、东两面进攻，九旅由西面进攻，于二十二日早八钟即行接仗，彼此血战两昼夜，日、蒙两军被我各军围攻，已伤亡太巨，而各方俱被我军包围。该日、蒙两军百般猛冲，均未闯出，至二十四日下午一时许，终将日军司令松井俘掳，得重炮两门、轻炮二门、步枪三百余支，军用品若干。是役除将日司令松井俘获外，复毙日、蒙士兵三百八十余名、校尉官三十余员，我各路军伤亡二百三十余名、校尉官十余员。其日、蒙残余部队仍向舍贝吐地方溃退，惟松井司令恐日方向我要求，当即枪决。余又会同二路及九旅尾踪追击，又毙日、蒙两军官兵五十余名，我各路部队稍有伤亡。及追至舍贝吐（即辽北县），因有土城，且该地方为松井司令之大本营，所有周围土城，均设有炮垒、战沟等工事，故未得一鼓而进。除令各部队分堵外，当即招集各路指挥官，开临时紧急会议，议决我路由西面进攻，二路刘司令由南面及东南面进攻，九旅由北面、东北面进攻；并由我路选敢死队一队，计官兵二百名，以我路后路一营营长邱兴武为该队队长。各官兵均持手枪，于二十六日晚十一钟乘黪夜黑暗之中，将敢死队爬入城内，仍以枪声为号。于十二钟三十分城内枪声忽响，于是各路齐向城内猛攻。日、蒙两军因受里外攻击，伤亡太多，又兼黪夜忽受重撞〔创〕，蒙军素无纪律，口令不通，日、蒙两军秩序大乱，互相自杀。而我各路官兵乘其混乱之际，加以猛攻。又我路后路统领王云升、左路统领汤吉林，由西门闯进，而九旅由北门闯进，敌方更行大乱。且日军司令松井既已被我军俘掳，日、蒙两军尤无主将，号令呼唤不灵，所有蒙军弃械卸甲，任意逃走，惟残余日军尚能团结，由东门冲出，向通辽窜去。是役又毙日、蒙两军三百余名，我各路伤亡官兵七十余名。

余本拟乘机协同各队袭取通辽，因弹药缺乏，未敢轻往，于是率我路各部回余粮堡，集合整顿。旧二月间，开鲁、通辽两边界土匪受日方供给，大肆骚扰，势欲进取开鲁。嗣被该县商民之请，余复率我路往剿，计二十余日，将该县土匪肃清。前后计击毙土匪一百二十余名，仍率队回余粮堡驻防。

旧四月初，有莫力庙小佛爷白起之弟生牙子在本旗达王南坨子等地方，号招蒙、汉无赖者七百余名，在地方大行奸杀焚枪〔抢〕，十室九空，大好田苗无人收拾。本司令有保本旗治安责任，复率我路全部往剿，历一月之久，始行剿平，仍回余粮堡驻防。于旧六月宣抚专员高荫周由平到达开鲁，辽、吉、黑后援会亦同时到达。经高专员、后援会委员招集会议，所有官兵由后援会予以慰劳，各路发给弹药及服装、给养，专员行署设于余粮堡，后援会设于开鲁。

旧七月，奉高专员命令，以我一、二两路攻取通辽。于七月二十九日以我路由通辽西门、北门进攻东门、南门，于次日（三十日）早三钟三十分依命令猛攻。因通辽四城设置电网及工事，咸称坚固，进出非常困难，幸官兵为国心诚，牺牲一切，不顾电网、大炮、唐克车，一意猛攻，至上午七钟，方将通辽东、西、北三门大街占领，惟南门之东南方附近火车站，而日军用铁甲车、唐克车掩护，故未能将全城占领。幸经我路后路营长杨文彩将郑白、打通两铁道破坏各五里许，而辽源日本铁甲车之援队不能到达通辽站。于是对峙一日之久，血战多次，终因我军武器不能抵敌方之武器，又益以飞机三十余架在空中掷弹，而城中商民被炮弹、飞机轰炸，死伤太多；且日方由钱家店调来蒙古骑兵两千余名，高专员恐受日、蒙两军夹攻之害，于下午五时许，传令各路部队，严加掩护，仍向余粮堡退却。是役虽称激烈，我军各部稍有伤亡，而日、蒙两军因我军由东、西两门猛闯，将其回路截断，被我军大刀队等杀毙一百七十余名，俘获枪枝二百余支。

旧八月五日，到余粮堡地方集合，并开军事会议。议决高专员、后援会〔国〕委员带队三团前往康平联络地方民团，以图大举反攻辽源，而通辽不战即能退出等议案。计派专员行署卫队一团，我路派后路一营营长邱兴武带兵一营，前路统领于化池带一、二两营，均归该统领指挥，二路派王守仁团于七日由余向康平出发。旧九月二日余复联络二路等友军，会议袭取通辽，于五日早四钟分两路进攻。又与日、蒙两军血战一昼夜，至次晨五钟将通辽小街荟占领，并击毙日军大佐一员、士兵三十余名，我各路稍有伤亡。于下午一钟有钱家店蒙古队小拉吗率蒙兵一千余名，及日军装甲车队，由小街荟后面向我占领地猛攻多次，终未冲破。至晚九钟时，我军各路子弹缺乏，每兵只有二三粒或五六粒，遂乘黄夜传知各队，向城西官银号地方退却，以便往开鲁后援会运取弹药，再行反攻。

七日，后援会送到各色子弹五万粒，当即分发各路，于是日晚十钟又向通辽反攻。幸有电灯厂工人张万中者，年二十四岁，愿为国牺牲，于枪林弹雨中，跑到我军前，持有铁剪，声称伊愿作向导，所有电网，均以铁剪剪断，我军始由西面攻入。此时日军装甲车、搪〔唐〕克车均已出动，于各巷口，以机枪扫射，空中飞机掷弹。我军只以步枪、手留弹迎击，嗣以大刀、手留弹肉搏多次，终未能抵敌武器。我军伤亡过巨，乃于次早（八日）四钟退出城外。是役虽未占领通辽，而日、蒙两军胆破神飞，嗣经侦探报告，此役计伤亡日军七十余名、大尉二员、蒙军九十余名。于是日、蒙两军在通辽〈闭〉门不出，将通辽四周均作坚固工事，复加第二道大电网，每日以飞机十余架在空中盘桓，以防我军夜袭。

十一日，由我路各部选年力强壮者三百名，破坏铁道，由官银号北（距通九里）木桥起点破坏，以至衙门台，计华里一百一十里，经三个月未能通车。复以游击方式袭取多次，因其防御坚固，终未能攻入。

十五日，奉高专员命令，内开：康平业已占领，仰将枪马齐整者开往康平集合待命，以便攻取法库、辽源等因。余亲率中、前、后、右四路前往康平，于廿日到达康平，是日即开军事会议，并宣誓就第五军团总指挥职。廿一日，闻高专员向法库出发，廿三日即到法库城外，将各队布置妥切。法库内有亲日蒙人包善一蒙古队一团，及亲日民团等两千余名，于是日晚五钟即下攻击令。我军依命进攻，讵正在猛攻之际，而法库士农工商及各机关派来代表，情愿投诚，当即将城内国旗更换，惟包善一队亦有代表，俟返康后再行另议办法。于是高专员督率各队径取辽源，于廿七日到达辽源南大蒿子地方（距辽源十余里）。是晚六钟开军事会议，并一方派侦探到城内视察日方军情，及其各巷口之配备、兵力之多寡，以资分配。

讵于讨论进攻办法之际，适有辽源公安大队田队长兴涛君，及第一支队长于海川、第二支队长刘子恒，密派专员前来投诚，且情愿作为内应，并作各巷口引导。于是同该来使计议一定，明早二钟时进攻，以余率全路由城南火车道方面进攻，以二路全路由西门进攻，专员亲率卫队以西南面进攻，二钟半时齐向城内猛攻。因大队长兴涛君已于城内响应，于是内外夹攻，我军当将该城南、西两面占领。火车站被我前路统领于化池率所部官兵暨后路一营长邱兴武将火车站机关库及四洮路票坊等均以火焚毁。至上午一钟时，日本由四洮路以铁甲车装来日、蒙两军一千余名，又由四平街开来铁甲车一列，计日军五百余名，是以南北两方以轻重大炮密集射击，城内北面及东北街各巷日军均设有坚固工事，俱以机枪、轻炮射击。至下午二钟时，又来日军飞机廿余架，在我军战线密集掷弹，而城内农、商两会因被流弹、飞机轰炸，商、农死伤太巨，是以农、商两会扶老偕〔携〕幼恳求停战，"以救我们蚁命"，并哭泣不已。嗣高专员观日方南北两面日、蒙两军云集，终难久占，且我军军火颇缺乏，于是应商、农之恳求，我军于下午四钟时由辽源城退至大蒿子地方，而城内田大队长带公安队二百余名，亦同时退出，于六句钟各队到齐。是役日、蒙两军伤亡三百四十余名，我各部方伤亡一百五六十名。

当即召集各部会议于明早（廿九日）四句钟时全部由大蒿子回康平固守，以作永远根据地。三十日到达康平，旧十月一日召集本部及地方各民团议会〔会议〕，以专员行署秘书长兼本路参谋长王铭为主席，将地方民团及各杂色救国军队均编为队号，以便指挥，再图大举反攻辽源。以我路驻防康平西关家屯地方，以防西博、宾两旅亲日蒙军袭击，其余各队分驻康、法两县要隘严守，并一面整顿各军及构筑要隘、工事等工作。

十五日，日军联络蒙军及亲日各队，分三路大举袭攻康平及我各军驻地，并以飞机三十余架在空中掷弹。十六日早五钟接触，于是血战三昼夜，彼此伤亡颇巨。十九日早七钟，高专员亲自指挥分路反攻，身先士卒，击毙日、蒙两军三百余名，嗣日军以铁甲车及搪〔唐〕克车、飞机，并以炮队集中密集射击，高专员仍督队猛进。是役日军将高专员掠去，于是各队秩序已乱。余视敌势颇猛，恐受其包围，遂令我路左、前、后三路由北方迂回抄袭敌之后路，余率中、右两路由侧面猛攻，而各队得脱重围，未受若何损失。余视情况不能再战，于是转令各队向关家屯西退却。

是晚七句钟时，召集各部会议，惟新编各队及民团，均因专员被俘，即行回家，抑或往日方投诚。本司令睹各队均无战意，已不成军，无法收拾，是以率本路及二路等队，于廿二日早五钟，以全路兵力将西北方面亲日蒙军冲开出路，即向开鲁退却。于廿五日到达开鲁，当将高专员被掳及战斗情形报告后援会。次日政府委派中将刘震东君任第五军团总指挥职，又将各队依后援会命令另行改编，以我路改为东北义勇军第五军团，余任第一梯队司令官之职。旧十一月初，有救国军李海青等部由江东开来，遂经刘指挥与其联络，拟定大举反攻余韩〔粮〕堡。于旧十二月十五日开军事联络会议，以李海青部在清河南岸向余粮堡进攻，以我路由老辽河北岸向余粮堡进攻，以二路刘司令由王家油坊向前攻击，十九日将余粮堡占领。嗣经后援会招集各部最高军官会议，攻取通辽，于廿二年旧正月廿四日下总攻击令，各队齐向通辽猛攻。讵正在攻击顺利之际，而热河九旅在开鲁投诚日本，开鲁悬挂日本国旗，而九旅又抄我军后路，于是日本以全力攻击我路及李海青部。廿八日，日军协蒙军及装甲汽车、搪〔唐〕克车各七十余辆，飞机四十余架，日、蒙两军骑兵四五千名，于清河西岸及老辽河南北两岸，向我防地猛攻，与其血战肉搏两昼夜之久，我军阵地亦未冲破。嗣余以我路右路统领关荫南、后路统领王云升，由敌后方迂回抄袭日、蒙两军后路，并其炮兵阵地被我后路一营长邱兴武、二营长杨文彩占领，并俘获日本炮兵大尉门司、柳青二名，重迫炮四门，轻炮一门。该营长等仍督队前进，身先士卒，并以获敌之炮向敌方射击。讵在猛攻之际，有莫力庙小佛爷白起率蒙古骑兵一千七百余名抄袭邱、杨两营后路，势甚猛烈，该营长等恐受敌人包围，以猛力向右方冲开出路。所获敌炮，因骑兵不便掩护，故被敌人又复得回。余又令前路、左路由左翼抄袭敌之侧面、正面，由余督中路猛进，并以手留弹破坏敌之铁甲、搪〔唐〕克车，于下午四钟时将敌之装甲车击坏五辆，均被我军所得，因机件破坏，不能开走，当以火油焚毁之。此时日、蒙军受我军侧、后两方夹击多次，死伤颇巨，于是仍退至余粮堡地方。

是役击毙敌人四百余名，日、蒙校尉三十余员，我军伤亡一百七十余名、校尉官廿余名。

旧十二月二十日早八时，突有飞机五架来双龙山，后路统领王云升之住宅完全炸毁。同日在道台营子与日伪军激战一日，击落飞机（大爆炸机）一架，击毙日军少佐一员，俘获驾驶员四员。

旧二月一日，日、蒙两军仍由清、辽两河向我阵地进攻，开鲁亲日陆军九旅亦受日方指挥，由开鲁向我阵地出发。以骑、炮攻击我各军后路，空中飞机四十余架密集掷弹，正面日军仍以装甲、搪〔唐〕克车向前猛攻。此时我军被日、蒙及亲日九旅包围，如在井矣。余亲督我路各部，向西猛冲，始得脱出重围，并获得日军装甲车二辆，俘获日军少尉一名，士兵五名，当即枪决，装甲车因机件破坏，仍以火焚之。于是我部退至开鲁西小街荃，李海青部退绥东县西。是役我各军伤亡五六百名，日方亦伤亡颇距〔巨〕。

二日，奉本军团总指挥刘命令，内开：我部各军于即日向赤峰方面退却。嗣日军终日以飞机在空中向我军轰炸，陆地又以各甲车于二十三日追击至半截塔地方（即围场县），又与抗日军邓军相遇。该军有野炮四门、轻重迫击炮十余门，又值天降大雪，行走艰难。而日军追击急迫，恐被日军袭取，当在半截塔街由邓军召集各友军会议，共同保护此项炮车，以我路为后卫，至大柳塘地方，与敌人探兵稍有接触，因天降大雪，日军未便尾追。

二十七日，到察省多伦县。次日早十一钟，又来日军飞机三架，在空中向我各军驻在地掷弹，约盘桓三钟许，始行向东飞去。旧三月一日，奉刘总指挥命令，内开：令我路向康保移动。五日，到达康保，我路驻城南四十里李占第地方，余之司令部驻于康保城内。未几，中央派前察哈尔主席刘翼飞充华北军第二集团军挺进军总指挥，来康将我路改为陆军二十五旅蒙古第一支队，余仍任司令，以王铭为参谋长。当即点验改编在案，于是训练二个月之久。

不意张家口冯玉祥抗日同盟军兴，大揭抗日旗帜，将我路截于口北，是以与中央阻隔关系，在威力下不得不与敷衍，以求安全，再待中央办法。冯将我路改为同盟抗日军蒙古骑兵第一路，仍以王铭为参谋长。于旧六月初四日，奉同盟抗日军总司令部命令，内开：令我路及邓文、李海青各部袭取多伦，以吉鸿昌为总指挥官，令即日向多伦出发。十一日，各队齐到多伦城外，次日拂晓即向城内猛攻。日军以二十架飞机在空中向各我军阵地掷弹，又在城北大庙上以轻重炮密集向我阵地射击。城内亲日军队李守信军（即九旅）于城内恃工事坚固，亦猛烈射击，于是肉搏以至次日早，而多伦城终未攻入。余遂亲督我路由西门猛攻，始将多伦西城占领，嗣各军乘时齐攻，方将亲日军李部逐出城外，多伦城完全占领。复以全力向北大庙上日军进攻，而日军以装甲车及飞机二十架向我军射击掷弹，至下午始将日军击退，并将飞机击坏两架，多伦于是完全为我所有。是役毙日军及亲日队七百余名，我军伤亡三百四十余名。

十六日，经总指挥吉鸿昌招集会议，除留一部固守多伦外，其余我路及李、邓各部均开回张家口。二十五日到张家口，于次日令我路驻防辛庄子车站，保护铁路，并监视龙关、赤城之线，以防敌人暗袭。一月之久，同盟军取消，又将我路调张北训练。

未几，宋主席到察，办理善后。时值商都地方土匪小天有等匪首，率党羽千余名，在地方大肆抢掠奸杀，民不聊生，满地五谷，无人收拾，十室九空。经宋主席将我队调往商都剿匪，一月之久，始将该匪肃清。旋奉省政府命令，将我路编为商都警备蒙古第一支队，余仍任令之职，仍以王铭为参谋长。旧九月五日，奉宋主席命令，内开：令我路移防独石口地方，堵击土匪，归张允荣指挥。旋奉察省政府命令，提擢本司令为宝昌警备副司令，即率队前往就职，并临时剿匪，以肃匪患。余即遵令前往到任，次日即亲率各部游击，旬日间将地方土匪肃清，驻防城西柳条泅，终日训练，并严饬各部整顿，严守纪律，秋毫勿犯，颇蒙地方欢迎。

惟宝昌警备司令姚景川系热河劣绅，军事知识毫无，侥幸得任司令之职，意欲把持而养私人势力，候机发展，视本司令为碍途之荆刺，百般为难。时已隆冬，而士兵服装不发，接济更谈不到，惟其嫡系棉皮服装均已发放，而接济按月摊给，该司令不念我蒙民救国之余生，复加以虐待，百般向地方栽过，鼓感〔惑〕人民控告。但人各有天良，各有耳目，是以终未被其诱使。复往省城向主席报告媚功，捏词本司令军队不守纪律及扰害地方等情，而主席不察，误听捏报。讵于旧十一月二十八日早五钟，姚景川率队将我队防地包围，以猛烈火力攻击；辛〔幸〕我队素守纪律，严防周密，未能攻入。至下午，该司令无计可乘，始将主席命令转来，我队遵令停战，经我路王团长将全部带到宝昌城内，当同马参谋长将枪马等物交付清楚。此时余已在张北被主席幽监，未几解到省城。主席不察原委，竟将余及参谋长王铭监押五月于兹，幸经我内外蒙古同乡向各方奔走，始得脱离樊笼。

余自奉命起兵救国，所有各官兵，除本司令原统率蒙古兵外，其余均招集本旗壮丁，及蒙古望族，而枪马、弹药，均系个人私有，俱以血汗、金钱所买。我蒙古官兵被日本杀伤两千有余，而国土又未收复，遽被缴械，致使蒙古战后余生，流离失所，无衣无食，死于沟壑道路者不知凡几。现留平官兵及眷属五六十名，无资遗〔遣〕归，前迭经我蒙古同乡及蒙藏办事处请中央予以安置，迄今未见若何办法，俱集居本舍。而时又值天寒，衣服均未更换，终日待食待衣，饥寒之声，不绝于耳。余无以筹措，只仰天叹我蒙古牺牲，荡产救国，结果竟至如斯。余不敢怨天尤人，惟愿国人察其愚忠，赐以教言。

附一　辽北蒙边骑兵第一路之组织

甲、司令部

乙、统领部

子、司令部之组织：

司令一员

参谋长一员

参谋处、副官处、军械处、军需处、军医处、兽医处、军法处、书记处

中路统领、左路统领、右路统领、前路统领、后路统领

丑、统领部之组织：

统领一、帮统一、副官处、军需处、书记处、第一营、第二营、第三营

二　司令部及各部处之人员

参谋长舒崇武、参谋处长张子振

副官长高荫棠、军械处长焦永久

军需处长郑友三、军医处长汪靖华

军法处长刘名武、兽医处长李得林

书记处长安寰海

中路统领必力滚代来

左路统领汤吉林

右路统领关荫南

前路统领李殿清

后路统领王云升

三　通辽失守后司令部及各部处人员之变更

参谋长舒崇武回平，以王铭兼充

参谋处长张子振

副官长高荫棠回平，刘长忠补充

军械处长焦永久失踪后，以何基舟补充

军需处长郑友三，长假，以王维藩补充

军医处长汪靖华

兽医处长李得林

军法处长刘名武，长假，以王静斋兼代

书记处长安寰海，长假，以王静斋补充

中路统领必力滚代来阵亡，以吴宝山补充

前路统领李殿青〔清〕阵亡，以于化池补充

左路统领汤吉林阵亡

四　各部队阵亡官长之姓名

中路统领必力滚代来，营长白金胜、张万成

前路统领李殿青〔清〕，营长初一宁宝

左路统领汤吉林、营长伤宝

《新蒙古》（月刊）

北平新蒙古月刊社

1935 年 3 卷 1 期

（李红权　整理）

辽北蒙边骑兵第二路之缘起及抗日之经过

刘震玉 撰

民国十七年，余任科尔沁左翼中旗巡防骑兵统领官时，负维持蒙汉治安之责。剿匪捕盗，力尽保民守土之职。更因地处边陲，幅员辽阔，蒙汉杂居，纠纷迭起，凡遇蒙汉兴讼，必身为排解，使之和平，力谋互相团结，以免兄弟阋墙，倡导和平共事，不致同室操戈。复以国际风云，日趋紧张，剑拔努〔弩〕张，一触即发。欲图挽危局，支大厦，非赖我汉蒙民众同心协力，军政胞〔袍〕泽同舟共济不为功。故每于排解纠纷之际，辄以五族一家为词。此边陲蒙汉民族之日渐亲密，无异姻娅之所由来，亦即余之虽无若何功绩，而可告无罪于国人者也。

不意青天白日之中霹雷一声，而竟演成九一八日本恃强横侵我东北之事变。斯时余正供职蒙边，抚绥蒙族，睹此巨变，悲愤交集。拟即兴兵灭此丑类，惟以饷械两缺，后援不继，尤恐冒然从事，无补国家，乃秘密筹画，希图大举。时倭奴挟其久经谋定之满蒙政策，大肆其得寸进尺、鲸吞蚕食之惯技，利用其豢养多年之蒙匪巴不扎布之子甘珠克加卜，及其满清余孽多人，贿买汉奸，入蒙鼓动，并利诱汉族土劣、蒙古匪类，为作前驱，侵凌各地。其侵华健将本庄繁，复着其下木大佐、小泽少佐、特务员平野，暨参谋二人到余处游说，利诱威迫，极尽其能。并饵以显职，供以饷械，使扩充蒙古骑兵，以与彼辈合作。余早存救国决心，岂能为彼所动。乃一面连络卓旗统领李海山，秘密计议，树帜抗日，亟亟返攻沈阳，令倭还我河山。

正秘密进行中，适奉陆海空军总司令蒋、副司令张，派员出关，至旗密调，乃星驰来平，候授机宜。当蒙委充辽北蒙边骑兵第二路司令，与辽北蒙边骑兵第一路司令李海山，同受辽北蒙边宣抚专员高荫同〔周〕节制，返旗兴兵，实行抗日。当即星夜返旗，整饬部伍，除将原有之蒙古骑兵千二百名加以整顿外，复将精强蒙兵，及久处蒙边、枪马齐备之汉人，扩充成队，共得骑兵九千三百余名，连同原有部队，计共万余。即秣马励兵，与倭寇战于辽北之法、康、彰、梨、怀、双、通辽、辽源八县之间，喋血边疆，三年有奇，牺牲损失，殆难数计。今过余粮堡一带，仍有我战亡将士之坟墓高耸，及日人之标谂在焉。虽锦州失陷，孤军无援，尤南拒强敌，北抗蒙匪，毙儿岛，杀松井，予倭逆以巨创。

我军正在前方苦战时，后方热军九旅降日，各友军纷粉〔纷〕背退察边，整顿待命。综计三年以来，戎马驰驱，不下万里，喋血奋斗，几阅四省，而终以弹尽援绝，未奏肤功，且伤亡官兵三分之二，以致我左路统领刘景堂、后路统领纪忱、营长王殿金、纪九胜、吴长胜、连长李国生、排长孙广志等，均先后战殁于敌，殊令人椎心惨目，悲痛无既也！

客岁三月间，经华北陆军挺进军总指挥刘翼飞，改编为蒙古骑兵第二支队，余任少将支队长，驻防康保，整装待命。未几察局生变，迭经改编，直至宋主席哲元重主察政，始编为商都警备第二支队司令，日事剿匪，席不暇暖。及沽源吃紧，奉调堵击，复与倭寇战于沽源之二、四两区，鏖战极烈，敌我伤亡为数相等。后以战略关系，调驻明沙滩一带，堵击月余。复调至万全改编，授余以省政府参议暨军分会咨议等职，遂解甲焉。当此国际风云日趋紧急、边防危殆、国难方长之秋，亟宜五族一家，精诚团结，勿分畛域，共同奋斗。蒙为汉之屏藩，汉作蒙之后援，互助联合，同赴国难，庶可以挽颓风，而支危局；否则自相猜忌，受〔授〕敌以隙，国家前途，殊有不堪设想者矣！窃愿秉国钧者有以图之！

《新蒙古》（月刊）

北平新蒙古月刊社

1935 年 3 卷 1 期

（李红权　整理）

外蒙近况与苏联军备

日本边疆问题研究所　调查　　田景梦　译

一　概说

"满洲国"成立起来，苏联在满洲的行动，很显然的受了限制，所以它（苏联）又在这三方面寻求出路：第一是从外蒙直向察哈尔；第二是从新疆直向中国中部；第三是由临海岸的福建着手。而且对于满洲形成西、南两方的大包围，以待有机可乘。它是决不轻易放过的。

在一九二一年，俄将巴伦温哥路逃到外蒙之际，苏联乘此良机以讨伐名义，派遣赤军进入外蒙。一九二四年，竭力援助"外蒙古青年共产党"，使之独立组织赤色政府于库伦。尔后，外蒙共和国的政治、经济、思想、军事等各方面，皆受苏联影响，完全"赤化"。继由一九二九年的政变，该共和国乃全然入于苏联实权之下了。

但是，外蒙人不耐苏联的这等压政，"外蒙古国民青年党"遂于去年，举起打倒苏联的义旗，大行骚动。狼狈的苏联乃急派本国及远东的军士三千名，努力去弹压；更乘此机，续派到兵士约达三万，带有许多最新式最精锐的飞行机、坦克车及机关枪，他们占据于库伦、土金克及桑贝子附近，连日对住民做示威的演习，而且还有做更进一步的模样。

今年七月十二日，在库伦举行蒙古共和国建国十周年纪念之时，驻居土耳可曼的苏联大使加拉罕，代表苏联政府列席开会，并且将国产飞行机及自动车，赠与蒙古。当时他有讲演，祝贺十周年纪念，内有如此的几句话："蒙古共和国，人民和政府、党已经团结坚固；由于文教艺术的异常发达，及近代军事技术的改进，蒙古赤军已组织成功，他们是以国防及文化促进，为其重要任务……"

二　俄蒙合作运动

（1）"外蒙古国民党"与"青年革命同盟"的抗争

从历史的关系说来，在外蒙共和国的政界上，存有"外蒙古国民党"及"青年革命同盟"两个系统，且在两者中间，有彼此不相容的主义、思想。满洲事变以后，苏联对于远东非常注意，尤其关于外蒙的防备，特别关心，特别慎重。同时，又企图彻底的宠〔笼〕络外蒙，对外蒙政府帮助十分之七的军事费，在外蒙地带实施大规范〔模〕的军事建设。然而，外蒙古国民党中央执行委员会，对于此种情态猛烈的反对，所以各地军队的暴动，苏联官吏的杀害等等事件，时有所闻。在青年联盟方面，始终是拥护苏联，占〔站〕在同一战线，很激烈的和国民党斗争。这两个党派，自去年以来，才到这水火难容的情形。

（2）外蒙古的革命运动

外蒙古共和国，在今年七月举行十周年纪念，"青年革命同盟"于当时议会中，宣布清党，将国民党分子一律驱逐，实行外蒙古共和国共产党的改组。将"外蒙古共和国"名称，改为"外蒙古苏维埃共和国"。逮捕、监禁国民党领袖喀克露夫。七月十三日发表宣言，内有如左事项的叙述：

一、取消国民党的资产阶级制度及政策。

二、推翻压迫的制度，从速解放劳动者。

三、各阶级人民，纳税完全平等。

四、解散由有资产议员组成的议会。

五、为使劳动者接近政府起见，尽可能的使他们参与政事。从速召开小议会及大议会。

六、从速实行苏维埃政权运动。

七、在本年十月革命纪念日以前，将各地苏维埃政府全部完成。

八、一党（共产党）治国。尽力使人民加入共产党，从事政治的工作。

（3）革命党与共产党的密约

如前所述，革命党和共产党本是联络合作，他所协定了的密约，大概如左：

一、外蒙古共和国，由苏联政府的幹〔斡〕旋，加入第三国际。

二、加入了苏联及第三国际的一切国家，必须完全承认外蒙古改组后的新国家。

三、在俄、蒙两国内，不许存有彼此敌对的团体。

四、在俄、蒙两国，各设军事的防备。若有战争的场合，两国采一致的行动。

五、外蒙古苏维埃政府，须承认苏联政府的邮电建设事业，而且承认它是两国的共同组织。

六、外蒙古必须援助远东的军事施设。

七、外蒙古的建设权，特别是"张库铁路"的敷设权，必须让于苏联。

八、俄、蒙两国间的出入税率，不得超过其他协定税率。

九、本条约在一九三三年七月十日批准，自该日起即发生效力。

苏联代表　加拉罕

外蒙古代表　吉他儿

（4）外蒙古国民党的态度

外蒙古国民党重要分子，虽然受了反对党的弹压，仍旧继续其活动。现在，国民党的军马约计二万五千余人，集中在西库伦及霍达森一带，推荐巴冷布达为国民革命军总司令，就在该地组有"外蒙古国民政府"，同时声明讨伐共产党，反对苏联侵略等等。

（5）苏联的虐政

（甲）车臣汗府的暴动　苏联政府，把在车臣汗住的布利亚特人，完全看成外蒙反动分子的元凶；苏联政府的方针，是把他们全部强制的移住北部西伯利亚地方。所以第一步计划，先将车臣汗区的三万布利亚特人，放逐于鄂毕河下流。布利亚特人，对于苏联如此的虐政，极度愤慨。日前他们（约万人）企图暴动，计划先将车臣汗府一火焚尽，即刻大举进击库伦。但是不幸，被"该排乌"（解释见《苏联赤军在远东的实力及其配布》）探知，大概是早把首谋者三百七十名，完全枪杀了。目下俄方派遣了多数共产党员去该地，极力企图镇抚他们。可是终因动摇难治，库伦驻屯的赤卫军，时在待机警备的模样。

（乙）中国劳动者的不稳形势　中国劳动者难耐苏联政府的压

迫，以库伦为中心，结成了"劳动组合"，对该当局，要求改善其待遇。最近组合员数达七千六百余名，其态度也越发强硬，大暴动勃发的空气，也随之浓厚。苏联当局对此事态，非常忧虑，乃提示左记三条件，成立协定：

一、在外蒙劳动地区内，中国劳动者所受限制，完全撤废。

二、承认中国劳动者自由经商。

三、中国劳动者的积蓄工资，由库伦官业银行，负担责任汇送本国，以每人每月汇兑十元为原则。

（丙）哈尔哈蒙人之不满　哈尔哈是和库林巴伊尔的南部接邻，苏联政府对该地蒙人，压迫殊甚，不得赤军许可，不能移住；同时，他们的家畜也由赤军之手强制征发。因此，他们失掉游牧的自由及其家畜财产——这是他们唯一的生活条件。所以，不堪虐政，人心大有动摇。最近夜间逃亡者，时有所闻。

（丁）苏联对外蒙政策的失败　外蒙古由于苏联势力的伸入，在文化方面有许多施设，确是事实。例如军队改为近代式的装备；在重要都市，轻工业也勃兴起来。那些富源完全为外蒙的所有物，但是苏联的积极活动，就是企图把它榨取，这对全体蒙古人，有害而无利。外蒙人口十之八九是游牧之民，这一切中产阶级都归入了王侯派，完全脱离蒙古革命青年同盟。由奴隶组成的蒙古青年同盟，因牧夫阶级的脱盟，早已失去了实力，残存于外蒙的，仅是赤军的枪炮及弹压。苏联对外蒙的政策，就这样着着失败了。归纳其原因，不外如下诸点：

一、苏联当局实行征发家畜，完全漠视了蒙人对其家畜的爱着性——恋恋不舍的爱好心。

二、苏联当局排击宗教，失掉游牧蒙人的信仰，因为蒙人唯一的安慰剂就是宗教。

三、蒙人游牧是过流动的生活，但是苏联实行集团农制（科入郝兹），强制蒙人定住，所以，和他们的天性不能相容。

四、外蒙社会还是原始的形态，距离资本主义经济组织尚远，但是苏联是要一举就实行统制经济，这确是显然错误。

三　军事情况

（1）赤军

如上所述，苏联，第一因为警备外蒙古不稳的情形，第二因为巩固远东军备，实行其对日"满"的政策，所以派选军司令官于外蒙古，驻屯了许多赤军，其总额约有五师团。他们配置的情形，主要的是由桑贝子，由额尔古纳河南岸，经哈尔哈河以至黑龙江省的索伦（洮索铁路之终点）一带。

（一）库伦　为外蒙古之首都，同时也是军事上的中心。

兵额　骑、炮、机关枪队混成兵一万八千名，炮大小四门，高射炮七门，重机关枪一百三十架，轻机关枪二百四十架，战车八辆，装甲自动车十八辆。

空军　有大的格纳库，各种飞行机，约计十二架。最近又筑成一所最大的格纳库，能收容二百架飞行机。日前空军第九大队长波莱夫在任之时，统率爆击机二十一架，侦察机二十三架。

兵器制造所　日前七月二十六日，埃瑞乌德莫夫少将，带领三十余名技师去就任。

陆军大学校　即士官学校，现有生徒三千五百余人。

（二）桑贝子　桑贝子是著名的赤军驻屯地，建有大的飞行场，从来日常所置就不下百架军用机。据该地住民所称，今有四百五十架。近来库伦所驻的赤军大部队，似有移向桑贝子的模样。

（三）克鲁伦河左岸　在次次恨飞行场，备有爆炸机队，由三十机组成。

（四）由黑新庙至乌尔顺河下流右岸　在此有赤军的自动车队，及骑马队式的巡逻兵。

又额尔古纳河附近乌阿塔喀夫渔场，及伊圭布尔奔庙地方，驻有骑兵团及步兵团。

（五）恨盆帖　骑兵队五百人，炮兵队□人，机关枪队□人，战车六辆，装甲自动车□①辆，八十余天幕，及木造新兵舍。

（六）乌里雅苏台　设置赤军经理部，专做供给独立派遣军给养之事务。

（七）次金司比　一联队。

（八）阿尔帖尼兹乌　一联队。

（九）汾在耳　"布尔奇怎"部队。

（十）卖买〔买卖〕城　兵营七所，军需工场一所，飞行场及格纳库、陆军学校各一所。

（十一）西部国境线　在西部国境线，总指挥官是若奇拉（中校），其下有二千二百名正规军的指导官。第一线是驻守在从阿林萨普至哈西土如该间的三百里；第二线是驻守在从廓尔奔巴因至好伦代尔斯间的二百里（分驻十地）；第三线是驻守在从乌哥木尔至塔姆斯库间的百余里。乌哥木尔的兵额约五百，野炮二十台，坦克车五辆，其前方借许多障碍物布成防御线。塔姆斯库的兵额约五百，野炮十八台，坦克车三辆。如此布置了的乌哥木尔及塔姆斯库两地，目下正积极修筑城堡。统领上述三线的是桑贝子，该地驻屯主力兵一联队。更由桑贝子至库伦总指挥部之间，有平坦宽阔的汽车道，保持连络，以做军需输送之事。在这西部国境

---

①　以上三处"□"均为原文所有。——整理者注

各线的警备，特别严密，几乎出入不可能，颇似交通杜绝无人之境。

（2）蒙古军

上述赤军是外蒙古的中心势力，蒙古军完全受他们的指导，在各学校都有赤军将校监督。蒙古军从来是号称五万，现在因有义勇兵的召集，总额达到七千五百〔七万五千〕名。蒙军征兵每年八月实行一次，所有年满二十一岁的壮丁皆受检查，合格者充任兵役二年，又每年四月，召集年满三十一、三十二、三十三岁的壮丁，实施三个月的军事教练。其编制是这样：

一、全体共分五师团，每师团分四兵团，每兵团数额为二千五百名。

二、每兵团分四支队。

三、每支队分四小部队。

据近来消息，蒙古军队又新行整顿，大概如左：

独立骑兵团——一

独立骑兵联队——一

国境守备骑兵联队及中队——若干

炮兵大队——一

溜弹炮中队——一

"瑞尼呀"加农中队——一

装甲大队——一

飞行中队——一

自动车输送队——一

其他

此外，又从桑贝子住的蒙民中，选拔了青年优秀分子五百名，对他们施以共产主义的速成教育，以备万一的场合，大概派遣他们到兴安省一带（兴安省是伪国的新改省名，当黑省西部），企图搅乱日"满"军的后防。

（3）其他

苏联别备一种军队，由布利亚特组成。它常利用这种军去帮助外蒙的军事。同时，有苏联指导员七千名，俄籍劳动者五百名，专任农业建设的俄员一千五百名，完全派遣入外蒙。这种手段确有不可忽视的威力。

（4）汽车路、无线电台及航空

苏联又和南京政府商妥，恢复张库（张家口、库伦）间的交通；目下苏联正计划修筑平地泉至乌得间的汽车路；建设停车场及无线电台，以资联络。其计划是用重载大型"巴斯"——"巴斯"是 Motorbus、Autobus 之略，即乘合自动车——八十辆，定期运转。而且以装甲自动车四辆，负保护责任。不消说，一但〔且〕有事，全部汽车即充为军用。该地因和热河省接境，"满洲国"当局，不可不注意。此外无线电台及自动车的连络如左：

（甲）无线电台　平地泉一台，高五百米突；乌兰哈远〔达〕一台，高五百米突；明安一台，高一千米突；伊林霍罗斯一台；乌得因是中俄交通通信连络的中心点，所以计筑十八所无线电台。

（乙）自动车路

第一线由乌兰哈远〔达〕至察哈尔省界。

第二线由察哈尔省的苏尼特，经绥远省的明安，至四子部落各旗。

第三线以伊林霍罗斯为起点，经鄂伦治巴特，至海山布留特。将来再展至乌珠穆沁。

第四线由乌得至远〔达〕里关〔冈〕崖。

此外，库伦至上乌丁斯克间的航空邮递，也自本年一月十五日开始了，而且两地间的铁道也将完成。特别使我们注意者，是外蒙的自动车企业，完全为苏联独占，各处的自动车网，是如前述之发达。苏联此为的目的，恐怕不过两点：

（甲）将全蒙自动车的运行及货物输送，操入苏联手中，借可精查全蒙货物移动及商业状态，使货物输送的利益及优先权，完全归于苏联的商业机关。

（乙）维持交通是表面事实，其秘匿手段，盖是供给中国赤军以兵器、资金、被服等等吧！

译自《边疆支那》十月号

《新蒙古》（月刊）

北平新蒙古月刊社

1935 年 3 卷 1 期

（朱宪　整理）

日俄战争与北中国国防

张建勋 撰

不能避免的日俄战争

日、俄两国的运命，由她们两国国策的不同，而早已决定了她们的前途。有日本著名记〈者〉史盛治氏说："日俄关系将来的演进，只有悲观的。第一，两国边境的情形，益使两国的感情日渐恶化。就是在两国间的'满洲国'，不唯不能成为两国间的缓冲地带，却常成为两国冲突的促成国。尤其是满洲及远东边境所常发生的种种事件，更为刺戟两国军事当局者的神经。第二，纵然日俄间能解决售路交涉，或能依照苏俄提议缔结互不侵犯条约，依照广田提案协定边境国防，亦只算一时缓冲办法，不足以保障两国间永久的和平。因地理与经济的关系，日俄两国的赤白决战，是决不能避免的，问题只是在战争爆发的迟早而已。"（见日本《国际评论》二月号）

诚然，日俄间的赤白决战，是决不能避免的，问题只是在爆发的迟早而已。日本军阀，过去亦常抱着对俄作战必难避免的心理，希望时机到来愈早愈好。但因国际情势的演变，和苏俄曾经严厉的警告，未知能否震醒日本军阀的夸大迷梦？日本的外交当局，亦曾感觉到前途的危惧，颇愿隐忍一时，转攻为守，好积极的充实军备。然军阀们究竟隐忍到何时,隐忍到何程度,这是很难预料的。现今日本仍然采取备战的外交路线,苏俄亦甚明了,岂肯放弃她们的备战工作吗?我想:两国形势的促成与边境事件迭起的恶化,不幸总会有战祸爆发之一日。纵然日阀因有一时的顾忌,延缓战争的爆发,与苏俄解决中东路问题,或缔结一种缓冲的办法,然日阀决不会放弃对华的侵略,亦不会放弃对满洲的经营,更不会放弃对苏俄进攻的企图。既如上述,日俄战争如箭在弦,会有一日爆发的。首当其战祸要冲的中国,在此危机紧迫之时,应如何准备华北国防,助内蒙免除战祸之殃呢?

日俄战争底前因

"九一八"事变之初,日阀对于苏俄尚稍有所顾忌,故屡次申明保障苏俄在满利益。然在中国无抵抗而占领南满后,即向北满进兵,着着进逼,显有与苏俄挑衅行为。盖日本帝国主义之对俄寻衅,包含有两种动机:一为博得国际的同情;二为欲乘机夺取东部西北利亚。就第一点说,日本用武力侵占我东北数省,是破坏中国领土与行政的完整——具体的说,即破坏英、美在中国的利益,所以极易招致英、美的不满。日本为求英、美的谅解,即向国际帝国主义的对向〔象〕苏俄进攻,担负资本帝国主义的十字军前锋,掀起与苏俄的战云。日本这种策略,是极得国际同情与谅解的,所以英保守党的丘吉尔说:"日本以满洲为进攻苏俄的根据地是可以的,独占满洲是不可以的。"就第二点说,日本是想乘机在东部西北利亚建立一个白俄帝国,作为将来进占与并吞西北利亚全部的工具。日本之怀有并吞西北利亚的野心,早在日俄大战之后。但为避免直接的侵占人家领土,所以想制造一个白俄傀儡国家,如所谓"满洲国"一样。"九一八"事变以后,日本即多方收买白俄，供给武器，以图进攻苏俄。在两种情势之下，日本军阀以为对俄开战愈早愈好的胜利把握上，遂不断的向苏俄挑衅，由尊重苏俄在北满的利益，进而出兵北满，占用及破坏中东路交通，更进而逮捕该路苏俄要员及武装劫夺中东路。

苏俄方面，以为第二五年计划未完成以前，要竭力避免发生战争，所以对日本的挑衅，不能不隐忍持重，处处退让。同时，苏俄的传统外交政策，是回避东西并进。"九一八"事变发动之初，苏俄虽认识此事态的严重，而加以特别的注意，但当时苏俄西部国境，仍处于敌视的包围之中。此时的苏俄，一面与日本曲意的周旋；一面与西欧各国缔结互不侵犯条约，以免除西顾之忧。法、俄签订互不侵犯条约，则小协约国与波兰亦与俄亲善互不侵犯，则俄国西部国境之暗淡，顿形消除。伦敦世界经济会议，签订了侵略国定义的条约，同时，又签订了意、俄互不侵犯条约，益可巩固苏俄在西方的地位。"九一八"事变以后，苏俄犹感远东日本压力，咄咄逼人，而欲亟与美国交欢，以牵制日本，即美国亦深感其在满经济，蒙受重大打击，故在一种同感的共同利害之下，毅然复交。复交则两国均蒙其利，不复交则两国均受其害，此所以一致联合而压制在远东跳梁小丑之日本也。苏俄在西方外交既告成功，则苏俄已无西顾之忧；而在东方则俄、美携手，又使日本在太平洋上情势孤立，不敢申〔伸〕翅。聪敏的苏俄，外交、国防阵线既已布就，则移师东指，始则大发警告，继则公表其劫路文件，使日本在国际上受了重大打击。日、俄备战的严重性，便一天一天的紧张起来了。

日俄备战底情形

西北利亚为苏俄东方之门户，苏俄当然尽力维护不让人侵占；

中东路为苏俄东方之第一道防线，苏俄亦当然尽力维护不让人劫夺。中东路是日本大陆帝国最后的障碍物，亦是日本在远东独占霸权的障碍物，日本之所以要急欲夺取中东路的原因，就是想积极的侵占西北利亚以完成她的远东霸权。此种霸权，不唯有害于中国，且亦不利于苏俄，所以苏俄到这种严重的关头，再不能让日本进展了。故不能不采取坚决的态度，以制止日本的野心。

日本因为要独占远东霸权，所以在朝鲜海岸筑成了清津、雄基与罗津三要港，以增加对付海参威〔崴〕的苏俄防御力。同时，又在本部西海岸的舞鹤造成了防空中心，以掩护东海岸的大阪、东京、横滨等等工商业区域。在伪满洲已筑成了敦图线、拉讷线、拉滨线及太〔泰〕克、海克诸铁路。而朝峰线、图宁线、二站线及凌源线，都尚在建筑中。公路则热河境内朝阳至凌源，凌源至平泉，平泉至承德及朝阳至赤峰等均已联络成功，甚且将扩张至察东部分。说到航空，东三省的各地主要航空线，差不多在去年春间已经完成，去年七月以后，热河的主要航空线亦已完成了，今年春间，日本更建设了由长春往敦化、汉城而直达东京的夜间航空线。苏俄看着日本在本部、在朝鲜、在满洲及在热河那样的作有军事计划的设备，她亦不得不把西北利亚的边境武装起来，以增加她的自卫力量。在最近的一年中，西北利亚大铁路的双轨是敷成了，到诺夫雪别斯克的一段已有机车的自动信号，航空线一直拓展到伯力、海参威〔崴〕、库页岛和堪察加的比脱洛巴夫洛斯克。还有两件重要的成功，就是从波罗的海到白海的运河的完工与碎冰船探测东北航路的成功。铁道、航空线和航路三方面，都以保护海滨省为目的。苏俄军事委员长伏洛希洛夫在共党大会宣称："吾人现有充分数量之现代化坦克车，吾人之炮队在数量与质量上均蔚然可观，吾人自制之良好机关枪、轻重战车、飞机与高射炮，其数量完全令人满意。吾人现有一强大化学工业，且绝无不良之化学工具。"又说："苏俄之海口防御，在黑河〔海〕与波罗的海、木尔曼斯克一带，特别在远东方面，均有万无一失之把握。此数堡垒，对于一切蓄意进攻苏俄的冒险家，必呈现一绝大之困难。吾人对于边境上堡垒之修筑，亦已实行相当办法，在最重要隘口，吾人已筑起墙围，敌人绝不敢越雷池一步。"

日、俄两国在军事交通上、防御工事上是那样的积极，而兵力的比较、指挥人员的设置及军区的划分，更形冲突的紧张。

日本在满洲领袖人物为菱刈隆，菱为日本军阀中之狞狰健将，为"九一八"侵满之先锋，曾为关东厅之主持人。伪满之政治、经济、军事……皆在他的统制之下，全权独揽，为所欲为。他常以国家主义纲领中之第一点——枪弹之第一发，决不出于俄国之炮口，警其部下。苏俄在远东军总司令为勃流显〔赫〕将军，人皆称之为西北利亚红色拿破仑，彼亦受有军事全权。其所统辖者，不仅为军事的，即远东之一切非军事机关，如西北利亚之全部警察、铁道、邮政等，均置诸军政之下，而受勃流显〔赫〕将军之节制。现在驻地为哈柏劳甫。近将〔时〕他对东方之红军宣称："倘日方以一炸弹相投，则吾人当报之以二弹。"此与菱刈隆锋芒相对之言也。

日本侵占我东四省之后，即分南、北满及热河等诸军区，以便指挥，而利节制。苏俄中央执行委员会近将远东部分亦重行规划，沿海区以海参威〔崴〕为中心；阿木斯克区以海兰泡为中心；加米哈兹克区以比脱罗巴洛夫斯克为中心；萨哈林区以亚历山特洛夫斯为中心，及卜阿木尔区以尼可拉里夫斯克为中心；至伯力城，则将成为独立行政区，由远东地方苏维埃直辖。这不是为军事便利指挥为什么呢？

再就日俄的兵力比较观。日本集结在东北之兵力，原为步兵六个师团，骑兵一个师团。此外尚有伪国之警察队、军队与宪兵队。

驻扎旅顺之海军，最近亦有四个师团，分别开到珲春、和龙、间岛及海拉尔各地，人数约六万余。朝鲜驻屯军亦有一部分向北鲜清津一带移动。所以日本结集于东北之兵力，已在十二个师团左右，而战车队、装甲车队，尚不在内。说到空中，则在满有飞行五大队，其中爱国号飞机十八架犹在外。此种飞机多属于轻爆炸机及侦察机，惟爱国号飞机制造最新，飞行亦速，每机每小时可行三百哩，随带七十磅爆炸弹可二十五至三十个左右，余则只可带及半数。这是一九二二年的纪载，现在恐不只此数，而其分布地与飞行场，近况未悉，故不能详述。

　　苏俄集结远东之军队，共有十八个师团。最近禁卫莫斯科之精良军队，已悉数开成远东，其军饷亦特别丰厚。至于远东舰队，在海参威〔崴〕新造潜水艇十五艘，未下水者十七艘。苏俄飞机之在远东者，原达八百架之多。其在诺佛西比尔亚之西北利亚军管区空军本部之管辖者，在鄂木斯克有轰炸机一中队；在诺佛西比尔斯克有侦察机二中队；在伊尔库斯克有轰炸机一大队；在赤塔有侦察机一中队；在伯力有水上飞行机一队；在斯派斯科威有侦察机一中队；在海参威〔崴〕有侦察机一中队。其飞行场：在双城子附近一，在赤塔二，在伯力陆上一，水上一，在斯派斯科威一，在海参威〔崴〕一，在四站一，在兴凯湖南岸一，在瑷珲一，在沿鸭绿江下游于伯力东北之三百里地一。其中有最优良之重爆炸机三百余架，均为单翼新式飞机，每小时可飞三百五十哩，载重量爆炸弹一百二十五磅者可十六枚至二十枚。其轻爆炸机每小时可飞三百哩，载五十磅爆炸弹可二十五枚至三十枚。此外伯力飞机场尚有最新式战斗机一百五十余架，同时可乘五人，装置机关枪四挺，每挺一分钟发射五十弹，一小时速率二百八十哩，并可载爆炸弹七十磅者十五枚至二十枚。

　　综上述，一则代表侵略主义的菱刈隆，一则代表社会主义的勃流显〔赫〕，他们各在其军区内所指挥的武力，日陆军虽可与苏俄相埒，但俄海军则不能与日比，而俄空军则优于日军。将来两国大战发生，结果谁胜谁败，颇难逆睹也。

日俄战时底蒙古

日俄战争，如上所述，是不能避免的。若一旦战事发生，则战线将必由堪察加角起，沿海岸南向经库页岛、黑龙江至海参威〔崴〕，再由图门〔们〕江口起，北向经绥芬河达兴凯湖，沿乌苏里江直至伯力，由伯力转西向，溯黑龙江经同江直至黑河而上抵满洲里，再经呼伦贝尔池、索伦延长至于热、察边境。在这大弧形的扩大战线内，当各有九个攻守的重心，在东线则如库页岛、海参威〔崴〕、兴凯湖及伯力等地；在北线则如沿黑龙江之海兰泡、瑷珲、满洲里及呼伦贝尔池一带；还有一个西线便是多伦至库伦是也。苏俄在东线沿海及满、鲜边境各要地，已尽数年之力建筑了极坚固的防御工事，及一切军事上的重要设备，这种形势利于防守，日本虽欲运用强大的海军威力，进袭海参威〔崴〕，封锁亚俄交通，其势亦非易事。北线、西线均为日、俄之所重视。俄国早已看透了日本将在绥芬河方面采取守势，以驻在兴安岭、黑河、珲春、间岛及满洲里等方面之陆军，在空军掩护之下，向苏俄边境取总攻击，以期一战而切断西北利亚铁路，所以赤塔与伯力之间早已布置重兵。此时的苏俄，若以保守疆土为原则则已，不然的话，一方面则由珲春、间岛、黑河等处，以空军掩护骑兵，先切断吉会铁路，断绝日本运输，次冲入齐齐哈尔，与满洲里之赤军取得联络；再方面则由兴凯湖、伯力等地，向密山绕道，进袭绥芬河后方，使日本无险可守。另外编制空军爆炸日本东京、大阪、横须贺及伪〈满〉洲新京、哈尔滨等处，皆为可能之事。

苏俄亦早已看透了日本为避免以续航力二千五百公哩〔里〕的重爆炸机轰击相距仅一千一百公哩〔里〕半径以内的日本各重要中心城市,对东线保守,对北线弛张,对西线速战的战略,期一鼓而迫俄军退至贝加尔湖以西;所以苏俄在日军占据多伦以后,即开始在外蒙作军事布置。而在发觉日本夺取中东路的阴谋后,更且加紧准备。据日方的调查:除平时训练蒙军,扩充库兵工厂,统制全蒙汽车而外,本年特派步兵一万八千名,大炮四十二门,高射炮七门,轻重机关枪约四百架,飞机十数架,坦克车十八架〔辆〕,开入外蒙,屯驻于汉黑特大兵营。现在卖买〔买卖〕城有军需工厂三个,兵营七个,陆军大学及军官学校各一所,飞机格讷库也很完善。如有动员,立可出兵二十万,军马三十万匹。至于通克鲁伦的汽车路也已经完成,通乌里雅苏台的汽车路正在进行中。又据白云梯先生去年五月三日视察蒙古归来所谈:外蒙现共有飞机三百架,张库线内外蒙古交界之乌德地方驻有五十架。又据世界社库伦通讯:蒙古现役兵有独立骑兵旅团一,联队二,中队一,炮兵大队一,溜〔榴〕炮中队一,加农炮队一,装甲大队一,飞机队一,汽车输送队一。这些数字,固不能全然可信,但也可以窥见其大概。

此可证内蒙古在日俄冲突中的地位重要了。

日俄战前我们底国防

我们知道了日俄冲突的必然性,同时又知道了西线——多、库在日俄战争的重要性。日本要注重侧面的攻击苏俄,当然多库大道是要紧的路线。因为多库大道路线要紧,所以她占据察东不退,并且加紧建设军事交通——朝承、朝赤两铁路,承多、赤多、通赤等公路的积极兴筑,蒙军的积极训练,及最近派懂蒙古语文的青年百余人，到内蒙借考察为名的蓄意宣传和侦探，这是日本满蒙政策的申〔伸〕展，亦是日本对俄军事的挑战。

日俄大战开始，亦即内蒙古牺牲的开始。内蒙将为日俄的战场，毫无疑义。日本向外蒙进攻苏俄的路线，上面说过是多库大道。她要为多库大道的安全，便不得不侵占华北，夺取察、绥。不占华北，不足以保障东北；不取察、绥，不能以进攻苏俄。故华北察、绥，在日本眼中看来，实含有军事上重大的意义。

日本自占领东四省后，本即有进一步实行占领华北，夺取察、绥的野心，只以受苏俄的牵制，与英国方面还未得到谅解，所以迟迟未敢动手。现在中东路问题，大有解决的倾向，若短期的解决了，则日俄或可暂时妥协；英国方面自"产业考察团"抵日后，意见也日见接近，这样以〔一〕来，日本就可以拿全力对付华北与察、绥，今后之华北与察、绥，将愈陷于危急的状态中。这是毫无疑义的。

日本在满洲对苏俄让步的解决中东路问题，使我们更知将来日本避重就轻，注重西线侧面攻击苏俄的战略，可是在这种战略下的华北、察、绥，其危险性颇有影响于中华民族的生死存亡。我们要挽救中华民族，我们要挽救华北、察、绥及内蒙古不受日俄战争的蹂躏，第一充实华北及察、绥的实力；第二促成内蒙古的自治。

充实华北及察、绥的实力，是当前国防的需要，亦即今后努力的方向。我非军事家，此地暂不探讨，只提出这个要点来供当局们注意和参考。

促成内蒙古的自治，倒是很重要。我们不管将来日俄战争的结果谁胜谁败，我们总须要想方法保持蒙古既不"赤化"，亦不白化。若战争的结果，内蒙"赤化"了，则不唯整个华北要受威胁，即西北各省，亦要受其威胁；若战争的结果内蒙白化了，则整个的华北及西北均有同样的危险。所以我们对于内蒙，一方面使她自身有力量，一方面我们给她一适当的力量。她自身的力量，就是他们要自身觉悟，不受赤、白的勾引与煽惑，同时感觉战场的危险，起来作一种反对的运动。我们给他的力量，除掉某种供给外，当然是增厚华北及察、绥的防御实力。华北及察、绥的防御实力增厚了，日本为着对俄作战的根据地不巩固和很危险，亦或须转移他的战略方向吧？直接保存华北及察、绥，间接即给了内蒙古一大助力，使内蒙古人民不受日俄战争之蹂躏的惨祸，则亦中华民族之幸事。

《边事研究》（月刊）

南京边事研究会

1935 年 3 卷 2 期

（侯超　整理）

哈尔哈庙纠纷的扩大

作者不详

当苏俄非法售路问题已告一段落时，我们曾明白指出，纵然售路交涉完全成功，而日俄冲突，仍绝难从此避免。现在哈尔哈庙的争执，已日见扩大，而此事的发生，却恰在上月二十二日售路交涉成立以后的第二日。可见苏俄即欲全完〔完全〕放弃其"反抗帝国主义，扶助弱小民族"之金字招牌，以非法售路，博得日方妥协，事实上却愈求妥协，而妥协可以破裂的机会反愈多；因为这两个国家的关系太复杂了，各为本身的利益打算，图穷匕现，终久是无法藏躲的。

自九一八事变后以来，日本的军阀，一方面固然对中国极度高压，但另一方面，却又无时无刻，不在那里准备着未来的日俄战争，并且他们极度压迫中国的用意，也就是和未来日俄战争的准备，有极密切关系。所以一方面爆发了一个察东问题，一方面也就发动了哈尔哈事件，虽然两地的距离很远，而其为有计划的动作，则固人所共知。现在哈尔哈庙，业已占领，察东问题，大约也可解决，日方于此，宜可踌躇满志。不过世界的大势，是否可以容许一个迷信武力万能的国家，长此的横冲直撞，毫无顾忌，却是疑问。

哈尔哈庙，扼哈尔哈河东岸，南临贝尔湖，北界呼伦池，不仅附近有最好渔场，且本身实为军事上一重要必争之地。正如察东问题，日必欲侵我居高临下、万山环峙中之长梁，虽水陆不同，而用意则一。据我们的观察，日既占得该地，因时机关系，固可暂停前进，而俄方目前，亦尚难有用兵决心，然双方危机，则实可因此而更见急迫。我们固然不期望任何国际战争之爆发，但万一爆发后，我之将如何应付，这却十分值得注意。

犹〔尤〕其使我们痛心的，这次哈尔哈庙的争执，双方借口，都为疆界问题。但在我们中国人的地位看来，一方是黑龙江，一方是外蒙古，不管他属甲属乙，都是我们中国的领土。如果发生争执，也不过等于前几个月，北平市和河北省划界的争执一样。现在他们却把这块中国的领土，变成什么"国境"纠纷了，这比一九〇四年日俄战争时，借着中国的东三省，作他们的决战场，实更进一步，更为可悲！

二，二，北平《世界日报》

《黑白》（半月刊）

上海黑白半月刊社

1935 年 3 卷 3 期

（李红权　整理）

哈尔哈日蒙冲突之真像

转载《大公报》

当哈尔哈庙日蒙冲突事件起时，记者正仆仆于哈、昂、海、满道中，近水楼台，闻见较详，又细征询日、俄、蒙诸友，真相益明，然因监视綦严，通讯不易，无由得发稿于内地。津门重返，行装甫卸，拉杂记其事略，虽已属明日黄花，然日蒙冲突方兴未艾，未必不足识往知来也。

一

哈尔哈庙在贝尔池东畔，哈尔哈河北岸，该处汉人鲜至，故向无精确之里数统计，大约在海拉尔西南六百余里，甘珠尔庙西南二百余里，库伦正东一千七百余里，满洲里正南五百余里。东为群山，西为戈壁，因呼伦、贝尔二池，诸河汇流于此，附近水草较多，蒙人游牧者乃居之。

蒙古自隶属我国，清朝诸帝皆取怀柔羁縻政策，东蒙、外蒙向无明晰之界限，后东蒙虽划隶于东北各省，其界限亦根据旧档所载，姑定之而已。中东路成，海拉尔、满洲里虽已成为较繁昌之车站，然海、满以西，我国向无军警驻扎，更无人往详勘此荒漠之边界，惟每年秋季，甘珠尔庙会时（注一），始临时由海拉尔派遣警吏、税卡，以征收税捐，维持秩序。甘珠尔庙以西，华商亦少有去者，警吏更无论已。

民国十三年七月十三日，外蒙受赤俄之诱惑，树立蒙古苏维埃共和国。时东北当局，方有事于中原，对于蒙边边务，毫无顾及。蒙古亦只经营内部，无东侵野心，惟于北迄萨干加拉山，南达乌尔伦库河与黑龙江省交界处，沿边设立八个国境监视所（注二），私树界碑，封锁国境，严禁华商往来，附近乃更无汉人足迹。

九一八事变后，日人之满蒙政策益强化，一方树立伪组织以蒙蔽世界，一方竭力划分汉蒙界限，以尽其易于操纵之能事，故将东蒙划为兴安省，复将其下分为东、西、南、北四分省，使齐王为省长，于海拉尔设省署，训练蒙兵一师，设蒙人学校，亦于"国"境所在，设国境监视所，穷荒极漠，给养颇难，所谓国境监视所者，亦仅树立帐幕，设官一，警士数人，完全以日人充之。

外蒙之国境监视所对于此卧榻之侧，忽发见他人酣睡，乃设法以驱逐之，哈尔哈庙事件乃其中之一也。其实二年来，类此事件，不一而足，据已知者，列举如次：

一、去年——民国二十三年——二月中旬，外蒙兵至"毛敦哈西亚得"国境监视所，强迫日人撤退。

二、三月中旬，外蒙兵至"乌兰呼都克"国境监视所，强迫日人撤退。

三、三月下旬，外蒙兵至"夏拉伦哥尔"配置哨兵，占领附近渔场。

四、八月中旬，蒙人迭鲁本与日人石泽澄于十五日在"巴印和雷"附近猎狩，为外蒙兵绑去，监禁于塔穆斯克司令部。

五、八月下旬，八月三十日，哈尔哈活佛及其从者，在右翼厢〔镶〕蓝旗"德尔保真"为外蒙兵绑去。

六、十一月上旬，外蒙兵至"伯伦迭斯"国境监视所将日人逐去。

七、本年——民国二十四年——一月二日"苏门诺里根庙"之喇嘛僧五名、马三十匹，在新巴尔虎左翼正白旗第一该庙附近，为外蒙兵捕去，拘押于塔穆斯克监禁。

八、一月八日，外蒙兵五名至"乌拉坎加"国境监视所，强迫日人撤退。

九、一月九日，外蒙兵至哈尔哈附近，驱逐国境监视所之日人，占领"欧米里亚多奥保"。

十、一月二十一日，外蒙兵至"芬德兰"国境监视所，强询附近日兵派遣队情况，后退去。

十一、一月二十四日，驻阿尔善之日军本多少佐率部下十一人赴哈尔哈庙侦察，乃与外蒙兵冲突，日军死濑尾中尉及兵士一人，中士一人重伤。

二

综上之各事实观之，哈尔哈庙事件之冲突，实非由最近始，在我国为外蒙、东蒙定界时，仅笼统定为平分贝尔池，其东则以哈尔哈河为界，而哈尔哈河之入贝尔池，乃在贝尔池之东北，并不平分，此即日人所谓"三角地带"，此地带于去年三月下旬已由外蒙兵占领。

本年一月九日，外蒙兵十七人占领哈尔哈河北距河约一万公尺之哈尔哈庙，一月二十一日驱逐"芬德兰"国境监视所之日人，驻海拉尔之日军闻讯，乃派本多少佐前往侦察，二十三日，本多住阿尔善（新巴尔虎左翼旗公署内），二十四日率濑尾中尉及部下九名亲往侦察，到哈尔哈庙北约二公里之"芬德兰"国境监视所内，外蒙兵已退出，然究不知哈尔哈庙有外蒙兵否，是以仍继续前进，及距庙约二百米突，已发现外蒙兵尚在庙内，双方开枪，濑尾中尉及军士一人阵亡，中士一受重伤，余众不支，复接报告，大队之外蒙兵，由南方夏那（在哈尔哈河南四里）驶来，该地尚有蒙兵甚多，本多乃仓皇退却。

本多退至阿尔善后，急以无线电告知海拉尔，一时此微末之小事乃成重大化，逐日之报纸满载其事，甚至宣称夏那方面有赤俄军若干名，塔穆斯克方面有赤俄飞机若干架，乃急将昂昂溪、满洲里之日军悉开至海拉尔，哈尔滨、沈阳、热河方面之日军亦纷纷往北动员。一时海拉尔之日军约千余名悉归和田指挥，二十五日到达阿尔善，新巴尔虎右翼旗长深恐事件扩大、地方糜烂，乃任调停之责，二十六日下午五时致书于哈尔哈庙之外蒙兵，请求撤过哈尔哈河，对方答以将书须转致"达姆斯克斯姆"（军营所在之地），俟次日答覆，及二十七日并无回音，二十八日将原书返还，封口已拆阅，但未作何等回答。

二十九日，此情况到达阿尔善后，三十日和田乃决率队亲往，于当晚出发，一夜约行五十五公里，及达哈尔哈庙时，则驻该处之外蒙兵十七名，已早于该日晨六时退却，庙中惟残留晨炊之遗迹，日人阵亡者之死尸亦在庙中，已以乱斧剁碎其头颅，身上亦多斧痕，日军乃于庙顶揭"满洲国"旗、日本旗，高唱凯哥〔歌〕而还。

和田本欲与外蒙兵交涉，但以对手无人，只得将所携之文告，贴于庙内，该文告为汉、蒙文两列：

一、贵军须急由满洲国领土撤退，务须先退至哈尔哈河以南。

一、满洲国军决不进至哈尔哈河以南。

一、贵军撤退后，拟在夏那东侧，隔开哈尔哈河，实行细部交涉，是以须向该地派遣使者。

一、贵军须承诺今后不再进出哈尔哈河以北，倘不应时，不得已将行使武力，但责任完全由贵军方面负之。

一、满洲国军，在本交涉中决不取战斗行动。

康德二年一月三十一日

兴安北省警备司令官和田

同时日本国内由广田外相于一月三十一日将哈尔哈事件致电日本各驻外使领，略谓：

哈尔哈事件，系因外蒙兵侵入满洲国领土发生者，如外蒙兵确有诚意约定不再侵入时，日本政府当仍本事件不扩大之方针对付之。

同日再电各驻外使领：

一、三角区域为满洲国领，显系事实。

一、哈尔哈事件，系满洲国与外蒙自治政府间问题，与苏联军并无关系。

一、我方虽希望作局部地方和平解决，但外蒙军不表示诚意，仍不撤退时，则日满联合军，不得已将继续讨伐。

同日日本驻"满"大使馆，亦致电驻外使馆：

满洲与外蒙之境界，自满洲事变前，即已为世界公认，然去年以来，外蒙兵竟再次不法侵入，发生暴行，因将其驱逐境外。

此事件终结后，日人决于伪兴安北省西边与外蒙接境处，增设"国"境监视所三十八处，以壮声势，然穷荒极漠，给养困难，设警无力，成兵无方，实不堪游牧民族外蒙骑军之骚扰，行见呼伦、贝尔二池附近，突成多事之秋，日蒙之冲突，或成为日俄反目之导火线也。

三

自哈尔哈事件发生后，外蒙乃为人所注意，日人之外蒙研究热，风行一时，即伪国之报纸杂志，亦多以外蒙研究为中心，实则日蒙之冲突，其严重性实超过于其他远东问题，故就一月中对外蒙之考察，附录之于哈尔哈事件之篇末，以资参证。

外蒙之历年大事如次：

一九二一年七月十一日，外蒙古由苏联赤军之"巴尔吉桑"（散在苏联各地无节制之共产党）指导下，组织蒙古红军义勇队。

一九二四年七月，建立"蒙古民族共和国"。

同年一月一日，颁布宪法（注三）。

一九二五年，改革货币制度，造与银元同价之持克黎克币。

一九二六年，与达奴德威共和国（阿尔泰南方之蒙古族共和国，人数约一万人）互相交换承认，缔结亲交条约。

一九二七年，国民革命党起左右翼之争，结果左派胜利，外蒙之"赤化"完成。

一九二九年，中俄战起，外蒙乃将东部国境封锁，严禁华商入境。

一九三零年，外蒙赤军镇压乌浪克姆之暴动。

同年，公布集团农场组织令，又宣言有产阶级为民族革命之敌，无产阶级百分之七〈十〉，与中产阶级百分之五十，总户数十六万五千户，统一于集团农场。

一九三二年，有产阶级对外蒙民族政府开始武装反抗，企图颠覆左翼政府，变乱达于克索哥黎斯基、亚尔班该斯基、扎布辛斯基、阿尔泰斯基、乌布尔罕该斯基各区，势极猖獗，由蒙古红军及苏联军共同讨平之。

一九三三年，发见东区、罕蒂区、中央区等组织右倾反革命之秘密机关，乃举行清党运动，逮捕多人。

一九三四年三月，国务总理阙敦在国会报告日本侵吞满洲后，继将进攻外蒙，国防紧急，全国应一致动员，以应付非常时局，同时废去革命军事委员会，以陆军部长为国军总司令官，以期军令统一，并实行征兵制。

外蒙政府现在之内阁如次：

一、国务总理兼外交总长——阙敦。

二、执行委员会委员长——亚莫尔。

三、陆军部长兼国军总司令——吉米柴德。

四、财政部长——德布金。

五、农牧部长——乔伊巴尔吉。

六、执行委员会书记——艾黎弟布奥吉尔。

七、执行委员会书记——卢布桑锡拉布。

八、内防处长——诺姆杂赖。

九、商工兼交通部长——梅太。

十、司法部长——伊敦太布。

十一、教育兼卫生部长——昆其孙。

外蒙之军事状况，据满洲里日本领事馆调查者如次：

一、库伦有蒙古红军一军团，一军团分三师团，一师团分三联队，一联队分三大队，一大队分二中队，一中队兵员数为一百三十六名、战车二辆、飞机八九架、装甲列车多数（实数不明）。

二、桑贝子有第五、第七两联队，驻骑兵约一千名，有山炮六门、大型野炮二门，枪均带枪刺，每兵五十名有苏联制"苏吉"式轻机关枪，此外各小队兵（三十六名）每队备重机关枪一架。

三、克鲁伦河南岸（与桑贝子相对）山中之凹地"拉斯"地方，有火乐〔药〕库一所及高射炮一门。

四、罕汗吉驻蒙兵五百名，各种兵器俱备。

五、达姆瑞克布拉科驻蒙兵六百名，各种兵器俱备。

六、约克吉尔庙驻蒙兵百五十名，各种兵器俱备。

七、一九三四年五月令二十一岁至二十四岁之青年，施行征兵检查，九月十五日已完全入营。

据俄友某君谈，此项数目颇不确实，伊于一九二九年曾至库伦及桑贝子，斯时蒙古之正规军已不下五万人，战车二十余辆，飞机在库伦有十四架，桑贝子有二十二架，桑贝子且筑有飞机格拉库，与上记数目颇歧异。

外蒙近年之文化，亦极猛进，一九三二、一九三四二年国家出版所刊行之单行本，计一百七十三种，中一百五十一种为蒙文，发行部数总数五十万册；由国外输入之书，二年统计超过二百万册。现在库伦有大报纸三，工厂之壁报，不下八百余种。

注一：甘珠儿〔尔〕庙会每年自阴历七月十五日开庙，八月十五日闭庙，蒙人牵马、牛、羊等牲畜及各种皮张，来此更换内地各种货物，价值极廉，中、日、俄、蒙各商云集，且有自欧西各国来此购货者。

注二：外蒙西〔东〕边之国境监视所，自中俄之役时设立，九一八事变后，更形补充其实力，设二司令。第一司令驻乌鲁顾德（在克鲁伦河北，距边界约二十里，为监视所距边界最近者），辖乌鲁顾德、霍尔和丽（在克鲁伦河沿）、亚布达尔、霞尔达四个国境监视所。第二司令驻布鲁诺尔，辖凯尔达、曼打塞、艾林萨、鲁布诺尔四个国境监视所。

各监视所均设立于饮料便利之处，每兵有马二匹、小枪一、战刀一，监视所中尚富余马若干匹，每所有机关枪各一梃。

各山头均设有瞭望步哨一，昼夜不断，夜间待日没时，由两接连监视所各出马巡二，在中点会合，交换信牌，每日夜并由两司令驻在之监视所，各出马巡四，在中点会合，交换信牌。

监视所之食品，由桑贝子（距边界约三百华里）以汽车或马车或马运输。

霞尔达、凯尔萨〔达〕两监视所间，有东西库尔特两盐湖，山林亦多，外蒙之国警密探，悉麇集于此。

注三：外蒙共和国宪法，共十四条：

第一条　蒙古民族共和国为完全独立国，不可侵犯。

第二条　开始有产阶级及僧职者扑灭之斗争。

第三条　全资财归民族所有。

第四条　废弃国际条约。

第五条　废弃连带责任。

第六条　国家掌握经济政策及国外贸易。

第七条　设蒙古正式红军。

第八条　废止宗教。

第九条　印刷业归国营。

第十条　直辖援助人民之集会及仪礼。

第十一条　开始国营免费教育。

第十二条　无民族、宗教、性〈别〉之区别，一律平等。

第十三条　废止爵位称号。

第十四条　树立对外政策，打倒全世界之资本主义，协力于被压迫少数民族之根本问题之解决。

《新蒙古》（月刊）

北平新蒙古月刊社

1935 年 3 卷 3 期

（李红权　整理）

有备无患之外蒙目击谈
（哈尔滨通信，译《字林西报》）

全境公路告成，机场遍设，库伦四郊已完全军事化

作者不详

　　旅行蒙古各地之某外人，近方自库伦归来，述及此行所得之见闻，极为有趣。彼称：外蒙全部，现正在作战争准备中，此项事实，足以表示苏俄目前对远东所推行之计划。近来苏联开始以极大速度，增强外蒙全境之防备。昔日用作运逾〔输〕之骆驼队，几均绝迹，代之以汽车。大部来往之汽车，均满载军用品。同时外蒙全境之大道，不论干路或支路，均告完备。由张家口至苏俄势力范围之库伦，沿途大道，一切均甚完整。所需之桥梁，亦已架设。沿途全覆有沙土，载重之车辆经过其上，可保无虞。昔日该段大道，常在修理中，目前则极重运输，可于常年经过，通行无阻。沿途建有三处汽油站，汽车可在该处增加燃料。其中一处，有一工厂及存车库，内藏有大批运货汽车待用。沿途并有一所无线电台，在大道旁有飞机场及飞机降落站。沿途各站，均有五十名左右之卫兵守护，库伦已变成军事中心点。在库伦稍一观察，即对该处生出边境要塞之印象，因终日所目击者，均系衣军服之军人，衣便服者，均异常罕见。约距库伦六十公里处，建有完好之兵工厂，由该处至库伦城，沿途极平坦。该厂每日所出弹药，数量可观，并附有修理各种武器之大工厂。

该兵工厂内员工，有工程师、专家，及经验丰富之工人，彼等多系来自苏俄方面之大兵工厂者。该工厂因并附有一极有力之发电厂。距该兵工厂约四公里处，有一小村镇，驻有各项军队，惟外人不能断定该处储有何种军用品，因任何时间，均不许外人入内参观也。在库伦近郊约九公里外，有两个飞行场，较小者系作商用，其大者则作为军用。此军用飞行场，有极大飞机库、工厂、电力厂、无线电台及夫役及工人居住之营房。虽库伦距中国与满洲之边境甚远，而该城人士，均神经过敏，形势紧张，终日惶惶，若非常时期，即在月〔目〕前者。各重要大道之一，系由库伦通多诺湖之大道，现该道上商运已停，而建筑完备，已作军事运输之用，载重汽车，往来不绝，所载之物，多为水泥，但不准任何人行近该道，故该大道上有何动作，一切不明，大批军用品，如步枪、机关枪及弹药箱等，每日在该道上运输不绝。此项货车后，均随有护卫之军队，有时随有铁甲车。因于发生战争时，蒙古方面，有难于防守之危险，故沿伊尔库次克政府之后贝加尔湖边境，已建筑一坚固堡垒之连索，显然于第一道防线不能守时，即此为第二道防线。由以上观之，苏联正在各方面增强其实力，而作战争之准备。自两周前，蒙古边境事件（哈尔哈庙事件）发生以来，关于外蒙之一般消息，无从探悉。伯力无线电台，曾两次广播边境发生激战之消息，但此间对此项消息，是否可靠，则不敢断定。居住哈埠之外人，或可自欧洲报纸上，首先得到边境事件之消息。此间对边境形势不明，故社会上仍照常，毫无恐慌之象。

《新蒙古》（月刊）

北平新蒙古月刊社

1935 年 3 卷 3 期

（朱岩　整理）

扎兰诺尔、满洲里战俄阵亡将士昭忠碑

梁志文　撰

海通以来，中外交绥胜负之数，盖可哀已，天发杀机，使我神明裔胄，屈服于坚船利炮之下，自道光中叶，以迄于今，情见势绌，覆辙相寻，未之能抗也。然肇事之初，而有虎门一提督，定海三总兵，名闻天下，至光绪甲午，而有丁汝昌、邓世昌，庚子而有李秉衡、聂士成，虽被炮雷弹雨，鬼藏神抠，而亦莫之能屈也。鸣呼，岂不伟哉！然固未有若我东北抗俄，今日之壮且烈者也。去秋东铁衅起，俄师内犯，中原多事，未遑东顾，我以偏隅，而当大国，保持《非战公约》，坚垒自守，三省绵亘，布防二千余里，备多力分，俄人以最强烈之武器，集中兵力，择肥噬我，蹈瑕击我，焚我镇市，虏我人民，芟夷我农功，虔刘我边陲，遂陷同江，毁东宁，所过残减〔灭〕，四塞震动。而我三省防军，将领部曲，一志同仇，前仆后继，东覆西起，若扎兰诺尔、满洲里两役，并率孤军临大敌，惊雷骇霆，汹波怒潮，血战三日夜，天地为昏，卒以攻守异势，众寡异形，利钝异器，远道无援，全师殉焉。守将若韩光第，衔命誓死，登壁捐躯，若梁忠甲，遇救生还，积劳长逝，出师未捷，英雄泪襟，其临事之壮，死事之烈，为三省光荣，先后一百年间未尝有也。余既慰问其家属，恤其身后，近就战地，安瘗忠骸，分树丰碑，奉扬遗烈。鸣呼，国耻勿忘，人心不死，昭告来禩〔祀〕，以感以兴。铭曰：

关东健儿天下英，防秋万里都护营。大敌当前闻笑声，忠义为重性命轻。我有广壤无长城，我有勇士无利兵。风雨凄凄南北陵，非战之罪尤可矜。呜呼，死犹生，败犹荣，嗟予素服哀何胜，报玺千秋万岁名。

《黑白》（半月刊）

上海黑白半月刊社

1935 年 3 卷 4 期

（朱宪　整理）

日本之蒙古进出与日俄之冲突

由英国 Review of Reviews 杂志节译　　　洪芸苏　译

由远东传到一件全世界所没有预期到的悲惨的协定。这就是苏俄政府把中东铁路卖给日本所支持的"满洲国"这一件事。

这条铁路的出卖是否合理，很是疑问。中东铁路是依照一九二四年的中俄条约，在苏俄和中国共同利害之下，极合法地经营下来的。并且这个条约曾经规定：关于这条铁路的将来，不许有任何第三者之侵入。不过这个出卖协定的成立，可以说是解决了日俄间的争斗的一重大部分。这样一来，以"满洲国"为中心的两国的争斗，既以〔已〕解决，则其争斗的舞台，必定要移动到蒙古去，是无可怀疑的。

好些英国人差不多不知道蒙古到底是怎样，他们仅仅是在历史上，由了成吉思汗的名，才晓得有所谓蒙古。蒙古是个有很多的富源的地方。前驻俄的日本大使田中都吉氏曾经说过："日本对于现在的蒙古，决不能满意；因为这是一个需要更加关心的地方。"田中氏所意味的蒙古，乃是外蒙古。

外蒙古约有百万的人口，它的住民，自从成吉思汗失脚以来，大都是游牧民。这个地方，接壤于中国、"满洲国"和苏俄三国的国境，是与这三国最有利害关系的一个国家。

在一九二一年以前，是个封建的国家，由蒙古贵族所统辖；后来乃变成共和国（半苏维埃），施行社会主义的政治；换句话说，自从清朝没落以来，即渐渐从属于苏俄。

现在苏俄统辖他们的银行，国立银行资本金的半额，为苏俄所有。他们的国外贸易（现在虽然不多，可是有渐次增加之倾向），系被七百六十八人的会员所组成的蒙古中央组合所统辖，这会员的半数，为俄国人。并且蒙古现在的指导者们，都曾经在莫斯科的共产主义大学受过教育。

我们想要接近蒙古，实在非常之难，因为除却苏俄以外，其他国家，都是被他们屏出大门外的，他们最主要的交通机关，乃是由色楞格河和鄂尔浑河的小船，到西比利亚去的这条通路；对于中国，只是利用古代已有的贸易道路。到中国去的这条道路，在中国革命的时候，曾经被利用作由俄国向中国供给武器的道路。

蒙古的富源，与其说是在于现在，毋宁说是重在将来。那里有四百万匹的牛和一千万匹的羊，这些畜产，对于苏俄的食料和纤维工业，有很大的贡献。

前述田中氏的话，意思是说：像这样的蒙古，而竟把日本屏出门外，这种现状，实难满意，况兼日本已进出到了满洲了呢。要实现这个政策，第一步的手段，恐怕是要鼓吹蒙古人的国家观念。现在散处在世界上的蒙古人，据说有五百万人，其中的百万，住在外蒙古，另外一百万，住在内蒙古，以外则有二百万，住在"满洲国"内。

内蒙古现时虽还处在中国主权之下，可是最近以来，在中国中央政府势力所难及的地方，已经渐渐在那里扩大他们的独立运动，现在还是由蒙古贵族施行封建政治，而排击像外蒙古那一类的半苏维埃政治。内蒙古是拒绝中国人的移住的，而在"满洲国"的蒙古人则渐渐去受日本的教育。将来在"满洲国"内的蒙古人，如果到了希望除去他们弟兄国的国界的时候，则内蒙古必至一朝而被"满洲国"所合并，这样一来，日本的内蒙古进出，无疑地是要水到渠成的。日本的这种计划，今日已经着着见诸实行了。
外蒙古方面的日俄的冲突，大略也是快要出现了吧？

《新蒙古》（月刊）

北平新蒙古月刊社

1935 年 3 卷 4 期

（李红权　整理）

蒙古与日苏冲突

张清印　撰

日本自明治维新以后，国力骤强，而所谓"满蒙政策"和"大陆政策"，也便于此时打下根基。日本为实现这种政策，于是发生日俄战争，结果订立《朴资茅斯和约》，日本便得到第一步的成功。从此以后，局势暂告稳定，数十年来，还能相安无事。九一八的炮声，惊破了这种迷梦，稳定的局面，一时又陡然紧张起来，日本不但占领根深蒂固的满洲南部，而且冲破了苏俄的势力范围，进据北满，并且为唤起资本主义国家的同情心起见，公然以进攻苏俄的急先锋自命，占据东蒙，大声疾呼道："火药已充，只待燃放了。"

苏俄是个以发动世界社会主义革命为己任的国家，对于任何资本主义的国家，当然不肯示弱，只以时机尚未成熟，所以不肯轻易启衅，然而对于日本这种威胁，也并不是没有感到。史丹林说："日本确为苏联之真正危险。""苏俄已在准备作严重对付中。"加仑将军说："远东红军的配置，已可使苏俄国防安全，如敌人侵入俄境一步，当不惜迎头加以痛击，并加以歼灭。"最有趣的，便是最近五一劳工节红场大会的举动，除惊人军备公开表演外，并于旗帜上绘一大毒蛇，蛇头戴一日本军帽。国防人民委员会主席伏罗希洛夫演讲道："如有以战争强迫吾人者，今将知吾人之力量矣。"诚然，苏俄近来确乎是一面避免战争，一面又尽力的在那里

准备，而针对日本由内蒙进攻苏联的政策，于是便加紧的把握
外蒙。

日苏侵略蒙古小史

当元朝的时候，蒙古曾经统治过俄罗斯，但是后来，俄国势力
渐强，他不但摆脱了蒙古的束缚，而且反宾为主，时常侵占外蒙
土地。一九一一年辛亥革命，外蒙受俄人怂恿，倡言独立，同年
十一月缔结《俄蒙协约》，俄国以外蒙为保护国。十二月喀尔喀四
部，公推哲布尊丹巴呼图克图为蒙古皇帝，即位后，称"大蒙帝
国"，协约内，凡开矿、航运、土地、森林、法权、邮政、电信等
都包括无余，外蒙实权遂落到俄人手中。协定既传出，我国便提
出抗议，民国四年六月，中、俄、蒙三方签订《恰克图条约》，我
国允许外蒙自治，俄方则仅承认我国在外蒙有名无实的宗主权。

民国八年，俄国革命尚未成功，无暇外顾，全蒙王公合议结
果，撤消自治。民国十年，苏俄借口驱逐外蒙白俄，会同远东政
府，由赤塔派军攻陷库伦，并乘机煽动外蒙青年，成立正式"蒙
古国民政府"。民国十三年，哲佛逝世，拥护苏俄的"青年革命同
盟"，将印玺收归政府保存，宣言实行苏维埃式共和政治。民国二
十三年七月十二日，为"外蒙共和国"十周年纪念，苏俄派加拉
罕与会，他们一方面肃清保持蒙古本身势力，拥护中国的"外蒙
国民党"，一面又改"外蒙共和国"为"外蒙苏维埃共和国"，并
与苏俄订立密约如下（根据日本边疆问题研究所的调查）：

（一）"外蒙苏维埃共和国"由苏联政府斡〔斡〕旋，加入第
三国际。

（二）加入苏联及第三国际之一切国家，须承认外蒙改组后的
新国家。

（三）在俄、"蒙"两国内，不得有相互敌对之团体。

（四）俄、"蒙"两国，各设军事防御，如遇战事发生，两国须采一致行动。

（五）"外蒙苏维埃政府"须承认苏联政府在蒙之邮电建设权。

（六）"外蒙政府"必须援助苏俄远东之军事建设。

（七）外蒙之建设权，特别是张库铁路之敷设权，必须让与苏俄。

（八）俄、"蒙"两国间之出口税率，不得超过其他协定税率之上。

（九）本条约自批准日起，即生效力。

我们看了这些条文，便可以明了苏俄对蒙古的侵略，已达到如何的程度了。

日本按着"欲征服世界，必先征服中国，欲征服中国，必先夺取满蒙"的意旨，老早以前，对于蒙古——特别是东蒙，就有了侵略的准备。清末及民国初年，日本外务省、军部或满铁会社，就时常组织测量班、调查队，实地到热河各地调查。民国四年，中国开放赤峰为商埠，日本就依赤峰为侵略蒙古的根据地。民国五年，日本国会通过赤峰领事馆预算案，翌年便在赤峰设立领事馆，于是赤峰便成为日本的军事前哨。赤峰领事馆的使命，第一是调查蒙古的地理、富源、风俗习惯、行政状况等，以为日后进攻蒙古的准备。第二是煽惑离间蒙古和中国的密切关系，并诱惑蒙古王公，许日本收买土地、开掘矿产、修筑铁路等特权。第三是宣传日本文化，推进日本工商。换言之，所谓领事馆，便是负有日本参谋本部、外务省、满铁会社一切侵略使命的总机关了。

九一八后，日军单刀直入，占据东蒙，现在日本支配下之伪国，特将境内兴安岭一带未经汉人移殖的蒙古土地划为自治蒙古省，名为兴安省。该省蒙人共二百万，较外蒙人数尚多一倍，日人已于去年夏季，在此省内设立军官学校，招收十七岁至二十一岁之蒙古青年，授以日本式的军事教育，二年毕业。据闻该校设立之目的，在将毕业之人员，派往察、绥组织军队，并强迫蒙古王公宣布独立。去年八月，日本僧侣四名，由东京派往百灵庙，以研究黄教为名，联络德王。日本又有所谓侵蒙二年计划，其目的，在夺取惟一的受我国政令支配的西蒙，成立另一个傀儡国家。总而言之，日本为驱逐苏俄，完成其"大陆政策"计，只攫到东北四省，是不够的，他必须继续侵略，把整个的内蒙拿到手中，而后方可逐步的实现他那贪得无厌的野心。

日苏在蒙古的军事准备

苏俄在外蒙的军事准备，据白云梯在蒙古调查结果，外蒙现有飞机三百架，张库线内外蒙交界处之乌德地方，驻飞机五十架。又据日本边疆问题研究会调查：苏俄派驻外蒙的赤军，共有五师团之众，配布于库伦、桑贝子、克鲁伦河左岸、黑新庙、乌尔顺河右岸、根盆帖、乌里雅苏台、次金司比、阿尔帖尼兹乌、汾在耳、买卖城以及西部"国"境线等处。蒙古军共有五万人，计独立骑兵团一团，独立骑兵联队一队，国境守备骑兵联队及中队若干队，炮兵一大队，榴弹炮中队一队，"瑞民呀"加农中队一队，装甲大队一队，飞行中队一队，自动车运输队一队。此外苏俄在库伦设有可容一万八千人之兵营，训练航空人才之航空学校，并筑收容数百架飞机之大飞机场，分驻库伦、乌得、克鲁伦等地。又招外蒙青年三万余人，织成蒙古军团，外蒙与黑省之边境，每隔三四百步，即筑有俄式堡垒，堡垒间掘成地道，布置蒙军颇密。

日本自"三四事变"发生，夺去热河以后，多库〔伦〕之日军不肯撤退，并且加紧建设军事交通，如朝阳至承德、朝阳至赤峰、承德至多伦、多伦至赤峰的公路，及哈讷线展筑至黑河，怀远、索伦线展筑至满洲里或海拉尔等铁路是。去年八月，日人向德王要求在滂江设立无线电台及华北医院。按，滂江为察哈尔省北部重镇，距外蒙边境不过百里，日人的用心，也就可想而知了。除此之外，日本并积极训练蒙古军队，设立军官学校，武装移民，以为整个的吞并内蒙、进攻苏俄的准备。

结论

　　总之，现在的蒙古，已为日、俄二国的势力所笼罩，假如日、俄开战，蒙古必为他们的战场，这是毫无疑义的。战争既开，蒙古除遭受种种损失外，还须为他们效死疆场，自相火并。日本得胜，蒙古必步朝鲜和伪国的后尘，屈伏于日本肘腋之下；俄国得胜，蒙古亦必不能幸免，须变为俄国领土的一部，所以无论如何，都是与蒙古不利的。我以为中国的责任，除提起蒙古同胞的注意，使明了本身的危险外，对于内蒙，当采用参加蒙古自治政委会成立典礼，何竞武氏移民屯垦的主张，对于外蒙，当扶植现正受压迫中拥护中国"外蒙国民党"的势力。同时，中国要刷新政治，整军经武，以图自强。假如中国强盛了，不但蒙古境内日、俄的势力，要被排出，就是侵入中国其他强国的势力，也必要退避三舍了。

《新蒙古》（月刊）

北平新蒙古月刊社

1935 年 3 卷 6 期

（朱宪　整理）

海拉尔之抗日救国军

高仲卿 撰

抗日誓师的动机

自江桥抗日血战以后，黑省抗日的高潮与声威，一天高似一天。虽然伪组织成立于民国二十一年三月一日，黑龙江的政权，似乎由马占山将军的充伪军政部部长，兼黑龙江省主席职，而断送了，然而不久取得日伪三百万金，作为兴师军费，率领部下精锐军队，星夜由省城潜赴黑河，又重树青天白日旗，宣誓二次抗日！

黑河义帜高张以后，各地义军和自卫救国军纷纷响应而起。当丁超、李杜、王德林、冯占海、李海青、邓文、孙朝阳、陈东山诸人，已竟〔经〕布满了义军的踪迹于各地，和充满了民众的"打倒日本帝国主义"、"取消伪组织"口号的时候，黑省西陲的苏炳文、张殿九将军，也遥为响应了。

苏、张两将军的抗日动机，不觉得为什么，被日方侦悉，乃大起恐慌。因为那时龙江省城的日军很少，援队尚不及调动，更怕苏将军与苏俄协〔携〕手，在这恐慌中，乃施用诱买的手段，驻江省的林少佐，遂到海拉尔哈满警备司令部（按苏炳文时任哈满警备司令）游说，最后并要求苏炳文将军签了一志愿书，乃认为成功而返。哪想苏炳文将军这种假意的应付以后，愈是加紧布置军事。不过日本的诡计和狡猾，他也不相信一个"少佐"随便游说就可成功，所以不久又重新派了四位那时候所谓"满"方大员：谢珂、金奎璧、陈鸿猷、张佑之（按谢珂，字韵卿，河北人，陆大毕业，历充东北各军参谋，马占山抗日，充参谋长。金奎璧，辽宁人，陆大毕业，历任东北各军高级长官，马占山抗日，襄助全军事宜。陈鸿猷，开原人，日本士官第六期毕业，历任东北各军团长，吴俊陞督黑时，任副官长及全省警察总办。张佑之，河北人，保定军官毕业，与苏同学，历任东北各军军事教育主官。马离省城后，四人均假意屈服，被委为黑龙江司令官公署参议）携五十万伪币，再度劝说苏炳文。谢等由省城到了富拉尔基，当晚专车去海拉尔，晤苏炳文将军商洽一切，结果是加入了苏军，从事反"满"抗日。

"九二七"大捕日寇

　　二十一年八月二十六日，苏军以协助驻哈满线安达站第三团剿匪为名，调派第六团，首光〔先〕开赴前方（富拉尔基）。第六团的军用车至富拉尔基站，即借水患为词，停止前进。团长张玉挺（现任五十三军军械处长）星夜支配军队，布防漱〔嫩〕江北岸沿江一带。在九月二十七的那一天，凡在海、满一带的日本人，全都被逮捕下狱了。逮捕日人的计画，早已秘密商定，密令是在前一天发下的，"九二七"上午十时海、满一带各地，同时举行，大捕日人。各地逮捕的情形，分举于次：

　　扎兰屯，日本人无几，但是给日本人作走狗的无国籍的白俄甚多。他们的理想，是要借日本人的势力，所以就甘愿给日本人作走狗，侦探我方的军情，及义军的踪踪〔迹〕，向日本告密。这一次搜捕，经驻扎兰行营的张殿九副司令，把几个日本人与作走狗的白俄，一网打尽。

博克图，二十六日晚驻在军警众部施术队的队员，就秘密去到一个日本理发馆，将该铺的主人及铺伙都暗杀了。第二天早晨，又各处搜捕，结果全都拘押入狱。

海拉尔，此地较为重要，所以日本人，也特别多。这个地方伪满曾派了一队"国境警察队"，该队里边的人，是杂种组成的，有日本人、朝鲜人，有伪满（大连、金州、旅顺，被日人半同化的）人。这个"国境警察队"是负有重大使命的一种组织，内部负有政治、经济、军事各种调查与监视之责任。尤其比日人还厉害的这群半日奴的（旅大的人），一味的欺压同胞，因之海拉尔的人民，恨之入骨。二十七日上午十时，是由陈副官率领一连武装同志，齐集飞机场候等飞机（日机是每隔一日由江省飞海拉尔、满洲里视察及宣达一切秘密政情），同时日本侨民全体到场，"国境警察队"当然是不能例外了。他们每次接迎飞机，全都是武装，以防万一。我方原计画，是候机降落后，要用一网打尽的办法。不希当时情形，我方军气颇为显露，已被日本人看破，所以开始逮捕的时候，日人也就拒抗，结果当场击毙"国境警察队"队员四五人，日侨五六人，余均被捕。

满洲里是中俄边境重地，当然更是重要，"国境警察队"队员在这共四十余人，武器也比其他的地方充实，侨民二百余人，因之逮捕也须要相当慎重。二十七日上午十时，驻在军第四团总团长派步兵两连，直奔"国境警察队"队部，取包围形势。又派一排迫击炮队，用炮轰袭该队部房屋，死亡二十余人，敌不能支，始树白旗。于是全部日人及汉奸一并拘捕入狱。

克复富拉尔基

"九二七"把海、满一带日人搜捕入狱后，在十月一日所有海、满一带我驻在军遂一律举行誓师典礼。十月八日晚，富拉尔基前方就开始与敌冲突了。在漱〔嫩〕江北岸之梅岭村，我第六团三营徐营长，率全营健儿奋勇与敌血战四小时之久，因众寡悬殊，乃下命返守富拉尔基东之黑岁子。翌晨拂晓第一团援军到，士气骤发，即时下命拂晓攻击，敌疏戒备，我方忠勇官兵，追前冲杀！数百敌人，死亡大半。后敌援军开到，不幸高团长左臂中弹，不得已退守腰库鲁，以待援军（高团长后竟因弹毒过重，现已只存右臂）。双方都因援军的关系，皆不轻举妄动，就在腰库鲁对峙三四日。十二日晚，我第四团援军到，于是我军分正、左、右三面进攻。同时接到行营命令，限即日克下富拉尔基，准备会师龙江（因彼时邓文、李海青，均在肇东县一带，朴大同在拜泉一带，彼此都通消息，预计十月二十日会师龙江）。于是六团任攻右翼，一团任攻正面，四团任攻左翼，在十三日夜，即予以大规模之夜袭，乘敌不备，千余卫国士官，杀入敌之阵地。及至拂晓，六团、一团，已进占富拉尔基市街。占约半日之久，敌之洮南援军两个师团开到，终因我军器械远不如敌，遂又退守吐尔其哈（距富拉尔基华里三十里）作前方阵地。此役一团杨营长殉国。

有力的集团组织

现在要说到这东北民众救国军的组成了。这一军，是依着民众的意旨，及原有苏部各军而组成的，除了原有军队之外，是绝对注重民众团体的。此时有力于救国军的组织，是有三个单位，一是宣传队，一是施术队，一是后援会。但宣传队与施术队，是属救国军警众部直辖，内部人位〔员〕都是新参加的大学生和有志抗日者，后援会，为独立的性质，因为后援会所办的事，多是辅助救国军的不足，里边的人员，整个都是知识分子集团。

警众部：部长刘绍复，字宪忠，辽宁人。德国留学。历充东北讲武堂兵器教官，哈尔滨特别区探访局局长（现任南京军事委员会少将参议）。

宣传队：队长任作田，辽宁人，学、政各界服务有年，后信宗教，任哈埠青年会干事。暴日入哈时，任君化装平民，对于伤兵，抚视照料，曾五昼夜未眠，后感日伪之残暴手段惨酷，遂辞却青年会职责，而潜伏博克图，秘密联络哈埠各大学生编一宣传队，加入救国军，奔走海、满一带沿站，从事宣传国难，民众多闻风兴起，实为最有力于救国军之组织。

施术队：队长宁匡烈，辽宁人，德国留学，事变后返国，首先加入江桥战役，因马走黑河，氏又参加苏部救国军。宁君对化学爆炸器，更有研究，当我军退出富拉尔基时，君仅带一工兵冒险跑到漱〔嫩〕江铁桥，设施炸弹，致将铁桥桥弓一部炸毁，以阻敌军。

后援会：此种组织在海、满一带各大站，如扎兰屯、博克图、海拉尔、满洲里均有之，但以前组织多不合法，且亦有名无实，后经记者与古雪涛、张大同、徐福之、黄溪清诸人倡议从新改组，正式召集各界、各法团组织合法的后援会，各种工作乃紧张起来了。由此救国军的军事加紧，得力于以上三个团体为最多。

艰苦的生活及工作

记者是由二十一年十月一日，参加到救国军里边，随着也就将中东路每月能拿到百元金卢布的职责弃掉了。先到扎兰屯行营，管理一切军输事宜，后在海拉尔总司令部秘书处，同袁弱水、刘梦符、黄溪清诸人办理壁〔壁〕报，披露每日我军战情，及接收转达关内情报。十月二十九日推翻海拉尔以前有名无实的后援会，推主席王维哲（特区小学校长），内部组织计分总务、宣传、调查、捐务、军事、抚恤各股。各股负责的同志是：总务股长古雪涛（日本士官毕业，江桥战役任团长，入关后任李海清〔青〕参谋长，后遇害），宣传股股长主席兼，调查股长为记者，捐务股长徐福之（青岛大学学生，信基督教，任海拉尔教会牧师），军事股长张大同（黄浦〔埔〕军官毕业，北伐时任营长、团附，后中央委为吉林滨江县党委兼指导员。九一八后去吉林乙面坡一带组义勇军，数约万余，与日作战，日本某师团白井曾被其枪杀。后因侦察日伪政情，冒险化装来哈，被奸人告密，不得已，逃海拉尔参加救国军，以继其志。氏性刚烈，富革命性，现任江西行营要职），抚恤股长黄溪清，辽宁人，东北大学毕业，原亦供职东铁，不甘属〔屈〕辱，遂参加救国军。以上各股还有副股长佐助。后援会经这次的改组与整顿，各股昼夜加紧工作，于十一月二日职员四十余人乘严冒雪，全体出动分组募捐，虽终日不得饮食，各人皆无怨言，爱国精神，于此大可表现了。十一月六日大会运送牛肉及各种慰劳品，约值数千元，送给前方将士。十一月九日，大会假体育场举行海拉尔市民大会，是日全市各商号、各机关、各学校，一律休假一日，到场人数约三万余，为海拉尔空前大会。后援会推举临时大会主席团五人，即举行讲演，并游行全市。由是民众一天比一天抗日的情绪加紧了，后援会的工作与使命也算达到了一些。

《黑白》（半月刊）

上海黑白半月刊社

1935 年 3 卷 7 期

（朱宪　整理）

察东事件与华北战区交涉

斯咏　撰

　　东北通邮问题解决以后，一般人咸料中日关系即将趋于和缓，不意事实完全相反，一月中旬日本忽以进侵察东闻，一时情势至为紧张，中日关系，似又转入一新的纠纷中。厥后幸经双方开诚会商，军事行动乃得停止。兹追记察东事件之经过及最近关于战区之交涉如下。

日侵察东

　　一月中旬起，日伪陆空军忽纷纷向察东移动，军队输送甚忙，似有大举侵察之意。日伪军目的在占据长梁、乌泯〔泥〕河、北石柱子、南石柱子、永安堡，及四道沟一带，驻热日军竟强词夺理，遽声言上列各地为热河省丰宁县辖境，实则原属察东沽源县境，中外地图所载界限甚清。即退一步言，该地属热河县境，日亦无进占之理，盖热省为日非法强占，即不能遽谓伪满所有。日方之声言荒谬绝论〔伦〕，毋待指斥。考日方提出此种要求之原因有五：（一）为沟通多伦至沽源二、四两区之交通。（二）为巩固其多伦至二、四区长城线之整个防线。（三）为巩固热西防线，因大滩与长梁各村庄之间，有一高坝，一上一下，共为二三十里，一片荒凉，向无人烟，日军不能在坝上设防，一旦有事，我军一过此坝，大滩即不能守，故日方在军事上言，必将坝西我之村庄全部占去。（四）为以此等村庄为根据，招收察东土匪，以备扰乱察省，并作热西屏障。（五）为由多伦向察东贩运毒品，日方拟每年向绥、察两省贩运白面二百万元。

侵占察东经过

日关东军去年派松井驻张垣，名为军事联络员，实际上即为一特务机关长。数月以前，松井即不断向察当局要求：（一）划界，将上述各村划入热境。（二）察东我军退至长城线以西与以南，长城线以东与以北由日方设警。察哈尔省政府主席宋哲元谓察军只负守土责任，若欲划界，请日方与我中央及北平当局交涉，至于上述各村，均属察省，日方如欲强夺，可自为之，若欲我方随意让出，决不可能。松井又要求允许日军在上述各村行军，宋亦拒绝。去年十一月间伪军曾向长梁进攻，经民团击退。至一月十六日，伪军三四百人又来扰乱，亦被民团击退，至此日方乃作扩大宣传，声言将取军事行动。一月廿二日下午六时起，日军突大举向察东猛攻，日伪军分两路攻沽源及独石口，飞机投弹，大炮猛轰，东栅子一带，掷弹尤多，我国警民伤亡四十余，损失綦重。至廿七日晨，日军一队携山炮数门，开到东栅子，将该地强行占据，声势甚汹。

中日双方交涉

自日军犯察后，我国力持镇静，采取交涉途径。我方即派秦德纯、岳开先向日本驻张垣军事联络员松井武官提出交涉，中日双方均认此为地方事件，谋就地解决。日使馆武官高桥迭访我北平军事分会委员长何应钦谈判一切，于是双方意见始渐趋接近，乃举行正式会议。

大滩会议

关于会议地点，我方初主在平举行，以便对出席会议之代表作随时指示，以表慎重之意。至二十九日晚间，日武官高桥忽向我当局提出关东军方面对于和平会议之原则三条，我方认为会议之原则既定，将来举行会议不过讨论细目，会议已无严重意味，故对开会地点，不再坚执，允在大滩举行。代表人选日方定为现驻热西第七师团所属之高级军官谷实夫（第十四〔三〕旅团团长）、永见俊得〔德〕（第二十五联队队长）与松井三人，我方因会议之性质已变，遂将原定之代表人选加以变更，朱式勤与岳开先二人中止参加，改由现驻察东第三十七师之参谋长张耀庭〔樾亭〕与省府科长张祖德、沽源县长郭埕恺三人充任，张耀庭〔樾亭〕与谷实夫为中日首席代表。双方代表于二月一日下午三时到达沽源，当晚张耀庭〔樾亭〕等即与松井在县政府会谈，互释误会，松表示甚好（按察变之初，松井态度十分强硬），谓到大滩后，诸事一谈即决。二日晨七时许，松井与我代表同乘汽车出发，经过中日军防线时，由双方派兵护送，九时到达大滩，十时即在该处日军永见联队之司令部开会。日方之正式代表为谷实夫与永见二人，我方为张耀庭〔樾亭〕、郭埕恺二人，由张祖德与松井分任中日文之翻译。双方代表互相握手后，谷实夫首先发言，略谓察东事件，系出于一时误会，今双方既均不愿使事态扩大，日军即可全部撤回原防，希望察省亦莫再向独石口、沽源方面增兵等语。我代表张耀庭〔樾亭〕当即答称：中国始终保持和平原则，对此次事变，深表遗憾。今日方既愿即行撤兵，和平了结，双方误会从此冰释，独石口、沽源一带除原有驻军外，自无再事增兵之必要。至于长梁等村民团原有枪枝，俟日军撤完后，察省即完全交还当地人民，俾能自卫等语。旋即散会，双方代表即各返原任。此次会议时间至为短促，盖一切已交北平商妥，大滩会面时只作口头之最后肯定也。

和平解决办法

军事委员会北平分会，二月四日正式公布关于察东事件中日双方在大滩会商和平解决办法，其公布之原文如左："据陆军第二十九军军长兼察哈尔省政府主席宋哲元报告，察东事件经派第二十九军第三十七师参谋长张樾亭，率同随员沽源县长郭堉恺，察省府科长张祖德，于二月二日前往大滩，与日军第七师团第十三旅团长谷实夫，第二十五联队长永见俊德及松井〈大〉佐等，于是日上午十一时，在该地会商，口头约定解决办法如左：察东事件，原出于误会，现双方为和平解决起见，日军即返回原防，二十九军亦不侵入石头城子、南石柱子、东栅子长城东侧之线，及其以东之地域。所有前此二十九军所收热河民团之步枪，计三十七枝，子弹一千五百粒，准于十日由沽源县长如数送大滩，发还热河民团。"自此以后，日军纷纷撤退，察东事件遂告解决。

清理战区交涉

关于"战区"清理问题，前因察东事件发生，致进行迟缓，似入停顿状态，益以新任日使馆武官高桥坦，系属日军人中之少壮派，故双方接洽，恒有格格不入之势。及察东问题解决，日关东军驻沈特务关机〔机关〕长土肥原，适亦进关游览，"战区"清理委员会常委殷同等，事前奉政整会委员长黄郛，由京来电令妥慎招待，土肥原在平勾留期中，以感觉所得，认为两国关系已入于接近途中，于是"战区"未了问题，遂谋继续商谈。十一日午后三时半，殷汝耕、殷同、陶尚铭及日武官高桥，榆关日特务机关长仪我，在天津开会讨论：（一）新特警队开战区换防；（二）滦东日、韩浪人取缔；（三）马兰峪、东陵接收；（四）玉田保安队民团管理。磋商至六时半方散，对四事已议有办法。十三日午后我方代表殷同、殷汝耕、陶尚铭、朱式勤及日方代表仪我、大木、田中、高桥等又在北平殷同宅谈判战区清理问题，对各问题大致已商定原则，惟双方尚未发表。另一方面我方战区清理委员会在平开会，讨论解决悬案实施办法，十四日开会时该会根据中日商定之原则，拟定一具体清理方案，俟日方同意后，即可实施。仪我又于十五日访河北省政府主席于学忠，交换清理战区意见，关于战区新编保安队开入事，经决定仍维持五千名额数，除携步枪外，得携轻机关枪五十挺，以便镇慑匪患。仪我表示该项新保安队所携之轻机关枪数目应经日方随时调查。于答称随时调查，似嫌烦琐，可于新保安队开入时检查，较简捷，日方已同意。并闻仪我于晤谈时极欢洽，仪我曾表示保安队万一于剿匪有用大炮必要时，亦可随时与日方接洽运往应用，惟于用毕后，须即运回等语，于亦表示满意。又关于接收马兰峪问题，殷汝耕于十六日晨访高桥谈判，高桥表示须向关东军请示，仍未确定日期。陶尚铭廿七日晨到津即与殷同、殷汝耕往晤高桥谈商，午后，中日双方在常磐旅馆内，详谈新保安队换防、玉田民团整理各事，津领馆副领田中、日驻屯军参谋川口均与议，对保安队统治机关及玉田孙继周部调防地点，已有决定。晚间殷同在北宁路招待处设宴，招待高桥诸人。又滦县民团廿五日逮捕韩浪人毒犯一名，与日方发生误会，唐山日领曾提抗议，陶尚铭特与田中磋商，可和平解决，被捕韩浪人，即释放。战区问题经中日双方之数度洽商，意见已趋接近。二十八日午后二时，中日双方仍在常磐旅馆内会谈战区保安队换防实施手续，及玉田团队整理、战区内日、韩浪人取缔各问题。我方与议者为殷汝耕、殷同、陶尚铭、朱式勤，日方为高桥及田中副领、日军参谋川口、堂胁诸人。至午后五时，对保安队东开一事，已大部商定，俟实施时，中日双方正式公布。至于东陵、马兰峪接收问题，俟高桥赴长春请示后，即可从长计议也。

《外交评论》（月刊）
南京外交评论社
1935 年 4 卷 2 期
（李红权　整理）

伪军李守信部突进犯沽源

德亮　撰

中央社北平九日电，据关系方面消息，伪事〔军〕李守信部约九百余人，九日上午十一时由飞机掩护，突犯沽源，驻沽保安队当即迎头痛击，刻仍在激战中。

中央社北平九日电，李守信进犯沽源消息到平后，日方表示即去电制止。

中央社北平九日路透电，日军已开抵通州，距故乡仅十五哩，故平地民众现纷加猜测，视为日军事当局拟在殷汝耕所谓"自治政府"并入冀察新政府以前，在冀东占定坚固之势力范围。据可靠华人方面消息，日步兵百名，昨由古北口开抵通州，驻于当地某学校，拟长留该地，闻尚有日骑兵二百名已抵密云，向通州进发。据可恃消息，"冀东自治会"已获有日飞机十架，刻正在通州郊外筑造飞行场，故日兵乃接踵而至。何应钦已赴汤山，大约将在该处休息数日。徐永昌昨夜抵平，将于今日晤何。闻冀察政委会已罗致吴佩孚、鲍文樾、莫德惠、靳云鹏等为委员。

中央社北平十日电，驻多伦伪军李守信部，九日晨进犯沽源后，由当地保安队严行堵击，相持数小时，迄未得逞，午后即停止接触。保安队死伤十三人，其他损失尚无统计。

中央社北平十三日路透电，闻此间中国军事当局已向日方抗议伪军侵入察哈尔事，又闻平日军当局允去电制止。昨日学生方面声称，彼等反对所谓自治运动，借以表示中国人绝未有主张华北与南京脱离者。

中央社北平十一日路透电，据华方可恃消息，星期一被伪军围攻之沽源，顷已被伪军占领，除悉保安队因该队司令李克诚（译音）受伤已退出沽源外，别无所闻，保安队亦有十二人受伤，即送张北医治，显见初次冲突发生后，即无战事，而伪军即于防兵退却后，占领该地。沽源地处偏僻，非寻常交通所能及，故确切情势尚不明了，即此间之日本驻军发言人，今日亦云并无关于此事之消息。

中央社北平十一日路透电，据今日张垣消息，保安队与伪军之战事，业已停止，但仍在对峙中，保安队之伤兵十三人，已悉运张北医治。

中央社北平十一日电，多伦伪军李守信部，进犯沽源，被我保安队击退后，现调动步、骑各队增援，目下正对峙中，闻伪方企图以其所编之蒙骑二千名，接防察东。

中央社北平十一日电，据关系方面息，伪军李守信部十日深夜突袭宝昌，该处保安队力量单薄，不能支持，大队长李克昌阵亡，此间当局据报后，除令张允荣十一日午赴前方外，并与日方交涉，闻允为调停云。

中央社北平十四日电，据张垣电讯，沽源十三日有一度接触，旋即停止，宝昌情况仍不明。日方代表十四日午访萧振瀛，商谈解决办法，包悦卿午亦访宋哲元接洽。包定明后日赴百灵庙谒德王，据关系方面声称，此事决不致扩大。

中央社张家口十四日电，张允荣十三日晚由张北返，谒张自忠，报告察北事件近况。现察事已由平方交涉，日内当可解决。张自忠谈察北五县蒙旗保安队协防问题，酝酿在半载前，今李守信部犯沽源、宝昌，我方本睦邻意，不愿因地方冲突，致事件扩大。

《中央时事周报》

南京中央日报社

1935 年 4 卷 49 期

（朱岩　整理）

绥远剿匪之刍议

王济川　撰

1. 引言

连日报载剿匪及匪徒虏掠之消息，阅读之下，不胜愤恚。窃思我绥所受之匪患，较川、赣诸省所受之"共患"，实有过之无不及；以其出没之年数而论，无年无之；以受其祸之地域而论，无县无之；虽经屡年之剿灭，不是〔时〕之逮捕，但前扑〔仆〕后继，此伏彼现，徒牺牲士卒之性命，耗消血汗之金钱，仍无若何成绩可言；因每当剿匪极烈之时，只将大股匪徒击散，化整为零，分窜四方，潜伏不现而已；表便〔面〕视之，扑灭殆尽，匪患无存，剿匪之功，诚难言喻！惟一俟大军云散，各回防地，匪徒复又化零为整，蠢动各方，虏掠生活，复行开始。大剿犹是，小击更不堪设想矣；劳均力衡，相持不决，战区人民处于夹攻之状态中，较单纯之匪患，实胜数倍。因无官兵追击之时，只发生奸淫虏掠之事实，人民之生命，尚无若何之危险，若遇官兵之追击，必发生仇视人民之心理，因之生命亦随此心理而被戮〔戮〕杀，此为数见不鲜之事实。反之匪强兵弱，不独无扑灭胜利之可能，徒为其增加若干辎重给养，如斯之剿匪，加厚其实力，助长其生命，何若不剿之为愈。若匪弱兵强，击此窜彼，辗转追剿，不徒无扑灭缩减之可能，反致扩大匪区，使受害者增多而已。此小击之三种事实现象，为吾人所熟睹者；故近年以来，愈剿愈炽，虽对匪徒加以严刑峻法，而人数亦不稍杀，以致官兵交困，上下焦急，实有剿不胜剿，防不胜防之表现。其所以能如斯猖獗者，实因绥匪有特殊存在之原因，及剿匪有未能尽善之处所致；今就管见所及，略述于下。

2. 匪之来源

我绥地处塞北，位近寒带，民风之敦厚，民性之强悍，远较他省为著；操作耐劳，俭朴成风，尤为各省所不及；此非自诩，实自然、气候、社会环境之使然。惟自民元以后，社会环境为之一变，欧美之文明，深入内部，边远人民，受其洗礼，思想生活随文明之进步，日趋于复杂，自其优点言，交通之便利，都市之勃兴，社会事业之发达，人民思想之进步，皆受其恩惠。自其劣点言，交通便利，适足以增加匪徒之能力，今此明彼，随心所欲，剿捕困难，逃窜敏捷；都市勃兴，户口繁滋，各谋生存，遂相竞争，物力既艰，谋生非易，弱者流为浮浪，强者挺为匪盗；社会事业发达，大规模之组织出现，生产增多，资本集中，劳资对立，贫富悬殊，手工失败，失业增加，生活胁威，流为盗匪；人民思想进步，敦厚朴实之风渐泯，侈奢淫乱之性渐增，而智愚贫富之相距愈甚，其结果，愚者忌智者，贫者嫉富者，或起怨咨〔怒忿〕，以怀非分，终至使贫而且〈愚〉者，驱于盗匪之途，此文明反射之结果，亦共同之现象。故我绥之匪数及手段与文明俱增，岁月并进，已有二十余年之历史，诚为不可忽视之事也。今就其来源，分析说明如下。

一、盗匪客观原因之来源

a. 灾荒与盗匪

灾荒为产生盗匪来源之一，亦为古今中外共同之现象，试阅读我国之历史，即不难有显明之证据，因历代每一政治上之大变动发生，同时必有一凶年饥馑为其衬托，反而言之，每一饥馑发生，政治必受其影响，大则固可左右国家，小则亦能扰乱治安。可知灾荒为自然对于人类之暴威，然人之所以贵乎人，即在能对于自然之暴威，加以防御与反抗，此在交通完备、生产发达、文化高超之国家，灾荒对于人类，实不能生若何影响，亦无从使其暴威；但在我国，适得其反，内地如斯，边区何能独异，故我省每一灾荒发生，盗匪之数额即骤增。凶恶之徒固多，良善安民，迫于生计，挺而走险者，为数亦属不鲜，因斯心志坚强者，俟生活安定，固能各操旧业，恢复良民，而意志薄弱者，即永久流〈为〉盗匪，与凶恶为伍，虏掠为生，所以每经灾荒一次，盗匪即可增加数倍，此灾荒之所以产生盗匪者也。

b. 习惯与盗匪

语云"近朱者赤，近墨者黑"，诚哉斯语，观我省各县之情形，可谓无谬矣；□近省会□□，□开发较早，组织较备，外匪既难混迹其间，内匪复不易使其产生，且距省会既近，虽于秋冬耕作完毕之时，亦易谋业，维持生计，故除少数有恶性而甘作盗匪者外，大部尚不致因冬暇流为盗匪；而边县荒区，开发既晚，组织亦简，既为混迹外匪之地，复形产生内匪之区，因每当春夏，固操作于田野，冀希坐食秋冬，设年丰稍欠，口粮中绝，冰天雪地，谋生非易，即转而为匪，流荡他乡，抢劫虏掠，任意恣为，幸而生存，饱载而归，洗手为农，籽种无穷，如斯相延，虽年丰岁景，衣食无忧，亦不甘坐家乡，而使货财□弃于外，遂形成春夏为农，秋冬为匪之恶习，相延日久，少妇弱孺，耳濡目染，率相效仿，故近来每有黄发鬈龄红颜少妇为匪者。此非恶习之所染，何能如斯？且征之春夏匪杀，秋冬为炽，虽与气候有关，而恶习之风，何能无因，此习惯匪产生之由来也。

c. 农村破产与盗匪

农村破产为我国近来普遍之现象，外感国际经济之波及，内受灾荒苛杂之影响，以致促成如斯现象，使人民处于水深火热之中，陷于万劫不复之下。强者挺而走险，弱者转为沟壑，颠沛流连〔离〕，抛妻弃子，背井离乡，转食他方，各省皆然，互为掠夺，我绥之匪股加入各省流浪为匪者，何只千百。且我省农村破产之程度，亦有增无减，向者妻子为念，虽经济困难而欲为匪，亦因舍弃家族，为人情之所不忍，是以如何困难，亦必尽力经营，竭力维持，以图一家之欢聚，今则鬻妻卖子，一身而外，别无顾虑，生活拮据，歧念俱至，故易步入匪途，此农村破产为产生盗匪之源也。

二、盗匪主观原因之来源

a. 遗传与盗匪

吾人□不能决定盗匪之子孙，一定仍为盗匪，或盗匪之祖先，一定曾是盗匪，依据近世学者，于确定精神病之遗传关系外，认为犯罪亦有遗传之关系，由此可知凡其祖先为盗匪者，其子孙虽非绝对仍为盗匪，但大半受遗传关系，仍操旧业，是无可讳言。惟遗传之与盗匪原因上所以不是决定之要素者，实因遗传为先天之影响，而为盗匪之原因，多少仍受后天环境之诱惑。如将同一遗传之所有者，置诸不同环境之中，即可证明受环境之影响而移转其天性。所以有遗传之关系，而不能全部仍为盗匪者，即此之由。故遗传亦为盗匪来源之一也。

3. 匪存在之原因

匪之来源，固如上述。然其久剿不灭，冲横各县，不能不有其存在之原因，故于说明其来源之后，不能不究其存在之原因。大别之为二，即人为原因与自然原因，分述于下：

　　a. 人为之原因

我省各县所受之匪患，与年俱进，虽经大军剿捕，然屡扑屡兴，终无肃清之日。推其原因，实由收抚之结果所致，因每当逃窜无方，势将扑灭之际，官方即收抚之，招安之，将其编为军队，驻扎各地，一俟有机可乘，辎重充足，枪械齐全，即又哗变为匪，因斯军队（收抚之土匪）与土匪之区别，只不过法律上之区别而已，即土匪为无法律保障之军队，而军队实为有法律保障之土匪。如此兵匪交流之绥远，每收抚一次，即与其补充辎重枪械一次，虽被剿而受创痛，何能望其绝迹乎？且自民十五国〈民〉军战败及去岁孙军之解决以来，枪械弹药之遗留于匪手者，为数甚夥，匪徒既不忧枪械之缺乏，复不畏弹药之断绝，故能长期对抗官兵，此实为使匪徒存在之人为原因也。

　　b. 自然之原因

我绥地土辽阔，山脉纵横，大河迂回，交通梗塞，人民杂处，蒙汉分治，凡此种种，皆为各省所无，亦我绥之特殊环境也。故每当匪徒猖獗之际，胜则窜扰各地，奸淫虏掠，任意恣为，败则退守山林，恃险抗拒，或窜越黄河，追迹无术，甚或逃入草地，使军队追剿无法，扑灭无策，此实自然环境促其存在之原因也。

4. 剿匪之方法

甲、治标之方法

a. 指挥统一

我绥向来之剿匪，无整个之联络，彼此之互助，各地民团、保卫团，皆抱地域主义，若能将匪驱逐出境，即为尽责，各地之驻军，亦抱防区主义，如匪徒不于防内骚扰，何必多事而追求。胜则固可扬名炫〈耀〉，败则徒遭申斥，故皆遵守"各自打扫门前雪，休管他人瓦上霜"之宗旨，因斯匪徒无东顾西虑之忧，随心之所欲，窜扰各地。故欲使匪徒扑灭，非去此弊而有统一之指挥不可。若能将剿匪所有之军队，归一人总辖，既能统盘计划扑灭之方，复有随意调动军队之力，胜则固能围剿，败则亦可防堵，指挥如意，收效迅速，此为剿匪所必要者也。

b. 地方军为主

现在剿匪之所以常时失败者，其他原因，固非绝无，但因地方军为从客军为主之所以致败者，实占主因，每当匪徒骚扰之际，大军云集，地方军只居于向导之地位，听大军之鼻息，供大军之驱使，无从发展其剿匪之策略，而大军因地理生疏，进退莫测，每受匪徒之暗算，而致失败，此主客颠倒之结果现象。若以地方军为主，予以调动大军之权，复加地势纯熟，进退无忧，踩迹追击，无往不克，虽不能扫数剿清，亦可扑灭大半，此地方军为主之优点也。

c. 行动敏捷

兵贵神速，古今皆然，剿匪何能独异。我绥之军队，不能本斯原则，以致良机易失，虏掠延长，此虽因交通不便，报信迟滞之故，然军队之不能迅速开拔，敏捷追击，何能无咎。故今后对于通信机关，固当设置完备，而军队之得报迅速追剿，尤为必要，因若能敏捷用事，出其不意，攻其不备，何患而无胜利。且如斯神速，匪徒疲于奔命，何有余暇而能大肆房掠，安享奸淫乎？此行动敏捷之功效也。

乙、治本之方法

b〔a〕. 训练民团

绥民受匪徒之蹂躏，夜不安枕，食不甘味，终年忧感，无时或息。复感军队之无用，因大军之驻防，必择重镇大乡，而小村避坏〔僻壤〕，既无力供给养使其移驻，复不能受实惠防匪于未然；区保卫团兵，虽驻防三五，然因人数微鲜，不独无剿匪之能力，且时因劫械之故，而招徕匪徒；故匪徒之房掠日甚，军队之能力等零。处此境况，人民不得不起而自救，以防万一，故近来各村皆有民团之设。然因经济有限，效力薄弱，路劫棍寇，尚有支持，成群大股，徒供给济，以是欲望匪徒之绝迹，非训练民团不为功，如能设法扶助，加意训练，使地方之力量充实，人民之自卫扩大，各村协力，各区互助，各县联络，能如斯，匪徒不剿而自灭，欲其产生而无由，民团之功，诚可限乎？

b. 实行连坐

连坐之制，创始我国，为历代所采用之良法，若移之今日，用于肃匪，实对证〔症〕下药之良剂也。因文明法律，刑只一身，故独身为匪者，固无论矣，即有家庭之匪徒，漂流外乡，房掠为生，而家族亦不受若何之影响，直斯之故，遂有一人为匪，家族享乐之举，故应实行连坐，使人民互为担保，互负责任，即彼此监视，一人为匪，他人受累，如斯虽有甘作匪徒者，亦因监视者之规劝报告，使其消迹于未然，而不能出现于社会，较之官厅之监督，军报之剿灭，实不能以道里计，此连坐为根本消灭匪徒之良法也。

c. 贫民救计〔济〕

贫民为犯罪之渊源，亦人生之最痛苦者，就慈善及治安上，即应设法救济，何况无形中可以消减〔灭〕匪徒，故平民之救济，为事理之至明。惟其救济之法，可分二种，一为现金救济，一为实物救济。又可分为院内与外院〔院外〕救济二种，院内救济之机关，除现有之恤老院、育婴堂、妇女救济院等外，复应设立救贫院、弃儿收容所、精神病疗养院等；院外救济之种类，得分为现金、房租、粮食、医药、职业介绍等。惟普通救济贫民之方法，大约皆以院内救济为主，而以院外救济为从，因院外救助，于监督上至感困难，若保护监督稍有疏忽，则弊端百出，流弊丛生，故应先设法办理院内救济，必要时，始以院外救济补之。如此贫民渐形减少，社会之潜伏匪徒，无形消灭，以此救贫之对于消灭盗匪、预防盗匪，实有莫大之裨益。

d. 教育事业

教育为国家之命脉，百事之基础，亦为预防犯罪之基本良法，故每观一国之教育状况，即可推知其社会情形。是以一国文野之判别，人民知识之高下，胥由教育是赖，故普及教育、强迫教育为我国现时之急务。绥省教育本为落后，文化又属晚开，普及教育、强迫教育之实行，又何可后人，故除实行上项教育以普救一般失学儿童及文盲〔盲〕外，复应实行特殊教育及感化教育。所谓特殊教育者，即对于精神上或身体上有障害者之教育事业，所谓感化教育者，即对于陷于遗状态度之不良男女之教育事业。而感化教育之目的，在由不良男女之行亲权者或监护人之手中，将其教育权移归于公，以便矫正其恶化而使成为独立之优良国民。因行亲权者或监护人怠误子女之监督教养，或竟完全不能监督教养时，若国家置诸不理，则此不良之男女，即可进而紊乱社会之秩序，破坏善良之风俗，为匪作盗，势所难免，故须设此特殊之教育，以教养之保护之，其结果即可除去大量之反社会分子，无形中消灭若干之盗匪，此教育事业为盗匪消灭之重要原因也。

《绥远旅平学会学刊》（月刊）

北平绥远旅平同学会

1935 年 6 卷 1 期

（李红权　整理）

请当局注意蒙古游击队在各地横行

——读张队长惨害李二秃之后

作者不详

回臆〔忆〕一月以前，绥省与蒙政会因税收问题，纠缠数月，至今未能完全解决。在五月十一号笔者在报半尚看见包西各处仍拦货征税，并加出插腿钱之税（见本刊补白），虽经政府三令五申限其撤消，不想暗中乃实行祸国殃〔殃〕民之勾当，而一般弱小商民徒空呼救之外，亦只忍受其横征暴敛之榨迫。追思一月前萧仁勇氏奉命解决此事，亦无结果而返，一时社会各界人士，皆认为事件扩大涉及政治问题，而在平代表每向各界宣传，故意张大其词，认为解决此事，非王靖国之军队，先行撤退，则一切无从谈起。按黑沙河一营驻军原为追剿残匪开往，后为御防"共匪"及扬〔杨〕匪遂暂留该地，而蒙政会与绥远省府由劈税问题，又转到驻军问题，认为绥方先撤退驻军始可谈到解决其他问题，不辛〔幸〕微些小事，竟又转入政治问题，亦加北平之代表大加宣传，认为绥驻兵具其他用意，干涉蒙政会自治权，而两方军队接触之讯亦遂隐闻于吾人耳中。吾人当时即提出此事加以讨论，题为《关于绥远税收问题》，认为蒙方故意小题大做，绥驻军原为剿匪防共，而蒙方竟扩大宣扬。但绥以内常有蒙古之游击队驻留各地，不但一切给养取之于民，尚蛮横无理，时鞭挞人民，不论农民忙否，时抓获为伊等支差，并由乡村摊派款项，此固由乡长亦借此分肥，而亦因其强迫之故。非特此也，并时常干涉民间一切民事、刑事，不但骗诈民钱，具〔且〕无故用刑拷打，吾人当时提出此事，一为驳蒙政会对绥驻军之问题，二为唤起当局者之注意，不幸竟被当局者不睬，而游击队仍做其规外之恶事，吾人真不由替无幸〔辜〕人民一哭耳！

绥远民众所受贪官污吏之蹂躏，及各种无名之苛捐杂税……种种压迫已到淹淹〔奄奄〕待毙之际，而再加蒙旗之苛征暴敛，则更迫人民走向死路。实际而言，绥省正式捐税在中国现在情形而论，尚不为最苛者，实与由各种无名不正当而任意征加之税所能也，如省府摊一元，到乡公所须在六元以上，再加区警费、区公费等等，一区中每月须开支一千五六百元以上，而乡镇中每月亦须开支五百元之巨，此尚为光明正大应开支之数，其余暗中吞赃额征者尚不在内，为此计算，则人民负担是否轻重，惜当局老唱免除贪官污吏中饱及减轻人民负担，则不见在此等地方着眼处理，此姑不再论；如蒙旗方面凡在势力范围之下，更横征暴敛，任意胡为（详情是〔见〕本刊补白），一切均不按照法则，而当局亦抱息事宁人计，认为与自身无关，乃模糊从事，而蒙古王公更可横行无忌，甚且惨害人民。犹臆〔忆〕数年前河西第四区有高姓者，即因不堪蒙方横暴恶行，乃曾控告于县府，而王旗怀恨之下，乃遂将高姓叔侄枪杀于沙莫〔漠〕中，全家乃流离外乡，不得其所。当时县府〔省〕以为一二人性命，不足为奇，竟以模糊而了之，后类似此事常常发生，此皆为当局者老抱息事宁人主义而不关心民瘼，致连涉其他方面，想此思彼，吾人真不能不替绥民三叹而流涕也！此为旁涉他方问题，在此姑不深论，兹再论及本题。兹据《包现〔头〕日报》五月十二日载："知行社讯，小偷李二秃手被东公旗保安第二队张队长（守德）戕害，死于非命，而捏报县府，谓李某系杨匪余党，因谋逃被击毙等情，业志前讯。记者以此事颇为一般人注目，特趋往各处详加探听，据一般明白者推测，谓李二秃子〔手〕，称其为小窃则可，而报其为匪则不可。缘李某在四脑包居住历有年所，行为不端，偷窃为生，人所共知，该张队长报李为杨匪余党，显系捏词掩饰。至被扣后，逃跑郊外，并抢掠枪械等话，更属荒谬。据西脑包乡民目睹此事者谈，李某二次被拘后，张队长恨之入骨，竟施用酷刑，将李某打的遍体鳞伤，由脑包解往井尔坪乡时，李某尚系匍匐徐行，焉有逃跑之余力。至抢夺枪械，既为秃手，抢枪何为？即或有夺枪之能力，而该李某已处于九死一生之环境中，逃跑何能。种种怀疑，不一而足，于此可证，李二秃手之死，决非如张队长之所言，昨又据某司法负责人语记者，李二秃手窃人之物，该队并无干涉之权，今非但不予公正之处押，反就〔视〕人命如儿戏，决不稍宽容，一俟查明属实，当严予惩处云。"查东公旗保安队（即前之游击队）驻井尔坪村〔乡〕，是第一区境内，与包头县政府相隔不过二里之遥。按井尔坪非属蒙古辖地，当然不准蒙兵驻防，此与包王在平宣传蒙地不准绥军驻相同，井尔坪治安问题自有绥军维持，无须保安队来此费心，此为一也。李二秃□□□□为一小偷，非保安队所谓杨匪余党，□□枪枝，□自捏□，以掩他人耳目。一小偷则保安队无从过问，或可转交乡公所再转送公安局尚可，绝不能不合法干涉，此其二也。小偷盗窃，自有明文法办，绝不能施行酷形〔刑〕拷〈打〉，甚而用枪击毙，此其三也。这虽是小事，而证明保安队是随便在各乡中驻留，民间一切事情不论刑事、〈民事〉要常加干涉，不但要用刑拷打，还可住〔任〕意惨杀，这样无人管治的人民，不知当局将何以处理？离县府仅二里之遥，游击队尚且如此，而稍远之处，则更不可言喻。并闻保安队驻于何处而而〔即〕须要地方给养，人民既不用其保安，则再另纳给养，亦未冤充〔免冤〕枉过甚！保安队既时常干涉民间刑事、民事，又无故向人民征税，而各乡乡长竟不报县府，狼狈作恶，官实可痛。吾人之意：（一）先严办各乡乡长，如井尔坪等村〔乡〕；（二）交涉各地不准驻防保安队；（三）扣办张队长及其同伙。为当局认为人民纳税交粮为国家设立各种机关意义为何？或当局者尚有过问必要，此事虽小可证明保安队在乡中横行胡为，应认真办理，若当局仍再抱过去四区高姓之事，而不闻不问，则当局最好休向人民征税摊款，而人民一切皆由保安队管理，则未为不是正当一路，因"天无二日民无二王"也，若此事当局者仍不给理，则吾等赤手空拳百姓，一走出城外则有被保安队击毙之虞，并向县府报称亦云扬〔杨〕匪余伙，抢掠枪械等语，则吾虽死，亦须领此冤头衡。吾人不再多言，惟待当局将何以处理此事下！

五月十四日写于北平

本文系在阅报后所写，过两日又见本县某司法者谈话，谓此事决认真理办，不应干涉民事。而地方政治当局则从未表示何种意见，不想至今月余竟无下文，而当局或者认为一小偷，死何足惜，乃又以不闻不问态度而了之，实此事关系甚大，吾人切盼当局认真处理，想当局者苟无别抱心意，则不能致〔置〕之不理也！

作者附志，六月十六日

《绥远旅平学会学刊》（月刊）
北平绥远旅平同学会
1935 年 6 卷 4、5 期合刊
（李红权　整理）

察东问题之回顾与前瞻

华企云　撰

一　引论

所谓察东者，便是察哈尔的东部。察哈尔在汉朝时候属上谷郡，晋时为拓拔氏地，隋唐间为突厥所据，宋辽为上京和西京地，元代为上都、兴和等路。元亡以后，即落入漠南内蒙古境，中亘明清以到民国三年，划为特别区域，十七年九月改做行省，治同内地。这是察哈尔一些些沿革历史。

溯自民国二十年日本趁九一八暴劫占据了东三省以后，内蒙改成行省的地方像热河、察哈尔、绥远，与日本只手造成的伪满洲国成了紧接乡邻。既而又借口热河省是"满洲国"的一部分，于民国二十二年元旦暴动攻陷下来。

自从热河省沦陷以后，察哈尔、绥远与伪满犬牙相接，形势上着实有些危险。于是内蒙的王公们诚恐再蹈覆辙，在二十二年七月发起所谓自治运动，好容易自治问题在二十三年春解决过了，察哈尔东部恰又生起问题来了。

二 察东问题之原因

察哈尔虽则改省，但地理上还有盟、部之分，在北面的是锡林郭勒盟，在南面的是察哈尔部。锡林郭勒盟属于王公们势力范围，察哈尔部则才是名实相副的察哈尔省政府辖境，这次的察东问题，正发生在察哈尔部东境沽源县一带，尚未漫及全境，所以只是局部的察东问题。

这次察东问题的起因，可以分做两方面说，在中国一边，则察省之盟的方面，内蒙自治已告解决，王公们矢诚中央，在希望中蒙感情隔阂的日人听之，当然非所乐闻。其次部的方面，则察省驻军纪律良好，土匪肃清，人民生活安定，对国军感情良好，又非希望幸灾乐祸而借口进兵的日人所甘心滋愿。在日本一边，则东北四省虽已到手，但巴蛇吞象，领土欲的发展，初没有什么止境。加之为准备应付与苏俄挑衅起见，更想占据了察哈尔全境来做问鼎外蒙、割断西伯利亚的根据。

在中国方面既触起了他的反感，在制俄方面，又燃起了他的野心，于是察东问题，便这样酝酿起来了。

三 察东问题之酝酿

察东方面的地势，以多伦、沽源、宝昌、赤城、独石口为最险要。多伦与沽源距离热河尤近，所以日方在长城战事期间，即便占据了多伦，去年又占领了沽源二、四两区，延不交还。日方在占有多伦以后，即开通了一条汽车路，直通热河林西，而多伦则南距沽源只二百里，所以多伦之后，即便觊觎沽源。

沽源县共分四区，二、四两区在县境东南部，地当独石口东南与密云、怀柔两县接界之处。据去夏季及初冬亲赴察东考察的张仪女士说来:"该二、四两区南北长两百里,东西百余里,其境群山峥嵘,沟壑甚多,故形势甚为雄壮。且气候较暖,山产林木、蜂蜜、甜杏、核榆〔桃〕、麻菇、木耳之属甚富。"于此可知日方侵占,也不为无见也。除此已失之二、四两区外,第一区在县境南部与东南部,东南一部有十几所村庄,约当该区面积之半,地势上正介在多伦与二、四两区之间,重要村庄有马村、北石柱子、南石柱子、永安堡、四道沟、明沙滩、乌泥河、小干沟、狐狸沟、长梁、井儿沟、义合成等,与热河西面丰宁县属的大滩恰当接界。

凡此村落,均属沽源县辖境,在中外各地图上,所载界限甚清,而且上列各村,向无驻军,只有当地民团维持治安。日方若要出兵侵占,当然师出无名。可是日本为了沟通多伦到沽源二、四两区的交通计,为巩固其多伦到二、四两区长城线的整个防线计,为巩固热西防务计,为攫得察东长城以外各重镇计,为招收土匪扰乱察省计,为由多伦向察东贩运毒品计……一切的一切,竟老了脸皮想得出这十几所村庄原属热河省的丰宁县,应划归伪满洲帝国辖境。

但是这样贸然出动,究竟有些不雅,于是日本的关东军方面,去年先派松井中佐驻扎张垣,名义上充军事联络员,实际上任特务机关长。在几个月以前,松井便不断地向我察省当局提出要求两项,第一是划界,要求将上述各村划入热境,第二是撤军,要求我察东驻军退到长城线以西及以南,长城线以东和以北,由日方设警。

察省政府主席是宋哲元氏,对于日方无理要求,坚决拒绝,声言察军只有守土之责,若要划界,请转与我中央及北平当局交涉。至于上述各村,均属察省,日方如想强夺,可以自己为之。若要随意出让,恰没有这般容易。松井见宋氏不为所动,便要求允许日军在上开各村行军，宋亦严辞拒绝。于是日方老羞成怒，始则于两个月前嗾使伪国向长梁进攻，经民团击退，继则于一月中旬又唆使伪军三四百人入境扰乱，亦被民团击退。于是日方势不得不亲自出马来分别高低，掀起个轩然大波。

四　察东问题之掀起

事到这步田地，正是"途穷匕首现"的当口，于是日方关东军便厚着脸子，声言独石口到沽源一带的华军所驻地带，系属于热河丰宁县。一月十八日夜间，驻平日使馆武官高桥中佐，竟然辗转向留平宋哲元氏，提出警告，措词荒谬，要求撤退察东驻军，否则便取断然态度等语。而关东军司令部则也在这天晚上八时发表声明书，说是现已调集日军飞机，以便立即排拒宋哲元及其上年开入热河省沽源（？）附近大塘区而扰乱地方行政之骑兵。关东军声明书发表后，即便开始军事行动。

时则热河承德日军的主力已集中在丰宁县，最前线部则设法在大滩一带配置，计有伪军张海鹏部约三千余人，并以日军千余人殿后。二十二日晚，开始集中移动，驻古北口的日军二十五联队永见，奉命率领步骑兵约一千五百名，携带大炮、机关枪到达大滩。薄暮，即便向前方出动，利用汽车路前进，运输很快，当晚十时左右向龙滩庙、东桥〔栅〕子一带开始用机关枪射击，实行挑衅，彻夜枪声不绝。二十三日拂晓四时，日步骑兵四五百名，携带重炮四门、机枪二十多挺，向龙滩庙、东栅子猛攻，十时三十分，用重炮向东栅子轰击四十余发，并用飞机掷弹轰炸。至午间，日军先头部队向独石口一带长城线攻击，下午一时许，日机四架向该处长城线连续掷弹十余次。龙门所、黑河等处长城线，亦发现日机侦察，但未掷弹。沽源城天空在二十三日晨九时也有日机侦察，步兵尚无动作。直到下午七时，才行停止。总计日军于二十三日向东栅子、独石口外攻击起，至下午七时止，调查结果是投掷炸弹难计其数外，共开大炮四十余发，我方民团和居民死伤的有四十多人。各该方面因我方并无驻军，并未接触。而察方当局也本了息事宁人之旨，表示只要日方不进一步向我沽源长城和长城线侵略，便可和平解决。

五　察东问题之解决

我方既没有正式的国军与他接触，日方究亦不便一再无理取闹，所以中日双方便以不了了之的手腕，只认为地方冲突，可由地方解决。一面由日方使馆武官高桥致电驻热日军，阻止前方日伪军前进，一面华方察省民厅长秦德纯、交涉员岳开先也在张垣与日方驻张军事连络员松井开始接洽。松井便衔了日军使命，提议各派代表列大滩会议，协商和解办法。

我中央方面对于这次察东事件是始终认为地方问题而责成北平军事委员会分会办理的，所以留平的察省政府主席宋哲元与军分会主席何应钦会商后，也即指示了些机宜，交张垣方面的人员去办理。于是双方先在北平议妥了原则后，便规定二月二日在大滩会议就地解决。

会议地点和日期决定后，我方代表三十七师参谋长张樾亭于二月一日到沽源，日方则派驻张家口军事联络员松井到沽晤张。二日晨，张樾亭率同随员沽源县长郭堉恺、察省政府科长张祖德偕同松井向大滩出发，上午十一时到达，进入日军司令部与日方代表谷实夫及永见俊德等会晤，举行了一个简单仪式。除表示遗憾外，即将解决办法口头约定，并不签定什么文件，范围限于军事，不及政治，会议时间仅仅十分钟，就此告成。

这次解决办法分四项：一、表示遗憾；二、保障以后双方不再发生不幸事件；三、以石头城子、南石柱子、东栅子之线为界，互不侵越；四、放还所收热河民团之枪械、子弹。四日，北平军分会将解决办法公布如后：

据陆军第二十九军军长兼察哈尔省政府主席宋哲元，报告察东事件经派第二十九军第三十七师参谋长张樾亭，率同随员沽源县长郭堉恺、察省政府科长张祖德，于二月二日，前往大滩与日军第七师团第十三旅团长谷实夫、第二十五联队长永见俊德及松井中佐等，于是日上午十一时在该处会商，口头约定解决办法如左：察东事件，原出于误会，现双方为和平解决起见，日军即返原防，二十九军亦不侵入石头城子、南石柱子、东栅子之线及其以东地域。所有前次二十九军所收热河民团之步枪三十七枝，子弹一千五百粒，准于本月七日由沽源县长如数还到大滩，发还热河民团。

双方议定后，日军于三日起撤退，开驻石头城子、南滩等处之二十五联队开回到古北口原防。我方所收热河民团械弹，亦在七日送到大滩日军司令部处置。日军退后，所有长梁、乌泥河、南北石柱子、四道沟、明沙滩和东栅子一带治安，也由民团维持。而日军轰击东栅子、掷弹独石口的损失，则由察省府派员调查后，设法赈济，办理善后。一场大波，便算这样解决。

六　结言

这种解决，在日本虽则未曾达到初衷，把长梁、乌泥河、四道沟、明沙滩、南北石柱子和东栅子（按独石口分东西两栅，即东栅子与西栅子，口南八里则是独石城）囊括以去，可是察东方面自沽源到独石口已经划了一条界线，也不许华军轻易达到线上或以东地方。

这一件事与二十二年五月三十一日中日华北《停战协定》如出一辙。在《华北协定》中说的，"中国军撤退至延庆、昌平、高丽营、顺义、通州、香河、宝坻、林亭镇，宁河、芦台所连之线以西以南地区"，是限我国不许东面越过上述地段，出关去收复东北。这次解决中的如是云云，恰又是限我国不许越过西面地段，出口去收复失地，然后他才可以安安定定，关起门来在东北去做他的太上皇帝。国人不见电通社四日长春电中日方关东军发表的大滩会议么，正是这样说：

中日两代表，经协议结果，宋哲元代表张参谋长对于日本方面所要之一，中国方面今后严禁华军侵入满境，与对付满国（？）以威胁行为，并中止派遣密探，侦察关东军行动。

这是什么话来。

二十四、二、九

《新亚细亚》（月刊）

上海新亚细亚月刊社

1935 年 9 卷 3 期

（李红权　整理）

中日外交形势的转变与绥远剿匪

邓明达　撰

一

　　自一九三一年"九一八"事变起，日本对华就抛弃了以前的"和平外交"而采取了"焦土外交"，即先军事行动而后外交谈判的策略，一直到一九三三年五月《塘沽协定》为止。在这个阶段中，日本由占领东四省而制造了满洲伪国，而且奠定了以后进攻华北的初步基础。这个收获的庞大是惊人的，可是，由于这一策略的执行，使得日本国家预算极度膨胀，劳苦大众负担日益加重，在国际上引起了各帝国主义者的非难，使日本陷于孤立，在中国燃起了人民大众的怒火，使救亡运动风起云涌。在这种情势下，日本是不宜于再行硬干的，所以她的对华策略，便一变作风，而采取了建筑在"牺牲最小，收获最大"的原则之上的所谓"水鸟外交"、"协和外交"、"啄木外交"了。这个外交策略的特征，是以外交为武力侵略的前哨，先外交谈判，而后军事行动，这比"焦土外交"确实更巧妙、更毒恶。华北的自治运动、经济提携等，都是这一策略发挥的作用。但性急的日本法西斯，还感觉这个策略的迂缓，同时又为得要和她同臭味的西方侵略者组织世界规模的侵略阵线，遂有"二二六"政变的发生。经过这次政变，日本法西斯虽然没有完全胜利，但她在政治势力的比重，显然增大得多了。日本的外交策略，也跟着改变，这就是所谓的"一元化"的"自主的、积极的"外交。这个外交策略，虽然没有改变"牺牲最小，收获最大"的原则，和以外交为武力前哨的方针，然而，较之"协和外交"却更加强化与急进了。在事实上的表现，就是对华北经济的、外交的、军事的侵略同时，益加紧迫地进攻。关于这个外交策略有一个很好的注解，我们可看有田代表军部及外省的声明。他说："外交政策的重心是对俄，现在要致力于要求苏联撤退远东驻军，日本则增兵满、俄边境，等待双方军队达到平衡时，再努力于互不侵犯条约的订立，并将在俄设非武装区。至于华北，则设理想区，成立缓冲地带。对英则力谋维持友好关系。"虽然有田的声称，外交重心在于对俄；但日本侵略的指挥刀还是向华北的领土上戮来的。这并不是有田外相的外交词令的纯粹欺骗（这个声称当然并不朴实），而是因为日本对苏联的军事防线，是在构成自鲜北起至土耳其斯坦为止的三千英里最凝固之半自然的、唯一严密的军事永久防御工事。所以，进攻华北，是日本侵略中国第二个阶段的目的，同时又成为日本侵苏的一个手段，借以造成世界侵略阵线的东方战垒。这一政策的执行，在蒙伪及苏伪边境纠纷的层出不穷，华北日驻军的不断增加，军事要区的强蛮占据，特务机关的增设，伪匪军的配置与扩充，武装走私，广田三原则的要求表现出来了。到最近绥东事起，表示得更加鲜明。这且留到后面再说。

二

正在日本对华北加紧侵略的时候，中国的统一运动有了新的发展。

自"九一八"直到中国真正统一局面没有完成以前，中央政府因为国内政局的分裂，救亡准备的不充分，只好一方面以极镇静持重的态度委曲求全地和日本周旋，另一方面，埋头苦干，求国内真正统一的实现，发展国民经济，建设国防，作最后关头救亡的胜利准备。所以在这一个阶段中的中国外交似乎是被动的，没有甚么自主的中心政策。"弱国无外交"，在强邻无理的压迫之下，丧失了半壁的大好河山，这当然是全国上下非常痛心的事！

由于政府及民众的醒觉，对于民族解放的迫切要求，中国真正的统一局面，就在日帝国主义者加紧步伐进攻华北当中逻辑地完成了。这就是两广的归顺中央。自从国民政府奠都南京以来，国内政局的纷争，没有一次不以兵戎相见的。只有这次两广问题，却在御侮救亡的前提下和平的氛围中解决了。这当然是由于民族面着了空前的危机，中央领袖宽大精诚的感应，两广当局深明大义的表示，以及民众对内战不同情的呼吁所致。

中国的统一，是表示着救亡力量的团结与坚强，这给侵略者最有力的打击。所以，正在中国的统一运动有了新的发展，以至真正统一局面的完成这个过程中，侵略者预感到统一的中国此后决不致任其侵略，不加抵抗，而且预感到中国一致救亡的威胁，便在华中、华南制造了许多不幸的事件。

这我们决不是信口雌黄，而尽可以事实佐证的。

在两粤问题将要解决的时候，七月二十三日日本外、海、陆三相宣言，如我国政府忽视日本特殊地位，则日本对华将益增强硬。八月十九日川越赴津访宋哲元讨论经济提携问题。八月二十二日川越在津遵有田训令召开华北日领会议，各项议案与陆军呼应。八月二十三日海军武官在津日界会议，会议结果与陆、外两方取得协调。同时察北、绥东的形势非常紧张，伪匪军调动繁忙，时向绥东、察北进扰。正在这时候，八月二十四日的"成都事件"

发生了。接着又有九月三日的"北海事件",九月十八日的"丰台事件",九月十九日的"汉口事件",九月二十三日的"上海事件",又有汕头、湘潭的炸弹事件,上海箱岛被刺事件,最近上海高赖安治的被杀事件。

正在中国统一运动的新发展及真正完成的过程中,正在敌帝国主义者三省会议及在华的日本外、海、陆领袖在天津忙着会议的时候,所连续发生的不幸事件,我们推究这中间的因果关系,不能不认定这〈是〉敌帝国主义者计划的节目,我们并不是机械地断定日本某人在某地某时被害,各处的不幸事件,都是预先安排好的,但我们至少可以认定要在华中、华南制造不幸事件这一原则,必定是侵略者预先计划的。这个计划的可能,并不须日本人买通某些中国人去谋害日本人(姑就成都、北海事件而言),她可以利用中国人民仇恨敌帝国主义者的心理,借故激怒中国民众直到燃起中国民众的愤火以致不堪忍耐,要不顾一切向他反抗为止这个必然性去实现的。"成都、北海事件",可以说就是日人利用中国民众反日情绪的高涨,在无论如何不堪忍耐的日人侮辱或压迫下,不顾一切起而反抗的必然性有意制造出来的偶然的场合。至于九月十八日的"丰台事件",明明白白地是由日本军队向中国军队挑衅所引起的,九月十九日的汉口日警"吉岗事件"发生在日租界,九月二十三日上海日水兵田港被击殒命,以及最近十一月十一日上海日水手高赖被杀,都发生在公共租界,在法律上中国政府可以不负责任。就情理说,我们也可以断定决不是中国人所干的事情。因为爱国的人民,绝对不会因国家的仇恨而单独行动去谋害一个寻常的日本人的,这便不能不令我们认定是日人故意制造的了。

我们假如再回想一下五年前沉痛的"九一八"事变前的中村事件,那末,可以明白敌人在一个侵略战争爆发之前制造衅端,不自今始，而我们的推论，决非过刻了。

三

这次敌帝国主义者不断地制造不幸事件，是有几种企图的：一则希望把中国垂成的统一局面再破坏；二则借这些不幸事件为增兵遣舰、恫吓威胁的口实，企图在外交上得牺牲最小、收获最大的胜利；三则以这些事件所引起的纠纷及紧张情势，为她更加速度地进攻华北的迷乱视线的幌子，保证其侵略战争的胜利。

但中国真正统一的局面，却正在成都等事件发生后完成了。侵略者制造事件的第一个企图便不得不宣告失望。

连续的不幸事件发生以后，日本军舰纵横驰骋于长江上下游，上海形势严重，北海也来过一批日舰，耀武扬威，大有山雨欲来风满楼之势，侵略者在这军事的威吓下，向我国提出了根据广田三原则演绎出来的具体条件。自各方电讯所传，大概有下列七条：（一）华北五省（冀、察、鲁、晋、绥）完全自治，名义上仍保留我国宗主权；（二）中日共同防共；（三）中日经济合作，减低对日税率；（四）中国军政机关聘请日本顾问；（五）根绝反日运动；（六）解决中日间的交通问题，尤其是实现上海与福冈的航空；（七）日本有在长江各埠及海南岛驻兵之权。侵略者满以为在其军事威胁之下，我国政府必能再度容忍接受其条件的，所以一本其恐吓的方式，开始谈判，哪里知道我国政府却一改向来屈辱的外交政策，而强硬起来。在九月十五日张、川第一次会谈时，我方不但坚决拒绝接受敌方的条件，而且提出了五个反要求。据电讯所传，这五个反要求是：（一）取销淞沪及塘沽协定；（二）日增防海军撤离中国领海；（三）取消冀东伪组织；（四）撤退察北伪军；（五）取缔走私。这当然是侵略者所料想不到的。

自成都等事件发生后，张、川间曾会谈七次。由第一次至第三次是一个阶段。这个时期日方还时采取一贯的恐吓的方式，却意外地碰到了我方反要求的钉子。侵略者看到风头不佳，对中国恐吓不了，便不得不改变态度，于是派桑岛主计赍〔赍〕新训令来华，转圜僵局。自第四次谈判至第六次谈判，可以说是第二个阶段。在这阶段中，敌方根据新训令，着重所谓"侧面交涉"、"事务官折冲"、"原则的妥协"。这里表现了侵略者外交缓和的倾向，而谈判依然没有结果。于是川越又派须磨回国请训，调和沉寂的空气，许大使也在东京访问有田，申述我国政府态度，串杂冷静的外交场面。十月底须磨返任携回的锦囊，实体方案仍然是一贯的未有更改，但技术与方式却又有多少变换，如大阪《每日新闻》所载："日本方面对于今后之交涉，注重大纲上、意见上之一致，充分考虑中国之立场，将于阻止交涉进展之具体决定，采取不触及之态度……再经过一二次之会谈，可在形式上完全解决，此种场合之大纲上的决定，为可作种种解释之极含混的政治的解决。"这可以说是须磨返任后敌方对我的谈判方针。可是张、川七次会谈一再延期，直至十一月十一日才举行，又依然没有结果。八次会谈，现尚无期，目前只由须磨、清水和高宗武侧面串杂点缀。将来八次会谈即或可得一结论，恐怕也不过"在形式上为可作种种解释之极含混的大纲或原则的解决"罢了。

概观这次外交谈判，我方不但始终没有屈服接受敌方的要求，而且提出了五个要求。侵略者由强硬威吓的态度而逐渐转趋缓和，谈判的范围也逐渐缩小，谈判的内容又由具体的规定而渐次改为原则的洽商，这在外交坛坫上表示了得未曾有的我方强化及敌方软化的一个对比的趋势。

侵略者制造不幸事件的第二个企图，总也算没有如愿以偿了。

四

诚然，中国由被动的屈辱的外交转为自主的强硬的外交，这是近年来破题儿第一遭！中国这一个外交政策的根本转变，决不是偶然的，而是由于数年来忍辱负重，卒之完成统一，在全国上下一致的御侮救亡的前提下表现出来的。当然，国际间形势的转好，也是一个助力。

然而，我们绝对不能以侵略者外交谈判态度的渐趋缓和，以及我方外交谈判态度的渐趋强硬而斤斤自喜。当然，我们并不忽视外交谈判，但是我们更不能不注意外交谈判以外的事实的演进。

日本制造不幸事件的第三个企图，正是她侵华的中心目标，现在却加速地以事实排演出来了。

我们看：正当日方对南京外交谈判态度渐趋缓和，张、川八次会谈无期的时候，华北经济提携不是由李思浩充冀察经委会主席起而逐渐现实化了吗？有关中日交通的惠通公司于十一月十七日正式开幕了。航线以天津为中心，先开津连、津承、津锦、津张四线。但大连、承德、锦州、张家口，都是华北军事上的要害，谁能相信这种普通商业性质组织的惠通航空公司，不会变成敌人对我军事航空的部署呢？此外龙烟煤矿的开采、沧石铁路的兴筑等……，这一切在南京外交谈判中敌方所提的经济提携下的节目，已经排上工作日程，都快要一件一件地实行了。我们果能认为敌帝国主义者在华北经济势力的深入，以至握住了华北的经济命脉，这种所谓经济提携，为在平等互惠原则之下的真正的合作吗？

前面曾经引用过有田的声称："日本外交的重心在于防俄，对于中国，则在华北设理想区，成立缓冲地带，对英则力谋维持友好关系。"我们知道，这整个的外交政策的中心，实则全在于华北理想区的实现。前面也曾说过，夺取华北，是敌人侵吞中国第二个阶段的目的。同时华北的占领，日本又可以造成世界侵略阵线防俄的东方战垒。这样，在将来敌人要实行侵华计划的第三个阶段时，可利用华北的人力、物力，好似现在利用伪匪军进攻华北一样地进攻华中、华南，在将来东西侵略国家左右包围苏联时，好利用中国的人力、物力上火线，而且华北是日本和英国利益冲突比较稀薄的地方，只要日本不把英国在华中、华南的经济利益根本排除，老大的英帝国对于有防俄意义的日本向华北的进攻是可以默许的。所以，在日本积极要实现华北的理想区以前，先在华中、华南制造不幸事件，引起纠纷和恐怖的局面，使英国感受到华中、华南有受威胁的可能，好退一步，让日本去进攻华北。另一方面，又可使中国感受到全国到处都有被日本侵占的可能，而不会集中全国的力量，去应付华北的危难。敌人制造不幸事件的第三个企图，于是乎就在现实化的进程中了。

五

日本进攻华北，是她整个外交政策的中心，而目前军事侵略的重心，又集中在绥、晋。因为绥、晋给敌人占据了，在军事形势上，冀、察、鲁三省便不成问题，而且此刻冀、察方面正在加紧进行所谓中日经济提携，假如绥、晋给敌人占据了，冀、察等省的经济合作又有相当的成绩，那时敌人对于冀、察、鲁等省简直可以不用甚么军事力量而唾手可得的，华北五省的特殊化就将以事实宣告世界了。

所以，我们应该认识绥远的存亡，就是华北的存亡，华北的存亡，就是全中华民国的存亡。这次绥远的剿匪，我们不能把它看做是局部的地方的事情，而是全民族生死存亡的最后关头！

自伪匪军进犯绥东以来，我全国上下都表示了团结一致，坚决迎头痛击的精神，尤其是前方将士奋勇杀贼，使来犯的伪匪军，终不得逞。这可以说是民族复兴的佳兆！

然而绥远剿匪恐怕不会容易解决的。据目前战情推测，伪匪军决无力取胜，在伪匪军决定失败以后，也许敌帝国主义者要亲自出马的。我们看十一月十八日关东军部发表的半公〈开〉式布告："蒙匪此次攻袭绥远之目的，系防共产党者，内蒙当局受绥远附近之共匪所压迫，故不得不取自卫行动耳。然与关东军当无关也。日本与满洲国为防止共产党之势力东侵计，当然希望蒙军进攻胜利云。"又据十一月廿日东京电："有田在定例阁议报告，南京谈判尚未至悲观程度，但无论如何，中日谈判已将达最后阶段矣。"述及绥远局势时，谓："虽是中国内部问题，与日本无关，但乱事蔓延，苟直接影响于日本及满洲之权益，或日本在满洲维持和平秩序之任务时，则日政府不能袖手旁观云。"

由此，我们可以知道，中日交涉，已由外交席上的谈判而转入停顿状态。固然，侵略者决不会从此就放弃她的"牺牲最小，收获最大"的"武力前哨"的外交政策而终止谈判，反之，她或许正要利用绥东严重形势以推动她的外交政策的施行。但在我国此后决不退让的强硬外交的对策下，敌帝国主义者目前虽然没有发动大规模的侵略战争的勇气，但以武力直接进侵绥、晋，是很有可能的。直接冲突的局部战争，恐怕快要到临了。我们决不希望战争，但对于民族生死存亡最后关头的侵略战争，只有集中全国力量，上下一心，抗战到底，以求民族的自由解放！

一九三六，一一，二三，于青年会

《国华半月刊》

上海国华半月刊编辑部

1936 年 1 期

（朱宪　整理）

绥远抗战的前途

毓璠　撰

今天的报纸上都用大字登载着国军收复百灵庙的捷报，在这样紧张的空气里，这种消息当然会给我们以极大的兴奋和欢慰，可是我们不能仅仅欢欣兴奋而已，我们还得鼓起更大的勇气和力量，来积极支持这样艰苦卓绝的神圣战争，我们还得发动更广泛的民族解放战争，争取更大的胜利。

绥北匪伪军的这次挫败，他们是决不会甘心的。而在后方牵线的某方也有骑虎难下之势。所以这次的胜利就兆示了不久就会到来的一个更大、更激烈的战争。今天日关东军参谋长板垣，北平特务机关长松室孝良和华北驻屯军司令官田代在天津的会谈，日驻屯军首脑会议的召开，很显明的便是对于绥远侵略战争的一个新的布置和决定。日本外务省的宣言中，对于绥远战争已有了很明确的表示。无疑的，以后的战事中，日军将由背面的接济而变为正面的参战，而更大、更残酷的战争也将在最近展开。

对于这未来的战争，单靠绥远一省去应战是绝对不够的，那样，只会得到像长城抗战一样的孤军无援的不幸的结局。为了保证以后更大的胜利，我们要请求中央立刻派遣精锐的陆、空军来参战。不错，在今天报上，我们已看到中央军汤、门二师已开入绥境，但我们认为这还是不够的。敌人的进攻计划是整个的，我们的抗战也必然要有通盘的计划。我们希望中央不要像敷衍面子似的派一点援兵来就算了，而要全面的有计划的展开一个全民族的抗战，我们向中央迫切地请求：

（一）向"友邦"提出严重的抗议，要求她停止对于伪匪军的济助。在侵略行动未停以前，停止任何外交谈判。

（二）立即实力援助绥省抗战，往前方输送枪械、粮饷，一面遣调陆、空大军，到前线助战。

（三）召集华北——鲁、晋、冀、察、绥，及西北——陕、甘、宁、新各军事长官及各实力派领袖，讨论防守华北及西北的整个计划，成立统一的军事指挥机关，使得华北的一切武装部队都能有计划的去参加作战。

（四）立即实行真正的民主，开放党禁，开释所有的政治犯，释放上海救国阵线的领袖——沈、邹、章、王、李、史、沙诸先生。

这是我们对于中央的诚挚的请求，为了民族的生存，我们要这样向中央请求。中央在最近好像很有抗日的决心，这是很可欣慰的事。我们希望中央能够用行动实践他的诺言。再，我们希望中央不要再把绥远的抗战，看作一个局部的战争而采取消极的防守政策。我们要在这胜利的条件下继续向敌军做总的进攻，收复我们所有的失地，驱逐我们的敌人出境，我们要捉〔促〕进绥远的抗战，使变成全民族抗敌战争胜利的开始。

最后，拿傅将军常说的话做一个结束："抗日战争是一个继续的艰苦的斗争，我们不要因为一时的胜利而兴奋，也不要因为一时的失败而失望。"

我们要继续地奋斗，用全民族的力量，来支持这个艰苦的斗争，来争取我们最后的胜利！

十一月二十五日

《南大》（不定期）
天津南开大学学生会
1936 年 1 期
（朱宪　整理）

克复百灵庙与复兴中国

文祥 撰

百灵庙是日本建造"大元蒙古国"的未来的国都，进攻外蒙的根据地，侵袭我国西北边陲的大本营，近来于十一月二十三日由我悲壮激烈劳苦功高的国军克复了，此役不但挫了汉奸国贼的鬼衷，折了帝国主义的锐气，同时更奠定了复兴中华民国的坚实基础。

有些抱着悲观的先生们常讲："我们若与日本作战，无异以卵击石，自讨无趣。"但是他们的雄辩，已被这铁般的实事驳倒了，我们的卵已经碰破了石头，我们也以无趣讨得了有趣，但是我们还是继续的碰，把贼碰过了日本海去。

我们已由克复百灵庙得到了结论：我们的兵不弱于敌人，我们的勇气高于敌人；我们的奋斗力量不亚于敌人，我们的伟大精神强于敌人：——中华民族的复兴火花由克复百灵庙全暴发开来。

我们由此一役，登了复兴中国的坦途，愿国人奋力奔跑，使黄帝的子孙再在人类的文化上重放万丈的光芒！

《武中学生》

山东堂邑武训中学学生自治会

1936 年 1 期

（丁冉 整理）

从绥远说起

在报纸上每日都看见"绥远"这两个字，绥远的确是很重要的地方，那么，就从绥远说起罢！

绥远是我国北部的一省，全省面积有九十多万方里，比广东还要大许多呢！那里的畜牧业很发达，羊毛、羊皮的出产是很著名的，矿产也不少，有许多盐池，是北方产盐的重要地方。至于耕种方面，黄河经过绥远的地方——河套是很肥沃的土地，农产品小米、高粱、麦的出产也很多。

绥远在我国国防上很占重要位置，是现在我国国防的第一线，如果绥远失了，山西便失去了屏障，华北要受着更严重的威胁。

从绥远有大路可以通达到新疆、外蒙，从平绥路可以到山西、察哈尔、河北。要从广州到绥远，可以搭粤汉铁路火车到汉口，由汉口搭平汉路火车到北平，再由北平搭平绥路火车出居庸关（长城的一个关口），经过察哈尔，便是绥远省的境域了。

绥远的确是一个很重要的地方，敌人——日本的飞机不是不断地在那里的天空中飞来飞去么？不是还放下许多炸弹，炸烂了许多房屋、田地，炸死了许多亲爱的男女老少的同胞么？走狗、汉奸的伪匪军不断地向我们英勇的守土战士袭击，向绥北、绥东两方面猛力袭击。在绥北方面，我们英勇的战士已把他们击退，并且克复了绥北的重镇百灵庙。在绥东方面，正在严阵以待，英勇的战士在冰天雪地中，在尖刀一般的冷风中和我们的大敌——日本、走狗、汉奸拼命，宁愿流尽了最后的一滴血，牺牲了自己来争取中华民族的生存。

敌人向我国的侵略，并不是近几年间才有的事，已经有几十年的历史了。日本军阀，他们没有一个时候不在想把中国来吞并，如果绥远被他们抢夺了，他们必然继续抢夺华北，抢夺整个中国。

现在，绥远的战争爆发了，抵〔抗〕战的火星发出了闪耀的光辉，为着民族生存而战争，这是很值得我们去做的。

抗战是每一个中国人都应当负担的任务，每一个中国人都要牺牲自己来争取民族的生存，只有汉奸才反对抗战和这样的行动。

住居在天气温和的南方的人们，当冬季北风大作的时候，也会战栗，感觉到手足冰冻，在北方的冰天雪地中，尤其是站在抗战的前线的战士是怎样呢？朋友，你也推想得到吧！然而英勇的战士紧握着枪杆，在冰天雪地中抗战了，我们应当援助绥远的战士，我们应当一致起来参加救亡工作。

朋友，当你听到绥远的军队已经进行抗战的时候，你必然是很兴奋的吧！

朋友，牺牲的时候到了！为着抗敌救亡而牺牲，我们是感觉兴趣的。

我们要尽我们的力量来参加救亡工作，时候到了，还要等什么呢？只要有决心去做，救亡工作是个个人都能够做的，各地的援绥运动也就是一种很重要的救亡工作。村里不是也开过了援绥抗敌大会么？不只开开会就算数，我们要切实的去做，有许多人都把他们一日的费用节省下来，捐作绥远抗战的军费。救亡工作还有许多，握着刀枪的便用他的刀枪去做救亡工作，能够执笔的便用文字来做救亡工作，如宣传、通讯等，做商人的可以不卖敌人的货物……还有，个个人都可以做到并且必要做到的就是不买仇货……

　　救亡工作是每个人都可以做得到的，每个中国人都应当去做
的，万众一心，一齐向前去做救亡工作，我们的敌人必因我们的
抗战而消灭。

　　胜利是属于我们的。朋友，起来吧！

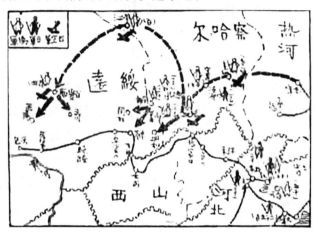

　　　　　　　　　　　　　　《乡村生活》（半月刊）

　　　　　　　　　　　　　　广州国立中山大学乡村服务实验区

　　　　　　　　　　　　　　1936 年 1 期

　　　　　　　　　　　　　　（朱宪　整理）

国防第一线绥远抗战之序幕

陈涛　撰

自从察哈尔北部被侵占后，绥远已成为我国国防的第一线。绥远的平绥铁路为察哈尔、绥远、山西、河北各省的连络线，一旦隔断，则山西、河北亦难保。现在伪匪军由察省商都方面进攻绥东、绥北，虽暗中某方接济大批弹药、兵器，并在军中指挥，声势汹汹，而我前方将士本爱国热忱，沉着应战，近来战报频传，我方大获胜利，后方民众，异常兴奋。惟此尚系抗战之序幕，今后之进展，犹待吾人之努力。兹记其详情如左。

一　绥东战况

敌方计划，以匪军王英部及李守信第二师尹宝山部骑兵三千人，出商都西二十余里的达拉村，进攻绥远之陶林附近红格图地方，同时以张万庆部千余出南壕堑，骚扰兴河〔和〕附近我绥军防地，企图两翼包抄平地泉（即集宁）。讲到战况，先说在陶林方面，十三日夜匪军开始移动，前哨接触，十四日夜匪向红格图防地攻击，十五日增至三千余众，附山野炮多门，围攻红格图，有飞机七架助战，掷弹数十枚，村庄起火，损夫颇重。匪步兵千余，在敌炮火掩护下猛攻六次之多，我军跃出壕沟，勇猛抵抗，敌卒被击退。十六、十七〈日〉续有激战，阵地未动，十八日匪军势穷力蹙，我军则反守为攻，十九日全线大获胜利，匪军王英部受创最重，王匪在退却时，向部下大哭，团长赵大中因临阵畏缩，被枪决。十九日匪军退出商都之西阵地，绥军向察边境推进。再说在兴河〔和〕方面，扰富三乡之匪于十九夜被击退，盘据民丰乡及窑子沟一带匪七八百人亦被驱逐，张庆万部十九日进援土城子，附有重炮十余门，坦克车六辆，猛攻四次未逞，绥军出击，溃退十余里。李守信部于二十一日夜续犯兴和，双方相持甚久，敌方更拟以伪满第五、八两师增援红格图，以伪六、四两师增援南壕堑方面。预料第二次进犯当为期不远。

绥远抗战形势图

二 绥北战况

自绥东失利后，敌方德王属下的卓什海、包悦卿等部五六千人，已在百灵庙方面集中，二十三日向我武川开动，我军乘机反攻，是夜我军曾延毅、孙长胜、孙兰峰等步、骑各部分头迎击，一面出奇兵绕道袭击百灵庙，双方激战彻夜，肉搏数十次，国军刘团长景新猛冲入庙，各部相继迫进，二十四日拂晓匪不支，向东北溃退，我骑兵更追击搜捕残匪。中央军队继续开抵绥境，前方将士极为兴奋。

三　外交方面之进行

在战幕初开时，报纸已盛传，伪军中有某国军官指挥，飞机投下之弹未爆炸者，有某国年号及制造厂名。日本外务省发言人十八日声明绥东战事，纯称中国国内事件，与日本无关，纵使有日本人民参加蒙军作战，应认为个人行动，与日本政府及军队，渺不相涉。绥东红格图之战，王英匪部司令部被我军攻破，搜获无线电台、电机全部，台长为某国人名八牟礼吉，雇员名松村利雄，有身份证明书及委令，最重要者有昭和十一年（即民国二十四年）制发王英部电台连络表，我外交部派秘书段茂澜飞绥调查真相，预备向日方作正式之抗议。

《江苏时事月刊》

镇江江苏时事月刊社

1936 年 2 期

（李红权　整理）

国防的前线——绥东

郑由瑞　撰

在着〔这〕中日邦交正在调整的当儿，华北的局势却日趋紧张，察北匪军的进犯绥远，已逐渐具体化，集中在百灵庙的匪军，有二万余人，某方的飞机也不时的飞到平地泉一带侦察轰炸。局势的开展已昭示着吾们西北的危机随着时日而严重了。日来匪部与各口土匪取得联络，由某方接济军火，一路拟利用骑兵绕出归绥后方，目的在毕克齐、萨拉齐，切断平绥路，隔绝甘、青、宁与绥省的联络；一路以步兵为主体，进犯集宁，牵掣我方兵力；另一路则以兴和为目的，拟抄出丰镇，切断晋、绥联络。现伪满军第三军区司令官王静林，已由承德飞抵商都，设立总指挥部主持一切，商都、陶林间前哨战已开始，大战已迫在眉睫了。

对方的图谋华北野心，早已昭然，绥东的被侵犯，不过是进窥西北的开端。因之，绥东战事实为目前最严重的问题，吾人应以全力来对付这国防前线的绥东战争，以维护全民族的生机。现绥主席傅作义已抱誓死保全领土的决心，沿绥边二百余里，由兴和迄武川的防线，已配备重兵，对进犯的匪军深信必能与以迎头的痛击。时局既这样的危急，我们固当以有效的方法，来挽这既倒之狂澜，然而，对这国防前线的绥东，不能不先有深切的认识啊！

绥远全境共有乌、伊两盟十三旗，加之绥东四旗、土默特一旗，合有十八旗，民国二十三年，蒙古曾要求自治，那时中央为

了环境的恶劣，依民族自决的原则，准许给他范围内的自治。自
蒙古自治运动获准，蒙政会成立后，于是绥远省政府和百灵庙间，
便不时的发生冲突，从税务问题的争执，继以西公旗的纠纷，再
继以百灵庙保安队的哗变，每次的纠纷，都给予敌人以相当的机
会。民国二十四年九月，西公旗二度纠纷发生时，某方的飞机，
便不断的在天空作祟。

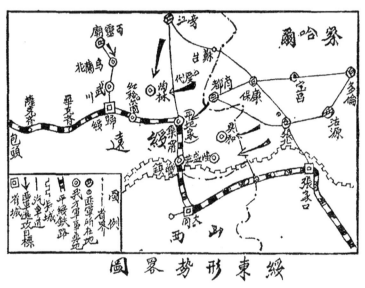

绥东形势图

蒙古自治以来，所以变乱相乘，无非因蒙人意识的薄弱，易受
人的诱惑与利用。中央方面为要革除积弊，为感着蒙古自治区域
过于广泛，难以统驭，于是对于蒙政会，便认为非另行改组，缩
小其权力范围，绝不足以收实效。所以今春下令实行分区自治，
成立绥、察两境蒙政会。先是中央原以分区自治，察蒙会可以取
消其全蒙能力，省却许多麻烦，但因此察蒙会对中央便表不满，
而隔膜日深。受了伪方的诱惑后，情况日趋恶劣。溯中国北方的
边患，无时或息，国势强盛时，固可相安无事，国势一弱则屡受
侵略，即如周之猃狁，汉之匈奴，唐以后之突厥，五代、宋之契

丹，无时〈不〉思侵扰北疆南下牧马。迄至明初，虽极端注意边防，无如后来国势不振，终见掳于异族。清初虽曾侵〔征〕服喀尔喀，后来也只仗羁縻〔縻〕之策以维残局。民国以还，对于边疆虽亦颇加注意，终以内乱频仍无法固防。在历史上北方问题尚如是严重，今更有强敌为之背景，其情形自不言而喻。

绥远北连大漠，南包河套，扼西北之门户，北可达蒙古而通苏俄，南可以通秦、晋，西可联甘、宁，形势极为险要，现青、甘各省，某方的势力尚未深入，一旦绥远失守，西北各省，唇亡齿寒，那时便可居高临下，向南进窥，切断内地与外蒙的连络，使与苏俄隔绝。同时青、甘各地情形复杂，一但〔旦〕变起，内部极易分解。东北沦亡，察、绥危殆，前车可鉴，所以今日绥远实成国防的第一防线，吾人应全力注视。

中日外交现正开始调整，其前程的进展如何，难以预测，彼方所持"华北特殊化"与"共同防共"两问题，我方虽极端反对，而且他亦将两问题搁开暂不讨论，但如果绥远失守，晋、陕危殆，纵使华北特殊化不加以承认，亦无补于事，所以我们要调整中日邦交，亦必先从保持绥远领土的完整着手。

总之，绥远的地位既这样的重要，其在历史上、地理上、军事上，既为必争之地，现在我们为要保全中华民族的生存，为要保全西北领土的完整，对于绥远，绝对不容忽视的。

廿五，十一，十五

《前进半月刊》

福州福建青年劳动服务社

1936 年 2 期

（李红菊　整理）

绥远战事与中日邦交前途

十一月三十日在广东省政府纪念周报告

李煦寰　报告

目前令我们全国上下苦心焦思，卧薪尝胆，埋头苦干的国家中心问题，是绥远剿匪的战事，和中日邦交的局势。今天本席对于这个重要问题，预备作一个综合观察的报告，在政治上和军事上，大体加以分析。今天本席的报告，大概分为四大要点：第一，是绥战的背景和性质，因为现在社会上对于绥远战事的认识，非常模糊，必须使同志们先有正确的认识。第二，是华北问题与日本所采取的政略，这是我们为国家服务的同志，应该知道的。第三，是绥战的形势和敌方所应用的军略，这亦是我们大家应该注意研究的。第四，最后应该报告及说明的，是我们国家中央的对策，及我们应该遵守的态度。现在本席依次逐点作详细的分析报告。

一、绥战背景与性质

我们首先应该问，绥远战事，为什么不前不后，恰在中日谈判黯淡中发生？这个战事的背景，是不是蒙匪作乱怎〔这〕么简单？抑尚有复杂的关系？这个战役性质，是单纯的内政问题呢？抑同时有邦交重大的关系呢？这是应该确切认识的。

绥远战事的发生，是在张、川七次会谈之后。张、川七次会谈中，中日双方所坚持的，是"华北特殊化"与"共同防共"问题。中日谈判之再次搁浅，殆为不可免之势。然而日本当局，尤其是军部，极力坚持其固有的政策。当然我们知道，在中日谈判当中，关东军部、华北之日本驻军、上海及其他各地日本驻军，早已有种种军事行动的表示。绥远战事是什么？是明确表示某方的对华政策已极端倾向于威力主义了，是证明日本军部的威力主义已替代了外务省的条约政策。我们可以说，某方现在的政策，是以武力为外交的先锋。这本来就是"九一八"以来日本最惯用的策略，绥远问题，是一贯相连发生，只不过情形更复杂罢了。

绥远战事的正面，是蒙匪扰乱，叛背国民政府，绥晋军奉令剿匪，原如过去之清剿刘桂堂等匪乱相类似，但其情形之严重与形势之紧张，则绝不能同日而语。在绥战之初，日本当局犹否认参与，虽然在事实上伪蒙匪军完全听命于关东军部人员之指挥，及供给以饷械。最近日使馆喜多武官，则公然声称，日本军部后备军官，实际参加绥乱，并供给飞机、坦克车等新式军械。关东军板垣参谋长之飞往张北，指示匪军策略，与武藤参谋之实际参加作战，则更为明目张胆之事实。故绥战之正面冲突，是伪蒙匪军，而侧面更严重的冲突，实是中国与某方。因此，我们不能把绥远战事看做单纯的剿匪，即内政问题，而是某方与中国的侧面冲突，即同时是两国的邦交问题。

绥远剿匪的战事，会不会变作中日两国的正面冲突，这是很难逆料的。东京当局，早就发表过对绥远战事关切的谈话，即是说倘而扰及日本势力支配范围内之满蒙者，日本不能置之不问。据最近消息，百灵庙之克复，使得幕后人大为震骇。日军天津会议已建议东京军部，采取有效之干涉，增派伪正规军三师团，实行援助。驻承德之日伪军一万五千人忽而东调入察，则尤为此动向之证实。我们为充分了解绥战形势之发展，应该进一步在政治上和军事上作更精细的分析。

二、华北问题与日本政略

自日本侵略东三省、热河，制造伪满成功以后，我们知道日本对华侵略的主要目标是华北。冀东事件、河北事件、张北事件、察北事件，而至目前的绥远战事，是一贯相联发生的华北问题。虽然尽管事件的内容不一样，而无一不是日本向华北前进侵略的标识。日本之侵略华北，或则用军事，或则用外交，或则明攻，或则暗取，或则利用汉奸，或则威迫地方当局，要之，无非是欲使华北日本势力化。日本之进图华北，有三大策略：

第一，是诱迫地方当局或利用汉奸造成华北独立区。在去年五六月河北事件之后，我们知道华北日驻军当局，曾经极力诱逼华北当局，脱离中央自治。土肥原就是当中的主要脚色。华北自治的声浪，在去年冬第五次全国大会当中，尤给日本做得有声有色。及至诱逼地方当局不成，日本始直接利用汉奸殷汝耕，组织冀东伪自治政府，以割裂中国行政之统一。华北日驻军在平、津之活动，我们知道是不断进行的。最近消息，华北日军为协助侵绥步骤，复有向华北当局再施压迫之企图。绥远战事会不会扩大，变成整个的华北战争，这实在是严重的问题。

第二，是以条约方式造成华北的自治特殊区域。我们知道，川樾在七次会谈中所阐明者，是"华北特殊化"与"共同防共"问题，认为这是日本最后不复让步的意见。所谓华北问题，即是承认日本在华北政治上、经济上的特殊支配权。所谓"防共"云者，即允许日本军队在任何"剿共"区域，与中国军队混同驻扎的权利。这不即是要求我们作吴三桂吗？我们当然要"剿灭共匪"，但我们决然不能自作吴三桂，尤其不能请日本来共同管理华北。中日谈判虽然无形停顿了，但是某方以条约方式造成华北特殊区域的希望，仍然未曾抛弃。

第三，是利用蒙匪及少数蒙民，希图造成蒙古伪国。日本人常说满蒙政策，蒙字与满字，是相联一起的。日本自占领东北四省以后，即在热河设立一个蒙务局，专门进行蒙民的独立运动。张北有一所蒙古军官学校，是关东军训练蒙古青年军人的机关。东蒙的人民，受日人笼络者，其数不少，德王是其中最主要的领袖。至若蒙匪之受其利用，则更不在话下，李守信、王英、张海鹏等是其著者。某方的企图，是想依样画葫芦，利用德王作号召，制造一个伪蒙的"大元帝国"。百灵庙原为预定的运动中心，百灵庙之克复，实使其运动受一大打击。德王现被某方挟至滂江，其阴谋当然还在继续进行着。

三、绥战形势与敌方军略

论到在军事方面，伪蒙匪军的作战，在日人指挥之下，当然是有整个计划的。伪蒙匪军的总数，估计约三万人，以李守信、王英所部为最大股，然大都为乌合之众，非久经训练之师。张北、商都、滂江及未克复前的百灵庙，为其主要的根据地。其战略分绥东、绥北两路进展，最主要的目标，在争取平地泉与包头之两点，而夺平绥铁路全线，同时谋取武川，使绥东、绥北获得联络。是以平绥铁路，实为战争之中心，平绥路之得失，关系于整个华北之安危至大。盖平绥路若失，则绥远、察哈尔两省全部断送，某方所梦想的伪蒙"大元帝国"，必将出现于世。内蒙全部脱离中国，固不在言，而某方进一步更将利用西蒙民族，而深入宁夏、新疆，此其一。由绥远南下，可直入山西。某方之企图山西，已非一日，盖山西位于黄河北岸，平汉路与陇海路之一角，得之足以控制整个之华北。且山西为煤、铁最丰富之产区，此尤某方所欲得而甘心者，此其二。尚有更为显明者，平绥路直通平、津，苟而落于某方之手，则与某方支配下之辽平路成犄角之势，河北全省，殆全部在某方势力支配下矣，此其三。此某方援助及指挥蒙匪袭取平绥路军略之所在，我们不可不加以体察者。

绥远剿匪战事，自发生至现在，其战况大体分绥东与绥北两方面。绥东战事之重心，在陶林东境之红格尔图。自十六日至十九日，匪军曾作猛裂之攻击，而助以某方之飞机，然卒因我绥晋军坚守阵地，不得逞。匪军知难而退，战事之重心，转向于绥北，百灵庙殆为战争之重心。百灵庙原有及新增匪军约五千人，储粮至六个月，并预定二十四日午可开到军用汽车两百辆，匪军五千人。我绥晋军得报，乃于廿四日晨一时，由曾延毅、孙兰峰、王靖国及赵承绶、孙长胜等部，经固阳、武川进攻百灵庙，激战数小时，于是晨上午九时占领百灵庙。我军乘胜推进二十余里，我军克复百灵庙消息传出后，士气甚壮。现在匪军集中于绥东、商都、张北一带，复开到匪军万余人，军火甚多，并有飞机多架。关东军参谋武藤与匪首集议反攻，绥东大战，不久即将开始。我前线之绥晋军，现极占优势，绥晋军以善守著名，平绥路当可保无虞。最近中央第十三军长汤恩伯，骑兵第七师长门炳岳，亦率部开抵归化，中央并派飞机助战。陈总指挥诚偕樊军长嵩甫，飞并谒阎后，已赴绥远前线。我军有乘势收复绥北六县，对绥东、察北采取攻势之讯。

而别方面，最近消息，日军天津会议，有决请东京当局调伪满军三师团，援助绥战讯。关东军曾六下命令，调承德伪日军一万五千名，炮兵三中队，以二百五十辆军用车，运载入察，同时日本飞机，复有以施放毒气助战之说。凡此皆所以证明，日伪军在事实上已正式出而参战。

四、中央对策与吾人应取态度

中央对于目前国家严重的问题，蒋委员长曾经代表中央，指示两大对策：

第一，蒋委员长从广州回到南京以后，曾明白宣布，我们对于一切损害国家领土主权的要求，绝对不能让步。这就是说，我们应该以国家统一的力量，保卫国家的领土和主权。

第二，最近蒋委员长，在太原发表谈话，认绥远匪军扰乱，其问题与性质之关系，虽至为重大，然政府已有充分之准备与整个之计划。这就是指示我们对绥远的剿匪，中央已有充分的决心与准备。

最近中央宣传部，复代表中央发表宣言称："绥、察之问题极简单明了，来犯者不论其为伪、为匪或其他任何势力，同为国家民族不共戴天之大敌，于此对付之方，惟有迎头痛击，惟有根本剿灭。地方疆吏，于此有显著之表示，中央当局，更有明切之指导，态度显明，毫无犹豫研究之余地。"

我们一切的同志们，应该在中央整个政策和计划之下，以最大的决心，注意如下事项：

第一，各求克〔恪〕尽职能，以最大的努力，为国家服务。

第二，以沉着的态度，在整个计划和指导之下，从事工作。

第三，以公余的时间，指导民众训练，及注意汉奸、浪人的阴谋活动。

同志们！我们国家现在正临到最严重的关头，我们所负的责任至为重大，我们应该以最大的决心，忠实为国家前途奋斗！

《四路军月刊》

长沙四路总指挥部秘书处

1936 年 3 期

（朱宪　整理）

绥远战中之南京——京讯

苹等　撰

　　十二月份的时局重心和视线不在南京而在绥远了，南京又是弛下来。先说一年一度的冬赈罢，去年虽然迟迟开厂施粥，到底算有着落；今年当局为了要杜绝难民入京，维持治安，决定停开粥厂。然而，难民不知警厅已通告在案，近日相率扶老携幼"晋京"，在陋巷小街里啼饥号寒。闻近日各界拟定冬赈办法一项——严查宽放，可见今世也有人冒充难民、乞丐，真是世风日下。

　　要是艺术家就高明得多了。他们首如飞蓬，衣衫褴褛，固亦贫民之同志也。而机缘所至，名公巨卿，每有相见恨晚之概〔慨〕，每逢什么大会，他们就本着为艺术而艺术之旨，不远千里而来。本月国民大会，真是千载一时之机，早几个月就接洽展览会所和名人介绍广告，准备"亦将有以利吾国"了。不幸延会，南京天气又寒，连苍蝇也没有一个了，其空喜一场，殆与贫民相若。夫居今而言，除了要人之外，还有谁懂得艺术与治安呢？

　　比较紧张的工作，要算援绥募捐运动了。自政府机关以至庶民男女老幼，自林主席以至小学生，大家有份儿捐款。要是一班学生捐款时遗忘了一位，那位就认为蔑视他的爱国心了。有知识的人还说捐款剿蒙匪和伪军，那些无知无文的，凭你说了半天援绥劳军，都莫名其妙，要是说"打××"，那就立刻"明朗化"了。可见爱国不一定要知识，而重要汉奸大多是学贯中西。孔子曰：

"朝闻道，夕死可矣。"民众虽愚，然有道也，彼辈闻之否？

　　月来外交真是不景气，德、日、意的三角关系，已是山盟海誓了。南京虽然镇定，但意大利果欲承认伪满，就不知如何维持中意邦交了。我国是誓死不承认伪组织的。一般对墨索里尼和罗马教皇发生景仰的人，至少觉得冷水浇背了，偏生现在又是冬天，益发来得彻骨了吧。日使川樾曾因南京天气骤寒，表示将归国一行，然尚未确定，且京沪相离咫尺，或赴沪暂时休养云。《中央日报》载这消息时是十一日，那时是第七次会谈，川樾这次来华未久，而竟能如此中国本位化者，足证那次会谈结果双方意见"稍见接近"之说可靠。后来遵日政府令候第八次会谈，许世英大使亦暂不归国，大底渐渐"明朗化"了。不过南京天气近来真正严寒了，而绥远较南京为尤寒。第八次会谈无期，各报天天说前途黯淡、空气沉寂。冷天气之影响政治，今乃连及外交，胡故主席如有知，亦于九泉叹其道之不孤也。

　　又亚洲司长高宗武与日使华文秘书清水，连日会见多次，据报载为"有所谈晤"，作"普通谈话"，为"侧面接洽"。这"侧面接洽"与往昔之"地方事件"并不相同，幸毋揣测。盖现代外交悬案甚多，而何日谈判亦一悬案，即旧式婚姻之天星择日也。会见日期亦须多次谈晤，此侧面接洽之所以为本月份之大发明。

　　外交新闻，每苦不易读，满纸"稍见接近"之类，内容莫测高深。近阅《宇宙风》沈有乾先生发表《差不多的真理》，乃心血来潮，屈指一算，现在是二十世纪的四〔三〕十年代，科学精神须重数量。外交新闻虽然差不多本着"差不多"的真理发表，而读时须用科学方法：只须看第几次，会谈若干时分，所用铅字为大号或三号，共刊若干行，或若干方寸，如计算字数更是精读，如此而仍摸不着头脑者，大抵是土头土脑，只有局内人看得懂了。

　　日外务省于廿一日声明与绥事无涉，而驻华武官喜多于廿四日对西报记者直认日本协助匪伪侵绥。某京报记者以此事真相，询诸驻京陆军武官雨宫，雨宫声明两点，而皆认中国有权自由处理。该记者继问，谓："将来战事倘蔓延至察哈尔时，日本军部将抱若何见解？"雨宫答曰："日本人亦未明了，不过察哈尔乃中国土地，中国固有权可随意剿匪。"许多人疑此记者非中国人，或谓佢没有常识，我们的事干吗要先理日本军部的见解呢？余谓此记者颇有中国式外交常识，而缺德乃在不幽默。

绥事本来久矣夫非一日，年来察北、绥北闹得胡天胡帝，报纸讫无明确周详之记载。大战以来，迄未刊过半张号外，也很少特殊战报到京。到了百灵庙大胜之后，近日各报始派专员驻绥。民众亦大多于克复百灵庙后，才知百灵庙是绥北匪军大本营，和某方阴谋的祸数，甚至始知德王早已叛变。盖至克服百灵庙后，各报于廿五日载这么一段（原文）：

闻中央曾有电致德王云："百灵庙为绥蒙区域，前蒙古地方自治政务委员会机关人员，应遵前令，一律迁出百灵庙，以免转贻蒙民祸害。"电中并责德王以"轻启衅端，陈兵相见，积年忠诚内向，维护大局之心，一朝遂无以自解，中央深为痛惜"等语。

可是同一处的上头载着"闻绥军于廿四晨九时进百灵庙，德王去向不明"，上面致德王那电报如果是早日发的，为什么到了德王下落不明时才"闻"这一段"等语"出来呢？要是这一日发的，这电报可就无法投递，退回原处了。此之谓"贼过装枪"。

《谈风》（半月刊）

上海谈风社

1936 年 5 期

（丁冉　整理）

施奇袭规复百灵庙

——前仆后继七次往返冲锋　迎头痛击
直捣蒙匪老巢

作者不详

大战在即匪军纷纷反正

　　绥北连日战事甚烈，匪伪军大部聚集百灵庙，谋犯绥北，二十三日晚开始向我守军进攻，前仆后继，势颇凶顽。我官兵奋不顾身，一面迎头痛击，一面并出奇兵绕道袭击百灵庙。双方猛力夹攻，激战彻夜，卒将匪击溃，匪狼狈逃窜。

　　该庙原驻有蒙军伪第七师二千余人，积草屯粮，已六月有余。王英攻绥东失败后，某方侵绥主动人乃积极发动绥北攻击。二十三日由察北运蒙伪军一百汽车至百灵庙，约二千余人，并定二十四日午后继到蒙伪军二百汽车，约计五千人。我军得报，乃于二十四日晨一时由曾延毅指挥第三十五军孙兰峰旅步兵二团、王靖国七十师步兵一团及赵承绥骑兵孙长胜部约一团余，分别由固阳、武川进攻百灵庙。对方有某军官二百余人指挥，战况激烈，往返冲锋七次，死亡枕藉，最后我军用载重汽车载兵直冲，终于攻破敌巢，二十四日晨九时半始完全占领蒙伪军根据地之百灵庙。敌方无线电台二十三日晚被我用计破坏，故二十四日晨九时始来敌机一架侦察，而我胜利已在握矣。此次我方共伤亡三百余人，敌已完全击散，蒙伪军及某方人员皆逃散至蒙古草地，我骑兵正追击搜捕中。设二十四日晨不能攻下，二十四日下午敌方二百辆汽车到后，那便麻烦多多。近日匪军野心不死，仍想反攻，日有飞机侦察，绥东、绥北不日又将有一番大战。二十七日有王匪常子义团官兵三十余名至夕六号骑一师，恳请投诚，经彭师长电骑兵司令赵承绶请示，赵以彼等深知大义，已允收容，并电嘉慰。现驻南壕堑之张万庆部，因下级干部决心内向，闻反正已见诸事实，其他各部尚有闻风响应者，大势所趋，察匪瓦解之期不远。

《工友报》

北平燕京大学新闻系工友报编辑部

1936 年 6 期

（丁冉　整理）

绥远抗战的检讨

实夫　撰

　　××本其"欲征服世界，先征服支那，欲征服支那，先征服满蒙"的一贯政策，节节进攻，五年来在我国不抵抗政策之下，已不费一兵，未耗一弹，攘夺了我们的半壁锦绣山河——东三省、热河、冀东、察北。在去年冬天有华北五省傀儡政权之酝酿，因全国民众之愤慨，奸谋一时不得全部实现。今年夏天复以轻骑进扰绥东，试探虚实，作进一步的侵略。现在，××已亲自策动着伪匪军大举进攻绥远。这些铁一般的事实，证明了敌人不灭中国，侵略是永远没有停止的时候。

　　然而，我们的忠勇守土将士，也已经看穿了敌人的野心，所以不肯示弱，不肯退让，同时更不愿以大好的山河，任人践踏，也不愿以自己的同胞，任人蹂躏。决心牺牲一切，与敌拼命，在这样的志愿与决心之下，奋勇抗战，结果，红格尔图一战，大挫敌锋，百灵庙一役，夺匪根据地，近又克复大庙子，斩获甚夥，这是守土将士一直在抗战卫国的志愿与决心之下很大的收获，很大的胜利。

　　当绥远抗战爆发之后，的确是煽动了每一个不愿做亡国奴的同胞热情，所以都起来应援了，这是一个如何伟大的战斗，而且应该如何扩大为举国一致的抗战。

　　但是有一般人认为这次抗战仅是局部的，而不能引起举国的对敌抗战，他们的理由是：

第一，就国内事实说：晋绥当局是采取"来则掩杀，去则勿追"的防守政策，若要收复失地，必需在中央领导之下，合众力而举之，因为晋绥军的力量，不能单独负起这个收复失地的责任，虽然说守土抗战是晋绥军所负的职责，就令晋绥军想乘机收复失地，也是心有余而力不足。这个职责，还得中央负起来，然而，中央的经济基础，是建筑在江浙的资产阶级与买办阶级之身上，绥远局部的抗战，是与他们没有影响，若一旦引起举国的抗战，他们因为利害的冲突，是一致反对的，所以，纵使中央愿意收复失地，也是有所不能，而结果是采取"一面交涉，一面抵抗"的背北主义，袭用一二八沪战与长城之战的故智，用种种的方法减小抗战的能力，如不发军火，不发粮饷等，使抗战将士无战斗力，因而陷于惨败。且看现在中央军开往绥远虽然有数万之众，但是大部在绥西、绥南驻扎，而前线上的绥东、绥北，则寥若晨星，这已显示给我们是抗敌收复失地呢？抑蒙蔽国人眼目呢？更或是另有别的作用呢？

第二，就国际大势说：我国为次殖民地，是举世共知的，华北为××的势力范围，华中、华南为英美的势力范围，英美之中，尤以英国为甚，只要××不侵略黄河以南，换句话说，就是不侵犯英国的利益，尽可听××之自然，为所欲为，英国是不加干涉的。而我们的中央政府，为买好于英国，借保权利，所以也极力与××谋妥协，以求苟安无事，而××在眼下为独占华北权利计，所以避免与英国冲突，而且也积极的表示愿与英国在中国境内划分势力范围，各不相犯。在这样情势之下，就苦了我们华北的同胞，为他人的利益，轻轻的断送了我们的生命财产。

我们首先要检讨的，是要求全国上下确定绥远的抗战，应该是个局部的抗战呢？还是要扩大到举国的抗战呢？我们反对前一种意见，那并不是好战，而是根据中国的利害，不得不有此种主张。

　　绥远抗战的结果，不外三途：（一）不战即降或战败而降；（二）暂时的苟安；（三）局部的抗战扩大为举国的抗战。这三种结果，第一种是国人誓死反对的，当局也有所不能；第三种为人民所期望，然而当局似有所顾忌而尚在考虑中；所以最可能的结果，说不定是要走第二条路。

　　关于这三种结果，我们要加以估计，当然何者有利于我们，我们就取决于何者，第一种无论不战而降或战败而降，其终于降则一也，当然是全国上下应该一致反对的，除非无廉耻的人，才敢有这样的主张，所以这条路是走不通的；第二种暂时的苟安局面，是很合乎中庸之道，但是自九一八事变以后，我们一再的退让以求苟安，而××为完成其大陆政策，事实上不允许我们苟安，所以这一条路，仍然是走不通的；第三种局部的抗战扩大为举国的抗战，这是举国上下一致的主张，我们为求国家的存住〔在〕，民族的解放，舍此路莫属了。

　　如果绥远的抗战要扩大为举国的抗战，那么我们就要改变我们的战略。所以我们其次要检讨的，是要确定绥远的抗战，应该是防守战呢？还是要收复失地的进攻战呢？我们既然确定要扩大为举国的抗战，那么防守战是不需要了，而且也不适用了。理由是很简单，因为防守战打一世，也是不能保全绥远省的，敌人胜则可进兵侵占国土，敌人败则可退守察北各地，充实军力，以图作进一步的侵犯，一旦敌势强大，抗战的困难，必也更大了，这就是胜则得利，败则无损，绥远终久是保全不住了。

　　因此要坚决地进行抗战，我们的希望是驻绥各军和其他抗敌部队，迅速执行这个打退敌人的策略。也就是一面要消灭绥远省的伪匪军，并且要进攻察北，一面要华北各驻军出动，直趋已失各地，这样才能展开胜利的举国的抗战。绥远军既已做了光荣的抗战，我们很希望能百尺竿头更进一步，杀出绥远省去，为收复失地的进攻战的先锋队。同时也希望我国各部队，一致抱定收复失地的决心，复兴国家民族的志愿，不要让绥远军专美于前，那才是国之干城呢！

我们既然确定了举国的抗战，和收复失地的进攻战，则应对×停止一切谈判与交涉。敌人所唱的"亲善"、"调和"是欺骗人的话，而且我们认为"一面抵抗，一面交涉"，是太不高明的政策，譬如某甲与某乙打架，绝没有一面手脚交加，一面却亲善调和，所以中×两国之间，也是不能有这样的"一面交涉，一面抵抗"之滑稽事实。

这是全国民众最低限度的共同要求，也是有了充分准备的政府应该很容易表现的。如果我们能够这样，就能摆脱五年来"自侮自伐"的政策，同时才配说"统一团结，自强自立"以及"任何外患直不足惧"的壮语。

一九三六，一二，一三，北平

《雁北学刊》（季刊）

北平雁北学会

1936 年 6 期

（李红权　整理）

绥远战争的前途

士英　撰

预言是一件极危险的事。一九三六未来以前，多少政论家，曾旁征博引，举出许多理由，很有把握的预言第二次世界大战，定在今年爆发。但是现在一九三六的月份牌，眼瞧着就撕完了，而这预言并未实现。关于绥远战争的前途，我们不欲再作这预言的蠢事，但是我们却不妨作个预料的尝试。

据我们的预料，绥远战争，恐不会蔓延扩大，演进为大规模的、正式的中日战争，并且很可能的在最近要由消沉而暂告结束。目前的绥远战争，人人知道是变象的中日战争，我们欲想预料此战争的前途，实不能不先研究此战争的当事人。在中国方面，虽有"迎头痛击"的决心，但并无追剿肃清之冀图；虽然不肯怕事，但也不敢惹事。直言之，就是东北四省、察北六县，虽告沦亡，但是只要"友邦"肯暂时满足，不再贪多西进，在中国方面，宁愿仍继续维持这支离破碎的现状。在日本方面，实也不愿将绥远战争，就此扩大。其中道理，是很显然的，兵书不云，攻其所虚，攻其无备，现在的绥远，可谓有备且实，中国除了东北四省外，尚有二十四省，何处不是肥肉，何处不可下口，然则又何必一定要先咬绥远这一块硬骨头呢？

我并不是说日本武力，不足以克服绥远（同时我也不相信日本绝对能克服绥远），我是说日本不肯真牺牲其财力、军力。日人之占东北，侵冀东，谋察、绥，其一向政策，是不拿本钱，至多只在必要时，少拿点本钱。有人说，日本少壮军人，硬干、蛮干、瞎干，这种说法，除了表现自己幼雅〔稚〕外，实少事实上的根据。所以日人既晓然于绥远之需要本钱，必不会如一般人所想像的会蛮干硬干。但是战事的消沉结束，都只不过是个暂时的局面，等到各地人民把绥远事淡漠忘怀了，他马上又会把旧剧来重排。

绥远入寇这曲丑剧，一方面可以缓期重排，另一方面更可换台另演。昨天青岛已经搭台，这样一方面可以转移人民对绥远的视线，另一方面更可在青岛作"不花本钱"的尝试。我们想韩主席、沈市长，必不肯令傅将军独美于前，诚如此，则不久的将来，在天津、上海……都很可能的为同样的尝试。

所以如果我们把绥远战争，误认为一个地方性的战争，独立性的战争，他的目的只在消极的守绥远，我们倒不妨暂时乐观一下，苟安一会。但是如果我们把绥远战争，认为是一个国际战争，是中日两大民族决斗之一阶段，或者说，如果我们欲以绥远战争，为清理中日旧账的第一炮，则此可能的暂时的消沉结束，为胜为败，为福为祸，实在很应重加考虑。

我曾说过，中日问题，是个臭脓疖子，早破一天，落得早破早收口，早出臭脓早放心（见《独立评论》二二六号），那么政府目前，"惜脓养疮"的态度，究竟为是为非，似乎也不必费辞了。

《雁北学刊》（季刊）

北平雁北学会

1936 年 6 期

（侯超 整理）

绥远战争与中×大战

泗幸 撰

绥远战事本来是中×大战的初步形态，可是要扩大绥远战争而促成中×大战却不是容易的事情。我们四万万五千万同胞若要维护中华民国的独立存在，若要延续中华民族的永久生命，务必使这伟大的事体实现！我们知道敌人已不容许我们再继续话〔活〕着了，自今年来敌人对我们侵略更形极积，更愈来愈凶，福建盗贼之鼓动支使，上海等地之非法布岗，平、津军事大演习之占我丰台，冀、察经济垄断之扼我咽喉，南京交涉之要我书写卖命文契，无一不是具体的表现。此次利用蒙满匪人入寇绥远，不是欲夺我们的生命线——西北么？当绥远战事方在激烈的时期，突然又向青岛进攻，不是更欲取得华北么？这都表明敌人吞华已迫不及待了，我们的最后关头摆在当前了。我们的政府虽然今年也以不屈不挠的态度，用外交方略对付敌人，但无论哪一件事都是被动的，都是居于答覆敌人要求之地位的，因而结果总不免有损我利人的事实出现，冀、察经济合作便是明例；因而结果总不能停止敌人的侵略行为，绥远战事愈演愈烈自难讳言。这种交涉于我们有什么利呢？这种谈判敌人何乐而不为呢？所以敌人始终不说"谈判决裂，交涉停顿"的话，它们不费一兵不折一卒地就能得到极大利益，当然如哑子见了他的妈啦，有说不出来的痛快。可是我们却专要投人所好，以致铸成根本大错。我们目下的需要是转变我们一贯的被动态度，要一跃而采主动的态度，停止一切无谓的谈判，从事实力的反×战争。绥远战事就是我们抗敌的发端，也就是中×大战的导火线。我们要明白肯定的对敌宣战，不论就国家的立场上说，或就民族的立场上说，实是极正当极应该的。因为敌人的侵略中国不是鲸吞而是蚕食，其所以不鲸吞不是没有这个奢望，也不是有爱〔碍〕于中国的中部及南部，而是它们的咽喉太小消化力太薄弱，不能把整个的中国咽下去消化了的缘故。我们若仍今天被打一下不觉得疼，明天被搔一下不觉得痒，终于被敌人由蚕食而完成鲸吞，现在国土已沦亡半壁，将来西北失陷后我们才言抗敌，实等于缘木求鱼了。何况中国的地势西北高面〔而〕东南低，敌人既占西北则东南已在其囊中，瓮里捉鳖，易于反掌。我虽对于兵法是外行，可是敌人居高临下对我们极不利是尽人皆知的。所以说现在不决心抗敌，将来虽欲抗敌不可能了。

　　绥远战事之含有国际性，不用说我四万万五千万同胞们无不知，全世界的妇人孺子也尽人皆晓，就是我们的敌人亦公认不讳。它们的口供早经公诸世人了，它们自认它们的确参与绥远战事，它们的确想把中国置其统治之下，并吞中国是它们处心积虑的一贯政策，是它们寤寐中仍不忘的侵略标的，虽然它们有的否认这种言论，不过为得欺骗中国的四万万五千万小孩子罢了，为得容易得到中国承认其要求罢了。敌人掩饰其侵略行为，为得要达到其蚕食中国的目的，而我们政府为什么竟讳病忌医，故意很巧妙地把"抗敌"二字做为"剿匪"呢？既命名曰"剿匪"，无疑地是认绥远战事为"中国内部问题"，不但敬遵了敌人的鬼话，并且拿来与"剿共"相提并论，实把"剿"的意义委曲到底。我们知道国军对于"共匪"前后着实"围剿"了数十百次，全国各地的军队除山东、冀、察而外几乎全动员了，不用说最新式最快利的枪炮子弹有无〔无有〕不用，就是国人最宝贵的飞机和炸弹也用过不少的次数，确尽了"剿"的能事。"剿"的意义就在于进击决不在于防守。对蒙伪军用"剿"字似不能算为大错，可是毕竟剿是对内的而非对外的，用在消灭内部的匪类则可，用在国际战争上则不可。蒙伪军受人利用为虎作伥已不是中国人了，所以我们用"剿匪"的字样实嫌不妥。抗敌固然不是挑字眼的问题，只要不背前进的意义，无论用"剿"也好，用"抗"也好，能达我们的目的，我们便满足了。可是我们剿匪军尽管喊着"匪如来袭决予痛击"的口号，或"防地巩固匪难得逞"的豪语，哪有"剿"的意义存于其间？尤其我们新任军部次长，而兼四省剿匪总指挥的长官曾说"飞机应战尚无必要"。"应战"用在"剿匪"上也不妥当，而"尚无必要"一语更不成话了。总归一句话，绥远战争只可说是不尽力的防匪而已。若要强说剿匪，除非也像"剿共"一样地认真硬干起来。在我们国家我们民族已到达最后关头的一瞬间，我们需要当道改变态度了，需要转守为攻了，需要动员全国民众竭尽所有的武器来抗敌了。因为不如此不足以驱追〔逐〕丑类，不足以扼止敌人侵华的野心，不足以收复我们的失地；因为不如此不足以言"剿"，不足以言"存"。我们不乘此时来个抗敌大战——中×大战，诚恐将来没有挣扎的时候了。

有人说我们的力量在现在比之敌人还差得多，以落武〔伍〕的国家与进步的国家抗，不啻以卵投石。这话似有一部分理由，第出此言者，我敢断定不是汉奸便是偶人——虽然另有一部分人非上述二者中之任何一种人，但必是有所为而如此说的，所谓别有企图者是也。这类人我想决不很多，可置勿论——汉奸不愿欲抗敌自是理之当然，而木偶人不明白中国的现状，实可怜之极了。我且举事实来说：自从九一八事变以后，我们政府公布了不抵抗政策，其用意就在于充实军备及消灭内乱，到现在已经整正五年了。内乱完全平息，大一统已告成功，虽所谓"共匪"仍有一部分存在，第强弩之末势不能穿鲁缟，其无能为力人所共知。至于武备，中国陆军人数甲天下已不消说，就是武器，据说我们的军用飞机之数目亦多过敌人，我们的新式枪炮也与人差不多同样地快利。这话虽不无夸张之处，可是事实早已告诉我们：我国近年来对美之棉麦借款，英之信用贷款，数目都不在少数。尤其自币制改革而后，现银集中，国库充实，这些事实谁能说不与购买武器密切关联。美国军火的购进国常以中国为第一，就是明证。更明显的，政府发售航空公路建设奖券现已二十九期，每期所得余利平均不在一百五十万元以下，合计当达四千三百五十万元之谱，全都用以购买飞机自无问题。即今年祝寿所献的飞机也差不多百架。许多事实合并算来，则我国武力实可与敌相拼了。若现在仍自己不相信自己，仍摇尾乞怜地要求暂时的妥协，不特失之优柔寡断，并且无形中自认中国人不如阿比西尼亚之勇于爱国。此非过甚其辞，实因敌人不及等到我们自信能打倒敌人的时候就要灭亡我们。田中的秘密报告已说得很详细，它要很快的实现大陆政策，非很快地灭亡支那不可，我们怎能等到有了十二万分得把握后才抵抗敌人呢！况且在我们充实力量以备抗敌的期间，难道敌人不准备灭亡我们的力量么？我们充实力量的速度能比敌人更快么？现在德、日同盟已经成功，意日协定又告实现，敌人武力发展之前途正未可限量，不乘其盟约新结的时候，德、意尚未能着实有效的帮助我们敌人的时候，我们大举抗敌，反而专俟敌人的盟约已经根深蒂固之后，敌人的武力已经飞跃地发展之后，才言自救，虽周岁小孩子也不会相信能够成功的。心里有这样的算盘存在着，实在危险到万分，干脆的说如此打算的人，不但没有抗敌的决心，简直怀着卖国的意念——实亦等于货真价实的汉奸。现在尚不自信能够抗敌，将来永无自信能够打倒敌人的日子了。我们只有抗战以图存，绝不束手以待毙。所以中×大战之实现以愈早为愈妙！

近年来中国人抗×的情绪高涨已与日俱升，到今年更普遍到任何人心里。此次绥远战争固是敌人侵华的更进一步的表现，而同时又是国人抗敌的更高级形态的表示。战端既启，通电声援的既普遍于全国各团体，而组织前方服务团及亲身入伍参战的亦风起云涌，尤其解囊输将节食慰劳，虽洋车夫、老妈子，甚而至于囚犯及叫化子也都慷慨不肯后人。这种表现不用说中国前此所未有，就是各国也古往今来所罕闻。由此可见，国人爱国心切，恨敌心深，"时日曷丧，我存汝亡"①，实是任何压力所撼不动的决心了。我们政府宜如何利用、顺应、助长这种铁石般的抗敌的民族意识而组成精神的抗敌战线，以打倒我们的敌人，直捣黄龙府，还我好山河呢！我们知道一九三六年的中国人，已不是一九三一的中国人了，大家都看透了敌人与我们绝不能共存共荣，绝不能提携妥协，不是彼从〔存〕我亡，便是我存彼亡，我们与其不抵抗而死，宁如殊死战而生。我们的敌人既不比意大利强，而阿比西尼亚又不比中国强，意大利直到现在还未把阿比西尼亚全部亡掉，可见中×大战鹿死谁手目下尚难断言。我们相信我们的精神是可以战胜敌人的暴力的。淞沪之役以十九路军极少数的兵，竟使敌人几无所措手足；长城之二十九军又以极少数的兵，使大部的敌人引颈就戮，这都是我们中国近百〈年〉来的光荣史，也是我们精神可以战胜敌人暴力的铁证。我们现在既不比敌人弱得多，只凭着四万万五千万人之心为一心的团结精神，最小限度是可打倒敌人在华的势力，扼止敌人侵华的野心。我们为求中华民国之独立，为求中华民族之生存，为收复我们的失地，为收回我们的主权，不得不战，不能不战，不可不战。我们政府必须领导着抗敌意志坚强的四万万五千万的民众，主动地使绥远战事扩大，使它

---

① 原文如此。应为"时日曷丧，予及汝皆亡"。——整理者注

引起很大的国际斗争——中×大战，以打破我们最后的难关，以决定我们最后的存亡。若在这一发千钧的当儿，仍只长他人的志气，灭自己的威风，徘徊歧路，当断不断，甚而明认绥远战事为剿匪战事，为国内战事，反而畏首畏尾，退缩不前，养痈遗患，放虎归山，这种矛盾心理，矛盾行为，于中华民国的前途，于中华民族的前途实害莫大焉。我们不要仍抱着不抵抗主义了，不要仍抱着一面交涉以委屈求和，一面抵抗以徒牺牲边防军队的政策了。我们的抵抗不是局部的抵抗，不是一部分的人抵抗，而是整个的中国以全国的人民向敌人抵抗。我们要断然地对敌停止一切谈判，要断然地对敌宣战，错过这个民气最激昂〔昂〕的时机，恐怕再没有抗×的有利时机了！

　　总而言之，敌人进攻已日甚一日，尤其自德义〔意〕日联盟成立以后更无所不至其极了。青岛海军登岸，绥远陆军参战，都是昭人耳目的既成事实了。七日报载：二次百灵庙之战，敌人施放毒瓦斯，它们简直不把中国人赶尽杀绝不止了，我们怎能眼睁睁地束手就毙呢！现在希望敌人仍能与我们妥协，实等于自己找死。德义〔意〕日联盟是不完全对待苏联的。它是法西斯蒂主义的国家联合起来，对弱小民族施行侵略的盟约，我们的敌人所以联络德、意，其主要目的就在并吞中国，天津《益世报》七日之社评已讨论得很详尽。虽然蒋委员长在洛阳军校演说以为德日同盟与中国无关，我们是决不同意的。因为事实胜于雄辩，敌人既很明显地表现出德日同盟的侵略性，不论其双方用怎样的花言巧语来掩饰，而我们已经醒悟的被压迫民族是始终不会受骗的。我们若仍喊着"剿"而不前，若仍抱着循外交途径以求妥协等等的挨打政策、苟安政策，就是上了敌人的当了，只会使我们失地更多，丧权更多，绝无收复失地的可能，绝无订定平等互惠条约的可能。我们在这唯一的战则生和则死的路线上，除去以十二万分的爱国热忱，吁请政府断然停止一切中×外交，对敌宣战外，仍要组织我们四万万五千万同胞结成有力的抗×战线，如此才能使绥远战事扩大成中×大战，才能有我们光明的途径！我们在这已经到达生死存亡的最后关头的时候，无别话可说，只有喊着"牺牲小我以福利国家民族，奋斗到底以打倒××帝国主义"！皮之不存，毛将焉附。中国既亡，四万万五千万同胞都倒霉，任何人绝难希望幸免，除非它有孙悟空的本领一个筋斗能够逃出现世界之外，那就可以偷生了！

一九三六，十二，九，故都

《雁北学刊》（季刊）
北平雁北学会
1936 年 6 期
（朱宪　整理）

从绥远抗战说到组织民众与训练民众

王偕夫　撰

一、引言

曾记的一月前笔者参加本校南下教育参观团，在山东教育厅，何思源厅长谈话间略谓："中国今日已到了吾辈知识界总动员之时矣！苟愿救亡图存，非知识先进挺身而参加民众组织与训练的工作，不足挽救中华民族。"现在为时仅一月耳，敌人又开始进攻绥远，我们知道敌人之所以甘冒破坏世界和平，努力抓取中华领土，完全为的是实践其大陆〔东进〕政策，在彼整个计划中，绥远事件自有其必然性。再看那被侵略者本身（吾国），在时间空间的极度演变中，竟然出现了我们的傅主席，和全体守土将士，他们早具最大决心，敌来与以一拼，所以几个月来，敌军虽然屡次进袭，都被我军击退。

二、进攻绥远与全国抗战

。。"友邦"唆使汉奸蒙匪，向绥远进攻。这次的战争，不管从"友邦"奴化中国的计划上说，或者从中华民族生死存亡的关键上说，都有其万分严重的意义。第一，"友邦"企图由满州〔洲〕至新疆的一万多里距离中，建设一条巩固的阵线，包围苏联远东军，绥远在此包围线的中站，势在必取的。其次欲占领全中国，必先占领华北，绥远又适位在西北与华北之门户，是以绥远丧失，黄河以北以及全中国领土，顿受威胁。第二，进攻绥远是"华北特殊化"与"同共防共"要求事实上的执行，在南京进行的八次中日谈判中，以上两个要求最难使中国慨然承认，但是事实胜于理论，大批敌军进取绥远，其目的自然是照准盘踞甘肃、宁夏的"共匪"，借收防止中国"赤化"之效，其不曰"共同防共"而何？在中国领土内，任意收买汗〔汉〕奸与少数蒙古人，破坏本国领土和主权的完整，并且企图建筑一道抵御苏联的包围线，刻下冀、察已够"特殊化"了，绥远再失，山西和西北各省不保，整个华北必进入"特殊化"的阶段。

不管"友邦"的计划怎样高超，总之事在人为，数月以来前方健儿浴血捍卫祖国，后方民众热烈援助，每日里报纸登载的消息，"友邦"运送军器、给养和国人慰劳品的运绥，同是占了很最重的地位。我们可以肯定的说，这回绥远的抗战，确乎引起了全国人民热烈的注意和关怀，同时这种注意与关怀绝不是偶然和情感的激动，而是五年屈辱所造成功全国人民内心的怒焰，他们知道绥远抗战胜利的进展，将会演成整个中华民族解放运动，如果再能汇集起国际情形的转移，救亡运动的洪潮，和一部分当局者的觉悟等诸因素，予以总的推断，则此解放运动的怒潮，不但可以普遍到全中国，而且其本身充满着光辉灿烂的前途。

要使绥远抗战能够发展到全国抗战的前进〔途〕，则必须全国上下的精力，都集中在这个问题上去谋促进之。现在用《大公报》社论《守绥远》一文内几句警人语来重述一番："……四万万人的眼睛都看着绥远，四万万人的耳朵都听着绥远，四万万人的心灵都为着绥远抗战而跳动，四万万人沸腾的血都为着绥远抗战而奔流！……在救亡运动中，参加者的思想和利益，是不一致的；成分也是良莠不齐。但现在是我们群策群力挽救祖国沦亡的时候，不是争执政治理论和党派问题的时候。我们在援助（应当改为扩大）绥远抗战的工作中，应当超于一切政治理论或党派问题，即一切不论，专论卫国。"读罢报上一段的论述，就可以了解全国舆论和心理之所趋向，救亡不是少数或一部分人应该努力的事，凡是不愿作亡国奴的人们毫不迟疑的起来，赶快加入救亡阵线，使绥远的抗战进展到全国伟大的抗战，完成神圣的中华解放斗争。

三、绥战声中民众组织与训练

前边说到绥远的抗敌战争，已经掀起了整个民族解放的波涛。但是停留在后方的民众与政府，除开节食捐薪等等消极的援助工作外，仍是缺少积极的准备。先从政府说起，五年屈辱的外交政策够忍耐了，而今日国内政治、经济确走入新的阶段，整个国人监督下，军阀混战已不多见。自从去年新币制政策颁布后，人民对于政府的殷望更迫切，于是在政府一再宣称不放弃失土的口号下，完全表现出人民与政府精诚团结合作对外的精神，但政府于此间仍不能叫人民彻底了解而生更进一步的信念者：即中国目前的处境是半殖地，或者说弱小民族者本身，不管我们的军事准备怎样迫切而急进，永无赶上帝国主义之一日，此可谓定论，惟有精神上的武装，才是弱小民族者当前急务。况且历史上所见到殖民地革命战争，所需求者，乃民族解放应有的设施，而非唯武器论。其次说到人民方面，一年以来由平、津学生导前，全国一致喊出联合对外的口号，要求国人速作救亡准备。要知学生与知识界，因为自身不能弃放课室内或其他工作，仅作到街头呼号，或都市区域内唤起民众工作，其对重重深刻化的民族危机，仍是远水不解近渴，此时四万万人中尤其华北民众，身处在国防最前线，能痛切明了国家危机者尽属多数，他们刻下所需求的不是宣传而是进一步的组织工作。因为在宣传工作怎样有进步，究竟比不上"友邦"大演习，或者武力侵夺绥远种种既成事实，使人民了解的更深刻而痛切的。总之有了阿比西尼〈亚〉抗战的经验和教训，更证实了以上理论的真实性。中国并不愿有阿比西尼亚那样的结果，同时也绝不会得到那样的结果，但是阿比西尼亚国民反抗帝国主义的精神，是值得每个中国人应当仿效的。

以上说到，国民需要的是怎样有组织去抗敌，此种迫切伟大的工作，政府应当导之于前，知识界和学生必须摆掉优越生活，走向民众群里去，参加及指导民众组织与训练，促成名实相符的全国总动员。但我们所需要的民众组织与训练，不同于一般的所谓放弃民众中劳动分子而仅顾及资产阶级本身，此种错误，山东等处确乎犯之；同时亦不同于本省将在举行分部征兵制的壮丁训练，因为本省未来的壮丁训练，根本摈除知识学生及公务员参加，不承认知识界和公务员有受训的权利和义务，更是绝大的错误。至于说到我们的主张也很简明，就是先要问一句：中国为应付目前的情形，是否需要全国人民携手共赴国难？如果此大前题决定以后，无疑问的是要求国内各方不分阶级与党见，不论年龄和性别，凡是中国人皆有救中国的责任，或说是一种义务。语云："天下兴亡，匹夫有责。"救国既是全国人民的天职，那么对于国民的充实工作——组织与训练，也不应当有奇〔歧〕视才是。

四、怎样才叫民众的组织和训练

在未说到怎样组织以前，先要问什么是组织？简单来说，组织

是一种有生命而活的工作。组织不同于编制，因为编制是极复杂
而且从上顾下的工作。组织的意义既然明了，接着来说训练。训
练这一名词根据组织而来，无组织即不能施行有效的训练工作，
所以又可以把组织与训练合为一起，同时二名词在性质上，也绝
不能分离而单独存在。组织与训练诠释既毕，现在开始来谈民众
的组织和训练。我们所需要的民众有组织和训练，完全为的是应
付客观环境或事实，此点在前边已经说过，惟其环境或事实随时
有演变，所以我们进行民众组织与训练工作，也可以分开以下数
点来叙述之：

1. 组织地方游击队：游击队突击战争，是殖民地民族战争中
操必胜权的一种方式。游击队的编制，不能据〔拘〕于固定的形
势〔式〕，或者采取军队中的三三制亦可，即分为小队十人，中队
三十人，大队九十人或百人；合若干大队而成总队。小队为编制
中基本单位，如某庄村中有壮丁百人，固可以编为一大队，而他
庄村有十人，亦可以编成小队，各自分担出击工作，毫不受编制
指挥的影响。此种经验或训练，国内受过共军"搔扰"地带，如
西南、西北及山西各省人民皆屡经尝试过，今再有详密的组织，
即可以发生绝大的效力。其次说队员的择选，也可以归入政治训
练中。关于队员训练目标有：a. 要具有必死的精神；b. 要具有
决定的志愿，不动摇不悲观；c. 要具有健康的体魂，不畏难不怕
苦；d. 要具有政治意识，了解自己的服务；e. 确信救亡纲领，
在行动时要服从决议，在战斗时要服从指挥。在每个队员间确实
能接受上述目标后，无疑义的这种组织必会变成真正民众的武力，
担负起民众抗敌的任务。但是光有了队伍的组织，而此种普遍广
大的游击队伍他们的武器的缺乏，也是很费解决的一件事。不过
回想起我们东北的义勇军，从敌人手里夺取枪枝的事实，这一个
难题已经解决大半，再添上政府的协助和富农地主原有防匪枪枝

（山西境内很少有）的供出，凑合一起，这个问题就可以完全解决。

2. 丁壮训练：丁壮训练现在已有十省三市，正在开始筹划或已进行中，各地训练方式多采通一办法，期间三月至六月不等，其最大缺陷放弃政治与救亡训练，而仅予体格方面的操演，踏入现有军队编制的方式中，难开真实民众武力的组织。其实关于丁壮训练，在德、意和"友邦"，全都老早实行过。我们目下所需要的训练，整个精力之所至，应当完全顾及到非常时期的应付，即在军事的以外，其在政治上、经济上，人人须要有与国家协作的信念，处处须要有全国一致的组织。再说的明白些，我们需要的丁壮训练，除必要时补充国家正式军队前线杀敌外，还要随时变更为协助国家，防卫后方，安定人心，救护老弱及伤亡等等工作，在训练中首要的任务，是精神训练，在战争中技术训练常居第二步的要求。其次说到受训者资格限制，以上所举各地参加训练者资格限制，也觉得太狭隘严励〔厉〕，要知我们所有非常时期的应付，是需要四万万人全体总动员，只要不受身体和年龄的限制，应该扩大范围，在责任或义务上，使人人能有参加训练的机会，必要时女子也须参加进去。

3. 救护防预训练：绥战以来，各地参加战区服务团，大半作为士兵救护的工作。一说到防预工作，在科学不发达的国家内，是很值得注意一件事。报纸频传敌军匪飞机毒气伤人颇多，更证明国军与人民对于此项知识欠缺。防毒与"防共"的训练在现在殊感困难，若是从物质上讲求防预，以国家经济能力说，仅就防毒面具一项，亦不易办到人人必有一架，其他更不必说。可是惟其物质上的设备困难，更需要精神有训练，在救护防预的训练上，必须扩大组织训练班，或其他类似训练班的组织，主要的在前方要有敏捷迅速的战时救护，在后方对民众有充实"防共"防毒的常识，以免去不必需而无味〔谓〕的牺牲。

《雁北学刊》（季刊）

北平雁北学会

1936 年 6 期

（朱宪　整理）

绥东抗战的前瞻与后顾

元甫　撰

酝酿好久的绥东战争，毕竟是爆发了，表面上是伪匪的进犯，骨子里谁也知道是现在正与我们高倡"提携"的友方所主使，这又是玩的侵略热河的一套把戏。然而这次镇守绥方的将军傅作义却不像当年镇守热河的汤玉麟将军了，汤将军一夜败退到天津，傅将军却一夜攻下百灵庙，由这一点可以看出爱国者与卖国贼所表现的完全不同了。然而抗战是整个国家的问题，如果全国上下一齐来抗，就能得到最后的胜利，同时还要下最大的决心，才能够有光荣的历史，而不至功亏一篑，若为局部的抗战，敷衍的去应付，仅使一部分有义气的人，白送命于沙场，决不会得到最后的胜利。而尤其是在中国这样特殊环境之下，若不能共同联合起来作战，徒喊"复兴民族"、"救亡团结"等漂亮的口号，简直是痴人作梦，更会走向灭亡的道路上。见〔鉴〕于"一二八"及"长城战役"的先例，不禁使我们对于绥东的抗战，抱很大的忧虑。谁都知道当时的十九路军和廿九军，不仅为国人敬仰钦佩，而且受外人的赞许，蔡廷楷〔锴〕、蒋光鼐、孙殿英诸将军都一样受国人的欢迎，更为爱国者所崇拜。然而他们不能够继续杀敌，更遭受到恶势力的排斥，使他们再不能为国家表扬一点气节，这不是他们自身的反叛，而是因为他过度的爱国，真诚的爱国，所以受汉奸卖国贼的离间、挑拨、攻击，终于瓦解了他们的实力，结束他们的爱国工作。当时虽然得到全国上下的拥护，然而因为没有实力的援助，更加上政府有贯彻和平外交的懦弱表示，故不惜牺牲一切而谋妥协，在政府当然以为和平是人类的幸福，应该尽量觅和平，我们也何尝不知安然自任的过自己的舒适日子好，何必硬要和人家来斗呢？谁无父母，养老送终，谁无妻子，如宾如友，然而为了大我的永远生存，子孙的遗留不绝，再不能顾惜现在的小我，这差不多是全国上下的普遍的心理了。政府见〔鉴〕于众意难违，名义上何尝不是"复兴救亡"，曾经也派过军队到前线去，"一二八"时第五路军名义上到上海参加作战，实际上我们也没听到他打的情形，也未听到十九路军得到他的援助。在第五路军开走不久，接着就是停战协定。这种神秘的外交我们实在不敢妄去推测"长城战役"中央军队的增援是有的事，然而也不过几师人，一切器械子弹，新式兵器，也没有多少运来华北。同时在两国作战的时候，还不断的继续谈判，这真是滑天下之大稽，这也许是中国特有的现象，终于订立城下之盟。然而我们不愿计较以往的事情，且看摆在眼前的绥东战争，表面上是得到些些胜利，但这绝不能够认为满足，而况匪伪的背景强硬呢？我们的目的是和×人来拼，现在杀的是×人的外围，□中国人丧心病狂的汉奸固然也一样的可杀，但究竟不若杀死×人痛快的多。傅作义将军的英勇作战，激发起民众的爱国心了，所以募捐运动，纷起各地，中央有见于此，所以赶快也来助兵，马上调兵遣将的来助战，这是我们如何的欣慰，同时也值得大家慰劳援助。然而我们认为中央还没有作战的决心，第一为不明白向×抗议，严责其助匪扰乱？据云：×方认为×人参加作战还系浪人，与其国家无干。这种不见血的恶作剧，实在使我们不能客〔容〕忍。第二中央为什么不用飞机来助战？庆祝蒋寿的飞机，大家公认为是为了国家，而且蒋先生也很明白说是为国家所用，而今国土沦亡，为国而用的飞机到何处去了？何以一架也见不到在前线上，此时不用更待何时？诚如陈诚将军所言，前线现在用不着飞机助战啊！精明硬干的陈诚啊，难道人家用飞机、大炮掩护前进，我们就用骨肉可以抗住吗？陈将军为有名军事专家，也许有妙方去抗，开始抗战的领导者是傅作义将军，收复白灵庙的军队也是傅将军的部下，傅将军的诚心赤胆，可以表白于天下，中央宜将大责交于有功劳者，益增其爱国之热诚。中央调陈诚将军为前敌总指挥，固为我们所喜，但愿陈将军能继续杀敌，不但克服伪匪，且要收复失地，则吾人愿极端拥护，誓为后盾，甚不愿陈将军步沪战第五路军之覆辙，驻中观望，听候协定，以贻误国家而葬送祖国领土。总之，吾人不希望战争早日结束，愿由此而括〔扩〕大，竭中央所有之力，集中央所有之兵，全国总动员，来应付此项事变，不特绥远不为人所夺，且要收复东北四省。具此〔次〕决心则国家庶有望也，民族始敢言复兴，前途才可容乐观。若仅为应付人家侵略，而做构〔媾〕和之资料，实负人民之望而为人所不齿，国家前途更何望哉！

《雁北学刊》（季刊）

北平雁北学会

1936 年 6 期

（朱宪　整理）

绥东战事有感

张连登　撰

溯自九一八事变以来，日本帝国主义者识破中国政府不抵抗之弱点，得步进尺，为所欲为；既占我东北三省之领土，又夺我热境主权而去，长城一役，《塘沽协定》以成，河北事件，何梅契商又订，冀、察应势而自治，冀东反目而独立，内蒙情势混沌，影响察北沦亡，察、绥地势毗连，绥边因而告紧，环顾整个华北危机，宛若虎口余生，旦夕有毕命之忧，凡关怀国事者，无不了若指掌，痛悉底蕴，原不必吾人多所喋喋矣。

年来西南将领与中央意见，始终歧异，不相容吻。因此内政外交，牵掣纠葛，迄无定衡；影响国是，自非浅鲜。顷者西南、中央大体趋于一致，将后全国上下，精诚团结，共御外侮，复兴民族，收复失地，壮我山河，挽救狂澜正乃其时，国人诚可拱手烧香虔诚祷祝者也。

南京方面中日谈判，正在互持不相退让之际，绥边忽以匪伪入寇闻。此事虽然出乎常态，而吾人正不可大惊小怪，视之过事神秘，要不外非常时期中应有之过程。盖日本帝国主义者之假想敌人，惟有苏俄。中国原非其意中对头，早已视同囊中之物，何时伸手取之，无一可以脱逃。过去一试再试，莫不灵巧机妙，应合相符。故其一面对中国行不战而胜之策略，一面对苏俄取积极包围之形势。内蒙、察北既成其势力范围，可以从容布置，绥远重地，又为其虎视垂涎，必得之而甘心。月前怂恿匪伪，供饷供械，大举进犯绥边，幸我晋、绥当轴，早有慎密计划，决在不辱国、不丧权之原则下，努力保存此仅有之国防前线——绥远。晋、绥健儿，闻此凶讯，莫不热血沸腾，奋勇杀敌；虽在冰天雪地之中，转战匝月之久，迄未闻有若何倦意成〔或〕异议。敌人机枪大炮尽管锋利饶足，其奈我士气旺盛，民心慨愤，每战皆捷何！近复频闻王英部下屡有反正，果尔则匪伪内部自乱步骤，暂时或取缓进政策，绥边权得安然无事，此自为吾人一时之快慰，但非长久计焉。为今之计，坐守待攻，绝非上策。匪伪以逸待劳，绥境永无宁日。国人既一致要求抗日，乃可乘此机会，合全国之兵力、财力，一鼓推进，直捣匪伪巢穴，胜负权不必计，良机似不可失。不然，日本在华北之势力，愈增愈厚，不数年后，整个之中国，恐被蚕蚀〔食〕鲸吞消灭于无形矣。彼时纵欲挣扎，是乌乎可?！兴言及此，不胜悲愤。草草成章，难满读者诸君之快意。如蒙不弃，幸祈有以教之。

《雁北学刊》（季刊）
北平雁北学会
1936 年 6 期
（丁冉　整理）

本会致傅主席及前方各将士之慰劳电

作者不详

绥远傅主席暨前方各将士均鉴：匪伪犯绥，国人同愤，幸我公及诸将士，奋勇杀敌，驰骋疆场，地方得以保全，边圉赖以巩固，风声所树，薄海同钦。我辈籍隶雁北，密迩绥东，唇亡齿寒，关切尤殷，除已发起募捐，一俟集有成数，即当汇寄前方外，特电慰问。并盼我公严整师旅，继续杀敌，本会同人愿誓为我公后盾。临电神驰，伫候佳音。山西雁北留平同学会叩

《雁北学刊》（季刊）

北平雁北学会

1936 年 6 期

（丁冉　整理）

为匪伪军进攻绥远告全国同胞书

作者不详

在上月九日当中日外交关系紧张声中，绥远的殖民地侵略战争又开始了。帝国主义者又用着他的屠刀来对我们无辜的民众肆行杀戮，全国上下均在惶惶不安着。其实这件事我们认为并不惊奇，敌人早已在准备着了。这是敌人满蒙政策发展的当然结果。这是敌人反苏联的一个步骤。所以这次绥远事件，不但是敌人侵略中国领土野心的再暴露，而同时更含有其他更深刻的国际意义在内。敌人对于绥远是煞费苦心的去经营，半年来天天在准备着，敌人是已经抱定了很大的决心来掠夺我们的国土。

绥远是已变为敌人侵略政策的目标，在这样情形下，当局者若无妥善的方法去应付，则绥省是终于不能保守。万一丢掉了绥省，则西北数省必然要继续入于敌人的囊中，同时华北方面也要感受着极大的威胁。所以我们认为绥远是西北数省的门户，是中国最后的国防。我们万不能再放弃这仅存的壁垒。绥省的存亡是关系整个中华民族的生死。

现在英勇的绥军已掀起了民族解放战争的序幕，在冰天雪地中，浴血苦战，奋勇杀敌，他们是为着国家的生存而奋斗，他们是为着民族的解放而牺牲。但据报载他们还没有御寒的皮衣以及其他一切必要的卫生的设备。这是我们对于前方将士非常抱歉的一点，我们觉得援助前方的抗敌将士，是每一个国民应尽的责任。

所以我们深盼各地同胞，踊跃输将，一致援助，动员我们全国的人力、物力、财力作绥军的后盾，使他们无后顾之忧。

其次我们认为绥远问题不是绥远的地方问题，而是整个中华民族的问题。我们更希望中央当局及各地实力派，不分畛域，不分党派，一致派兵援绥，共同争取我们的最后胜利，不要使绥军陷于孤立的地位，而蹈了以往局部抗战的覆辙。

这次绥远的战事，表面上虽然是由所谓蒙伪军发动的，但是幕后人物为谁，这是尽人皆知的事情。虽然我们的敌人还放着烟幕，说是中国的内政问题，但是事实上甚且有敌人的正式军队参加作战。在这种情势下，当然无普通的外交可言，所谓调整国交的交涉更是欺人自欺，所以我们更主张应立即停止两国间的一切外交交涉。并且我们认为现在两国间的一切纠纷，也决不是外交方法所能解决的。最后我们高呼：

1. 全国军民一致联合对外！
2. 请求政府动员全国海陆空军援绥抗敌！
3. 反对一切辱国交涉！
4. 绥远抗战将士万岁！
5. 中华民族解放万岁！

　　　　　　　　山西雁北留平同学会绥东后援会十二月九日

《雁北学刊》（季刊）

北平雁北学会

1936 年 6 期

（朱宪　整理）

怎样援助绥远将士

顾贻 撰

自绥远战争爆发后，全国都一致起来援助，这就是因为绥远的存亡，是关系整个华北问题，守绥远便是巩固华北，巩固华北即是巩固国防，在此时的中国，万不能再失一寸土，所以我们援助绥远，意义特别重大。报载某方声明与匪军无关，那末我们更好尽全力消灭匪军，不仅要坚决守土，还应向匪军进攻，他们有飞机横行，我们也应该用飞机到前线去助战，如是绥远线可以决守，得到最后的胜利。

在国人援助绥远的时候，我认为尚须注意二事：第一，我们要充分的予以物质的援助，像节煤，绝食，募捐，甚至毁家纾难，都应在所不惜，有一分援助能力，便须尽一分救国责任；不过，关于后援会的组织，应当力求统一，和前方尤要取得联络，他们需要什么，我们才供给什么，然后才不会失掉援助的效果。第二，我们全国民众应一致起来站在国家和民族的立场，来督促政府充实国防的准备，巩固内部的组织，在全国统筹之下来为国家为民族的生存而斗争，消灭阻碍我们自力更生的恶魔，排除妒忌我们民族复兴的公敌。此时援助绥远，不过只是生存斗争的开端，总清算的日子，也迫在眉睫了，望全国同胞一致起来罢，来作光荣的英勇的生存斗争啊！

《正声》（月刊）

北京大学政治系一九三七级级会

1936 年 7、8 期合刊

（丁冉　整理）

外蒙最近之军备及情势

秦通一　撰

自去年十二月二十五日，满洲会议决裂，迄于今日，伪满与外蒙之关系顿趋恶化，同时"外蒙共和国"首相等忽有访俄之行，最近且有外蒙、苏俄军事协约之传闻，因此日俄关系大为紧张。日本报纸频传日俄冲突期迩，且对于外蒙赤军之情势，并国境方面之情势，记载颇详，兹摘录如次：

1. 在外蒙首都库伦地方，配置一军团之兵力，系在陆军大臣特密特直接指挥之下。其编制系一军团，由三师而成，各师团又由三联队而成，各联队有三大队，各大队有二中队。换言之，一军团计有五十四中队，每中队之兵数有一百三十六名，故一军团之兵力，七千三百四十四名。又该军团计有战车二十辆，飞行机八架，装甲自动车多辆，飞机场二处，化学兵器工厂二所。

2. 在桑贝子地方，驻有第五、六之二联队之骑兵，约有一千名，并 GPV（即秘密武装警察）七十名，山炮六门，大型野炮二门，又每十六名之兵配置苏俄制造之轻机关枪一架，每一小队（三十六名）备有重机关枪一架。

3. 在乌哥莫尔地方，驻桑贝子之第一支队骑兵五百名，计有野炮十八门。

4. 在哥尔风柏因地方，驻屯桑贝子第二支队骑兵五百名，备有各种兵器。

5. 在他毋斯克地方，驻有桑贝子第三支队骑兵约六百名，又炮兵一大队，备有各种兵器。

上述各部队内，均有苏俄将校指挥训练，且以苏俄之军用机约二百架，为密接联络莫斯科、库伦及哈包鲁斯克之用。更在外蒙军事上之重要都市，桑贝子地方，敷设从苏联领土内达到该处之二条纵贯道路，其一系从泊尔遮尔雅至桑贝子，另一系从乌阿鲁阿样奈雅至桑贝子。最近这两条道路，加以彻底的修理，并作严重之耐重检查。所谓耐重检查，即重炮、坦克车等军用重量机械通过时，各道路之桥梁是否耐重，加以检查。且在该道路上每隔一定距离，设置仓库一所，以为放置食粮品、自动车部分品，及其他枪弹等，可〔并〕在重要地方设有贮油槽，以为一朝有事时之准备。

上面所述，系就外蒙共和国内之兵备言，兹再就国境线方面，记述如左；

外蒙国境方面之配备分为三线，即：

第一线，系从奥莲萨蒲而至哈纳特瓦，约延长三百俄里。

第二线，系从哥尔风伯〔柏〕因而至荷尔特尔斯，延〈长〉约二百〔长〕俄里。

第三线，系从他母〔毋〕斯克而至乌哥莫尔，延长约二百俄里。

此外在伪满国境地方面，设有十三所之监视所，其已被日本及伪满探悉者，有如下之九所：

1. 斯鸦纳监视所，兵约八十名；2. 荷尔荷尔监视所，此乃沿客尔莲河岸而设置者，兵约十名；3. 乌奴克特监视所，此乃沿客尔莲河以北之监视所，与伪满相隔仅十余俄里，为最接近国境者，兵有三十六名；4. 亚蒲塔尔监视所，兵约十名；5. 斜尔打监视所，兵约十名；6. 客尔打监视所，兵约十名；7. 漫打夷监视所，兵约十名；8. 蒲鲁纳尔监视所，统辖自客尔打至挨莲巴间四个监视所，兵约三十六名；9. 挨莲萨巴监视所，兵约十名。

此等监视所，均择有饮水料之场所而设立者，距伪满及苏俄国境，近则十俄里，远则亦不过四子〔十〕俄里，兵器则各兵有手枪及长枪各一挺，及马二头。又每监视所，备有机关枪一架，至其警备状态，则昼间只派步哨一名，在山岳间巡视，夜间则由邻接两监视所，各派二名之乘马巡兵，在二者之中间地点会集，借取两者间之联络。

上述各节，为外蒙、苏俄及伪满三者间国境方面之情形，由此可见情势紧张，将时〔来〕总有冲突一日也。

又据另一消息，外蒙人口百万，行征兵制，国防军全部约十五万，其分布情形如下：

1. 库伦驻军约五万，计为骑兵二团，步兵一团，炮兵二团，机关枪兵一团，飞行队二队，每队由飞机五十架编成，汽车队二队，各团合计汽车二千辆，通讯队一队，工兵一团。其飞行队长，皆由苏俄将校充任，至飞机驾驶员，蒙人占十分之一，汽车驾驶员，蒙人占十分之三，华人占十分之二，余为俄人。2. 大喇嘛庙，驻有骑兵一团，飞机二十架，铁甲车二十辆。3. 桑贝子，驻有步、骑兵各一团。4. 达里岗〈崖〉，驻有步、骑兵各一团。5. 库伦、恰克图间，汽车往来甚力，每日有飞机二架，往返大喇嘛庙、桑贝子、达里岗崖各地，与库伦并常有飞机往来。6. 西部方面，驻兵数目不详，军械中如步枪、机关枪、骑兵枪、野山炮、铁甲车、飞机，电气及其他机械工具等，皆由苏俄购来。库伦有士官学校，校长为蒙人，教官则为俄人。

《内外什志》（半月刊）

上海内外什志社

1936 年 8 期

（朱宪　整理）

察、绥抗敌之将来

何圻陪　撰

一、敌我情形之蠡测

敌匪联合军队企图占领察、绥情形，全国人民谁也知道很紧张的，当地防军将士的抵抗热沉〔忱〕，不用说，早已沸腾到最高度。尤其干部和士兵们，早把刺刀磨亮，子弹试过枪膛了。

察、绥的军事最高领袖傅作义，曾向国人表示过："誓不以寸土尺地，让给敌人占去。"他的言行素为国人所信赖，他过去守"涿州"，国人有很深刻的认识！那时是帮私人作战，傅氏忠勇如彼，而今为国家作战，傅氏必然加倍忠勇无疑！

我们所想的，作战要本着"知己知彼，百战百胜"的原则，才能操最后胜算。据传伪国、伪蒙和匪军有五六万人，另有某国军队若干，想来不是虚的吧！那末，我们现在守绥东、察北的军队，是否与敌兵力相等？是否能操最后胜利？全国人民应该深刻注意！况敌有精锐的武器，充足的军实，军需、军饷又有某国充分的接济，必要时，还可以调遣朝鲜和东北的某军完全加入作战，终要达到它的企图。我们如不全国动员，孤军抗敌，终必败亡无疑。

据说察、绥的民智低落，受普通教育的人，只占千分之几，大多数的人民，愚昧鲜有国家观念，这种人民，最易受某方的汉奸以金钱和名利来收买！过去某报载察省通信：五六月间征集民工一万三四千人，帮助防军做工事，每人日结大洋三毛，这种代价，较诸当地雇农工为贵，人民暴〔抱〕怨的却不少。有次傅主席召集民工训话问："你们现在做工，是为谁做的？"谁也猜不着它〔他〕们的回答是："我们做工，实为你们想做官的人做的。"傅氏左右才详为解释："我们做工，是不愿当亡国奴，所以才做工，做工就是为自己做的。"经过了这回解释，人民才稍觉悟，民智的低落，准此可想见一般了！

二、察、绥地势与华北关系

察北、绥东是察、绥的咽喉，察、绥又是晋、鲁、冀、豫的屏障，两地一失，两省全失，华北各省因之不保，关系中华民族的生存，万分紧要。我们为保全察北、绥东计，不应单用察、绥的军队防守，应以晋、鲁军队的半数，加入防守察北、绥东，再由中央抽调陕、豫、川、鄂军队的半数，迅速进驻察、绥第二防线，作为察北、绥东的援军，特简大员统一指挥驻节洛阳。

关于抗敌军队，军实、军需、军饷的补充和接济，完全由中央统负全责，不可单靠晋、察、绥地方担负。后方交通和运输，立为筹划管理机关，庶免临时失灵。

至于民众武力的利用，不仅加紧编组、训练华北各省的人民和学生，分别成立义勇队、宣传队、救护队、保安队……作为补充和预备。其他各省，亟应责成当地行政长官，同样组织和训练，实行蒋委员长所提倡的"全国国民的生活军事化"。随时可以全国总动员，那末，才能鼓勇前敌守土将士忠勇无忧的为国家牺牲，效死勿去。

三、要救亡图存须转守为攻

翻开近世战史来看，以守制胜的例很少。欧洲大战的法国守凡尔塞，虽然得到最后的胜利，他的原因很多，既有友军的牵制，又加本身的坚强，要塞的构造坚固，枪炮又多而且精锐，军实的丰富，补充和接济的迅速，增援兵力的庞大，后方交通的便利，无一是我们察、绥当局所梦想能及的。我们既无法国的物质准备，我们的简单防线，无疑的不久，定会被敌人的势力摧坏！那时的牺牲和损失，更难补偿了！即使侥幸保全边土，亦是下策吧！

我们把察、绥、晋、鲁的军队，共编十万人，以六万人来作出击队，以四万人来作守备队，分数路出击，陕、豫、川、鄂的部队开到，即驻守察、绥第二线，然后把守备队完全加入出击队，绝对可以战胜敌匪。乘胜猛进，不难收复东北失地！不幸战败，保守察、绥有余，才可转为持久战。最低限度，可支持半年。在这半年期间，某方必然调遣〔遣〕朝鲜和东北防军加入作战，最多不过调来卅万人，我们上列的兵力与卅万人战，胜负谁属，未敢逆料。那时，西南各省的援军和华北的民众武力，早有充分准备和增援了！不幸引起世界大战，于我国亦是利多害少的。同情我们的友国必有。

四、国民心里的愿望

今日国民的心里，除了身为汉奸外，谁都是拥护政府抗敌的。关于军饷的筹措，只要战争一起，人民节衣缩食的捐助政府，这是事实并非理想！过去的淞沪抗日、黑龙江抗日战争，人民捐助的款，何止几千万元？这次蒋委员长五十寿辰，全国人民，上至士大夫，下至囚犯、车夫，无不捐资购机祝贺！甚有某省的县市村民，户户写捐，每人至少一角，人民乐于争纳，数目之余，惜未呈报。准此，可以测验国民拥护领袖抗敌的心里〔理〕了。

国家经济，既行法币政策，战争开始后，除了愿作亡国奴的极少数汉奸外，谁也不敢操纵法币使其贬值！谁也不敢替敌人走私销售仇货了！失业的青年和捣乱治安的分子，必然自动的去参加抗敌工作，各求光荣与出路了。反是，察、绥难守，华北必亡！深望我中央当局特别留意。

《中论》（旬刊）

南京中论旬刊社

1936 年 8 期

（朱宪　整理）

绥战紧张期中之"剿共"问题

蒋啸尘　撰

很不幸的，在绥战紧张的今日，我们国内还有所谓"剿共"的军事在牵制国家仅有的整个力量。我们知道，假使我们国内没有剿匪问题，我们的政府可以多运用数十万大军来应付我们的敌人，那不但绥战能够很迅速的解决，并且还可以从统一国家领土主权的整个国策上发动，乘机给予敌人莫大的打击，借以完成复兴的伟大的使命。

但是，这种不幸的罪恶，应该由谁负责？在当前的形势下，应该如何补救这种不幸？

我们先一检查国内某一些人的主张，它〔他〕们说："我们的民族敌人已在绥远发动军事的残暴侵略，而在绥远不远的区域，还继续着中国人残杀中国人的内战，这是很痛心的事情。我们主张凡是决心共同参加抗敌救国的都联合起来一致对外，不要再消耗中国的力量来残杀中国人，应该增强中国所有的力量来对付我们的民族敌人，毅然停止一切内战。"它〔他〕们的字句中，有所谓"内战"，有所谓"中国人残杀中国人"，好像"剿共"是多余的事，甚至压根儿不应该"剿共"。换句话说；中央政府自从"剿共"以来的军事行动，在它〔他〕们的意念中，都是认为不应该有的，应该任听共产党徒"杀人放火"，"赤化"中国，最好共产党徒的所谓中央苏维埃政府由江西的瑞金迁移到国民政府的首都来，也不要加以军事的制裁或压抑，否则就是"中国人残杀中国人"，就是"内战"。而在当前，为民族解放的战争已在绥远开始发生前哨战，格外应该无条件的"毅然停止一切内战"。

这一些人的主张，在国内文化界的刊物上，正在风起云涌的登载着，宣传的结果，也许有一般认识不够的青年接受麻醉，以为中国的共产党徒毕竟是中国人，何必一定要化几十万的军力去"痛剿"呢？在这应该联合一致对外抗争的时候，而况总理孙中山先生曾经容纳过共产党。

我们将某一些人的主张述明了，我们要来站在国家民族的利益上略谈一下当前的"剿共"问题了。

（一）国家的流〔统〕一，是国内任何〈人〉不肯反对的，除非它〔他〕是汉奸或是准汉奸。而欲维持或是实现国家的统一，最低限度，至少要做到政令的统一与军令的统一。共产党徒是有其独特的政治组织系统的，军事上也自有其独立的组织。我们要问，在当前，怎样与共产党徒联合起来一致对外？共产党徒自动取消它的政治组织与军事组织呢？还是国民政府归并给共产党？前者是我们愿意的，因为共产党徒也是中国人，尽管思想不同，只要没有破坏国家统一，推翻国民政府的行为。关于后者，我恐怕就是反对"内战"，倡导联合起来一致对外的一些人，也不肯这样主张，事实上更不容这样主张。

（二）总理孙中山先生主张容共，据总理遗教所昭示，他是容纳放弃宣传共产的个人，而不是国共两党的合并，尤其不是随便的任听谁并给谁。当前一些人的主张，是怎样容共？怎样联合？我们只看到它们一些不负责任的宣传文字，并没有提出具体的办法，只看到它们制造出一些"内战"、"中国人残杀中国人"的口号，并没有仔细去分析容共与"剿共"的利害，这未免太叫我们失望。

（三）共产党徒"窜扰"甘、宁、青等边远省区，它的企图，是欲想打通国际路线，成立与国民政府对立的政权，再进而徐谋"赤化"整个的中国。具有大陆政策的侵略野心的日本，为了公报私仇，假公济私，自以东亚反共前卫自居，近来所谓调整中日两国国交的谈判，日本即提有"共同防共"的条件，而绥远的军事行动，据传其最大目的，亦在由大青山而向宁夏推进，俾得与"匪共"接近，以达到其防共的直接行动，陷我政府于极困难的地位。我们推想，假使共产党徒依旧维持其独特的政治、军事的现状，国民政府不计利害，与之无条件的联合，不管政令军令的统一，那末，我国外交的局势，定然要突起非常的变化。

诚然，绥战的爆发，不是什么"伪匪"攻绥远，实在是整个侵略国来攻绥远，倘若不集中各种力量来共同抗战，决不易得到最后的胜利。但是，如何能集合各种力量？中央政府当然要取宽容政策，然而也要全国上下发动各别的救国情绪，不如〔为〕私利私害打算。而停止"剿匪"问题，我们以为至少要做下列两个前提：

（一）共产党徒自动取销其政治组织，公开承认是国民政府下之一员。

（二）共产党徒自动将军权交送中央，任听中央统一改编。

否则无论在任何情势之下，决无容纳可能。而一些人主张联合对外发为宣传文章者，我们知道它〔他〕们果真爱国救国，决不该应单倡空泛的耸人听闻的高调，应该头脑里冷静些，为国家民族利益前途着想。

《中论》（旬刊）

南京中论旬刊社

1936 年 8 期

（朱宪　整理）

绥战问题的面面观

王弘谋　撰

近来绥远的问题，唤醒了不少睡熟了的同胞。筹款、慰劳、援助，呼声四起，如雷贯耳。报章所传，我军告捷，良深庆幸。傅将军在招待北上慰劳人员的席上，也作这样的演词："为生存计，须作最小限度的不分割、不失土、不丧权，以建设新国家。"实为一番忠义之言。不独举棋于疆场者，应以为铭，即其他……以至为全民众，都当守为法则。绥事一隅的事件，姑不究其继续中之胜败如何，以其背景而论，其火力之大，自为剿匪以来空前未有的匪敌。所以傅将军的英勇抵御，消极而为民族英雄的楷模，积极而于国家之安危，至关且巨。

强邻已一再的声明，绥远乃我国国内的纷扰，并无国际关系。同时又表示如有浪人的活动，悉听我国当局处置。这种掩耳盗铃的戏法，三尺童子，其谁置信。并且据前方所传，内侵的伪匪，人马器械，很明显的，并不如上说的那样单纯。这也许是认为外交交涉的无能，而以武力声援的表示。推究之，论者固各有所见，然大体上究不出下列二种的论断：

（一）从反面来讲：日本现在利用伪匪，以为侵吞华北的先锋，这不仅是说日本人善于取巧，以他人之矛，攻他人之盾。以其进窥满蒙侵吞华北，乃既定的方略，满蒙倘不为所用，日本亦必以全力消灭。故今以满蒙内犯，嗾使称兵，岂仅满蒙可得，指顾之间，而华北亦将沦落掌中。一举而得，深谋远虑，可谓毒极恶极。日本之欲得满蒙，一则可以解除内在的矛盾与纷争，一则对于苏联共和国，国防上的效用，亦极关重要。

（二）从正面来称：这次绥边战事的爆发，日本朝野一再声明，认为与日本无关。这还是因为事态尚未扩大，对中国不需要作正面的冲突，对国际作掩饰的表示。我敢相信，战事在延长与中国不能取得胜利的时候，事态扩大了，日本必公然出兵，以防共为口实，而偿其侵吞华北之宿愿，与"九一八"之占领沈阳，如出一辙。所以这时候的否认出兵，并非惧怯国际上的指诘，实在是在和绥边的中国军队，小试锋铓，试败了不提，试胜了则将大吹大擂，实行借口侵占的故技。

这是既定的一贯政策，不论是外交谈判抑或其他途径，不达华北为日本版图的目的，其鬼计百出，必无已时。处在这种恐怖状态下的我们，担当着复兴民族与建立新中国的责任，虽未身当前敌，而如履薄冰的准备和认识，则不可稍予或忽。

近来有不少人主张恢复十三年以前的容共政策，甚至于不论何党何派，不分良莠结合起来，一如欧洲之人民阵线抵御法西斯蒂势力的扩张然，冀图救亡抵御外侮的大计。不知同床异梦，各怀鬼胎，事实上于事是否有补，将来主张的能否趋于一致，则未加思索，实属荒谬。由来依赖人的人和国家，永远不能自立起来的例子很多，我们再不可轻予误信，而自取灭亡。我们应当自力甦〔更〕生。自力是相信自己的力量，自力甦〔更〕生是以自己的力量，谋复兴之道。

同样的所谓日本共同防共的要求，也是一个叫我们依赖人的办法，基于自力的原则，所以我们万难接受。我们要肃清"共匪"，是我们的一贯政策，但是借外力以"剿共防共"，或者容共以抵御外侮，都是失策之处，我们应当认识清楚。

那末如何来用我们的力量，是我们的一种准备。华北战事的爆发，睡醒了与已醒了的同胞，这时候更应当将智力、财力、劳力集中起来，立在国防的战线上，拥护领袖，服从社会纪律，接受政府的命令，万众一心，始终不懈，誓为绥军剿匪的后盾，永为复兴民族的基本队伍。而以增进人类全体生活为生活之目的，以创造宇宙继续之生命为生活的意义。这样，新的中国，方始有与世界各国共存于地球之上的一日。

《中论》（旬刊）

南京中论旬刊社

1936 年 9 期

（李红菊　整理）

援绥与救亡

赵肖白　撰

自从十一月十四日晚，蒙伪匪军受着某方的策动，开始向我绥远红盖图阵地内犯，并分扰陶林、兴和、武川、固阳等地。这在某方未能了解中国的立场，及认清中国国民的心理，交涉陷于僵持的状态以后，早知为必难避免的事实。我国政府与国防前线的将领，早也曾通盘筹划，预作戒备。这一次匪军挟其重兵利器来攻，我们前线忠勇的将士予以痛击，不但未能侥幸得逞他们的志愿，并且将匪军根据地的百灵庙克复了。我们中国自力救亡的精神与能力，于此完全表现。而在国民方面看来，远自"五四"运动以后，近自"九一八"、"一二八"到现在，国民情绪的刺激，日深一日，爱国的高潮异常澎湃，由于最近祝寿献机，一日贡献，以至节衣缩食等慷慨的捐输，援助政府，接济绥远，更有前往战区，实行服务，担任救护工作者，情形热烈，民气激昂，充分的露示着我们要求民族解放的精神和救亡图存的热望。

吾人深知，此项绥事自非局部剿匪问题，亦非寻常内乱问题，绥远的危机更非一省一隅的危机；而某方大陆政策的冲动，蒙伪匪军的蓄意进犯，已非一朝一夕，大陆政策为某方国策，东方四省的失陷，冀、察的特殊化，只算达到他们初步的目的，今日的绥事就是他们第二步的方略。盘据察北的匪部，自去岁以来，无时无刻不在蠢焉思动，及至今春蒙政会成立后，乃于今夏公然又有所谓蒙古军政府于百灵庙出现，至此便知匪军的进犯，实为吾人早已料及的事实。某国强化华北驻屯军而后，殆视河北为瓮中之鳖，对于绥远自必垂延〔涎〕三尺，以达其由东北而西北的侵略野心。绥远地当冲要，东与察哈尔接壤，南与山西、陕西邻近，北与外蒙古毗连，西与宁夏并界，更西为甘肃、新疆通衢，其间有自河北贯通内蒙自力建筑的平绥铁路，终点达于境内。绥省一失，华北五省及西北诸省必将随之俱尽，且东北失地从而永无恢复的机会，军事地理上的重要，实为今日我国与寇敌必争之地，可以视为中华民族整个存亡的关键。所以我们全国上下对此国防第一线的绥远，已集中力量以作援助。蒋委员长以其百战皆捷的经验，对绥事抱着坚固宁静的态度，宣示政府已有充分准备与整个计划，这次我们连战皆捷，的确不是幸致。我国目前的局面，内部已完全统一团结，今后惟有在抗战御侮下以求民族的生存，援绥就是我们救亡的起点。

关于援绥的军事部分，政府的策略本无公开的必要，且委员长已表明有充分准备与整个计划，更无庸吾人加以哓舌。不过吾人以为此次的援绥，应有军事上的整个发动，利用军事地理上的牵

制侧击，才能尽其效能，喜峰口及一二八之战便为殷鉴。然此正如委员长所谓的整个计划，吾人不必再有所申述。但我们在这里有一点见解，即是此次蒙伪匪军侵犯绥远，将来是否扩大，吾人自不敢必，而且敌人近颇有利用新式的锐利器械来攻的趋向，吾人将来前扑〔仆〕后继的精神，必须平日注意养成，关于后方的国民军事训练尤应加紧，并应从各大都市切实的普遍到内地各县城乡村。此外对防空、防毒、救护、修路、挖掘濠沟以及交通运输种种有关战事的技能，每一壮年国民，均有予以严格训练的必要，而为战事扩大总动员的准备。

再其次，我们要注意到国民捐输资金的援绥。国民此次之能慷慨输将，实为前此所未有，不过吾人认为这种分歧散乱的捐募办法，就吾人已往所知的经验，常易发生两大流弊：一者其中难免没有丧心病狂的准汉奸，利用援绥的机会，企图达到个人贪污私饱的心愿；一者虽有巨额的捐输资金，而金钱适为前方的无用之物，前方所需者为锐利的武器，防毒的器具，御寒的皮衣，优美的粮食以及其他种种食品。此种武器、物品的接济，应在后方通盘的计划购置补充，而源源不断的向前运输供应。巨额金钱的悉数汇付前方，既无此类物品的置办，金钱转而失却其功效，且易于引起前方将士无益的误会。这两者的流弊实有预加防范和矫正的必要。此在吾人有一意见，即在全国应组织有最高的援绥团体，以与中央军事机关，发生联系的作用，再于各省各县方面应有此类援绥团体的纵的组织，单管劝募的任务，对于国民捐金出具收据经常公布，节节汇报，收付的捐金应由会计师义务审核，如此捐金庶不致发生中饱流弊，并便于通盘计划，这为我个人对募集援绥捐金的第一个意见。

第二，关于捐金的类别和用途，吾人亦不可不加以注意。在今日所谓一日贡献与援绥资金，常为人混成一谈。吾人对此两项固认为出自国民的自动，并无丝毫勉强，而有苛细区别的必要；但在此国难严重时期，国民以一日所得贡献国家，似乎只可谓尽其国民最低的义务，既谓贡献国家，此种捐金收受的任务，应由各级政府节节转报于中央，政府须以之举办各种重工业事业，一方既可开发吾国固有之利源及利用吾国所产之原料，并可不完全依赖国外军实的补充而有自制的能力。至于援绥的捐金，纯粹出自国民感应前方将士抗敌急切的需要，无论有无职业者，均不惜节衣缩食、毁家纾难的慷慨捐输。此种捐金既含有应急的性质，则亦当使之为应急的援绥之用，而由全国最高援绥团体，商同中央军事机关，视前方之所急需，而通盘筹划购置，源源予以接济，使前方将士不致稍感困难匮乏之虞，这为个人对捐金类别和用途的另一意见。

最末，个人对于各方的捐金，稍有一点感慨，何妨提出，即是我们看到这次援绥捐金的来源，最著者为阎主任、赵主席、傅主席、山西各将领、孔部长等之大宗捐款，其次者为北方学生节食停煤的捐款，各地狱犯绝食的囚粮，以及各团体各机关与一般国民的捐款，因此我们在这里感觉到这大宗捐款的人士，何独只有偏于一隅的要人富翁，而有此身力捐输如各地长官和富翁岂皆不敌此一隅的要人？这在吾人决不信今日尚有局部偏见的思想，吾人固知重要领袖的捐，固有不便公布的困难，而在各地长官、富翁则未可并论，如能不让此偏于一隅的长官和富翁专美于前，将来大宗捐输的汇集，何难有数千万万的巨金，这样当胜比国民一□一滴集腋成裘的捐金，更是来得迅速而有效。然而这在个人有一申明，我们仍是希望全体国民不断有慷慨踊跃的捐输。

现在某方的态度，日趋尖锐，察北、绥东已有大队×军羼杂匪军之内，近日又更于青岛企图破坏捣乱，这在蒙伪匪军失败以后，大有与我立见疆场的趋势。某方之所以敢于毫无顾忌，因为已在欧西拉拢与国，订立同盟协定，将直接冲突恐为事实所难免；但我国目前在统一的局面之下，国内的少数"赤匪"已不足为患，全国上下正团结着准备抗战，一切恶势力的进逼，我国均将以正当的防卫而出击之。我们今日认定中国民族的救亡复兴，应以援绥为起点，不容再有迟疑，我们的气势浩壮，我们的胜利即在目前，每个国民应尽其所有的能力，以为前线作战的将士援助，而使我们的领土重归完整，达到中华民族的解放，奠定东亚和平的基础。至于某方外务机关当初也有人正式发言，谓中国在其本国领土内，对于侵犯者无论如何痛击，××均无理由加以干涉。我们深希望这种发言，真能实践，中国能于自国领土荡平匪患，不受阻碍，可以说，这才是东亚各民族共存共荣的幸福。

《中论》（旬刊）

南京中论旬刊社

1936 年 9 期

（李红权　整理）

由援助绥远的抗战到全国的抗战

史纲　撰

绥东已发生过激战。敌我两方主力战即在目前。由绥东到绥北，现在完全在日伪匪军的包围之下，百灵庙成了日伪匪各军集中的中心，他们的前哨且已迫近黑沙图，换言之，他们的阵线已由绥东、绥北，直接威胁到绥西的最后壁垒——五原。敌人在绥远已占取了外线作战的优势，而我军则被迫而处于内线作战的地位，正在陷于首（绥东）尾（绥西）受敌的地位。

敌人的图绥，不仅依赖热、察伪匪军的发动，而且也依赖于自己日军直接的发动。敌人已准备了日军两师团至四师团，随时和伪匪军前进。多伦、沽源一带的日军，大都已陆续向绥东及绥北等地进发。

所以，保卫绥远，一方面要努力去解除目前三面受敌的战略上的困难，另一方面，不但要准备和伪匪军作战，而且要准备和日军直接作战，而且要以准备和日军直接作战，为目前战事主要的准备。为要达到上述两方面的目的，我们必要努力去避免晋绥军队的孤军作战的危险，而在这点上，第一，我们要求晋、绥立即实行全省人民的总动员和总武装，以杜绝敌人谋我的空隙，以激发全体人民和军士的同仇敌忾；第二，我们要求晋绥军队拒绝亲日独裁者的阻力，立即与西北人民抗日军成立作战协定，并请求东北军、西北军协同作战，使这些友军接任绥西、绥北的防线，而晋绥军可以全力独当绥东的方面；第三，我们要求晋绥军坚决的由防御战略转变为进攻战略，采取运动战，采取主动的作战地位，不等待敌人进攻，马上进攻敌人的弱点，袭击敌人的侧翼与后方，以挫折敌人的锐气，转变作战的形势，特别在击退敌军进攻之后，更应立即采取这样的战略，使敌无法再准备力量来进攻，而归于最后的瓦解；第四，我们要求南京当局，要求蒋介石立即把西北大军调来防卫绥远和整个的华北，把人民所购买的飞机，立即调到前线作战，并要求各省当局立即同时实行保卫绥远和华北的武装动员。

单认敌人亡我的策略只是"不战而胜"，这是不够的。"不战而胜"——这只是敌人亡我策略的主要一面。敌人亡我策略的主要另一面，是各个击破。敌人进攻绥远的策略，就是用的各个击破的策略。所以，在这里，我们实痛恶南京亲日独裁者一直到现在还以屠杀西北抗日同胞及阻止全国抗日大联合为得计。为着从事屠杀同胞的内战，南京亲日独裁者最近还能用"最迅速的急行军"，能叫自己军队"兼程并道"，于很快时期开到内战的前线，而对于绥远和华北灭亡的危险，却如"秦人之视越人肥瘠"，不关痛痒。最近曾有关于南京援助绥远的传说。关于这点，我们可以负责告诉读者：南京目前也曾给绥远当局一些很小的接济，但这只是被人民和晋绥当局逼迫的一个结果，而所接济的，简直比不上每次内战之九牛的一毛，等于要"以杯水救车薪之火"，其用意只是在于欺蒙和缓和人心。大家应该要注意南京亲日独裁者这种叛卖民族的真面目。南京独裁者不但在成全日寇"不战而胜"的策略，而且也正是在成全日寇"各个击破"的策略。

我们还要指出：冀察当局也是日寇"各个击破"策略上一个重要的支柱。很可痛心的，冀察当局不但不能实际援助绥远的抗战，而且简直把冀、察——特别是张家口，变成了日寇进攻绥远的后方根据点。日伪匪军公开经过张家口收买各种粮食及生活品作为进攻绥远之用，而且日寇许多军用接济品，也是公开由平、津、张家口转给的。廿九军将领还不能了解"兔死孤〔狐〕悲"的悲剧，仿佛以为绥远沦亡，与二十九军的地位是没有关系似的。我们敢正告那些实在还不甘当亡国奴的将领；绥远一旦沦亡，冀、察即将陷于孤立的绝境，这是绝对正确的预见。贫〔贪〕图一时的苟安，即将造成自己的大灾难。援助绥东抗战，袭击察北伪、寇的后方，这应是二十九军目前惟一的生路。华联社九日的长春电讯关于关东军连日会议所决定的对绥计划，有以下的报道：

"（一）如冀察军与晋绥军同时迎击，则日驻屯军即为作战主力，以伪匪军为辅，战事中心，即在冀、察、平、津成为决死场。

（二）若仅有晋绥军迎战，则以驻屯军监视察、冀，以伪匪军攻绥北、绥东，取游击式作战方略，使晋绥军疲于应付，再集中猛攻。

（三）目前作战以不引起冀、察战争为主，俟两月后形势顺利，再图发动，伪匪军作战，以严冬为最利。"

这个报道指出了日寇"各个击破"策略之具体的运用，同时也指出了日寇在目前即使不以冀、察、平、津为决死场，然而日寇是随时准备把冀、察、平、津做成"决死场"的，而且决是在很快的将来。是现在和晋绥军队实行联防作战呢？还是在很快的将来才来孤军抗战，或者竟至于无条件的投降呢？这里利害是太明显了。二十九军全体将官、士兵应该在这最后的生死存亡之间，有所决择！

平、津学生群众和全国各界业已起来进行援助绥远的运动。我想这个运动应该是多方面的，这个运动一方面要进行广大的援助募捐运动（包括集体捐款，挨户募捐，举行逮〔游〕艺会募捐），实行组织援绥的义勇军（由学生到各界的），并经过各种援绥的行动，把各界的救国组织尽量扩大起来；另一方面要积极推动廿九军走上抗敌的前线，要求南京当局停止内战，实行全国抗战的策略，并且还必要由这次反对日军大演习进而为要求日本撤退华北的驻兵。（注意：要求日本撤退华北的兵——目前应特重地提出来。）

总括来说，援助绥东局部的抗战到全国的抗战——这是我们目前整个的策略。这个策略是在保卫绥远，同时也是在保卫全中国。

十一月十五日

《长城杂志》（旬刊）

北平长城杂志社

1936 年 10 期

（李红权　整理）

绥远慰劳团报告书

王晓籁等　撰

　　晓籁等代表上海市商会、上海市地方协会、中国红十字会总会合组之绥远剿匪慰劳救护委员会，曾于廿三晨坐张汉卿副司令借给之播音飞机，十时自上海起飞，午刻，过汉口略停，加机油即行。五时顷到西安，晤见张副司令、杨虎城主任、邵力子主席，畅谈之下，皆对绥远剿匪前途抱同样激奋，西安军民热烈之情绪，不下于各地。杨夫人、邵夫人等，皆亲出募捐，披露各报。廿四晨八时飞晋，十时到太原，阎百川副委员长、赵次陇主席及军政各领袖、地方人士，皆表欢迎，与阎、赵二公畅谈，具述来意，阎公表示极周详恳切。晋绥虽系两省，而军政、财政实系一家，所有剿匪军事上之需要，已有相当准备，但对民众致送药物、御寒品以及慰劳物品，当然表示乐受。是日得捷报，晨间九时攻下百灵庙，皆极欢忭。晋省在多年困苦艰难之中，于各项建设，仍能不断的进步，尤可钦佩。廿五晨由太原飞绥，一过雁门关，万山皆雪。午前抵绥远，傅宜生主席原在前方督战，闻吾等至，回绥亲来机场欢迎，导入旧城招待所，具述来意。时上海筹集之十万元，亦已由中国银行汇到，经面致傅主席后，傅主席代表全部军民，表示十分感激，并郑重声言，此间所收到各方捐款，悉数专款存储，听候蒋委员长、阎副委员长支配发给使用，不愿擅动分文。并详述百灵庙之役，系廿三夜一时半开始进攻，至廿四晨九时攻下，十时许敌方飞机赶到，见已失陷，立即折回，下午四时又来掷弹轰炸。计是役伤亡士兵三百余人，自剿匪事起，前后伤亡五百余人，当向傅主席声请从十万元内，提出五千元分赠伤兵。是役以百灵庙之捷，关系尤为重大，因敌方从多伦、张北、商都一线向西直至额济纳，设站甚多，皆有军事上布置及设备，而以百灵庙为中心；一经摧毁，东西便不能联接。此后难保不大举反攻，但我方已有充分准备。现绥境已无匪踪。是役获得机关枪、步枪等军用品无算，仅面粉一项，计两万余包。因百灵庙为交通中心要站，储藏机油甚多，悉数没收。于俘虏中发见形似某国人，始终不肯发言，但文件已收得不少，前后并曾打落飞机四架。至德王并非本意，受人愚弄耳。以上皆傅主席语。傅主席为人精干沉着，光明磊落，一见便知为模范军人。我等即当场写一篇宣言，分送绥远、包头各报发表，借对全体军民敬致慰劳之意，并对受人愚弄之匪徒，希望其翻然悔悟，自拔来归。随即分观伤兵医院，对伤兵致意抚慰，傅主席亦以御寒品及药品如能不断接济，尤为感激。在新城省府公宴毕，下午三时许飞回太原。廿六晨于大风中飞赴洛阳，风力每小时行五十四启罗米突，天空全是黄沙，飞机冲出沙层之上而行，计飞高一万四千尺。十时四十五分抵洛阳，见蒋委员长，陈述公意，蒋委员长嘱对各公团及民众表示谢意，对于绥远剿匪工作前途，已有充分之决心与准备，自可告慰。即日下午飞回上海。计是行全系航空，计算行程，四日之间，凡行七千四百余里，所至各方民众，莫不以整个国家为念，认为任何地方有事，全国人民皆应出而援助，对于国家观念，民族意识，已有一致显明之表示，如晋、绥更因阎主任之毁家纾难，民众大受感动。兹经综合各方接洽之结果，确认为前方需要，除现金外，以御寒品、医药卫生品，尤为急切。御寒品中，如皮衣旧有者，亦为相宜，如背心、手套，南方易办，家庭多能自制；

卫生品中，最好每一兵士赠一包药，供受伤时应急敷裹之用，每银一圆，可购三四包。至防毒面具，尤属需要，希望各界特别注意。敬此报告。惟愿我各公团、各界同人、全体民众，继续努力。王晓籁、林康侯、黄炎培、陆京士、颜福庆、庞京周等同启。廿五年十一月廿七日。

　　附　上海赴绥慰劳代表团宣言：

　　自从绥远剿匪问题发生，南方民众，非常热烈。尤其是上海市商会、上海市地方协会、中国红十字会总会同人，立即集合起来，组织一个绥远剿匪慰劳救护会。开会筹备之结果，当场筹垫十万圆，公推晓籁等前来，面致傅宜生主席。并以极诚恳的意见，对于傅主席、各位将领、各位长官、全体士兵、地方民众表示一万分的同情和感念。我们常念国家是整个的，譬如人身一部分流血受创，全体血轮是要来救护的。国家也是如此，我中华民国受敌人欺侮，一部分国土，已被人侵占，现在还在一步一步的扩大，我们中国同胞，再不一致奋起，从万死之中，杀出一条生路，更待何时？这是我中华全国国民公共的责任。绥远诸位将领、长官、全部士兵，单独负此责任，在冰天雪地之中，浴血奋斗，教吾们全国民众何等感激，何等兴奋！所带来的区区款项，仅仅表示我们感激兴奋情绪万分之一罢了。在途中得到捷报，知前方士气百倍，无攻不破，昨晨百灵庙又已攻下，此何等可喜事！而诸君的劳苦功高，又居何等！同人已告明傅主席，于带来款项内，特拨五千圆，分赠受伤兵士，聊表区区之意。同人还有一层感想，人之爱国，谁不如我，诸君为守卫国土，不惜捐弃身家，即匪方岂无天良发现之人，想到受人愚弄，害了国家，还害了自己，活着对不起人，死了更何以对祖宗于地下？一念及此，必有人翻然悔悟，自拔来归。同人还望傅主席原谅他们，哀怜他们，给他们一条自新之路，依然为中华民国良民，这也是我们所十分希望的。

吾们形〔行〕色匆匆，不获亲向各地前方将士，一一表示意思，特写此短文，付之公表。国难未已，来日方长，惟愿诸君继续努力，吾全国同胞定当继续为诸君后盾。我们来时到太原，见过阎副委员长，表示区区。还要飞到洛阳，谒见蒋委员长，面陈此次北来所见所闻，诸君劳苦功高之实况。同人行矣，愿为诸君呼中华民国万岁。

　　王晓籁、林康侯、黄炎培、陆京士、颜福庆、庞京周、罗又玄、王守法。

　　　　中华民国二十五年十一月二十五日在绥远

《上海市地方协会季报》

上海市地方协会季报社

1936 年 10 期

（朱宪　整理）

民族战争之幕序

——一月来绥边情况纪要
（采自《大公报》之标题）

作者不详

中华民国廿五年十一月十二日
伪匪分三路犯绥，
我军有充分准备，
匪军调动甚急我军严阵以待。

十三日
绥东方面已有激战，
匪军大举进攻某方飞机助战，
傅主席昨夜已赴平地泉。

十四日
绥北情势愈增严重，
匪军集百灵庙前哨迫黑沙图。

十五日
绥边大战一触即发，
匪军进犯受创退却，
匪伪军因无饷逃亡颇众。

十六日

绥东将士冒雪鏖战，

匪军三千人昨猛攻红格尔图，

飞机七架助战，并有野炮多门，

六次进犯皆被我军击退。

十七日

傅主席赴平地泉，

匪军昨继续进犯，

匪众号称三师猛攻红格尔图，

我军奋勇痛击匪已溃退。

十八日

蒋委员长昨飞太原，

阎主任昨召开高级将领会议，

全体愤慨矢志守土抗战到底。

十九日

蒋委员长昨返洛阳，

匪军犯绥范围扩大，

兴和昨受〈攻击〉绥北愈紧迫。

二十日

绥东昨日续有激战，

蒋委员长昨飞济南当日返洛。

二十一日

匪伪军侵扰平绥路，

王英主力已被击溃，

匪方飞机昨仍轰炸红格尔图。

二十二日

匪军将大举扰绥北，

百灵庙匪伪军企图进犯武川，

绥东匪军准备卷土重来。

二十三日

前线沉寂绥北愈紧，

匪军待援进犯日内将有剧战，

中央军开绥汤恩伯等到大同，

阎昨召会议商作战计划。

二十四日

绥事之幕已渐揭开，

匪军昨分路犯绥北，

由百灵庙向包头绥远进扰，

武川固阳我军已分头迎击。

二十五日

我军昨开进百灵庙，

激战彻夜往返冲锋七〈次〉后，

匪伪军溃窜蒙古草地中，

中央军队继续开入绥远。

二十六日

绥北平静绥东转紧，

匪伪军昨犯兴和已被击溃。

二十七日

敌机大轰炸百灵庙，

绥北大风雪前方士气甚旺，

蒋阎劝告匪伪军兵士来归。

二十八日

前线沉静大势紧张，

热河伪军正向察北集中，

陈诚离晋赴绥主持军事。

　　二十九日

外部发言人昨日谈话，

"保土戡乱自力剿共"，

"对蒙伪匪军决予以痛剿"，

"领土主权断不容人侵犯"。

　　三十日

蒋委员长昨在洛阳讲演，

"确保独立自主立场"，

"决心奋斗必不丧失寸土"，

陈诚已到绥昨举行会议。

　　十二月一日

匪伪企图大举进犯，

国军配置现已完毕，

各将领在绥垣商定军略，

陈诚汤恩伯赴前线视察。

　　二日

匪伪军内部愈动摇，

现被驱反攻但徘徊不进，

某方军队传将西开督战。

　　三日

国军采取攻势防御，

"如匪伪仍进扰决定出击，

不容任何方面横加干涉"。

　　四日

匪伪昨反攻百灵庙，

国军出击敌已溃退，

伤亡遍野残敌逃蒙古草原中，
我军已抱歼灭匪伪决心。

五日

大青山北风雪蔽天，
国军骑兵冲寒跃进，
昨日拂晓匪伪反攻百灵庙，
我军全线出击现正追杀中。

六日

匪伪现已无力反攻，
国军决定迅速扫荡，
敌机昨向百灵庙投弹百余颗，
蒋委员长由洛阳到西安。

七日

绥北匪军扫灭在即，
战局重心将移绥东，
热河伪军西开企图大举进犯，
百灵庙周围百里无匪踪。

八日

前线沉寂匪无斗志，
热河伪军现仍继续开往察北，
陈诚昨谒蒋委员长报告绥事。

九日

绥北匪军相率反正。

十日

绥北匪军已被包围，
大部争先反正，残余亦将解决。

十一日

国军昨晨收复大庙，

激战彻夜匪伪军完全溃散，

傅主席点编绥北反正部队。

十二日

绥北军事已近尾声，

敌机轰炸大庙绥东方面平静，

李守信部现亦发生动摇。

《南开高中》（不定期）

天津南开中学

1936 年 12、13 期合刊

（李红权　整理）

绥远战争的现阶段

作者不详

　　自百灵庙为我军克服以后，绥远的战争，已走入了一个新的阶段。这一新阶段的特质是：日本帝国主义准备更公开更露骨的直接干涉，而战争的性质，也要很快的从"剿匪"战争转入对外直接抗战的形势。绥东伪军溃败以后，某方即于上月二十七日，由伪满外交部与关东厅出面共同发表一个公告，认为如绥远局势危及伪满的安宁秩序，则日本与伪满当局不得不采取适当办法，以防患于未然。所谓"适当办法"是什么？当然就是指牵线人的出面登场了。而最近日方在嘉卜寺召集伪匪军领袖，讨论反攻绥远的计划，闻有以下的决定：（1）反攻百灵庙。指定现住商都之伪军第二师、第五师，及蒙古之保安队，与王静修之热河匪军，合为一路，担任反攻百灵庙。（2）重犯红格尔图。由现驻西北屯垦托拉乌苏等村之匪军合为一路，担任重攻陶林属之红格尔图。（3）积极再犯兴和。由驻南壕堑之伪军第一、第三、第六三师，及王英部张万庆所属之步兵两旅，担任攻取绥东之兴和。每路并辅以飞机等武器及化学战器。（4）日方之正式军队（某旅团），组织督战队，参加作战，并监视匪军。从上面的这几个决定，更参酌伪满与关东军的共同公告看起来，可知绥远的战争，有继续扩大的趋势。而且因为敌人在战争当中，使用高级的化学战具与飞机轰炸，则战争的展开，将要更加残酷。我们全国朝野，必须痛下决心，彻底的给敌人反攻以痛击，争取战争最后的胜利，保卫民族的生存。

《群力》（旬刊）

南京群力旬刊社

1936 年 15 期

（李红权　整理）

绥远抗战的教训

毓秀　撰

这次绥远抗战，从收复百灵庙以后，已经展开了新局面，得到了新的胜利，目前商都固然还在匪伪手中，时刻有威吓兴和、陶林同平地泉的危险，但是商都乃在察境，只要我们能固守兴和、陶林和平地泉（集宁），使匪伪不敢进犯，绥远驻军的初步胜利可算确定的了。

绥远抗战胜利，自有胜利的原因在。我们今愿略加检讨如下：

（一）绥远将领和士兵的英武。绥远驻军，大约可分步兵和骑兵二大类。步兵大都是傅作义将军的直属，骑兵则归赵承绶司令所指挥，这两位统帅立志为国牺牲，乃能激励部署，奋不顾身，终致转守为攻，痛剿匪伪。蒋委员长以克复百灵庙为收复失地的起点，其重要自不待言。据下级干部人员谈，这次士兵作战的英勇，实为从前所未有，而受伤之后，重伤者都忍痛不作呻吟，轻伤者都不肯回后方，士气的激昂沉着可见一斑。

（二）守备队和民团的忠勇。按绥远自民国二十二年起，傅主席即有训练壮丁的计划。初办乡村人员训练所，注意地方建设及自卫组织，毕业以后即为各乡向导员。这次的许多"守点"，便由已受训练的壮丁组织守备队负责守护。他们的责任很大，他们应当死守着不放弃。每一个"守点"有坚固的工事，但是守备的人数并不很多。等到敌人来犯，他们便据险顽抗，敌人一时攻不下来，势必多聚许多人围攻，这时候我方的骑兵起始出动，将敌众包围，而成千的步兵和民团都蜂拥而来，成一大包围，这样敌人的损失自然可观了。这种战略是绥远抗战的新战略。我们没有战线，只有守点。整个的民众，便是我方的武力，而我方步兵、守备队与民团的相互运用，真有神出鬼没之妙。

（三）工事的坚固和运输的便利。这次前线工事的坚固，亦不是普通人所能料到的。许多重要地方的军〔工〕事，都用洋灰做成，飞机竟无所施其威力。以新收复的百灵庙而论，我方赶筑工事，最近敌机轰炸，仅仅炸伤了两条耕牛，一个老百姓。关于运输方面，绥远在近一年来赶造了一千六七百公里的公路，利用征工办法，仅仅化了十万块钱（这大部分的钱用在桥梁和开山方面）。这些公路可以从归绥通武川，从平地泉通兴和、陶林，于军事运输上很有便利。运输的器具则有载重汽车，而装甲汽车更成了克复百灵庙的首功，从前运输汽车每受敌机追逐，现在军用汽车上又加了机关枪，飞机便不敢低飞追击了。

（四）山西和中央的接济。这次的抗战，阎主任抱着很大的决心，而蒋委员长的切实关怀，亦为国人皆知的事实。本年七月，阎主任已经密令绥远当局布置工事，十月间便又派人来查勘工事。工事所用的洋灰，多由山西供给，各种特种兵器，都是由山西和中央供给的。最近中央调了若干军队入绥协助，更是强有力的接济。事前阎主任飞洛阳，蒋委员长飞太原，乃至最近陈总指挥飞绥远，可见运筹帷幄，蒋委员长同阎主任都负着很大的责任。报载攻百灵庙之夜，洛阳、太原、绥远的军事当局都彻夜不眠，可见中央与晋绥在整个计划下抗战的实情了。

（五）绥远整个军民的合作。最后我们愿郑重提出的，乃是绥远整个军民合作。上面第（二）点曾提起守备队和民团的忠勇，固然可见绥远民众组织的力量，但是，更普遍的，乃是全体人民对于省当局的爱戴和合作。傅作义氏不仅是英勇善战的上将，而且是勤政爱民的主席。所以，无论前方如何紧张，后方决没有慌张。人民充满着信任，决没有怀疑。傅作义将军不是死守过涿州城吗？绥远的人民都愿意跟着傅将军死守着绥远。胜利终究来了，人民都充满着喜色，因为这胜利不仅是全绥远的。

我们检讨了绥远抗战胜利的原因以后，更愿略述这次胜利的重大意义：

（一）敌方的威吓无效。敌方以飞机、大炮、坦克车来威吓，我方忠勇的将士不但没有屈服，而且采取了出击的防御战略。我们不但没有失地，反而收复了失地。

（二）敌方的利诱无效。听说某方前曾以一千万元的重价来商请绥远当局的谅解，为绥远当局所严厉拒绝。其实，威吓且不怕，利诱自然不能奏效。但是，某方每以威吓、利诱同时并进，希望我方有所顾忌而为所利用。这次绥远的抗战，可证明了威吓、利诱一样也不中用！

（三）以华制华的计划无效。某方此次驱李守信、王英率伪蒙匪进犯，而李、王部下到底不是人人愿作汉奸，所以作战时既不勇敢，失败后便多反正。从这次经验以后，某方应该觉悟以华制华的政策，终难收效。王英、李守信这种人的部下还会反正，那么其他聪明知识胜于王英、李守信的恐怕战时领足了开拔费和枪炮弹药都会先后来归了。

威吓利诱无效，以华制华无效，绥远抗战意义的伟大实在无以复加了，这能说仅是局部的胜利么？

《群力》（旬刊）

南京群力旬刊社

1936 年 16 期

（朱宪　整理）

谈绥远抗战及其他

记者　撰

　　最近一周，国内外均有重大的事件发生，在绥东，已经爆发了民族的抗敌战争，某方的侵略计划也遇到挫折，于是中日外交的谈判便停顿了。酝酿已久的《日德防共协定》也公开宣布后，在全苏大会上，史大林向法西斯主义作大胆的挑战。除此以外，意大利闻将与日缔结协定，并且承认满洲伪国，凡此种种，都是足以注意的。现在先从绥东战事说起。

　　当本月二十二日，于绥东匪军〔匪军于绥东〕红格尔图遭受巨创之后，知我军阵地坚固，乃望风溃退，别图发展；于是在关东军指挥之下，亟图绥北，以百灵庙为根据地，企图联合蒙匪，一面向武川、固阳出动，希望一举而陷归绥，一面准备沿大青山而西，侵犯宁夏阿拉善旗及额济纳旧土耳扈特旛〔旗〕，以遂其进战退守的策略，情势紧张，间不容发。军事当局，有见及此，乃于廿三日匪军由百灵庙分攻武川、固阳之际，变更战略，反守为攻，迎头痛击；由骑兵师长孙长胜、步兵旅长孙兰封，督率所部补充团刘团迎战，同时并出奇兵绕袭百灵庙，激战凡十小时，反复肉搏凡七次，将匪完全击溃，而于二十四日九时占领百灵庙。总计是役匪军伤亡七八百，俘虏三百余，夺获大炮三门，重机关枪五挺，枪四百余，电台三架，粮秣无算，捷电传来，举国奋发。

　　当百灵庙收复之际，匪军曾派飞机十架，飞庙投弹，作猛烈的

击〔轰〕炸，其中所投炸弹，且有重至二百磅者，附近居民，虽
以防御得法，未罹惨祸，然房屋多已被炸一空。同时在百灵庙未
被我军收复之前，匪方派机十七架，向兴和东北一带投弹，是今
后匪方的进犯，必将侧重于空军！中央当局，一面于二十四日调
动大队空军集于绥远，并派飞机七架自归化腾空，沿绥北全阵线
飞往百灵庙侦察敌踪，一面由蒋委员长与阎副委员长于本月二十
六日发表告伪匪军兵士书，其中最值得我们警惕的警句，便是
"中国人不应亡中国"！

　　日本关东军参谋长坂垣，在我方收复百灵庙以后的三点钟——
二十四日正午十二时，由长春乘飞机抵天津，访唔〔晤〕其华北
驻屯军司令官田代，有所会商；至二十五日，坂垣由京〔津〕飞
张北，其行踪仓遽，据路透社所传，察、绥两省将因此而有迅速
的发展。依中央社电讯，某方阴谋组织"大元帝国"，其费用预算
为四万万，现已用去五十〔千〕余万，它的计划的中心，以百灵
庙为军事交通的根据地，其范围东起热河，西迄新疆边境，北括
内蒙的全部；所幸收复尚早，否则，恐怕要于满洲伪国及冀东伪
组织之外，又要来一幕傀儡战〔戏〕了！

　　关于《日德防共协定》，已于十一月廿五日在柏林外交部，由
德国〔日本〕驻英大使武者小路之手，正式签订两国之间防共的
协定。据传这种协定的内容，共分三点："（一）关于'共产国
际'活动情形，签字双方，应交换情报，决定并采取各项共同防
卫措置；（二）各国凡受'共产国际'之威胁者，应由签字双方会
同进行接洽，俾各该国得依照此项协定精神，采取防卫措置，或
加入此项协定；（三）协定有效期限，定为五年。"同时并另附有
公开的议定书一种，内容复分如下三款：（一）德日两国之当局，
对于交换共党国际活动消息，及互通情报，与防御共党国际之方
法上，须有密切之合作；（二）两国当局，对于在国内外直接或间

接参加共党国际谋使他国崩溃之活动，或予以助力之人物，应采取严厉之制裁方法；（三）为便利两国之合作起见，特设立常务委员会，考虑采取防御共党国际活动之良策。而伦敦方面，并称附有秘密议定书，依《标准晚报》所传，其大要如下：（一）将荷属东印度群岛，划分为德日两国经济势力范围，又（二）解决战前德国在太平洋各岛属之问题。关于第一项，规定以爪哇海、班达海、亚拉佛拉海作为界线，分划德日两国之经济的势力范围；换言之，即以荷属东印度之婆罗洲与西里北两岛，作为日本势力范围，而以苏门答腊与爪哇两岛，作为德国之势力范围是也。关于第二项，闻德国声明，对于德国在战前所属之马利亚纳、加罗林、马绍尔各群岛（按现系日本委任统治地），放弃一切权利云。

关于这种协定，日德两国虽同时发表声明，但其态度，显有不同：例如日本方面，则企图曲解协定的第二项，而欲将中国曳入于所谓"共同防共"的圈套，但德国的目的，则侧重于对俄，而并不以中国为直接进攻的目标。

这一协定缔结之后，在世界各国已引起了严重的反响，不但法国方面表示反对，即英国亦感威胁，而美国舆论，亦示反感，捷克尤示不满，他如意大利与奥国，则以立场相同，多认为"适合时宜"，赞成与反对，态度极不一与。

然就中国立场来说，日本必将借此为外交进攻的口实；而其所加予中华民族的恶影响，则为有目所共睹也。

第三，日意两国互相勾结。在《日德防共协定》成立声中，凡是具有远大眼光的国际观察者，谁都不能否认这是日意协作的先声，同时接踵而来的，势必为意大利对于伪满的承认，由"传闻"而走到事实。据本月二十八日同盟社东京消息，由于日本驻意大使杉村与意政府协商的结果，两国之间成立一种政治的谅解，即日本承认意大利的兼并阿比西尼亚，而意国则须承认日本御用的傀儡——满洲伪国，并谓日本将撤消驻阿公使馆，改设领事馆，而意大利亦将在长春设置总领事馆，这现象告诉我们的，即是法西斯集团与苏俄对立的结果，站在中间的中国，蒙受了很大的不利！但是，事实昭示我们：中华民族的复兴，只有以民族自信的利剑，站在民族利益的立场上，从左面去扑灭共产主义的残余，从右面去抵抗法西斯化日本的侵略，披荆斩棘，越过火山与冰崖的狭谷，才可以走向民族革命战争胜利的前路！

末了，再来谈谈史大林向法西斯挑战的事件。十一月廿五日苏联第八次苏维埃特别大会，在莫斯科克林姆宫开幕，到会代表共有二千三百三十七人，推举主席团三十人；当场由苏联务〔独〕裁者——史大林发表冗长报告，历三小时之久，对于法西斯主义，作大胆的挑战。他说："大会所须讨论并通过的新宪法，实为法西斯主义之罪状。"而乌克兰共和国人民委员会主席复痛诋日德。廿六日，大会闭幕，哥萨克代表团，再发抵抗日德宣言，扬剑狂呼，情势紧张！综这次大会，除了史大林提议设立"军事工业委员会"以应付未来战争而外，同时通过史氏的报告，以及颁布新宪法，所以在苏联的历史上，的确是一个重要的会议，因为它是决定了今后苏联的新的动向。

《学生生活》（周刊）

南京学生生活社

1936 年新 22 期

（李红权　整理）

察绥边境形势仍紧张

天健 撰

进扰绥东之匪军自被击溃后，顷察、绥边境形势虽仍紧张，伪蒙匪军有以商都王英及王道一部为前锋，李守信军殿后，再度向绥东进扰之企图，但尚无实际行动。至我军在绥东方面，配备极为严密，防御工事，构筑坚固，一切巡逻哨线，概采严重时期措置。绥军曾延毅、彭毓斌等部，与达密凌苏龙蒙军联络密切，实力雄厚，数百里帐幕绵亘，刁斗相应，若匪军进犯，当可一鼓歼灭。

惟在此时期中，绥境西公旗又发生伊大喇嘛与石王之纠纷。双方部众，自本月十日以来，已接触多次。据关系方面消息，某方自主使伪军进犯绥东失败后，目前又转移目标于西公旗方面。西公旗与绥远、包头，系成三角形，地方重要。绥当局有鉴于此，故以实力援助石王，以求速弭此方纠纷。现石王应获绥军援助，已将叛兵击败，夺回西公旗。绥主席傅作义氏，现已派兵两团护送石王由包头返旗。

日本大使馆附武官今井武夫，十四日接见中外记者时，多以绥东问题相询，今井称："关于此问题，外间连日颇多传闻，但均非可信。实际情况，据闻绥远傅主席（作义）在上月杪曾调兵开赴绥东，未明真相者，遂大起恐慌，认为问题已趋严重。嗣经调查，始悉是时绥远边境发现土匪约五百余人，绥军出发即系剿匪。自后匪部又陆续增加至二三千人，故剿匪军亦有增调。外传匪后有日军两个联队，甚至两个师团督战之说，实属笑谈。盖日本对中国，无论绥东以及其他地区认为均系中国之领土，一切当本中日亲善提携之旨进行，匪扰绥东，与日方并无关系。"

如上今井武夫所谈称是否属实，未敢臆断。惟证诸日方过去在华北之行动与今日察、绥间之实情，则吾人固可断言今井武夫之声明，其真实性殆极少，保境抗敌，要在有实力之准备，非空言所能有补。吾人此时，惟望绥远当局之切实准备，以备伪蒙匪部之敢于再犯时，加以迎头之痛击，使某方之阴谋，无由得逞耳。

《中心评论》（旬刊）

南京中心评论社

1936 年 22 期

（朱宪　整理）

所谓绥东事件

李诚毅　撰

近来又有所谓绥东事件的叫嚣！

绥东指集宁（即平地泉）、丰镇、陶林、凉城、兴和等五县而言，兴和县深入察哈尔，紧接张北，为察、绥两省之要地。自察北改驻蒙古保安队后，绥东便无日不在野心家的计算中，近几月来，一般落魄军人、草莽匪寇，都麇集察北特殊地带，随时图谋异动。上月匪首王道一率部由商州〔都〕进攻集宁县境，意图切断平绥路交通，幸是乌合之众，不堪一击，现在绥东虽安谧如常，然似隐患尚在。记者曾于上月亲往包、绥等地视察，当我由平出发时，以为绥东人民此际必恐慌万状，其实事实竟恰得其反！

绥远近数年来，经傅作义主席治理的结果，无论政治、经济、文化、交通各方面，都有极大之进步，即如包头一地，空中已有飞机，西通宁（夏）、甘（肃），南通郑（州）、汉（口），水路有黄河机船，直驶宁夏，公路可直达宁夏、新疆。再加上平绥路的连贯冀、察、绥，交通也很可观了！

记者此次在包头、绥远、大同等地，分谒当地最高军政当局，看到他们勤俭朴实的精神，真是令人可佩，无论在官府，在民间，都看不出外传所谓绥东风云紧张的现象。负责当局的重实际，少议论，似乎都胸有成竹的样子，民众信赖当局，所以只是各安其业。

　　据当地耆老说，野心家的佯装喇嘛，深入包、五一带喇嘛庙中，作另一种活动。这种喇嘛，已有由五六岁而长到二三十岁的人了，足见其用心良苦为何如也！

《实报半月刊》
北平实报半月刊社
1936 年 23 期
（朱岩　整理）

察北伪军积极准备侵绥

作者不详

察北伪军侵绥的计划，是早由某国决定了，因为某国要打通内蒙途径，以为防苏的准备。最近举行重要会议，讨论如何进扰绥东的步骤，德王、李守信、包悦卿、王英、王静修、张海鹏及各伪军、师、旅长等，与某方的特务机关长，均列席与议，一切议案，都取决于某方特务机关长的意旨。闻这次会议中的重要议决，便〈是〉进犯绥东时间迟早的决定，并决定由即日起，积极增加察、绥边境的伪军兵力，节节向西挺进，所有的伪军军饷亦由某方接济，总额每月暂为七十万元，分配的情形是李守信、王英、德王各二十万元，张海鹏、卓世海和其他各匪军合共为十万元。只就十九、二十两日间，已由某地运抵张北大批军火，计载重汽车三十辆，步枪十车，子弹八车，炮弹十二车，日内可转运商都，供给王英等匪部，以资进犯时应用。

据中央社北平电讯所传，匪伪军已决定于本月内发动进犯，如计得逞，则下月内，就可大举进攻，其作战的步骤，以王英所部任前锋，李守信部担任正面的攻击，伪蒙军做后备。王英所部已编制就绪，其番号叫做"西北防共自治军"，限即日向绥东各地出动。这次出动的用意，系进扰我前线防军，同时再以大军袭取阵地。这种声东击西的故智，我方早已洞悉，并闻晋阎绥傅已抽调大军准备抗战了。

《大路周刊》

西安大路周刊社

1936 年 24 期

（朱宪　整理）

绥远在抗日战略上的重要性

凌长风　撰

一　敌人不断的进攻

自从疯狂的日本军人燃着了远东的战火以后，其对中国的侵略，便也得寸进尺，咄咄四逼。日本参谋本部制定了吞噬中国的一贯计划，非达到亡我整个民族，决难中止。所以，她占据东北，不以为足，占据热、察，不以为足，进而分割冀东，经营华北，无处不显露其侵略欲的无穷。最近，南京的交涉尚无结果，绥东问题，遽告严重。

日本在去冬不费一兵一卒，垂手而得察北六县。那时，日本一方组织伪蒙军政府，强迫德王就范，一方以张北、商都、百灵庙作军事中心，积极准备进攻绥东。现在察北伪骑兵已向绥北、绥西进攻，绥省危机，异常迫切。

据八日北平电：伪军张海鹏部由承德向西侵，包悦卿部三千人，亦由热西调，闻各部以百灵庙为会议中心，再分向绥东、绥北进犯。中央社消息，察北伪骑兵已开始向绥北进袭。八日张垣电报：伪军李守信部，刻正向商都开拔，王英匪部定十六日前开达百灵庙，俟各军调毕，即对绥夹攻。匪伪蒙各军窥绥北，热河匪军等分犯绥东、绥西，商都停某国飞机十三架，常飞边界视察。

现在，绥北前方已有数次小冲突，进侵匪军，均被我军击退。据以上所述，绥局较东变前夕的东北各省，尤为危殆，吾人不可不加以密切的注意。

敌人对于绥远，固属志在必得，但其战略上则时有变更。绥东告警之初，敌仅集中张北、商都一带，窥视绥东五县，截断平绥路，徐徐向西推进，并割断晋、绥的联络。嗣因绥东防御严密，汉蒙军誓死守土，敌不得逞，乃又厚增匪力，变更策略，一面以商都为中心，侵扰绥东，一方则以百灵庙作中心，进攻绥北，并纷扰绥西，以图左右夹攻，突破一点。绥远大战，现已开始，敌机轰炸平地泉，并掩护匪队前进，炮火异常猛烈。

敌人不断的进攻，尚不止此，其锦囊中刻正毒计百出，随时有其阴狠的战略出现。据长春九日电：关东军参谋部幕僚，连日会议对绥计划，确定三项战略：（一）如冀察军与晋绥军同时迎击，则日驻屯军，即为作战主力，以伪匪军为辅，战事中心，即在冀、察，平、津成为决死场。（二）若仅有晋绥军迎战，则驻屯军监视冀察，以伪匪军进攻绥北、绥东，取游击式作战方略，使晋绥军疲于应付，再集中猛攻。（三）目前作战，以不引起冀察作战为主，俟两月后形势顺利，再图发动，以严冬为最利。

观上所述，吾人应有以下的认识：

第一，敌人不断的进攻，其究极目的，不但在得绥远，而且要囊括西北与华北，并非仅攻一角，亦非仅得一隅，即为满足。

第二，敌人是以固定的决心与一贯的计划，节节进逼，不仅利用伪匪军，坐收渔人之利，而且拟以驻屯军作侵略我方的主力，关东军的三项战略，即可见一般。

第三，绥远刻已成为中国的火线，在这个决死场上，将展开中日间的非常关系，我方在抗日作战上，具有异常重大的意义。

第四，敌我双方对峙之势已成，决战之期已不在远，其结果对于华北、西北以至中国全部，颇有影响。吾人身居西北，尤不能不详细研讨，密切注意。

二　民众抗战情绪的高昂

自绥东情势日渐紧迫以来，守土将士和全国群众的抗战情绪，异常高涨而激昂。中国民族，现对敌人都有了清楚的认识，由于敌人不断侵略的结果，知"豺狼之欲，不可餍也"，非抗战，不能求生，非抗战，不能解放。绥主席傅作义氏早已表示其抗战守土、誓死杀敌的决心，观敌军进攻绥东、绥北，均被守军击退，即可知我方防御工事极为巩固。据归化三日电：傅作义由并返绥，对记者发表重要谈话，谓："绥省目下尚平靖，惟环境复杂，东西边防均吃紧。余服务边疆，矢守二事：一、凡属上级命令，绝对服从。二、尽力完成保境安民责任，凡扰害绥民治安者，必不顾一切，予以剿击。"北平清华、燕京两大学学生，已决定派代表〈持〉鼓励傅作义及其部下之函件，前往绥远。绥远旅平同乡因绥东形势紧张，定十五日全体绝食一日，以所得之资慰劳守土将士，并制锦旗一面，派员携绥，谒傅作义，赠送致敬。清华学生曾开会议决停止煤火五日，计可得千余元，捐赠绥东国军，表示慰劳。西安东北民众救亡会，也以为敌人嗾使汉奸伪辈，进犯绥远，窥视内蒙，以遂其吞并野心，幸经我守土将士，英勇抗战，予敌重创，终未得逞，值此塞北严寒孤军苦战之际，物质必感缺乏，特发起募捐运动。现在各地纷纷派代表赴绥慰劳守土将士，扩大抗战宣传，奔走呼号，至为激切。这足以说明全国民众对救亡意识的普遍，各思整齐步伐，踏上第一线去，与敌人搏斗，以争我全民族的生存与自由。中国不自亡，谁得而亡之？

全国民众都觉醒了，都知道抗战的真正意义，而坚守绥远，尤与中华民族的生死存亡有重大的关系，这是五年来所不曾有的好现象。不过，我们对守绥远这一点上，应当进一步了解三事：第一，绥远告警，并非绥远本省军士与民众之事，乃全国民众之事，全国民众要整个对敌作战，才能解除绥远的危机。第二，一隅之战，决非上策，因敌人惯用声东击西、个个击破的战略，守绥将士，纵有必死决心，但敌方左突右出，肆意进扰，时日稍久，损失必多。所以我们要认识敌人是以中国全国作侵略目标，而是以整个力量来犯的，那么，吾人要抱定和平不可分割的原则，要求发动全国抗敌战争，才能制止侵略。第三，焦头烂额的中国，无处不是国防前线，敌人四伸血手，深入堂奥，即无处不是战争的场所，所以，徒取守势，必令敌人得充〔从〕容准备的机会，敌人既不断进攻，我方即须常〔长〕期的防守，师老坐困，危机很大，非转守为攻，以决战求胜负不可。基于上述，目前以绥远问题作中心的抗战救亡方策，是要发动我全国民众，以整个力量，采取攻势，痛击敌人，才能达到收复失土，解放求生的目的。

三　绥远在抗日战略上的重要性

在火线下的绥远，已经处在四面被敌包围的境地，今后演变的结果，实难预测，而其与国防关系的密切，和国际间影响的重大，至不容吾人稍加忽视。日本处心积虑，打算在内蒙树立防苏阵线，就不能不图占绥远，其大陆政策的目的，在中国，不在西伯利亚。绥远有失，中国前途将更不堪设想。所以，绥远实为中国今后生存死亡的关键，在抗日战略上，应加以研究，使国人明了吾人抗日前途上的一般形势。

敌我之在绥东、绥北，已屡次发生前哨战争。敌人的策略，已将专攻绥东改为趋重绥北，而由绥东、绥北两路并进，一在由商都取平地泉（即集宁县），直趋归绥、大同，用以威胁压迫山西北部；一在百灵庙绕大青山左侧取包头趋五原等地，用以威胁压迫宁夏。平绥路西段和前后河套若归敌掌握，则敌人控制内蒙之势即告成功。那么，我们对于以上敌人进攻的路线，应加以探讨。

绥东五县，就是兴和、丰镇、凉城、陶林和集宁，其中最前线是兴和与陶林，平地泉和丰镇是第二线，凉城则在最后。平地泉与丰镇因在平绥路上，所以比其他三县尤为重要，而平地泉又因为在交通、经济、军事上的特殊关系，更可说是绥东的中心。

平地泉是绥、晋二省交通上的要隘，平地泉到大同是晋、绥军事上唯一交通线，此路一断，绥远便失掉了援助与接济，立刻便陷于孤立。绥远之能否保持，端在能否保持此一交通线，这是就交通关系上说。平地泉是绥远全省粮食集中地点，商业极为发达，中、交分行放款共达四五十万元之多，可说是绥省最富庶的地方，也是绥东后方接济的唯一地方，此地若失，后方接济立即断绝，且反可接济敌人，增加其侵略力量，这是就经济的关系上说。绥东一带地势大都平坦，无险可守，惟自陶林至平地泉一段是高原（平地泉高一千四百公尺，为平绥路最高的地方），居高临下，易守难攻，吾军能固守北段，则进可以战，退可以守，绥东便可无虞，否则陶林有失，归绥危急，平地泉有失，后方接济断绝。所以我们要守绥远，必要守绥东，要守绥东，必要守陶林至平地泉一段，这是就军事的关系上讲。

再看绥北一路。在归绥之北，有一个天然屏障，便是大青山，拔海二千公尺以上，地势高耸。惟在大青山与喀拉那林山之间，便是固阳和大佘太一带，山脉中断，地势平坦，成一广漠的平原，在军事上成了易攻难守之地，所以敌攻绥东不下，便思绕道绥北，由百灵庙循大青山西侧，遮断包、原间的联络，然后东西夹攻，归绥必受极大的威胁。包头为绥远交通便利、商业发达之地，又为平绥路的终点。五原居河套中心，水利发达，农产丰饶，两地都非常重要。而五原接近宁夏，由五原西南水陆两路，循临河以趋磴口，即至宁垣，现敌人在包头、额、阿两旗地，都筑有飞机场，组织特务机关，一旦有事，易于联络，所以敌人偏重改攻绥北，实较绥东一路便利，那么我军宜在固阳、大余太之间严密防范，不容稍加忽略。

在上面曾说过，吾人不宜一隅之战，亦不宜徒取守势，若发动整个战争，改守为攻，则绥东、绥北二路于我方至为有利。第一，因敌人初定察北，没有坚强的统制，伪匪蒙兵，不甘向外，则先由绥东集中兵力，猛扑商都与康保，截断其与百灵庙间的联络，绥北之围，不解自解。德王处境困难，原非得已，事有转机，即不难转刃对日。第二，张北为敌军集中地带，为商都、多伦、沽原、康保间交通中心，我方若取得商都，则张北即成前后夹攻之势，于是绥东一线，即移至万全一带，平绥铁路，可供我方运输之用，不再感受若何威胁。第三，振作平、津士气，以驻屯军为对象，集中作战，敌伪在察北侧面的辅助军队力量必小，必改攻势为守势。所以只要我方能一致抗日，全力应战，则绥东形势，可以缓和，而绥远对外的整个战略，亦将全部改观。

事势已急，绥远的得失，与我国以及东亚的国际关系上，均有莫大的利害。设绥远有失，则我华北、西北的屏藩尽撤，晋、陕、宁、甘各省，必为今日河北之续。敌人不断的进攻，是中日间和平之机已绝，最后关头，当无犹豫。蒋委员长在二中全会时曾昭示吾人说："任何国家要来侵害我们领土主权，我们绝不容忍，我们绝不订立任何侵害我们领土主权的协定，并绝对不容忍任何侵害我们领土主权的事实。"现在敌人又开始侵害我土地与主权，我们即不宜再以忍耐处之。愿全国民众，毅然奋起，负起抗敌的神圣任务，在共同抗敌的战线上团结起来，向日作战，才能求生，才能得救!

《西北向导》（旬刊）

西安西北向导社

1936 年 24 期

（李红权　整理）

日德同盟与绥远匪祸

大中 撰

一

日德同盟，始于两年前，已早有所传闻，尤自去岁迄今，英法报界且将同盟条约的内容，加以披露，谓其内容分为军事协定与反共协定两部。中虽经日德双方的否认，但日德缔盟的事实，确已喷有烦言。本月十六日，美国《巴的摩亚太阳报》编辑勃特逊氏，由日抵沪，向报界宣称日本已与德国，于两星期前缔结盟约，兹事遂益证实。然旋又有德国海通社东方经纪人，发出负责之否认。吾人对于此辈通信社的淆乱是非，固早已不加以置信。果也，隔昨复由海通社，自柏林传出《日德反共同盟协定》之消息，该协定已于廿五日晨，由德代表里宾特洛甫与日代表武者小路，举行签字。其内容共分三点：

（一）关于共产国际活动情形，签字双方应交换情报，并采取各项共同防卫之措置。

（二）各国凡感受共产国际之威胁者，应由签字双方会同进行接洽，俾各该国得依照此项协定之精神，采取防卫措置，或加入此项协定。

（三）协定有效限期为五年。

除本协定外，双方并订有补充议定书，其内容亦分为三点：

（一）关于防御共产国际之办法，两缔约国负责当局将密切合作。

（二）两缔约国负责当局将采取严厉措置，以对付直接或间接在国内或国外活动之共产分子。

（三）两缔约国负责当局组织一常设委员会，讨论关于反抗共产国际阴谋活动之种种办法。

如是，喧腾已久，举世瞩目之日德反共同盟，终已见诸实现。

二

吾人于日德反共同盟公布以前，默察中外局势，早已深知日德必有成立某项谅解的默契。就近事而论，德国宣告废止国际通航条款，及绥远告警两事，即可按图索骥，认为日德缔结反共同盟之先声。

查本月十四日，德国向十四国发出通告，宣告废止《凡尔赛和约》第二篇第十二章，关于德国境内各河道通航办法之各条款。其中规定德国境内厄尔伯河、沃特尔河，暨与他国接界的莱茵、多瑙、尼们三河，均作为国际河道，各国船舶，在各该河道内，得自由通航。今德国片面废除该项条款，则可与德国通航的国家，自必受到重大的打击，就中尤以捷克为甚。捷克乃四面陆地，并无出海口之国家，其唯一通海之路，端赖厄尔伯河与多瑙河的国际航道，及德国境内汉堡与斯丹丁两自由港耳。德国此举，不啻将捷克封锁于大陆之内，使其无通海之路。然德国之出此，固在收回其领水权，及废除《凡尔赛和约》对于德国之最后一层限制；抑亦另有其政治之作用在也。

考德国向外发展之路线，自国社党未执政以前，即已定下著名之罗森堡计划，其中规划德国之东进路线为二：一由东北出波兰，一由东南下捷克与罗马尼亚；而其目的则在挟取为俄国工业及农业中心之乌克兰。德国深知其向西发展之已无望，盖有法国束〔东〕疆马奇诺防线之坚壁清野，及受欧战时，英国军舰之教训，故对向西发展之路线取渐进的态度，如援助西叛军即其一例。总而言之，德国现已并力东向。传闻德、波签订十年不侵犯条约之背面，曾附带有进攻乌克兰之秘密协定。其确实与否，固未可而知，但自波、苏二十年代之战争之仇隙观之，德国如能于适当时机，讲妥条件，则假道波兰以进攻乌克兰，似亦不成问题。惟在其东南下〔方〕之捷克，现已成为其直接向东发展之障碍。故希特勒乃运用其政治手腕，突于本月十四日，宣告废止国际通航条款，采取实际步骤，垄断捷克出口之航业，而操纵捷克之经济生命。质言之，即欲施用经济压迫，使捷克就范而已。然后德国得借捷克与罗马尼亚为桥梁，将其势力直伸至与罗马尼亚接境之乌克兰，因而其所倡议组织之反共十字军，在国际叫应得通欤？

三

德国宣告废止国际通航条款之翌日，在远东方面，即有绥远之告警。本月十五日晨十时起，日本驱使其豢养之蒙伪军队，李守信、金甲三，及王英所部之匪众，自察北匪巢之商都，率炮、骑、步庞大之队伍，及以山野炮等近代之武器，开始向绥东陶林境红格尔图进犯。每日攻击必有数起，并有日方化装之飞机，掩阵助战，其目的在袭取绥东重镇之平地泉，然后探囊归绥，而直接摇撼山西。同时在绥北亦抽调匪众，杂以日本化装之军队企图再犯百灵庙，并分向绥西之包头、五原等地进击。使五原一旦失守，则久为日本所垂涎之绥西河套，一片膏腴地带，必将入于日伪军队之手，而作为其生息营养之所，然后沿河直下，西北门户洞开，宁、新、青、甘、陕诸省，垂手可得，而中国已岌岌堪危矣。

溯日本自侵占我东北四省，制造其满洲傀儡国后，其势力已直接逼近苏俄。两国陈兵压境，大有一触即战之势。苏俄为其国内之经济建设，固利于和平而取守势，但日本因其国内财政之拮据，国际形势之不利于己，及中国之始终不肯屈服，遂亦未敢向苏俄立即采取进攻。是以，一方面宣称反共先锋为其职志，冀以唤起国际间之同情；一方面复压迫中国承诺日本之要求，协同组织反共阵线以掩饰对华之侵略；同时复施用"以华制华"之毒计，实行分化中国之政策。所谓"冀东防共自治政府"及"蒙古军政府"遂继满洲傀儡国后，接踵登场。更进而欲驱此辈蒙伪匪军，打进绥、宁、甘、新，造成另一傀儡帝国，则可以包围苏俄支配下之外蒙古，亦可于必要时，从外蒙古侧击西伯利亚工业中心地之伊尔库次克，以截断远东红军之后路。惟欲于袭击西伯利亚之同时，必须从绥远加兵于山西、甘、陕，进窥中原，以备阻隔中苏在将来之接近；并图联合全世界反共阵线，进攻苏联，然后方始有胜利之可期。因此日本与德国所期者，乃如出一辙，吾人固早知日德必有反共同盟之默契，故国际通航条款废除之明日，乃有绥远之告警。

四

关于日德反共同盟之协定，除所公布之条款外，欧美各国咸信其必尚有秘文。莫斯科方面更证实日德双方已缔结另一种秘密条约。此说确否，姑不具论，惟在日德缔结反共同盟之下，首先受其直接影响者，在欧洲必为捷克，在亚洲必为中国，则可断言。然捷克在其伟大总统贝尼斯领导之下，对内对外，谅早有所准备，当不致临时仓皇，吾人固不必为其借箸代筹。至于中国，在伟大领袖蒋委员长领导之下，全国一致，团结御侮，当无所用其惶惧。是故绥东甫告警，而全国敌气〔忾〕同仇，守军忠勇杀贼，一鼓而击退匪军，迫近商都；再鼓而直捣匪巢，收复百灵庙。因以转守为攻，以攻为守，此不独自"九一八"以来，为悲愤压抑之人心，吐一口不平之气，且亦表示中央政府已有准备抗战之决心，而无复用其左右迟疑，前后顾虑之态度。虽然，此不过为敌人小试其锋而已，吾人仍须"小胜益急，小挫益励"！固未可沾沾自喜。试观天津驻屯军及关东之信使往还，其间碌碌何事，不问可知。故苟非日本自动放弃其侵略之野心，则中日局势必致不宣而战，且有全面展开战争之可能。诚以民族生死关头，存亡所系，吾人亦只有与侵略者作殊死战，争得最后胜利而后已！

《学生生活》（周刊）

南京学生生活社

1936 年新 24 期

（李红权　整理）

勉绥东抗战将士

陈华　撰

忠勇的守绥前方将士们：

敌人已经开始武力侵略绥远，各地学生暨工商各界，感于我守绥前方将士之忠勇抗战，纷纷绝食断炊，踊跃输将，以为物质方面的接济。我们更希望全国同胞，闻风景从，一致起来，以毁家抒〔纾〕难的精神，共同挽救危亡。我们于此种希望之余，关于这次绥远问题，不禁发生几点感想，如鲠在喉，思一吐为快。现在把它写了出来，以告我忠勇的守绥前方将士。

此次敌人进攻绥远的前驱伪满军和伪蒙军，一般报纸，通称为"匪军"，但是，这"匪军"的主动者是日本政府，"匪军"的后方基本势力是正规的日本陆军，而且目前参加战争的空军和坦克车队的驾驶者，无一不是日本人，这都是举世皆知铁一般的事实，尽管口头上说是匪军进犯，而实际上，已经是国与国间的战争在爆发了。此而可以说是匪军，那除非是日本人变成中国人，否则，所谓国际战争这个名词，就不会存在。

这一次绥远战争是什么？我们应该直截了当的说，是九一八以来，经淞沪、热河以后的第三次中日战争。淞沪战争失败，我们被迫签订了《上海协定》；热河战争失败，我们又被迫签订了《塘沽协定》。由于这两次协定，我国有形的无形的继续丧失了许多权利，例如，冀东二十二县划为非战区域，敌又由非战区域产生了伪冀东防共自治政府，以及察北六县的被侵夺，致使平、津震撼，华北动摇，这完全是屈辱的协定所造成的，也就是战败的结果。现在，中日两国又在绥远爆发战争，往事不远，我们惩前恐〔毖〕后，自应知所惕励，免蹈覆辙。可是，这样还是不够的。试一盱衡最近的国际大势和国内情形，以及地势上种种关系，我们觉得这次绥远战争的严重性，远非淞沪、热河两役可比。换句话说，我们不能拿淞沪、热河两次战败所造成的不利形势，来等量齐观的估量绥远战争之不幸的将来。也就是说，我们固然不要忽略以往的教训，同时，对于更严重的新的事实，尤其有深刻明了之必要。我们必须知道，这次爆发的绥远战争，比较以前历次中日战争，其性质更来得严重，关系国家运命；更加密切，而我守绥前方将士所负的使命，也就弥觉过大了。何以言之？请申其义：

绥远东接察哈尔，北连外蒙古，南抚秦、晋之项背，西为宁、陇之屏藩。在地势上说，是华北、西北各省的生命线；在对外关系上说，是整个国防的动脉管。第一，绥远不守，不但山西、宁夏，立成唇亡齿寒之势，整个的华北，也就如同一箭在胸，无可挽救了。国家前途，更何堪设想？日本帝国主义者，正是看到了这种重要性，所以才决计武力侵略绥远。侵略绥远的动机，就目前说，至少有以下两个企图：一、进窥山西，控制同蒲铁路，威胁河北侧面，完成华北五省军事包围线；二、西侵宁夏，经过阿拉善旗而抵新疆边境，实现蒙古包围政策。我们知道，现在谈判中的中日交涉，因为日方所提出的"华北特殊化"和"共同防共"两个条件被我外交当局拒绝，谈判几乎陷于停顿。若不幸日军围绥得逞，则上述两条件，外交上虽然矢口拒绝，而事实上已经完全承认了。结果，华北五省势必变成日本囊中之物，随时可以予取予夺，日军又可以借口"共同防共"，侵入西北各省。试问华北、西北各省——黄河流域，统都沦入日军的势力范围，我们还能算是一个独立国家么？纵然我们忍辱负重，偏安江南，然而这种局面，敌人又能允许我们维持几天？所以说，绥远的存亡，不是一省的存亡，乃关系整个国家民族的存亡。这是摆在眼前如火如荼的事实，绝对不是我们危言耸听，只要是中国国民，都应该承认这一事实。我守绥前方将士，一定更能彻底的明了这一点。

以上，是从地势上说明绥远之不可失。其次，我们再看一看国际情势。我们知道，日本对于远东问题，尤其是侵绥阴谋，所最畏惧的便是苏联。日军在未侵略我们以前，他的目光射到苏联，如果看到苏联在远东防备薄弱，或由于其他原因，不能出而牵制，才敢有所举动。上年日本侵占热河后，不即大举西犯，就是这个原因。现在的国际情形，非比以前了，德、义的法西集团和苏、法的人民战后〔线〕集团的对立，日益显著，日益尖锐。西班牙政府军和叛军的战争，这两个集团，各作了一方面的背景。表面上虽然是西班牙的内战，实际上不啻人民战线集团和法西集团的前哨战，正式的大战，说不定哪一天就要爆发。而且希忒勒口口声声表示德国需要苏联的东欧领土，苏联在此种情形之下，自然无暇东顾；日本乘着这个机会，乃敢进攻绥远，不但进攻绥远，一俟绥远攻下之后，如果欧洲的紧张局面，有增无减，必定专驱向山西及西北各省推进，以完成其华北五省包围线和蒙古包围线两大战略。我们指出日本畏惧苏联的这个事实，绝对没有丝毫倚赖苏联的意味在内，国事至此，我们十二分的承认"非自力不能更生"是天经地义，是不二救亡图存之道。不过，对于国际政局变化所及于我国家的影响，也不应该忽略。因为，敌人正在利用国际情势的变动来侵略我们，我们怎么可以装聋装痴，故作不知？当淞沪、热河战役发生的时候，欧洲形势，还不这样紧张，苏联随时可以抽出大部分实力来集中远东，牵制日军。所以那时日本的武力侵略，正所谓贼人胆虚，得手便止了。这一次侵犯绥远却不同了，而是欧洲政局发生了重大变化以后才动手的。日本报纸公然宣称欧洲风雪紧张，大有利于日本大陆政策之遂行。这就是说，此次进攻绥远的目的，不仅是占领绥远，而是吞灭整个华北、西北乃至全中国的开端。

我们不惮繁复的申陈这一点，是在说明，欧洲政局急剧转变下的绥远战争，其意义之严重，更十百倍于以往的淞沪、热河战役，绥远问题之于中国，已成一着有误全盘皆非之势，我忠勇的守绥前方将士，是必须要充分体认这一点的。

绥远问题的严重性，从地势上观察既如彼，从国际上观察既如此，我们应该怎样殚精竭诚，誓死抗战，来守卫这华北十余省的门户，以完固疆宇，是我们举国上下，每一个人都痛切感觉十二分必要的。寇深事急，已经到了忍无可忍、退无可退的最后关头，我全国同胞，尤其是守土有责的前方将士，必须忠勇奋发，凌厉无前，具有断胫决腹，一瞑不视的决心，然后才有回生昭苏之望。绥境同胞之艰苦不拔，有〔存〕亡与共的精神，极值得国人闻风兴起，而我守绥前方将士，许身报国，忠贞沉着，尤其为国人所钦佩，此次敌军当前，必能本着尽忠守绥之志，捍卫国土，这是全国同胞殷切之企望，而且可以断言我守绥前方将士绝对不会有负这种企望的。

不过，绥远的危亟，既是整个中华民族的危亟，则今日之有以救绥远者，必须竭尽全民族的力量以救之。前者淞沪、热河之役，失败的原因固然很多，而未能全力以赴，实为主要原因，事实如此，何可讳言？现在，国家已经统一了，而绥远问题的严重性，又更大于往昔，中央政府，既无内愿〔顾〕之忧，尤必明了当前的危亟，一定能够竭全力以为我守绥前方将士之后盾，决不会再像淞沪、热河之役，使你们孤军抗战，劳而无功，这也是我们可以断言的。蒋委员长在二中全会时曾大声疾呼，凡再有侵犯我们领土的，我们决心抗战，今后决不失寸土，今后我们不再签订类似《淞沪》、《塘沽》等［类似的］屈辱协定，我们拥护这一个态度，我们热烈的企盼领袖实行这个壮烈而神圣的诺言，我忠勇的守绥前方将士，其勉诸！

《西北向导》（旬刊）

西安西北向导社

1936 年 25 期

（朱宪　整理）

绥战是局部问题吗？

凌长风　撰

绥远战争爆发了，我们不能把这看作局部问题，如其我们把它看作局部变乱，并拿通常应付局部变乱的办法企其大事化小，小事化无，其弊害不至全国沦亡不止。

绥战有国际背景，暴日在指挥伪匪军向我进攻，这是尽人皆知的事实，应不在我们话下。我们且来阐述日本发动绥战的动机及其用意。

绥远危急不自今日始，王英等匪部于今年七八月之交曾蠢动一次，结果受挫后退。未几川越来华，将开始所谓国交调整谈判，不料在广西问题尚未解决，及日本强行在蓉设领声中，而发生成都、北海、汉口、上海等次事件。日本立刻攫住此等事件为口实，逼令中国对日降服。张、川第一及第二次会谈，名义上是调整国交，实际上是日本对我提出解决成都、北海等事件的条件。这不是国交调整，而是在旧的纠纷之上又添些新的纠纷。日方最初所提的条件，内容如何，我们无从得知。据英人路透社所传消息，其中最苛刻的是向我国要求根除"排日"运动，删改学校教科书，及长江沿岸允许日本驻兵等等。这些条件，我们如果接受，盖与亡国无殊。我们没有答应，日方似亦不复坚持。桑岛来了，中日交涉很快地改变了主题，日方另提两个重要条件，即"华北特殊化"与"共同防共"。仔细想来，这两个条件实际上只是一个，共同防共的区域就着重在日人希望其特殊化的华北，中国应许共同防共，即不啻承认华北为特殊区域。对这两个条件，中国也没有答应。须磨返回东京，其所负任务，据外讯所传，系向日本中枢报告中国态度，并请示华北及防共两问题，可否缓议。须磨请示结果，日方决不让步，关于华北及防共两问题，川越必须继续坚持，至少也要取得中国在原则上之承认。迄今张、川会谈，已举行到第七次，双方对交涉前途皆抱悲观。就是在这时候，便爆发了绥远激烈战争。在绥远战争爆发的刹那，我们必须知道，日方已抛弃外交手段，而改取武力进攻的方略。日方用外交谈判所不能达到的目的，现已改用武力胁迫以企其贯彻。换句话说，暴日定要使中国承认华北为特殊区域，并许可共同防共，在外交接洽失败之后，赤裸裸拿出狰狞面目诉之于强力对比〔待〕。对绥东战事之爆发，我们应加以这样的理解。

照上文解释，很显明的，中日关系现在才达到最严重的阶段。我们在外交上不曾对日屈服，这还不能说我们已有对日永不屈服的保证。日方认定强力行使为逼迫中国让步的最有效的手段，它业已乞灵于这最后一着，借作考验中国有无决心的试金石。它相信中国没有竭全国力量以救华北的坚强意志，它可用地方的，局部的，不宣而战的战争，使中国默认华北特殊化并走上共同防共程途。日本预定以进一步的武力进攻，作为对华整个外交的后援，绥东战争乃是进一步武力进攻的发端。因此，在中国方面，抵抗日本的武力侵略，便成为当前必须以全国力量与相周旋的最重大的任务，能制止日本的武力进攻，对其暴力与以迎头痛击，那我们才能坚守我自己的最后立场，才配说我们保持了独立国家外交不受异邦支配的原则。在这里，稍存半点犹豫，外交依然失败到底，并且愈益坚强对方用武力灭亡中国的信念。我们说不能将绥远战争当作局部问题，如把它看作局部问题，其弊不至亡国不止，理由就是如此。

我们了解了绥远战争的意义，我们便可觉察，在绥战爆发后，中国政府非但不应再与日人续作外交谈商，而且要赶快抛开中日可以和平相处的空想。在一方用武力来达到所谓"调整"的场合下，他方除开投降，只有抗战，实实在在没有第三条道路。而且抗战不应当是局部的，带有地方性的，我们已饱尝过去局部战争的教训，结果是失地之后，继以失地，丧权之余，重以丧权。我们要记取这种血腥的经验，我们再不能希冀苟且偷安，我们必须下有敌无我的决心，我们应当从速展开中日两国整个实力的全面战争。

对外战争，岂有"局部的"之可言？国家的主权是整个的，国家的领土更是整个的，外人在任何地方，或取任何方式来侵害我们的领土、主权，这都是对于我们整个国家的挑衅，我们即须以整个国家作一单位来应付。这是简单自明的道理，不如此，即不足以言立国。诚然，过去中国常将对外战争化整为零，敌人枝枝节节的进攻，中国也就枝枝节节的应战。鸦片战争中，英人初攻广东未逞，及沿海北进，竟成破竹之势。溯其原因，一句话可以说明，便是我们没把国家在对外战争中看作整个的。甲地应战，乙地漠然相视，或竟根本缺乏战意。这当然白白给与敌人以逐个击破的机会，惟有最后的丧权失地，则由整个国家出面承担。这也不能怪罪我们的国土太大，战线必然延长，必然不能到处为适当之防御。试看，英国领土不比我们的还大、还多、还更零散、还更不易防御，可是谁敢觊觎英国领土的分毫来？我们和英国的差别，也就是中英之所以强弱异势，不是别的，就是英国人能对各部位的领土，均能用整个国家的力量去加以卫护，对外战争，就是整个英国对外战争，无所谓"局部的"，无所谓"地方性的"。这一点，我们竟不能办到，百余年来，层层国耻，大抵由此造成。

不谓我国并未从百余年之长时间中获得正确认识，错误一再重演，至最近五年，更铸成几乎不堪收拾的大错，眼前是一个转机，但需要勇气与决心去赶快把握。日本对华侵略是渺无止境的，决非我们让了绥远或让了华北便可以使它餍足，使它在侵略途程中停止前进。日人是一段一段的伸展，我们是一节一节的后退。四年前大家喧嚷死守吉、黑的时候，哪曾想到今日要守平、津，守晋、绥，何以至今日，平、津、晋、绥竟是这样的危急？真正回首不得，四年以来，守吉、黑，守淞沪，守锦州，守山海关，守滦东，守热河，守长城，守察北，守内蒙古，毫无例外的，我们守一个地方，这地方必终至不守。敌人十分乖觉，他用很少的力量便获得广大的土地，对中国发动局部战争，成为他实现大陆政策的最经济的手段，因地制宜，因人制宜，得心应手，运用自如。这次绥远战起，我们更看出一个崭新但不在我们意外的事实，这就是，暴日指挥汉奸集团来发动局部战斗。日人只拿出枪炮飞机，其余要我们的柴草，要我们的人伕，要中国人的手杀中国人的头，流中国人的血。这是以华制华政策的实施，演进下去，日人可让汉奸自制枪炮飞机，再要发动某地某地的战争，他们只下一纸命令，也就够了。届时中国更休言抗日，单是汉奸也怕抵抗不住。我们敢于断言，绥远这次若竟失于汉奸手中，中国必不免于灭亡。

零宰而不整割，是日人最经济的战术。日人若在同时向我们要求割让东北四省、冀东、察北及绥远，这非但耸动国际视听，即中国也未尝不立即诉之一战。中日全面战争，非日人之所欲，他们无从避免重大损失，他们势须中断其武器机械化的准备，他们更没有力量应付苏俄，他们在国际上更陷于孤立。然其将对华战争化整为零的结果，他们有非常巨大的获得，而无须偿付最低微的代价。真的，我们五年以来，失掉大于法国数倍的领土，几千万人口做了异族的奴隶，及考求敌人所用的兵力，最多时亦不过四五万人，而且几乎不折一矢，我们沉心静气的想想，此宁非古今中外稀有之事！

日人刚在外交谈判上与我全国为正面之接触，他们立刻发见这是一种错误，有引起中日全盘战争之虞，而转回头来重新采用局部战争的技俩。日人总是这么乖巧，我们就真呆笨到底吗？现在全国统一，业已告成，国人抗日救亡情绪，又是这等浓厚，我们为什么不能发动整个对日抗战，用以挽救华北、西北之危机，并进而收复失地解除国难呢？我们有权以整个国家作单位，去发动整个的对外战争，我们不应长此不战不和，作茧自缚。中国唯一自救之道，就是全民族以其整个力量发挥在抗日的全面战线上。

是的，当此天寒地冻，我们怀念绥东前线上的战士浴血杀敌，曝骨原野，我们认为这是天壤间一股正气，将与日月争辉。不过，我们如仍将绥远战争看作局部问题，最后隐忍退让，任敌人又检〔捡〕一次便宜，那么战死的烈士们是白牺牲掉他们的生命，必饮恨于九泉！

《西北向导》（旬刊）
西安西北向导社
1936 年 25 期
（朱宪　整理）

牺牲的最后关头

王飞　撰

血染的河山，必永为我们所有，我中华男儿是狮子，并非绵羊

一　敌人侵夺绥远的必然性

中日外交谈判正在若断若续的进行当中，酝酿将近半载的绥东侵夺战争，终于在一个瑞雪缤纷的清晨爆发了。伪匪各军，在敌人的军官指挥下，在敌人的飞机大炮掩护下，对我军阵地作猛烈的攻击；我方的守土将士，亦在冰天雪地的塞外漠野中，与敌人作殊死浴血的鏖战。连日消息传来：绥东前线，我方士气极为振奋，一面感于己身卫国御侮的天职，一面激于全国民众热烈的鼓励，在敌人猛烈的炮火之下，沉着应战，奋勇杀敌，敌虽屡扑屡攻，均遭我军击败。

敌人进攻绥东的步骤，自去冬察北六县被侵夺后，即已开始准备，伪满傀儡军张海鹏与李守信部的活动，德王的被收买，伪蒙军的组织逐渐扩大，以及敌人间谍的深入内蒙西北，在这一年以来，差不多没有一刻停止过。最近一两个月中，敌人在绥边的活动，更加积极。有识之士，早知敌人侵夺绥远已为必然的事实，并提出了坚守"国防第一线"的呼声。晋绥当局，具有"敌来必拼"的决心，所以在绥远边境，已筑有极坚固的工事，果然，在一幕外交烟幕刚才过去，绥东的侵夺战争，便立即开始了。

自从"九一八"事变以后，敌人对我侵略，完全是把握着一贯的政策，即一面以外交谈判制造烟幕，以期分散国人的视线，一面便运用种种毒辣的手段，攫取实益。等到烟幕的作用充分发挥以后，接踵而来的，必然是军事上新的进展。所以这一次对绥东军事的策动，与过去五年来取锦州、攻长城、并热河、割冀东、占察北，都是运用着同样侵略的伎俩，现在绥东战事的爆发，不过又给我们增加一个实例罢了。

二　五年来中央对日政策及一般谬论之检讨

惟有历史的事实，常常会给予我们许多不可磨灭的启示。五年来，国土的丧失，主权的沦亡，虽然从大体上讲，中国近百年来民族性的堕落，政治制度的不良，和一些其他内在的因素，都是促成了中国走上现阶段的重要原因，但是，我政府五年来对敌没有确立一贯的政策，亦未尝不是沦为目前凄惨景况的一大原因。在东变以后的一年中，因为中央要依附的国联的协助，所以，对日的态度，只是在不战不和中敷衍下去。自后行政院长汪精卫氏发表谈话谓："战则有失师丧地之虞，和则有丧权辱国之虞，不战不和，则两俱可虞。不能战故主张抵抗，不能和故主张交涉。"于是，我政府之对日外交于不战不和之中，而求得一面交涉一面抵抗的出路。淞沪战后，国家益危，敌人侵略，更加积极，于是政府下最大之决心，誓与敌人作"长期抵抗"的计划。但，近一二年来，"抵抗"、"交涉"的呼声，已不复闻，目前所昭示于国人的，只有"敦睦邦交"、"经济提携"等一类名词而已。

年来，全国的大众对敌侵略的手段，已有极明确的认识与觉悟，所以在"抗敌救亡"、"民族解放"的口号下，希望着全国的民众团集起来，结成了一个巩固的［的］救亡联合战线，扩大救亡运动，并督促政府负起领导全国民众救亡的责任，发动举国的抗敌战争。但是，不幸在这个紧急关头，一般汉奸与准汉奸们，又放出一些欺骗麻醉的言论，以阻止全国救亡阵线的开展，在这些欺骗的言论当中，唱的特别起劲的大概有以下的几种论调：

（一）唯武器论　主张唯武器的人，以为现在的战争是科学的战争，武器的强弱可以决定战争的胜负，现在中国的科学既不发达，物力又不如人，所以中国决不能同敌人作战，只有走向退让投降的一途。不消说，这种理论完全忽略了精神战胜一切的力量，中国目前的对日抗战，是被压迫民族反抗帝国主义的战争，我们全民族一致反帝的精神以及这种精神结合的武器，敌人的飞机大炮是不会对它们发生作用的。过去国民革命军北伐的成功，便是一个很明显的史实。

（二）准备论　他们根据了"唯武器论"的哲学基础，便唱出了准备的高调，他们以为中国要与日本抗战，第一必先统一，第二须先准备。即所谓欲攘外必先安内者是，但是我们要细细的观察目前的环境和客观的事实，便可憬然觉悟到危机已迫在眉睫，敌人绝不容我们再作充分的准备，若再作一两年的准备，恐怕整个的华北、西北，已又不为我们所有了。

（三）期待论　这一派论者，认为中国的物力既不能与敌人一拼，不如期待着日俄，或日美战事的爆发，因为目前帝国主义间矛盾的深刻，已达到武力火拼的阶段，如果他们间的战事发生，那么，我们便可坐收渔人之利。这种理论，亦是忽视了目前国际间的形势及日本对华的策略。我们知道日俄战争终久是会爆发的，但是，处在现阶段的苏联政府，还没有到对日作战的时候，苏联的第二个五年计划将待完成，岂能激于一时的义愤，而牺牲她五年来的心血。白色帝国主义间为争夺殖民地，固有其矛盾与冲突，但是相对的，而以环境利益为转移，绝不是绝对〈不〉能调和的对立，他们在进攻苏联及镇压殖民地的革命运动上是可以合作的，在独吞中国或独霸太平洋的立场上，是会翻脸的，但是，在这一种场合下，帝国主义间所起的战争，结果会使中国更陷于万劫不复的境地。因为，这样，中国只有更流落殖民地的地步，而让列强瓜分。

（四）读书救国论　一年来因为民众救亡运动的抬头，学生爱国情绪的激昂，所以，一般准汉奸们为虎作伥，肆意的向广大群众加以无理的压迫，并发出读书救国的谎〔荒〕谬理论，来欺骗学生。读书当然是学生们的天职，但是在这国亡无日危在旦夕的时光，如何能再消灭他的赤诚爱国的力量!?

三　抗敌图存牺牲已到最后关头

目前绥东问题，已到最紧急的关头，而御侮图存牺牲救亡，亦已到最迫切的阶段。吾人须知绥远为华北最后的壁垒，西北各省的门户。绥远若沦于敌手，不但山西、宁夏，立感唇亡齿寒；即整个华北，也像一箭在胸，无可挽救了。时至今日，吾人极应立下决心，建立统一的联合救亡阵线，用集体的力量及民族战争的火焰，去回答敌人的进攻，用铁与血的斗争，去粉碎民族敌人之壁垒，一切不正确的理论，决不容其存在。在去年冬月举行五全大会中，中央曾声明我国的外交方针谓："和平未到绝望时期，决不放弃和平；牺牲未到最后关头，决不轻言牺牲。"在本年的二中全会中，蒋委员长更对外交方针作详细之阐述，谓："中央所抱最低限度，就是保持领土主权的完整。"又重言以声明之曰："我们绝对不容忍任何侵害领土主权的事实。"领袖的伟论，至今犹默默的记念在每一个人的心头。但是目前绥东之局，敌人是不是正在运用武装力量施行侵占我们领土？我们相信：一国的政府，是基于民意而建立的，目前中国的全体民众，认为绥远迫切的危机，只有中央发动全国的抗敌战争，才可以挽救于万一。我们更相信：中央政府与受全国民众拥戴的领袖，对救亡图存的决策，必能在全国民众望眼欲穿中，实践出来。事急至此，确已到我们牺牲的最后关头，自不容前瞻后顾！

《西北向导》（旬刊）

西安西北向导社

1936 年 25 期

（李红权　整理）

蒙古兵制概述

杨润霖　撰

成吉思汗，崛起漠北，从僻野之区，率一旅之众，竟能扑灭群雄，统一蒙古，进而出兵四征，席卷欧亚，称伯寰宇，若不可一世。此种伟业，固在其英武有为，但因兵力充实，治理有方，我辈后人，亦不可漠视也！迨满人勃兴，举兵南向，问鼎中原，颠覆有明，其借蒙古兵力，何可待言？甚至屡平内乱，维系三百年国祚，皆有赖于蒙兵，供其调用。若然，蒙古之兵制，实为吾人有明了之价值焉。

一　编制

蒙古兵制编制法，以佐领为基础，若旗则按佐领多少，以决定支配兵额。兹为简便起见，述其编制法如左：

1. 旗有扎萨克一人、管旗章京一人、参领一人、佐领六人、骁骑校六人、领催三十六人、现役兵三百人、豫备兵六百人，计九百五十四人。

2. 佐领有佐领一人、骁骑校一人、现役兵五十八、豫备兵百人，计百五十八人。

以上所举，为蒙古兵制一般编制法。至于察哈尔，则大为不然，乃编为八旗，与满人八旗制同。蒙古豫备兵，平时在家，要养现役兵一人，马匹、军器，俱各自备。男自十八岁起，六十岁止，要服兵役，非身体残废者，不得免役。至于喇嘛，则不与焉。佐领按其支配之户口，于一定期内，调查壮丁之数目，呈报上官，扎萨克则具呈于理藩院，如有隐匿之事，被发觉之时，自扎萨克至于领摧〔催〕，亦受惩罚。

二　检阅

蒙古士兵，有属于扎萨克者，亦有属于驻防大臣者，更有属于盟长者，其统辖错杂，纷乱不一，故其检阅时，始采用区域法，到清康熙时，始有一定制度。每年春季，各集于一定地点，由盟长检阅兵器和军容。后到乾隆初年，内蒙为两组，锡林果勒、乌兰察布、伊克盟〔昭〕三盟，合为一组，卓索图、昭乌达、哲里木三盟，合为一组。每年六月，盟长和扎萨克，集合于一处，受理藩院检阅。外蒙定五年一次，使副将军赴其地检阅。同治时候，内蒙六盟检阅，改为三年一次。盟长、扎萨克，各集于一处，检点军装、武器，调查残缺有无，制造详册，呈报理藩院。其他地方，亦各派人检点，勿须繁赘，以拢人脑海。当时把检阅之事，办得非常之严，盟长、扎萨克等，负其全责，其下官属，亦负有连带责任。且赏罚分明，不能宽赦。如有奖时，扎萨克和台吉，按其爵位，奖以衣服、鞋〔鞓〕带、佩刀、弓矢，台吉以下官员，给以大缎一匹，其次俱按等级，奖赏不缺。如加惩罚时，扎萨克受罚俸六月，台吉则罚以牲畜有五，其次各因事之大小，加以轻重之惩罚。

三　军律

蒙古军律，亦有定制。出兵忌〔规〕避者，王罚马百匹，扎萨克、贝勒、贝子、公等同七十匹，台吉五十。所属全旗不出者，则按军法治罪。误期一日不到者，王罚马十，扎萨克、贝勒、贝子、公等同七匹，台吉罚五匹，迟误日数愈多，则按日数倍之。骑瘦马者，王罚马三十，扎萨克以下同二十，台吉十四。若任杀害投降人员，或隐匿者，王〔官〕罚〔马〕十户，扎萨克以下七户，台吉则五户。有告发者之时，王罚马十匹，扎萨克以下同七匹，台吉罚以五，俱给告发人。有杀害部下者，处以斩刑，更罚牲畜二十七，其他人虽可免斩，但要罚牲畜二十七。投降人虽属于王、贝勒，但设投降所尚未定时，则一半给与希望者，余则编入官军。身为邻警，而不率所属甲兵迅速出征者，王罚马百匹，扎萨克以下同七十匹，台吉五十匹。于出征时，不得放弃马或照人隐匿者，以盗论罪。此概为清太宗所颁布者也。追康熙时，亦出一军令，谓在野战之一场，枕共同作时，行军之准备，夜袭攻防时，不可杀伤投降人，不可乱杀平人，勿毁坏庙宇，勿制〔剥〕取俘虏衣服，勿掠于民物，犯者按军律治罪。对于召集令迟到者，各有戒饬，较诸以往，更入于微①。

---

① 以上文字叙述混乱。可参阅《钦定大清会典则例》卷一百四十之相关内容："国初，定委令出兵规避者，王等罚马百匹，扎萨克、贝勒、贝子、公七十匹，台吉五十匹。所属全旗均不往者，按军法治罪。违期约一日不至者，王罚马十匹，扎萨克、贝勒、贝子、公七匹，台吉五匹。迟误数日，按日倍罚。又定出征将官，马骑瘦者，王罚马三十匹，扎萨克、贝勒、贝子、公二十匹，台吉十四。又定擅杀降人、隐匿者，王等罚十户，扎萨克、贝勒、贝子、公七户，台吉五户。被人首告者，王罚马十匹，扎萨克、贝勒、贝子、公七匹，台吉五匹，给出首人，令赴愿往旗份。其为首杀人者斩，仍罚牲畜三九，余人免死，罚三九，皆给与降人所投之王、贝勒等，若所投未定，则以一半给出首人，余入官。又定凡邻旗有警，而不率所属甲兵速即议征者，王罚马百匹，扎萨克、贝勒、贝子、公七十匹，台吉五十匹。顺治三年题准，若得出征人遗失马、驼各物及逃人者，皆收养送还，隐匿不送者以 （转下页）

四　军功

出征临敌，勇敢善战，树之〔立〕军功者，或阵亡勇士，则按身位之商〔高〕低，各给以相当之恩赏，以示奖励。其规定颇严，临阵当敌，在众旗败北而一旗力战时，众旗各罚一佐领，以给力战旗部。如众旗皆战，一旗败北，则削败北旗王爵位，分给于众旗。若一旗一半作战，一半败北，则削败北者爵位，藉〔籍〕没其属下，给以该旗接战者。设一旗一半业已败北，一半又不谋前进者，不谋前进半旗免其罪，败北者削其爵，藉〔籍〕没其属下。以本旗无罪王子、贝勒，设备未成列，而一旗独成列出战者，视其功之大小，与以奖赏。败阵之时，杀身没产，军器一切不得私藏。有军功之王、贝、公、扎萨克、台吉等，亦按其军功之大小而议叙。身故之时，则请赐恤。此外还有许多关于军功之规定，现已不必作泛泛之叙述。总而言之，赏罚分明，军令森严，殆不过之。

以上将蒙古兵制之情形，作为简略之述说。因〔兵〕述说简略，乃不免挂一漏万，甚至于谬误百出，请读者谅之。盛衰之理，古〔固〕本无常，历史演进之速，亦不可捉摸，我蒙古同胞，请

（接上页）盗论。十三年题准……凡旷野交战，王、贝勒、贝子、公等及领兵官弁，不按队伍，轻入敌阵，或见敌兵少，不行问明，擅自奔驰者，将所乘之马并此次所获人口即行入官。……失火者斩。不许拆毁庙宇，不许妄杀平人，抗拒者击，投顺者抚。其俘获之人，勿得剥取衣服，拆散夫妇。至不堪俘获者，亦勿得伤害、剥取衣服。俘获之人，勿令看守马匹。凡出征，王、贝勒等务平定地方，救济生民，严禁官兵不许抢掠，不许陷害良民，平定之日升赏。若纵兵抢掠，指民为贼，妄行杀戮者，从重治罪。"——整理者注

勿自馁，振起精神，与恶劣环境，何一拼之？

《蒙古前途》（月刊）
南京蒙古前途月刊社
1936 年 31、32 期合刊
（李红菊　整理）

我军攻克百灵庙

则鸣　撰

　　绥远战事自十五日开始以来，我军即着着胜利，战线既向前推展，敌军死伤亦复多，尤以廿四日晨占领百灵庙，摧破伪军在内蒙根据地，夺获大批军实为最令人愉快之事。盖当廿三日我当局接匪有由百灵庙分两路向我武川、固阳进犯讯，即派卅五军副军长曾延毅赶至武川，并派骑兵师长孙长胜，步兵旅长孙兰峰为正副指挥，率所部及七十师补充团，由固、武分头迎击，另派奇兵星夜向庙绕袭。当晚十时奇军袭到庙附近，与匪接触，时进攻我武川、固阳之匪，被我击退，亦相继回庙，我追兵适亦赶至，与绕袭部队对匪双面夹击，匪千余人与我激战终夜，往返十数次，我以炮兵猛轰，我刘团张连首先猛冲入庙，各部相继迫进，二十四日晨拂晓，匪不支，纷向东北溃窜，我军全部于二十四日晨九时余，将庙占领。匪遗尸遍野，在三百以上，伤五六百，被俘三百，获匪步枪四百余枝，及电台、汽车、弹药、辎重物品甚多，我伤亡官兵仅三百左右。此一巨捷实为九一八以后我军之伟大胜利，某方之建树内蒙伪国、进窥新疆之企图化为乌有，意义至为重大。此固晋绥将士之奋勇杀贼，规画有方，实亦中央数年积极准备，在蒋委员长领导之下完成统一大业，踏入攘外途径所致。故全国民众于欢欣鼓舞之余，应不忘拥护领袖，盖在贤明忠勇领袖指导之下，安内攘外工作始能成功也。

《中心评论》（旬刊）

南京中心评论社

1936 年 32 期

（朱岩　整理）

匪伪准备再犯绥东

仲瑞　撰

此次我军在百灵庙之胜利，夺获辎重无算，俘虏亦多，某方企图组织所谓"大元帝国"之梦已完全打破，因此而所牺牲之金钱已达五千万元之巨，自然心实不甘，正计划再度大举进犯。据传二十五晨，热军三千余由多伦过张北西进，二十六日可抵商都。嘉卜寺、康保间贾哥营，现驻热炮兵二千，有野炮十二尊，小钢炮四十余尊，为热炮兵精锐。德王日内将由某地赴东苏尼特旗。某方在嘉卜寺日夜赶筑飞机场，面积十余顷，并建汽油库，正由多伦赶运洋灰。近由赤峰开到多伦某方军队三师，即全数西开。二十五日午后由张北运毒瓦斯弹六车，赴嘉卜寺，则是绥东大战不久即将爆发。匪伪并某方之锐气已夺，加以长途跋涉，运输不便，而匪伪士兵谁非中国国民，时思反正，敌方之必再度失败毫无疑义，英勇之前方将士，迅准备继续杀敌，以完成此复兴大业！

《中心评论》（旬刊）

南京中心评论社

1936 年 32 期

（朱岩　整理）

攻克百灵庙的意义

娄离　撰

　　十一月二十四日，英勇的绥远军攻克了百灵庙，这是最近十几天里绥远战事的极大胜利，也是九一八以来五年中间抗敌斗争难得的大胜利，所以捷报传出以后，全国的人心大大的振奋，大家都快活得要掉下泪来！

　　攻克百灵庙，可以表示我们的英勇战士，不但有守土御侮的精神，还有收复一切失地的决心。

　　攻克百灵庙，直接是绥北战事的胜利，间接可以保证绥东战事的胜利，就是再进一步收复察北，也并非难事，总之，这只是胜利的起点，我们还有更大的胜利在后面。

绥北大捷后的战事形势图

可是我们在绥远的战事里，搜获到不少敌人的军用品，都是某国供给的，可见某国早已直接参加了这回的战事，他虽然声明着"没有关系"，原是一片假话；更可见敌人经过这回失败后，一定要重整兵力，再和我们决战的。我们应该更严密的防备着，更应该趁早下手，"以攻为守"，把察北失地快快收复，决不能等待别的机会，因为这已经就是唯一的机会了。

我们的绥远军虽是英勇，力量毕竟单薄，尤其物质的基础非常缺乏。我们应该发动全国的军力，发挥全国的物质力量，做绥远军的后盾，和绥远军呼应。

小朋友，英勇的战士们正在冰天雪地中和敌人苦斗，我们要保证更大的胜利，必须援助他们。他们需要棉衣，需要防毒面具，需要军火，需要一切的物质资助，我们在后方的人，快快援助他们吧，援助他们就是援助我们自己呀！

《江苏儿童》（周刊）

镇江江苏省教育厅

1936 年 34 期

（李红权　整理）

伪匪王道一枪决之经过

作者不详

察北伪匪王道一上次犯绥，曾充主角，奈犯绥失败，致被日方陷害。自其被害之消息传来，当有三种传说：（一）王匪犯绥时，曾有日方指导官二人随同出发，绥东因遭我晋绥军之痛击，死伤颇巨，指导官亦死于乱军中，乃移恨于王，始动杀机。（二）王匪在张北出发进犯绥东，率众千余人，日方为鼓励匪氛起见，当发军饷一万元，令王匪分发匪众，王匪竟将此款饱入私囊，每兵发给四毛，共计发出不过三四百元，日方以其克扣军饷，犯绥又遭失败，遂由某方设计杀之。（三）王匪之部下，在犯绥前均野心勃勃，期得绥远，可享高禄，不料犯绥竟成泡影，所余残兵，不过百余人，以王匪指挥无法，部下均对伊不满，因而杀之。总以上各种原因，究为某方所陷害，抑或部下所杀，传说纷纷，莫衷一是。顷据商都来人谈，王道一之被陷害，颇具滑稽意味，类似旧剧中之斩黄袍，虽弹临头颅，仍不知死之将至。兹将其被害经过，分述如下。

缘察北伪军政府，无论军事方面、政治方面，均操纵于特务机关长日人田中之手中。此次王道一扰绥失败后，曾到嘉卜寺，面谒田中。田氏以王匪作战不利，并因其匪军组织复杂，不能成事，乃生消除之念。及接见王氏，仍以拢络手段，经安慰一番后，并给大洋百元，令仍回商都再行整顿，并派田中之副手日人明月，帮同前往商都，进行整顿匪军事宜。比及抵商都后，王道一对明月倍加招待，视若钦差大臣，享以酒食。安慰已毕，王道一回自己司令部，复派参谋二人，专诚招待，当在商都旅次，设中餐招待明月，当在宴席中，明月佯为酒醉，并召王匪部下之旅长赵奎阁共同饮酒。明月当以醉意，利用旧剧中斩黄袍赵匡胤之面孔，令召王道一前来谈谈。王匪至旅次时，带有护卫四人，均武装整齐，大有鸿门宴之势。明月见其护卫雄壮，遣之使出，另居他室，乃与王、赵三人痛饮。明月仍佯醉，令王道一暂坐他室，向赵奎阁言曰："汝愿升官乎？"赵应曰："愿服从先生。"又曰："汝有胆乎？"赵答曰："有。"又曰："汝敢绑王道一乎？"答曰："敢。"复命令曰："可速绑之。"此时赵奎阁为利欲熏心，王道一则以明月为真醉，故意作游戏，逐〔遂〕笑对赵曰："此人真醉矣，何故绑我？"即束手被绑而不疑。将王绑后，明月复对赵曰："汝有胆乎？"应曰："有。"又曰："可速将王之护卫四人缴械。"赵即遵行，事毕，明月与赵仍畅谈痛饮，并进肉食。明月见时间已至夜十一时，酒饭已足，乃将自用之手枪抽出，正色对赵言曰："汝愿升官乎？"赵曰："愿。"明月曰："好，吾给你命令，不准汝违抗，稍有畏缩，当即毙汝于此，并不准汝走漏消息。"又问曰："汝有胆乎？"应曰："有。"当令赵速毙王道一，赵唯唯听命。明、赵二人，遂至王道一室，笑而指赵言曰："汝可将王司令〔令〕送回。"王匪此时，尚以明月为好意，送回司令部，仍不知死之将至也，对明月仍称谢不止。及至东门外，始猛醒曰："嗳呦，吾命休矣。"在未枪决之前一刹那间，赵奎阁以追随王道一多年，良心发现，因之泪下沾襟，不忍动手。此时假如赵、王二人同逃，尚可济事，奈天道好还，王氏为匪多年，罪不容诛。适有赵之随从持枪语赵曰："司令还可惜他什么（指王），在永宁时，扣我们军饷很多，每人只给我们四毛钱，他当司令，我们受罪，司令官，我们就不许当吗?”当即举枪由赵奎阁将王道一枪决,时已至深夜十二时矣。此时赵报告明月,而明月仍作佯醉状,哈哈大笑而了。此为身拥数万健儿,曾扰冀、鲁、察、绥数省,屡抗官军,称雄一时之王道一,为某方稍用手腔,即结果性命,此后附从之一般匪军,不知亦有所觉悟否。

《时论》(半月刊)

南京时论社

1936 年 37 期

(朱宪　整理)

由绥东危急谈到西北建设之迫切性

关星三　撰

一　绥东危急与西北之前途

最近绥东局势险恶，已至露骨紧张阶段，无论其为如何方式之发展，其来踪去迹之扮演，至为显明，进扰绥东之角色上固为伪匪之汇合工作，至其幕后之主动力，则正为其主子扮演着双簧剧呢！

今日绥东危急之招来，信非偶然，盖自东北四省沦亡后而冀、察危，卒于轻举形态之下出现冀东伪组织，已削去河北的少半；同时由伪军李守信已据有察省之大多半，残余的一些又来一个分化组织之冀察政权，其未遽然冀东察北化者，想不过为时间性耳？至于内蒙诸王之分离动摇，已早在同样威胁利诱方式之下，为强人作奴才了，试看目前政令及于内蒙者能有几何？此种少数民族诸蒙旗能自觉而内向者又有几何？故谓目前内蒙政权垂尽沦亡，实非危词，尤其内蒙中心人物——德王之若即若离，今已有组成分化政权之说，更为一大悲音了！是以由去冬成立之绥蒙政会，虽鉴于内蒙政权和绥远安危之迫切而出此，蒙政于此明朗了吗？蒙政未能明朗而犹支离破碎，是奸人之野心的激进表征，故继冀察和内蒙政权之分化与危迫，绥远的命运当然在一串危机下而牵引到生死关头了！

　　自从外蒙态度倔强，在所谓满蒙调整失败后，一直到《苏蒙协定》以来，致日本一向所抱之进攻外蒙而完成"满蒙一元化"之进出方向，不能不转变的，这种转变就是对外蒙暂取监视态度，物〔特〕别对内蒙则取进攻手段，自从植田谦吉掌握关东军以来，特以此政策为标榜，对于这一点乃与华北注〔驻〕屯军不谋而合了。这个政策的动向，主在首先完成内蒙的占有，坚实华北的控制，以至打通进出西北之途径，最近绥东局面之危急正是此种策谋之表奏啊！

　　绥远目前为我国边疆之最前线，尤其为我国预为生息而急待开发之西北的外围，故无论其在国防上和殖边上均为我国上下所不可忽视者，况以晋、绥如一家，绥远不保，晋省益增威胁，扩而至于西北前途，尤为一大隐忧！由此可见今日绥东问题之严重，实非局部的，乃为具有绝大意义的，星火可燎原野，正此意也。当兹华北风雨飘摇之日，绥蒙一发千钧之危亡关头，瞻望未来前途，有心人不能不洞察其来日大难吧！绥东危急是全绥存亡之序幕，由此幕揭开后，则为整个西北动摇之到来，局面之严重，是不难想像的。

　　开发西北呼声，几为国难来全国一致之动向，或以西北未兴地利与广大地域，其于吾国民生息上和国基上之关系，委实至深且巨，在广大西北之荒原上，正应放出中华民族图存之光芒，来奠国基上的一大柱台，苟此图存，生命线动摇或不保，则吾国民又将以何为出路而求生机呢？现西北风云已由一角吹起，愿我国人上下来加速度而强化的实际建设西北。事急矣，盍急起图之！兹就首要各端略谈于次。

二　目前当如何积极建设西北

开发西北是吾国求生之出路，所以要想使这条求生之路有力化的运用，必须全国上下一致打开政治上诸障碍，以经济力和人力去争〔征〕服自然，使庞大资源为吾民生息图存之丰源，可是这条生路以各方面遭遇言，已成麻痹的，而不能运用灵活；一方为蒙绥华北前途之危厄，已直面影响到西北，一方则为新疆环境之恶劣，次如"匪共"滋扰，亦为一大症结，故谈今日建设西北，即在如何除去此障碍而使之不再伸延。苟能打通西北全域——特别是东端当如何防御，和新疆如何贯通，这是今日建设西北两大关头，所以我们的建设工作要积极的迅速展开，庶可有补。敢举以次各端：

（一）交通与军备　在提出建设西北之首，为什么重在这两点呢？因为这两点是"非常时"谈一切开发工作之双璧。先以交通来说，无论在平时或非常时，均为推动一切文化之动脉，尤其在建设今日之西北，更当以此为重点。西北以地域论，掩有绥、陕、甘、宁、新、青诸省，在这么广大未辟荒原上，如想推进建设，一切首赖于交通之灵活，自不待言。西北交通的现实大动脉，当为陇海铁路，可是陇海路自倡筑以来，进行迂缓；近年来虽呈极度进展，但截至目前，仍未出陕西，本年底可至宝鸡，我们希望迅速展至甘肃，或更延长西进，或分支于西北主要地带，但是需要大量建筑费乃为一大问题。对此问题之解决，一方宜以"急其所急"眼光来尽先完成，倘有不济而利用外资，也当注意于权利和政治性之免除，即在所谓"善用外资"下行使之，就是其他建设资金，也应在此原则实行。最近平绥路西延问题，日本与冀察政委会正在拟议之中，苟此线西延由日本操去，不啻致我国西北建设一大致命伤，深望我当局注意于此！

西北诸省有丰富之矿藏，在开发、搬出上，赖于交通至巨。次于铁路建设者，则为公路之开拓，在"资金难"的我国，对于公路建设，更当注意。年来我国公路虽有长足进展，然均限于东南与西南及中部诸地方，而呈畸形的，对于西北公路，反未见十分发展。对于这一点，犹〔尤〕希西北当局，努力以〔于〕西北互相之阻隔，"匪共"之滋扰，及物产之流通不便……其赖于首先积极开发交通，实为共见之大端。今以陇海路贯通陕西来说，不但本路的收入，已由八九十万增至一百四五十万，就是沿途棉产量，也由二千万担，增至四千万担，且四分之三均运出外面。再就西安的人口，也由十三万增加到十八万……这些现象充分显明交通的功能。现在贯通西北的公路均未能直通新疆中心地带，仅达哈密，如绥—新和甘—新，实为一大遗憾。就是一切邮电亦呈迟缓乃至停滞，喧嚷好久之甘—新航空也未通行……此全由于新疆之环境特殊，这是西北前途一大阻力，现在为着促进西北交通灵活计：一为迅速完成陇海路，或再扩延分支，和对平绥路西延问题之自我化；一为广汛〔泛〕而周密地促成西北公路网，对新疆交通之僵〔强〕化制服手段，可采取交通包围政策，即对新边结成交通阵线。此外如完成西北无线电之各支撑点，尤为切要。总之对于西北之交通，无论在任何方面，以使成为密接的而迅速的，其于目前边患与剿匪等之迫切军事上，更有莫大之意义也。

次就西北军备言，以从来我国边防之废弛，尤其西北更为显示此点，而未能有方化，迩来绥东危急，仅有一支孤军与少数素无严格训练之蒙旗军，意志既少坚远，组织与器械又乏充实。目前虽有赵承绥等部能击退敌伪匪众，但在伪匪之日益汇合，与幕后之补强，我军的孤悬地位，委实可虑！当兹事体尚未扩大至全绥的关头，当如何充实东北角之边防，实为当局不可忽视者。至于西北其他各省尤其近边地方，均不容稍缓，至于"匪共"之清剿，尤赖于地方军备充实，是以西北之交通与军备，的确为当前的急务去充实起来！

（二）政治与社会　奠定一地域走上轨道的基本工作，端赖有效之政治诸力，与繁荣社会。现在西北诸省，有的政治特殊，如新疆，有的贫乏、缺落与畸形，统谓其"乏力与废弛化"，殆非过言。一方固由于财力支绌而不能充分发展，但是人为不进取与黑暗化的事实，也不在少数。截至现在，西北还有以鸦片为唯一收入的地方，杂捐苛税也迄在罗剥，人民生活之疾苦尤甚，以致反映于社会上到处不乏恐慌景象，一切社会建设诸事业，未能俱举，如此以言建设西北，能收效果吗？其必不能。要想建设西北新天地，必须脚踏实地去作，加速度去作，一切施政人员与政治机构，均要面目一新的建树起来。所以一切建设，在人的方面，尤为首要，所谓"为政在人"，其理至明。目前西北封建残余仍有部分存在，当如何刷除，从新建立统一化之政治机构，特别是对于少数民族问题之融通内白〔向〕的一问题，更为今日西北政治工作主要部分。这是有赖于边疆教育的提倡，与一致善良政治之诱导，庶可使有力之少数民族共为建设西北之主人，方能发出大的力量来，则西北前途可有厚望。

（三）移民与开发产业　以西北广大地域和丰富资源，如言实际开发，决非少数西北大半未臻现代化者所能胜任的，况以地广人稀，犹非实边之道，故必须由内地移住相当农业移民，去垦殖西北各主要农业地。年来有规模移殖于西北的，只有绥远河套数个地方；但一方苦于资金和〔的〕单薄，又不能切实发展，故今后往西北移民，至少须注意这几点：（一）有组织有实力，有精干之指导人；（二）移民的地域尤宜广泛化；（三）移住地当局宜予以切实便利和保障；（四）宜实施大规模之集团移民；（五）在迫切需要之下，应于中央或西北开发协会组成独特有力之"西北移民委员会"——专司一切移民事宜和助成及奖励……；（六）先以农业移民为主体，次及资源开发移民，这是随着资源开发计划为依归。

至于言西北产业，以矿产为主，因交通不便和技术、资金等之不充裕关系，多未开采。现在西北每年矿产收入，总计不过三千五百万元，如能积极开发，则足为我民族生存之庞大资源，如陕西、新疆之石油，甘肃、新疆之金银，宁夏之盐与碱，绥远之煤铁，均为工业和生活上之有力资源。在非常时如石油、煤、铁等，更为关系国防重大，故言开发西北资源，如无庞大资本与卓绝之技术，决难实现。为了此种关系，最要尽先由主要资源入手，如石油、煤、录〔铁〕等，尤其陕西延长和甘肃玉门等地之石油，特别重要。对于此种资源，可由国家财力开发，扩为大规模之国营企业。只此一项资源，在非常时我国之需给上，是有重大意义的。总之，移民与开发产业是开发西北实际工作两大主力，是不可延滞的。

（四）边疆教育　一国文化之水准，要在同一地位上发展，才能形成一国整个文化体系，否则呈畸形的，乃为不健全的。我国从来教育之发展，即在此种畸形中进行，几至内地与边疆文化程度的悬殊，有不可以比拟者。这种畸形对于国家整个发展上，和边疆之安危上，均有着莫大关系，尤其我国边疆又是多属于少数民族所在地，对于边疆教育更宜特加注意之必要。西北外围各省为我国目前边疆最紧之部分，尤其蒙、回二族更令人可注目者；他们的离合转化与整个西北有极大攸关，此种民族在过去历史上有过很大的冲动于中国。直至今日，蒙、回二族仍未能与汉民族结成一有力之国族，其间仍有其距离。目前日、俄两国正在分别对此二民族施其分化、鼓感〔惑〕、愚弄等手段，内蒙之支配破碎，新疆政局之特殊与内部之暗潮，皆映出此二民族之转落，与前途乏〔之〕可虑。利用少数民族造成分化政权，已为奸人之惯技，且彼对蒙、回二族的勾结工作，具有很大努力，以素少坚固内向思想之未开民族，其被人愚弄是很可能的。这种现象的发生，吾人不能不推究到我国一向不注意边疆教育，特别是民族中心的边疆教育。我们苟能善导异民族，而施以教化力，再辅以特殊利导之薰染教育主旨，使异族如一家，尽量贯输民族意识与国家观念，增加其内向爱国的思想，如此则不难为我国群力之一大部分，然后复励行以"生产教育"，只有治标、治本兼筹并顾，同时进行，才能收到最大的效果。是以边疆教育政策极宜树立，如俱有特种性之教育编制，和民族学之制宜辅导，教育方针与人材，统为边疆教育之要点。以处于蒙、回二大异民族的西北大半地域，对于边疆民族教育，依前述各点，诚不可玩忽的。

当前建设西北之迫切性，在任何方面观之，均有大火燎原之急，决非迂回而乏力所能应就的。前述各端为刻不容缓之急务，领导复兴中华民族者，与自强的民众们，当如何守这最终的战线，杀出一线生机来！去真实建设大西北，方为吾民之"生命线"！

三 结论

目前绥东已烧起野火，将来西北之命运，系于此种局面之进展如何至巨。现在敌人之策谋，在沿平绥路打开进出西北腹地之路线，完成其"蒙古政策"，以威胁中国内部；对苏联作战上，在外蒙乃成一大包围阵容，故其第一步工作谋在西北主要地方设立特务机关，勾结匪徒，和分化蒙民、拉拢汉奸；同时并以伪匪进攻绥远，奠伸入西北之基。所谓"包宁路"，由包头至宁夏省城之拟议，正其伸入西北之表征，将来进展如何，是关系西北命运的。

今以整个西北来说，是处于日、俄夹攻中，在这夹攻中求生路，的确需要复兴中的新中国伟大民族之力的发挥。总之，西北是中国之"生命线"，我们不能放弃它。质此之故，我们不放弃绥远，就是不放弃西北之前提，我们由此发见建设西北之迫切性，也就是维护整个西北之决心。

《时论》（旬刊）

南京时论社

1936 年 38 期

（李红权　整理）

绥远战事和中日外交的出路

民瞻　撰

一

在中日会谈空气沉寂中，绥远战事，终于爆发了。

很明显的，这次战事，不是局部的战事，而是两个国家的战事；不是"伪匪"军向绥省的侵袭，而是敌人向我整个民族的挑衅。

日方这次策动的目的，是要在短期内完成她的大陆政策的一环。她所以乘着这个时机发动，是有原因的：第一，美国正在大选以后，忙着国内的政局；欧洲各国，也都是用全副精神注意着西班牙战事的转变，暂时没有工夫来顾问远东的事。第二，她们觉得这次中日谈判没有结果，所以想先造成事实，再叫我们承认。第三，她们最近和德、意在外交上的携手，使她们更趾高气扬，目空一切，无所顾虑了。第四，她们知道：我国战斗力最强的军队，是中央直属部队，而中央军队大都是南方人，到冰天雪地的绥远去作战，是要减少或甚至丧失战斗力的。

近数年日人活动的范围，日渐扩大，由察、绥而宁、新，更进而展拓势力，以直达中亚细亚。这种企图之目的，是在隔断中、俄间的交通，并且造成从朝鲜北部沿内蒙、新疆而直抵中亚的一个军事大包围阵线。就对我国的野心观察，她们想侵占了我内蒙高原，左顾右盼，直瞰我国黄河流域，而使位置在我国腹地的西北全部，陷入整个被攫夺的危机。所以这次战事，可以说是我国存亡的关键。

日军在华北的活动，素来有关东军和驻屯军两大势力的分野。在从前，两军活动的步调，往往异趣，意见亦时相龃龉，自从她们决定了所谓"两位一体"的对华一元化政策以后，她们的行动和意见，遂趋于一致。表面上由华北驻屯军任折冲的主体，另外关东军在要求未遂时，则负策动武力及煽动汉奸的责任。所以日本两军最近在华北的活动，可视作一出"双簧"剧。

这次战事，侵略者是经过了长时期的准备的。在本年初，察北六县，在伪军李守信的名义之下，被占去了。接着，便是德王的独立，宣布伪自治。再接着便是最近爆发的绥东、绥北战事了。她们事先作好了种种军事上的准备：在张家口、归绥、太原以迄宁夏阿拉善旗境内，都设有特务机关，在包头镇建筑大飞机场，阿拉善旗境内建飞行武库，同时在各重要地点，又都架设无线电台。他方面又收买傀儡德王的蒙军，作为侵略的先锋。本月初，所谓"匪伪"军的首领李守信、王英和包悦卿等公然到天津，和华北驻屯军司令田代详商了七天，结果，他们双手捧着"训令"，回到察北，在九日，绥东战事立刻爆发了。

进攻绥远的军事布置，敌人是分着三路：一路是由商都直取绥东，第一个目标是陶林和兴和，第二个目标是平地泉和卓资山，由此可以截断平绥路，控制晋、绥交通；一路是由绥北向南进攻，即以百灵庙为根据地，进攻武川，再由此直取绥远的省会归绥；第三路是由百灵庙攻固阳，再由此下包头，把持平绥路的西端。

不过，事实上出于敌人意料之外，绥省统兵将领如傅主席、曾延毅、赵承绥等，都是善战的勇将，绥省士兵，对于战争也有过非常的训练；同时他们不分上下，抗敌的意志，是非常的坚决，所以匪伪军进犯陶林、兴和以及红格尔图的时候，屡受重创，第一路计划既已失败，乃转而从第二、第三两路来攻我绥北阵线，而我早已准备，且一变防御战为进攻战，二十三日夜曾延毅、孙长胜、孙兰峰等部队，将向我武川、固阳进攻的匪军击退，翌日拂晓，将百灵庙完全占领，捷电传出，举国欢腾。因为百灵庙为绥北的军事要地，自被国军克复以后，绥北的威胁，便无形消除。蒋委员长二十九日在洛阳军分校曾讲："百灵庙的攻克，足使我全国人心振作，士气发扬……百灵庙之收复实为我国民族复兴的起点……"由此便可见百灵庙在军事上和民族存亡上的重要性了。

　　百灵庙克复后，绥东、绥北的战事，似乎是沉寂下去了。但是敌方增调援兵卷土重来，是可以预料的。所以今后的绥战，尚在一幕一幕的揭开，至于最后是否要扯开面具，露出庐山真面目来，我们现在不敢预断，是要看将来情势的推转如何。不过，在我们方面无论如何要用全力对付，最低限度，决不能再退让一步，因为绥远是我国国防上的天然屏障，同时也是复兴我民族的起点。

　　这次日本压迫着所谓"匪伪"军，来残杀中国人，这是她们以华制华的一贯政策，但是我们要认清楚，所谓匪伪不过是受我们民族敌人的压迫，我们不愿意消耗中国的力量，来残杀中国人，所以应付这次绥战的最好方法，仍以采取"三分军事七分政治"的政策为宜，使敌人无所假借。所以蒋委员长、阎副委员长二十六日发告匪伪军兵士书中说："中国人打死中国人，是多么痛心的事。我们希望你们反省……中国人不应亡中国，觉悟的同胞们，快快回到中国军队里边来。"这种招抚政策，是最有效的，同时也是使敌人最感恐慌的。最近王英匪部苏雨山（司〔石〕玉山）旅向国军投诚，便是很好的例子。

二

中日调整国交的南京谈判，延续了二个多月，在张外长与川越大使七次会谈之后，正预备约期进行八次谈判的时候，因绥远战事的发生，双方的谈判，便无形陷入停顿状态了。

绥远战事中杂有日本人，可从几节电讯中看出："……日方坦克车多辆，由××向前线开动，以便为进袭时之前导。""日方军官百名，由热河到××，更换蒙衣参加伪军李守信、王英匪部。""绥东日方载重汽车运输军火、给养等……""日方运毒瓦斯到商都，准备日内施用。"同时，匪机的机翼上，又有太阳的标志，这种铁一般的证据，可以充分证明匪伪军侵绥是日本策动。我国外部自绥事发生后，一方面提出抗议，一方面派段茂澜赴绥实地调查，现在段氏早已返京，调查的结果，如得到强有力的证据以后，不容顾虑的须和日本强硬交涉，即陷于外交破裂，我方也不能负其责任。

日本外务省对于此次日本人民参加蒙军作战，认为是个人行动，与日本政府和日本军队渺不相涉。但是我们看日本的法律上，明明规定不许其人民自由参加他国战争，他们的申明，无疑的是自欺欺人。调整国交的最紧要前提，是双方须具有诚意，现在我们观察绥战的暴发和发展，不知日方对于调整中日关系的诚意在哪里？在缺乏诚意的外交指挥折冲下与绥远战事发展中而言调整国交，何异"缘木而求鱼"。

不过，最近报载日本改变交涉对象，拟向冀察当局接洽，颇值得注意。电文中云："中日交涉，经日大使川越在南京历三月余之交涉，迄无达到谅解之可能性。盖两国意见相距悬殊，日方现因我方不能接受其建议，业已训令日大使回沪，表示撤回其谈判之代表，宣告交涉暂告一段落。但另息日方虽训令川越回抵上海，并将召之回国，但对于共同防共之建议，并不甘心放弃，闻将由华北日驻军直接与冀察政务委员会接洽。"我们知道，外交力量，最忌分散，从前我国外交形势，最为支离破碎，不但地方当局有对外交涉之权，并且有对外直接缔约之事，因此，丧权辱国一天一天增加。自今岁两广统一后，中央即主张一切悬案，统归外部谈判，将以前偷偷摸摸的秘密外交，一概取消。换言之，就是将旁门、后门都关上，只开着正门，请对方从大门进来，坐在客堂里谈判，客堂中虽然摆着沙发椅，但对方坐在上面是不舒服的，远不如从前从柴门里或后门里偷偷摸摸，可以直达上房的方便。最近国民政府训令行政院云："……案查十八年一月十六日，中央政治会议第一七一次会〈议〉议决，各省对外交涉，应由中央办理，由外交部通告中外，无论任何国与各省长官订立协定，中央不能承认其能生效力。又十九年四月九日，中央政治会议第二二二次会议，对于利用外资，亦经议决方式三种：（一）投资方式；（二）特许方式；（三）借贷方式。是中央对于统一外交职权，及中外合资与〔兴〕办事业办法，早经明白规定有案，各省市长官，自应一律遵守。近以各省市涉及外交事件及中外合资事业，时有议及，复经本年十一月十九日中央政治委员会第二十六次会议议决，应重申前令等因，合及〔即〕重行申令，凡各省市对外协商，及与外人合资条款，非经中央核准者，一概无效。"我们希望政府将外交一元性的原则，贯彻到底。

《时论》（半月刊）

南京时论社

1936 年 42 期

（李红权　整理）

敌人对于内蒙的侵略

佳庆　撰

　　就地理上说，内蒙区域的范围，是包括热河、察哈尔、绥远、宁夏四省，以及吉林、黑龙江、辽宁三省的一部分。以前是由哲里木、卓索图、昭乌达、锡林郭勒、乌兰察布、伊克昭六盟，察哈尔、土默特两部，阿拉善、额济纳两旗合成的。哲里木、卓索图、昭乌达三盟自敌人夺去了我们的东四省以后，被改为北兴安、东兴安、南兴安、西兴安四省，以那所谓兴安司令部统辖之。因此，这三盟便形成了一个小规模的"蒙古国"，敌人企图以此为根据地而扩张为包括整个外蒙的大"蒙古国"，这样，他的势力便可以南伸长城，北抵西伯利亚，东至满洲，西达新疆，以"满洲国"和"蒙古国"为基础，敌人更可以继续完成他的占取全亚洲的迷梦了。

　　占领满蒙是×帝国主义直接的目的。他们在夺取了东北之后，便立即向锡林郭勒、察哈尔、土默特、乌兰察布、伊克昭以及黄河套西部侵犯。内蒙每一盟或旗都有他们的"特务"组织，以为侦察和秘密工作的中心机关。上海《大陆报》编辑部的人员从内蒙游历回来，在他们的报告上说："××特务机关实已布满于多伦至乌尼乌苏间的各道上，远至包头西面百里的五原村亦有同样的组织。"（二月五日）三月十六日《申报》亦有这样的记载说："××特务机关甚至侵入至五原以西的宁夏及阿拉善。"新近从彼处游历回来的某外人更惊异地说："我差不多以为我是在东京了。我听见许多的×人在我的周围说话。"和"特务机关"名异而实同的还有所谓"考察团"者。察哈尔、绥远、宁夏三省内，××考察团的足迹不曾断绝；沿平绥铁道更有大批的××团体留住着，简直像是居留的考察者。内蒙各地，东至多伦、张北、溏江、百灵庙，西迄归化、包头、五原、宁夏、阿拉善都有××设立的无线电交通站及飞机场。××的飞机可以随意在内蒙各地的上空飞行，××驻津武官每星期便要乘飞机到包头探视一次。

除了设立特务机关、派遣"考察团"以外，敌人同时又威吓利诱内蒙各盟旗的王公。××的官吏和政客不断地奔走于各王公之间。内蒙王公之中，最有权力而又最野心的是德王，所以敌人在德王〈身上〉费了很大的气力，送他许多的军火和飞机。德王从溏江至百灵庙或是其他被指定的地点，他所乘的飞机都须由×人驾驶。为了要钳制他的活动，×人与其所收买的哲里木、卓索图的蒙古青年，对于德王的私生活、家庭、膳食，以至琐碎的事都加以监视。德王现在已经完全失去了自由。

另一方面，××又施舍些小惠以讨好内蒙的人民。如设立免费医院和施药所；在察哈尔各地设立所谓"睦邻合作社"，出唐〔售〕贱价的货物；利用喇嘛的信仰，派遣僧士侵入内蒙。甚至新疆省的吐鲁番亦有×僧的踪迹，表面上他们似是传道士，其实他们是在干着收买土著的地痞、流氓的勾当。

这些势力布置就绪了，×帝国主义便进一步而实行武力的占据。首先是夺取估〔沽〕源与多伦，继之，命令李守信与卓世海的部队侵占察北六县。这六县被占以后，内蒙的政权差不多完全坠入×人的手里。百灵庙被××的势力所包围，×帝国主义企图利用百灵庙的蒙政会建立内蒙的独立（傀儡）政府。一年来，积极进行粮食的准备，建筑军用路，招募匪兵。据最近北平传来消息，赤峰至多伦的铁道限于本月完成，张多铁路亦将完成，六县各公路均添补砂石；同时关东军在热河建筑承德至平泉、叶柏寿至赤峰间的铁路。察北的逆军有德王的部队一千人，卓世海的部队千余人，李守信的部队三四千人，包悦卿新招募来的二千余人，宝贵廷四五百人，于子谦、马子荣两部二千人，吕存义千余人，总计一万至三万人，号称"蒙古边防自治军"。他们以绥东的兴和、丰镇、集宁、陶林、凉城为目的地，企图西侵平绥铁道而囊括黄河套。

内蒙的六盟、两部、两旗，东部的四盟与察哈尔东部的四旗已经完全在××的掌握中；西部的两盟与察哈尔部的西四旗及土默特部目前又陷在危机中。

内蒙全体的人民百分八十是汉人，百分二十是蒙古人，这些人，现在跟着东北的同胞作了×帝国主义的奴隶了。内蒙作为"满洲国"第二的时候，接着，黄河平原又要作为"满洲国"第三了。同胞们，还不警醒吗？

（本文大部系据《The Version of Inner Mongolin》写成）

《南声旬刊》

福建南靖南声旬刊社

1936 年 51 期

（朱宪　整理）

绥战爆发的认识与援救

《浦声周刊》社评

作者不详

在中日外交当局正在谈判"调整邦交"的时候；在日方提出"华北特殊地位"、"共同防共"两种新要求，经我方坚决拒绝的时候，蒙伪匪军已于本月十四日晚上开始进犯绥东了。他的背景，是"国际盗匪"——东方帝国主义者，所以携有大批飞机，连日在红格尔图等地抛掷炸弹，惨炸无辜人民。他的目的，是要使"华北特殊化"，"晋绥冀察化"。我政府当局屡次表明方针，倘领土主权再受侵犯，应视为最后牺牲之时机，现在这个时机已来到了，我们应该有深刻的认识，与热烈持久的援救。

就目前的情形观察，绥省的防御工事，是异常坚固。平地泉虽经十五、十六两日激战消息之刺激，而一般人心反更趋平稳，军事虽异常紧忙，而市面营业，社会秩序仍如平常，而且中央政府对于绥省防务，已有充分的准备与整个的计划。人民与当地政府一致，当地政府与中央一致，所以前方高级司令长官与参谋、情报干部等幕僚，皆紧张而愉快的努力。冰天雪地中的战士，奋勇牺牲，屡挫敌锋。所以傅主席说，前方的兵力对于匪军的侵犯，绝对可以驱散，给他们以重大的打击。

但是，绥远被侵犯，不是绥远一省问题，而是全国的问题。敌方利用匪军进攻不得逞，也不见得就会停止。所以绥战的爆发，是《塘沽协定》以后的新阶段，是整个民族抗战的导火线。我们已被敌人逼到"最后关头"了，舍奋斗无以求生，舍牺牲无以救死，必须抱定玉石俱碎的决心，方可遏止敌人"唾手可得"的野心。何况精神愈抵抗而愈奋厉，力量愈抵抗而愈团结，抗战而胜，则民族复兴，东亚不复有问题，纵或失败，较之不战而亡是荣誉的多了。观于此次全国一致捐款，甚至绝食一天以援救绥战之民气，可征同仇敌忾的心理。

绥省主席傅作义对于各方面的捐款，现在均以各捐款机关或个人名义存放银行。他说，现在还没有做出成绩来的时候，决不动用。如果将来没有事，他依旧退还，若是大规模战争发动以后，各方面的捐款，应当由中央全盘规定办法处理。这种廉介光明的态度，真是值得我们佩服。并且他们都很稳重沉着，绝对不是浮夸的军人。可见绥省当局抗战守土的决心，比"一二八"那些军人抗战的动机，更为纯洁，更属伟大！所以全国民众捐款援绥的义举，更热烈而普遍，这真是很好的现象。

津浦路员工对于援绥救国，已热烈进行，全路员工已决定捐所得一天贡献国家，消费合作社全体员工捐款，及路局全体听差捐款，且已汇寄前方，特别党部除去电慰劳守土将士外，已积极领导援绥运动。第一段党务指导员召集各区分部常委开紧急会，决定党部与党员输捐援绥办法，亦已积极进行，并限定月底汇解。且有无名氏投函本社，慨捐二十元请代汇前方，其好义而隐民〔名〕的纯洁志趣，更堪矜式。数日来津浦路已一片援绥声，精神为之兴奋，可见津浦路员工对绥战有深刻的认识，故有此踊跃捐款救国的热忱〔忱〕。

现代的战争，不仅是前线武力的对抗，而〈且〉是全体国民智力、体力、物力的比赛，我们于力行节约以省下的金钱随时贡献国家外，还要随时随事以智力、体力，贡献国家发展铁路生产事业，这也是我们抗敌救国的基本观念。

《浦声周刊》

江苏浦口浦声周刊社

1936 年 79 期

（朱宪　整理）

对援绥之展望

陈颙　撰

绥远是中国行省之一，攻击绥省，就是侵犯中国；全国国民生息相关，万不能不加喜戚于其心。故自蒙伪军受只知利害毫无道德之某国指使进窥绥境以还，前敌将士奋勇杀敌，捷报频传，后方各界踊跃捐输，为空前所未有。如何彻底歼灭甘心供人利用之伪蒙匪奸？有蒋委员长、阎主任、傅主席及各军事当局负责筹划；至如何继续援助绥省杀敌健儿？则为民众应负之责任。现援绥工作，最有成绩者，首推募捐及一日所得供献运动，其他似尚须吾人大声疾呼；金钱援助，自属必要，惟仅有金钱援助，不免有下列二缺点：

一、前线战士，不一定除了金钱以外，其他物品皆不需要，也许有时需要非金钱的东西，比金钱还要迫切，假若收到的完全是不能充饥御寒之法币，非再以法币去购买其他物品，不能直接供前线战士之用。

二、援绥是全国国民无论男女老大幼小贫富都该竭尽精力去负的责任，有钱的当倾囊相助，无钱的也不能向隅，援绥运动，倘不扩展至金钱以外，身无现钞之同胞，岂不有心援绥而莫由焉。

有此二因，所以，我们援绥运动，要马上扩张起来，目前暂以左列三项为扩张出去的工作：

救护　救护工作，在战争中颇关重要，实未可忽视，因其有救护死伤、鼓励生者之二重意义；倘前线伤亡士兵无人救护，死者任其腐朽，骨暴沙砾，伤者任其哀号呻吟，困以待毙，不特有寒兵士之英勇斗志，且为中国数千年之道德观念所不许。况此等死伤士卒，乃我国民生命线上之唯一护卫者，已死者，自应造册留名，妥为掩埋，借资凭吊，以慰英灵；受伤者，更应速运后方，善为治疗，俾其早日恢复康强，脱离苦海。绥境战线，据连日报载，已有三百余里之长，犹有继续延长趋势，每日伤亡，请大家屈指计之，当为数不少，此种救护人员之需用，其数亦多，亟盼全中国西医学会、护士学会及各界同胞，积极筹备，赶赴前线，担任是项救护工作。

防毒器具　敌人敢于毫无忌惮，任所欲为，纯为倚仗其有最新杀人利器之故，尤是其各种毒气，我们前线战士，不管具有怎样忠勇的斗志，倘无防毒器具，毒气袭来，终不免要遭残害，赶制防毒器具，实为绝无疑义之切要工作。防毒器具，包括面具、口罩、眼镜、手套等，一般人尚不知制造，军政部应选派大批人员，会同国内眼镜公司、医院药房、缝纫公司等，加工赶造，使前敌将士，每人皆有全完防毒器具，生命稍有保障，减少死伤数量，加强战斗能力。

棉衣裤等　北地的寒冷，实非亲历其地的人所能想象，昔人有云："朔风怒号，牧马悲鸣，凉秋九月，塞外草衰。"读此数语，真令人不寒而栗，前敌战士，当此冰天雪地之际，身裹单衣，犹能奋勇杀敌，我全国诸姑姊妹，能无动于中而不作制捐棉衣裤等之运动乎?！国内女界同胞，爱国热忱，近年甚见高涨，想此区区捐输，点末微劳，当不致见拒，敬请全国妇女协会担任是项倡导运动。

前线近日迭电要防毒器具，请救护队速赴前线，讨御寒用品，可证援绥运动，若不扩至金钱以外，将无以副前线战士之望。

《浦声周刊》

江苏浦口浦声周刊社

1936 年 81 期

（朱宪　整理）

绥远战事与国防

——罗家伦先生在津浦党路联合纪念周演讲

罗家伦　演讲　李汉民　笔录

诸位先生，诸位同志：

今天承主席与津浦学术研究会之命，到此地谈谈，很觉得欣慰。兄弟新由绥远回来，今天要说的题目，就是"绥远战事与国防"。

现在全国和世界的目光全都注意到绥远战事的发展，我们要知道绥远战事的重要性，必先明了绥远在历史及地理上所处的地位。绥远在中国北部内蒙古地方，向北通外蒙库伦，向东通热河，东南与察哈尔为邻，南部与晋、陕毗连，向西可由宁夏入新疆，人口有二百二十万至二百四十万，当江苏十一分之一，地面则较江苏大三倍，形势险要，因为全境扼中国从东到西的锁钥，所以自古就认为边防重要地带。秦分天下为三十六郡，绥占二郡半，汉之云中、五原皆在绥境。历来匈奴入寇，皆由绥远进兵，因为假使绥远一下，便可直迫山、陕，所以当时有"云中烽火，光照甘泉"的话，由此可知绥远形势的重要了。隋唐设督府；清季设归绥道，隶山西；民国二〔三〕年，各河套划为特别区域，改称绥远，十七年改为绥省，共辖十五县。不过绥远各县所辖地面甚大，有纵横在千里以上者。绥远在地理上既能通达外蒙，复能控制热河、宁夏、山西，北部有阴山山脉（别称大青山）横割绥远，分为南北二部，唐人所谓"若使龙城飞将在，不教胡马渡阴山"，即为此地而咏。全境均为高原，平绥路由北平开车即上坡度，经过南口、张家口，步步增高，至平地泉（集宁）已高出海面一千四百五十公尺，至十八台更高。昼夜气候，迥然不同，当地俗语谓"早穿皮袄午穿纱，守着火炉吃西瓜"，实非虚语。平地泉在阴山南面，气候冬在华氏寒暑表寒〔零〕下三十度，夏日则超过百度以上。谈到军队通过阴山的情形，古人所咏的"天苍苍，地〔野〕茫茫，风吹草底〔低〕见牛羊"一段，便可形容尽致了。平地泉到陶林，现在为作战的区域，假定此线有重兵驻守，北部的匪众决不敢向前进攻，因为随时又由陶林截断其归路。自去年六月到现在，察北、绥东已经丢掉一年有余，去年张北事件，秦、土成立协定，划察北六县归伪军李守信部驻守，绥东一带则因德王附逆而失。上月百灵庙之克复，可谓一战而收绥北，现匪伪以商都为根据地，进扰陶林、平地泉、红盖尔图等处，我觉得绥远的情势太严重了，所以上月决定要到绥远看一看实在的情形。

我到北平系乘坐商用飞机，其中的乘客，计华人二、英一、美一，并有我们友邦人士一，这位友邦人士到处测绘地形，可见谋我之深。到平改乘平绥车继续北上，餐车中也有我们友邦人士七位，他们到张家口便匆匆下车，我到归绥下车。寓归绥饭店，东隔壁为友邦的间谍，西隔壁为中央军第十三军汤恩伯军长，一个敌方的间谍同一个战军的军长，同寓一个旅馆，公然出入无忌，天下最滑稽之事，恐无以逾此。现在中央划察、绥、宁夏为剿匪区，不准外人前往游历，兄弟到达绥远以后，才知道我们的友邦却是例外。

兄弟到绥远越过了大青山，到过归绥、包头等重要地方，在卓子山与傅主席会晤，同他顺道参观平地泉一带的防御工事。该处工事多系利用地形，十分坚固，不过因为交通不便，洋灰铁筋的工事很少。据傅主席所谈，此次百灵庙的收复，实在是前方将士们用血肉换来。当时进攻百灵庙的军队人数很少，仅有步兵两团、骑兵一团，攻击令是廿二日颁下，限定廿四日晨要收复百灵庙。傅主席在廿三日一夜未眠，直候到廿四日上午十一时，才得到收复百灵庙的捷电。匪军在百灵庙有十辆以上的装甲车，六辆以上的坦克车，也有相当的实力，我军采取攻势防御，实在是出乎他们意料之外。现匪军根据地已移滂江，距百灵庙约有六百余里，两地运输异常不便，所以匪军已失去反攻的能力。我军前进将士均抱定有敌无我的决心，士气十分的盛旺，所以兄弟认为中央选择封疆大吏是很有关系。假如让傅宜生守热河，起码可以守两年。绥远的老百姓与地方当局颇能合作，到处皆有团练。兄弟看到一次团队的检阅，他们有极强健的体魄、纯熟的操法，较之去年兄弟入川所得的印象迥然不同，他们并且可以代替正式军队作防守的工作。

晋绥的将领，傅作义、李服膺、赵承绶、王靖国等，兄弟在八年以前全都会过。此次晤见后，兄弟曾询以绥远对于物质方面，向中央有何要求，是否需要兄弟从旁说话。傅等均谓中央对于他们的要求无不俯允，目前无此需要，可见该地当局与中央已完全打成一片。除此之外，傅等均有极光明的态度，就他们几段谈话，可以充分的明了。傅作义说："自绥战爆发之后，深荷各地同胞慷慨捐助大批款项，不过此项捐款，兄弟绝不妄动分文，俟将来作战确实受有损失，或有成绩时，再秉承中央与阎主任命令支配。"又说："假如大战发动，各地势必皆成前线，绥远不过前线之一，所以一切捐款，应由中央统筹支配。"李服膺说："我们现在才知道统一力量之伟大，最近一年来，精神上与中央完全一致之后，各方面的进步，真出乎意料之外。"由此可知前方将士与中央在精神上完全一致。至于中央军开往绥远的军队究有多少，兄弟虽不知道确数，但是大规模的军事行动，已无可讳言。兄弟在沙漠中遇到中央高射炮队及骑兵，充分表现中国好男儿的英勇气象。绥远为西北屏藩，华北锁钥，假如绥远有失，晋、陕、宁、冀皆感受威胁，中央决以全力守绥远，已为极明显之事实。

兄弟到绥远看过之后，感觉政治、民气、士气均佳，若〔苦〕在一般物质落后。我们知道现在作战，不仅靠几个兵士在前线打仗，要后方一切物质均能超越于敌人，才能操必胜之权。现在绥远省政府仅仅有汽车三辆，其物质之落后，可想而知。其他如医院、御寒工具等均差，极需要后方同胞来援助补充。不过接济前方有两件事应当注意：（一）吾人处居后方，一切均应随时尽量节用，能省一分财力，就是为前方增加一分力量。（二）接济前方应由统一机关统筹办理，庶使前方需要的物品，无过剩与偏枯之弊。至于根本办法也有两点：（一）国家已至如此地步，大家均无所逃于天地之间，应一致抱定牺牲决心，准备与敌人拼命。（二）在未拼之先，当前的急务，一方面要接济前方，一方面要促进全国工业发达，因为现代的国防就是工业化的国防。中国应当先达到工业化、机械化，然后才谈得上国防。希望在座同人要痛下决心，目前节用接济前方，一旦有事，大家一齐来拼，尤其诸位服务线路，职司运转，其责任更较重大。总之，国难愈严重，时间愈宝贵，现在一分一秒皆不容错过，要时时刻刻作挽救危亡的工作。目前诸位全是民族生死关头时期的公务员，一举一动不要仅仅应付主管的命令，要以内心民族之火向前推进。倘全国人人照此标准去做，相信必能冲破未来的大难，造成民族灿烂的光荣。

《浦声周刊》

江苏浦口浦声周刊社

1936 年 83 期

（李红权　整理）

日方助匪侵绥的人证与物证

作者不详

"好汉做事好汉当"，这一句话本来可以代表日本武士道的精神。但是到了如今，日本这种精神完全丧失了，什么流氓地痞的手段，狡赖无耻的行为，日本人尽量的在中国表演。

这一次"匪"、"伪"侵犯绥省，原来就是日本预定的计划，导演的原来是日本军人，我方早已严密注意，调查证据，提出交涉。乃日本外务省诿卸责任，一味狡赖！但是又说，"纵使有日本人民参加匪军活动，亦应认为个人行动，与日本政府及日本军队渺不相涉"。难道个人的行动，日政府就可以不负责任吗？那么，成都及北海发生事件，也是中国人民个人的行动，日方何以要中国政府负责呢？

无如日本外务省，不过是他们军部的橡皮图章，外务省的声明，日本武人已间接打了他一个嘴巴，也正是日方助匪侵绥的人证。十一月廿四日本报揭载日本驻华大使馆武官喜多诚一最近对《泰晤士报》访员声称：

> 日本对内蒙现局确已参加。对于日本军官曾协助现时集中绥东之蒙伪匪军事，该武官亦直认不讳，并披露日本分化内蒙之计划，直拟将一万七千方里之中国领土置诸日本统治之下。据云现日本军部后备军官已在察北设立大规模军事学校，专训练蒙军，日本军事之薪给，系由蒙人负担。至于日本曾以飞机协助蒙军，喜多少将谓亦实有之。

上面所举的是人证，下面还有物证：

> 十一月十八日红格尔图之役，我军大胜，所获文件，有许
> 多新异训令及布告等。抄获匪之无线电台收发机全部，台长为
> 日本人，名八牟礼吉，雇员名松村利雄，并抄获彼等之身份证
> 明书及委令，最重要者，其中有昭和十一年制发王英部电台连
> 络表。

这就是日本助匪侵绥的物证。可是国际盗匪一定以为你有了人
证、物证又怎么样呢？国际联盟会、国际法庭，你去申诉吧，其
奈我何哉。诚然，我们自己也知道证据的有无，不过是外交上的
手续，弱国无外交，我们只有用血与铁来做外交的后盾。

日本此次策动侵绥，是贯彻满蒙政策的计划，由热、察而绥远
而宁夏而新疆，企图使我们的西北接着东北而亡，这样可以北进
包围苏俄，进攻西伯利亚和中央亚细亚，南进可以并吞华北，问
鼎中原。日本这种野心，不必详说，明眼人早已看到的。但是不
说日人的野心怎样，我们现在已到了远无可退的生死关头了，一
寸一尺的土地不容再失：宁可挺身而死，不能屈膝求生，这是全
国人一致的要求与志愿。凡是来侵犯我疆土的，无论是何国人，
无说有无证据，我们应一律以匪视之，以剿匪名义剿灭之。现在
国军已克复百灵庙，中央政府已严整对外阵容，日方或会恼羞成
怒，扩大侵略。救国要持之以毅力，应之以恒心。语云："平时要
作战时准备，战时应如平时镇定"，"平时多流汗，战时少流血。"
如果不能做到这几句话，便不成其为现代国家，这是援绥救国声
中应有的认识与警惕。

《浦声周刊》

江苏浦口浦声周刊社

1936 年 83 期

（李红权　整理）

百灵庙收复后

畏　撰

这二个月来，国内外侨胞的视线，都集中在北方缓〔绥〕远的边境上，尤其是自百灵庙收复之后，国人的情感特别的兴奋。当百灵庙收复的消息传播出来之后，国内外的舆论，无不极力赞扬，认为这是复兴民族的起点。

东北失陷以来，日居月诸，忽忽已经过了五个多年头，国人虽然痛心疾首，可是迄无收复的良法，眼看东北同胞备受蹂躏的惨状，心坎上已是感到难于言状的隐痛。然而某方犹以未足，更肆其侵略的凶焰，在冀北、绥东诸地，利用为虎作伥的汉奸土匪，为它侵略的前驱，多方捣乱。冀北近来还比较的安静，而绥东真是烽火不息。

"外无敌国外患，内无法家拂士者，国恒亡"，中国这几年来由于各方的团结，而形成历史上创纪元的统一，可以说的确是外患所促成。而绥远前方将士的奋勇杀贼，亦可以说是由于民众的督促。在这种惊涛骇浪、山岳震陷的局势之下，倒可以反映出民气的爱国情绪的高涨。

傅作义将军于百灵庙收复之后，发表谈话说，绥远的土地，决不准敌匪侵入半寸，这是何等雄壮的口气！如果军人个个有这样的气魄，我们相信中国的复兴的来临，就近在眼前了。我们一想起在冰天雪地中喋血苦战的将士，不禁钦仰而至于流泪。

　　此外，我们对于国内外侨胞的踊跃输将，以助前方军需的义举，亦感到无限的安慰。这二个多月来，我们时常可以听到，可以看见，不是绝食一日，便是贡献一日所得，以赞助绥远的战费，这是足以充分表现国人的国家民族观念的浓厚。

　　我们怀着无限的希望，国人，尤其海外的侨胞，继续挥发这种爱国的情绪，使中华民族能够早一日发皇光大。

《华侨半月刊》

南京华侨半月刊社

1936 年 97 期

（李红权　整理）

蒙边纠纷迄难解决

作者不详

东京十六日电："满"蒙间解决界务纠纷之谈判，顷正在进行中，据闻同时"满"俄双方由日本居间，亦在谈判一月三十日东边事件之解决，苏俄外次斯杜摩尼亚科夫①，曾于本月九日向日大使太田提出一解决东边事件之具体方案，由日政府转交"满"方研究。据外交观察人之意见，组织日、"满"、苏共同委员会之问题，不久即将解决。故东边事件将可迎刃而解云。

莫斯科十六日塔斯社电：库伦讯，"满外交部"于三月六日致蒙古人民共和国外交总长肯邓一照会，内述原则上彼接受蒙方组织"满"蒙委会之提议，并请蒙政府将其所拟提交该会讨论之问题，及其拟以何地为该会工作地点通知之。三月十四日肯邓于其覆文内曰，蒙古人民共和国政府根据其二月二十九日照会，拟于二月十二日武装冲突之一切情形及原因之调查与确定，为该会之基本任务，倘该会能顺利执行此问题，则颇可使之负责调查一九三五年及一九三六年内发生之其他事件及冲突，然后再使之筹划专为防止将来边境事件突发之方法。关于该委会工作地点事，蒙古人民共和国提议蒙境内之塔木西克索米及"满"境内之甘珠尔，以便该会在该两地交互开会。

---

① 后文作"斯托莫尼亚科夫"。——整理者注

长春二十六日路透〈社〉电：关东军今日发表公报谓，外蒙兵一队，携带机关枪，向哈尔哈河北岸之边防日军五人开枪射击，双方对射数十分钟后，蒙兵退走，日兵死一人。

莫斯科二十七日塔斯社电：库伦讯，日"满"兵一支队于三月二十四日下午三时十五分，乘三载重车对蒙境内贝尔湖及蒙古德札加斯地方之蒙古边防兵加以攻击，攻击人于开火时，又添入乘四载重车而至之补充兵，蒙古边防军击却此次攻击，并迫该侵略支队退回其本土，蒙古边防军未受任何损失。三月二十五日晨，约二百名之日"满"兵，起始在蒙古德札加斯北二公里之渔房地带集合，向晚，乃以步枪及机关枪向蒙古边防军射击，同时放大炮二次，蒙古边防军当加还击，但因较日"满"军数目过少，乃乘黑暗之掩护，向距蒙边七公里之诺伦湖北方洼地内之干湖地带退去。三月二十六日黎明，日"满"兵发现蒙兵离去，乃渡哈勒欣河并占领边防军之营房，彼等于下午一时当蒙古一飞机出现于冲突地点之上时，始离营房，继乃还渡哈勒欣河，向其本境退去。现该地带日"满"军既仍继续集中，预料对蒙古边防军或仍有新攻击。

莫斯科二十七日电：在和平解决纠纷谈判进行认为顺利之际，二十七日晚蒙"满"边境又发生冲突，苏俄政府对远东情势，密切注意，苏俄报纸载称，日"满"军队用飞机、大炮与外蒙哨兵冲突后，顷已增加援军云。

长春二十八日电："满"方外长顷致电外蒙总理，抗议二十四日贝尔湖事件，要求赔偿，惩罚负责人员，并保证将来不再发生此类事件。

莫斯科三月三十日塔斯社电：库伦讯，日"满"兵一队乘七载重车及一汽车，于三月二十九日攻击坐落于边界南四十五公里之阿第克多伦蒙古边防营（此营距边界辽远之故，乃因营北为完全无人烟之沙漠），同时又一日"满"支队乘二载重车向布兰迪桑蒙古边防营开始攻击，布兰迪桑距边界八公里，在阿第克多伦东北五十公里，蒙古边防兵于得到补充后，击退侵略之日"满"兵，彼等于伤亡若干人中，向"满"境退去。

"满"蒙双方互提抗议

东京二十九日电：长春消息，日驻华大使有田于返国途中，道经长春，曾与关东军首领及伪外部日吏会晤，交换关于日、俄、蒙、"满"关系之意见达二小时之久。今有田又与上述各方人员集议，仔细讨论俄蒙签订之互助公约问题。

长春二十九日电通社电："满洲政府"外交部方面，昨就二十四日哈尔哈附近外蒙兵士不法射击事件，向外蒙提出如左之严重抗议：外蒙兵士，于二十四日向显属"满"境之哈尔哈河北部之日"满"军，施以不法射击，以致发生负伤者，其责应完全由蒙方负之。故"满洲政府"兹特保留其次述要求权：一、外蒙政府之道歉。二、责任者之处罚。三、将来之保障。

库伦二十八日大东电："蒙古人民共和国"政府，顷关于二十六日在哈尔哈支流地域发生事件，于二十七日对"满洲"外交当局，提出抗议电文，其内容约如左："最近日满联军一部队，自三月二十四日至二十六日间，曾冲破满蒙国境，而侵入蒙古领土之内，且出以挑战的行为。此种攻击行动，殊足破坏目下正在进行交涉中之国境纷争防止之成立，兼使满蒙国境关系日增恶化，但此等一切挑唆行动，'满洲政府'宜负全责，故'蒙古人民共和国政府'兹向'满洲政府'要求即时将上记威胁行为，一切中止，并请从速处理，是为至盼。"

莫斯科三月二十八日塔斯社电：《消息报》论，斯托莫尼亚科夫与太田之谈话曰，若干实事证明日军阀中之侵略派，尤其关东军所坚强代表者，对于日苏关系改善之可能性，异常惊惶，遂决以新挑衅，企图阻挠此种改善。据可靠消息，两国政府虽在原则上同意于设立调整边境纷争混合委员会，及调查一月三十日事件之混合委员会，而所以延不成立者，即由日军人侵略派之反对。苏联政府曾在日"满"方尊重现疆界并维持边境和平之条件下，同意于"修界"，但最近苏"满"及蒙"满"边境上之新挑衅，显示行险分子破坏边境和平之目的，完全为使拟定之边境委员会之成立不可能。吾人实不能明，何以日政府提议仅为苏"满"边境东边之一段，设立修界及边境委员会，结果使边境之大部仍在以前之状态中。此种怪异之提议，是否为日军人之侵略派加压力于其政府，企图在任何牺牲下保持苏日关系之紧张状态，及企图将来如不能沿苏联全境保持挑起争端之可能，则至少可沿其边境之相当部分耶？吾人实无他法解释。何以两国政府俱认为有用之委员会，乃应仅在边境较小之一部上成立，苏联公众对于日政府既宣言愿改善其对苏关系，但又不同意在"满"蒙边境上设同样委员会，颇为惊异。日政府岂尚不明为维持远东和平起见，"满洲"与外蒙之边境上亦须获得和平乎？苏联业已屡次尽量坦明阐述其政策，谓彼对蒙古人民共和国之完整，深为关切，倘该国受攻击时，彼不能坐视，如日本真愿与苏联有和平之关系，彼不能举出仅应在苏"满"边境上获得和平之理论，并仅在兴凯湖与朝鲜边境之一段。同样，如日本意望和平，彼不能鼓励"满"蒙边境上之现状态。关于设置"满"蒙委员会事，日本某方面竟有强指苏联政府谓其所以希望设立"满"蒙边境委员会，乃图参加其中工作，此为完全捏造，实不值一辩。尽人皆知苏联政府当一九三五年满洲里谈判时，未曾要求任何参加，但"满"方之谈判，则实际为日人所办理，苏联政府仍持此种态度。现对"满"蒙委员会工作，亦不要求任何参加，彼认为此种委员会之设立，有铲除边境紧张之功用，苏联政府无论在东方或西方之努力，其目的俱为拱卫和平，以抗破坏和平之行险主义者及挑衅者。苏联政府对于攻击其边境之任何企图，供给一坚决之排击。同时揭露日军人分子挑动战争者之计划，彼将仍如以往与日政府及"满洲国"政府，共同寻求真正保障远东和平之方法。吾人相信不欲战争之广大日本群众，必拥护此种努力云云。

《蒙藏旬刊》

中央宣传委员会蒙藏旬刊社

1936 年 114 期

（朱宪　整理）

绥远受侵与中日交涉

作者不详

绥远自十四夜起，有匪军来犯，且传某方曾下令十八日总攻。当此中日交涉正进行之际，发生此种形势，诚不幸之至也。

现在问题有两方面，一军事，一外交。关于军事者，全责在政府，只需实行，无可讨论。简言之，无论匪军侵扰至何程度，或扩大成何性质，政府须负全责，卫土安民，必消灭边患而后已。政府当局当正在积极实行中，不待赘论，兹只论关于外交上应有之措施。

日方关于绥东事之说词，谓此系中国人之事，与日方无涉；然事实何如？王英等匪军，此次进犯，竟携有大批飞机，连日在红格尔图等地掷弹。此等武器，何人供给，抑匪军各部皆在察北集中，所有组织训练，发纵指示，何人所为，此皆事实明显不待究问者也。夫数月来中日调整国交之说，凡愿望和平之中国各界，本表同情，然所欲者，为诚意的调整，求两国之相安无事耳。今调整之交涉方在进行，而久被垂涎之绥远省，果依数月来宣传程序，而开始被侵。在此种事实状态下，而尚饰言调整，空论国交，诚悲惨而无意义矣。

职是之故，吾人愿我政府当局，除对于守护绥省积极负责外，外交上应先交涉制止侵扰绥省之事，其他一般的或特殊的交涉事项，在绥远恢复常态以前，宜一概缓议。同时对于殷念绥远安危之全国军民各界，宜声明政府办法，以安其心。

抑绥远方面之危机，数月以来，吾人曾一再讨论，日前更论及无论南京交涉进行若何，绥远必有事，因推论其关系之重大，并陈述全国民意之热烈。今者危机竟迅速爆发，全国社会，尤其各地青年学生，争绝食、节食以劳军。绥省早寒，已降大雪，绥远军队及汉蒙民团，今正忍耐严寒，奋勇御寇，故全国人心莫不殷念守绥军民，嘉其尽职，而念其寒苦。为今之计，惟有迅集厚援，歼彼奸类，庶几绥边早复常态，民心早得安慰，即欲进行外交，申言调整，应为绥省安定以后之事也。或者虑绥事扩大，恐导入更大之危机，然政府当局过去曾屡次表明方针，倘领土主权再受侵犯，应视为最后牺牲之时机。此诚事实之必然，无瞻顾之余地。苟形势如斯，则亦只有尽力周旋，其他无可论矣。

最后吾人愿更促日方注意曰：调整东亚大局，须诚意与友情，非武力与策略所能济事。中国人今日所论者为事实问题，事实上不被侵略分割，事实上能保持和平，则中日关系自将顿现光明，若事实受侵，则一切何从谈起。东邦人士毋目绥远为小事，以为过去之蚕食策略，仍可于含糊混沌中行之也。星星之火，可以燎原，倘能及时反省，则东亚大局之幸矣。

本文既付印，接驻京特派员电，传闻我外部当局，依数月来屡次唤起日方注意之旨趣，即日将为绥事进行交涉，其他问题事实上殆只有暂时搁置。此盖必然之推演，不得不望外交当局慎重努力也。

（转载十一月十八日上海《大公报》社论）

《外部周刊》
南京外交部情报司
1936 年 142 期
（丁冉　整理）

被绥远战云笼罩着的北平

自知责任　低头努力

曼服　撰

一

在这最近一周里，北平空气已全为绥远战云所笼罩。

青年爱国行动本来就比一般人热烈激昂些，自绥东战讯一传，马上援助慰劳的呼声震破人们耳鼓。各校的募捐团纷纷出动，街头、胡同口、影院、戏园、公共场所、私人住宅，遍地是募捐的小旗帜，截至二十二号止（星期日），可以说是个募捐周。

前方将士，在冰天雪地里浴血杀敌，为民族争生存，为国家守疆土，单薄的短衣，抵不住"堕指裂肤"的寒威肆虐，后方慰劳的物品，自然注意到皮衣的募集上来。

以北平城内外各大学为中心发起了"万件皮衣运动"，师范大学全体教职员，捐款订购千件皮坎肩，其他手套、背心、毛袜、棉衣正在纷纷赶制。"千针万针密密缝"，都是为我们卫国健儿作御寒的工具。

二

在北平所听得的前方战讯，似乎比上海或者多一些，然而仍感觉不能充分明了前方的情况，于是从募捐而起的是纷纷赴前方慰劳，兼着看一看我们的国防阵地。

中央大学校长罗家伦去的早一点，一篇《告前方将士书》激昂沉痛，很像一剂兴奋剂。继其后的有清华朱自清、燕大梅贻宝。第三批是师大物理系主任杨立奎、史学系教授熊梦飞，代表平津院校教授联合会同师范大学全体师生工友，携着一面丈二的绣旗"西北长城"四个大字，赠与绥远傅主席。

三

前方战事，自从十八日拂晓的"奇袭"成功，红格尔图的重围早解。据最可靠的消息，绥东大胜，王英匪部，精锐全销，王英本人落荒北走，不敢向东，已往西北草地里跑掉。最近三天的激战，全是李守信与百灵庙的蒙匪任前锋，这已是第二批匪军进犯了。

北平一般人的看法，都觉得以王英、守〔李〕守信、蒙匪三部集合的兵力，始终不过一万五千人，伪军还在陆续运送中。我军的实力，据军事高级将领的报告，已超过十万人，以如此优越的兵力，悲壮激昂的士气，若改守为攻，进捣匪军的巢穴，一定可以计日解决。即是因此而引起国际战争，那也不能顾忌，又何况人家还说是我们自己的事，不来干涉呢？

绥北大战已在相持中，北平人日夕盼望的中央主力军，从昨天已在报上见到调动集中的消息，这才知道中央果然以实力援绥了！

四

这次战争的爆发，都知道是具有严重的意味，我们的决心是"不失寸土"，敌人的野心是"得陇望蜀"。谁敢保大规模的最后决战不就要爆发呢？

所可喜的是一般人的气象，都是自知责任，低头努力，不再乱喊乱动，决不是以前不相统属，乱七八糟的样子。

山西晋绥军官教导团团长张荫梧前天到北平，出席平津教联会的招待。他谈到山西全省上下军民的苦干精神，阎锡山每天五点起身，穿身布军装忙到深夜不得休息，赵戴文七十多岁老头子，始终不懈的领导省府工作，中学以上的程度，一律受训练，全省壮丁更是加紧训练，他们不空喊一句话，不偷一刻懒，他们实行八个字的主旨"旗帜鲜明，加紧工作"，傅作义主席的八个字，"不说硬话，不做软事"，都是矫正过去错误，表示忠诚为国的决心。

十一月廿三日发

《国讯》（周刊）

上海国讯社

1936 年 148 期

（朱宪　整理）

收复百灵庙给与北平各界的振奋

曼服　撰

但使龙城飞将在，不教胡马度阴山。

节近严冬，北平的天气越显得寒威肆虐。

热烈援绥的募捐运动，已由发起而渐次成熟。北平学生所倡导的万件皮衣运动虽还未完成，而大批慰劳品已纷纷运送前方，师大的一千件皮坎肩，早已运交绥军驻平办事处，这时已在前方战士的身上了。

前几日得到平津教联会代表赴前方慰劳的人拍来急电，说明现时缺乏医药的设备与救护工作人员，顿时激起北平一般医学界的热情，赶组救护队，各大学也日夜赶制救急卫生药包，于此可见人心的同具爱国热诚与一致的振奋。

青年勇气自来是大过年事较长的人，有的以为长在后方不得痛快的实地工作，近几日由各大学组成的战区服务队，已在分批开赴前方，准备在火线上参加一点可能的工作。临行发表慷慨激昂的告别语。

最可感人的要以十几个东北青年，伤心郁愤地怀念着故乡的沦丧敌手，又喜悦着得到杀敌报国的机会，于是轻装短裹的投效军前，准备着为国杀敌，希望着收回故土。

北平人还在睡梦里的二十四号夜深，六千英勇的中国健儿，已以奇袭突击，神速地收复了百灵庙！

　　清晨读报，顿使一般人惊喜欢呼！这一战关系着中国西北数万里领土的安危，敌人贯彻满蒙大陆政策的成败！以野心阴谋，数年准备进犯我绥西、宁夏，控制内蒙、新疆的军事政治中心，卒赖战士的肉搏猛攻，浴血死战，一旦为我所得，这神奇的胜利，敌人也大吃一惊！

　　上月三十号，恰好平津教联会代表杨立奎与师大教授代表熊梦飞，自百灵庙慰劳归来，记者得到他们详确的谈话，更知道许多特别的消息，尤其关于百灵庙的情形，约略写点出来，转告于本刊的读者。

　　自二十三夜下令进击百灵庙，四团英勇战士（三团步兵，一团骑兵），就在零下三十度的寒威里，开始这民族伟大战争。在事前因为敌人在百灵庙布置的森严，侦察的精确，绝不许外人深入，所以我方的谍报一些也得不着，从事于情报工作的人，只有望而生叹，所以等到战事发动，英勇的军士攻过三重山后，又发现了两重险峻的山头，这种艰苦险恶的攻击，实在发挥了中国军人空前的威力！

　　百灵庙攻下了！敌人的指挥者已早逃避远飏，愚蠢的喇嘛受了深深的麻醉，还在拼命的顽抗，所以死了不少。

　　胜利品不必再说了，然而一般人都知道敌人储藏的面粉、汽油、军火、煤炭、无线电机，却不晓得更有重于此的文件、图籍、情报、簿册、参考书籍，堆满了所谓特务机关的办公室。

　　这一切一切，实足证实了人家的谋我野心，与历年苦心经营西北的精密计划，与详细确实的调查工作，伟大精细的布置与阴谋，看到了实在的东西，不由使你惊叹！危惧！

　　慰劳前方的代表，他们是第一次到达百灵庙，据谈在途中乘汽车的困苦，就深知将士徒步进攻的不易。阴山以北的大沙漠，无边荒草，苍莽平原，照着清凉的月色，越发激发人的悲壮苍凉之感！

　　昔人的诗："但使龙城飞将在，不教胡马度阴山。"现在正可转赠傅主席及他的部下忠勇将士了！

　　近几日匪军又在盛传反攻百灵庙，但据代表们所谈的推测，实际是绝不可能！不要说百灵庙的四周形势险峻难攻，而平沙大漠，寒威奇冷的草原里行军，也是万分困难的事。声东击西，敌人的惯技，大概将来决战，不在绥北，而在绥东了！

　　正是百灵庙攻下的捷报传到北平的一天，也就是去年今日，冀东叛逆宣布自治之日（十一月二十五日）。靦颜无耻的国贼，在敌人卵翼下，还在大开庆祝会，高悬五色旗。北平市曾一度禁止汽车间〔开〕出城去，也是防止一些准汉奸们参加那个卖国的盛会。

　　日来一般人心振奋，都在希冀着国军能乘胜直捣匪巢，收复我们的察北六县！因而对二十九军的行动也更注意起来。谁都知道察省屯驻的劲旅，是当年有过抗敌功绩的！人既能攻下百灵庙，我何不能收复察哈尔？

《国讯》（周刊）

上海国讯社

1936 年 149 期

（朱宪　整理）

蒙古的位置关系在我国防上的重要

张印堂 撰

蒙古在地理上乃为我国西北部之一大高原区，东起兴安岭，西至葱岭，北达阿尔泰与萨彦山脉，南抵长城经行之燕山、六盘与祁连山，西南则至昆仑，包有外蒙古、唐努乌梁海、科布多及察、绥、宁与新疆诸省。在此高原区内，有戈壁沙漠，故又可划分为漠北与漠南二自然区。漠南东部又为阴山山脉（包括阴山、大青、狼山及贺兰等山），分为二部，其西部新疆则有天山山脉横亘其间，分为南北二路（或南疆、北疆二区），总称之为蒙古高原。东西长约一万二千华里，南北宽在九千里，面积之大，约一千八百万方里，几占我国全部之半。按此划分，我西北国防上的自然屏障内外共有三条，即阿尔泰山系、戈壁沙漠及阴山山脉是也。但至民国十三年，外蒙古及乌梁海宣告共和，脱我自主，我国在蒙古的政治势力所能达到的最外界线，即退至戈壁沙漠，而近来在此漠南的内蒙蒙人因受东邻之煽惑鼓动，又多已采行地方自治，成为半独立之状态，于是我西北的阿尔泰、戈壁与阴山的三道自然防线，已失其二，现在所余的惟有最内的阴山山脉一线而已。是以我西北最内之阴山山脉屏障一变而为我国最外的防线，其重要则可不言而喻也。

查阴山山脉的北部，多仍为蒙古牧场，南部则多变为农区，包有察南张家口以西之洋河谷平原、绥远之归绥平原、后套平原及宁夏沃野等区，为察、绥、宁三省政治之中枢重□，与经济发展最盛之区。在此区内，蒙人并不多见。此新辟之农区，虽然位于在历史上分隔汉、蒙两族的长城以北，但此界限，已不能适用于今日，此正如我近代垦殖后的东北四省与昔日满洲一样的不可同日而语。长城沿线所经的燕山、南口、管岑及六盘诸山的地势，的确险要，但今日只能视为北部内地防线之一，绝不可作我西北对外的国防线，因为在此线外的居民、文化，都是与所谓我"本部"的中国无有丝毫的差异。是以蒙古高原上的阴山山脉实已成了我退而不可再退之西北最后的国防线了。当此边疆多事与外患煎迫最急的时候，固守此仅余一线之国防，实为我国刻不容缓之事。

蒙古高原原有之居民，因地理环境之限制，既已散漫无际，故其政治亦缺乏组织。惟其所居地位，恰处苏俄与中国二强大民族国家之间，当难免易肇外人之侵入，加之四周通有自然孔道（Natural Routes）开向各方，如沿锡林郭勒河自库伦经买卖城可北通后贝迦尔省之上乌丁斯克（Upper Udinsk），及俄属远东各地，西北自乌梁海沿乌鲁克穆河（Uru Kam R.），经沙滨达板隘口（Shabeen or Shabin Daba Pass），穿萨彦山，可直达西比利亚西部之敏努辛斯克城（Minusinsk），西自科布多，经毕依斯克隘口（Biisk Pass），过阿尔泰山，可达俄属中亚之塞米伯拉丁斯克城（Semipalatinsk），更自准噶尔（Dzungaria）西行，过塔里吉隘口（Talki Pass），过天山西部而至伊犁及中亚各地，东则有贝尔（Buir）、达里（Dali）及多伦（Dolon Nor）诸路可入我东北四省，南则有张家口、得胜口、横城等地可通华北，出入自如。其昔日所以未被任何强国所吞占者，乃因其向为东亚诸强族争逐之地，距外强大国中心邈远，地土又多硗薄，大部不宜于发展固定生活，虽其位置冲要，往来之民族亦多，但落居者少，往来游民对之更无若何长期建筑可言，争夺者虽不断，永久占据与继续发展者尚未之见，况昔日交通困难，借是幸免永久宰割。而今则不然，交通便利，苏俄东侵，日本西略，关系密接。苟蒙古一旦为任何强邻霸占之、武装之，必可危及其他邻国，且首当其冲者，乃属我国。但若能互相谅解相待，果也如日、俄二邻所借口之促其成为一非武装地之自治区，非特使为我国与日、俄二国之缓冲地，更可免除日、俄两国与东西文化之一切的无益争端。不幸自苏俄造成外蒙独立以来，戒备边防，遍设关卡，多方封锁，更垄断中蒙之政治、经济关系，对中国俨然造成一敌对恐怖之形势，致我漠南诸省时受其威胁。且自东北事变发生以来，日人又欲实行其并吞满蒙政策，昔日中、俄两国相争之地，今则竟变为中、日、俄三国角逐之区，故蒙古之地位益形险恶。夫蒙古地势虽广，但其大半乃属干燥沙漠与半沙漠之荒原草野，其沿边较肥之草地，大部既为我移民所垦殖，其他之自然富源又极有限，何以远东之日、俄两强对之竟垂涎如此者，盖有原因在也。考蒙古之最大重要者，不在经济而在军事。盖蒙古高原乃为中国西北之自然屏障，东西绵亘不下一万里，北则环抱俄属西比利亚，南则翼护中国，东则又临接日伪满洲国，形成中国边防最长之侧面。外蒙既失，漠南内蒙一带益形重要，盖自古以来，为东亚民族互相征逐必经之地，亦为安定中国必争之地，因塞北水草丰饶之地若为异族所占，随时可以南犯，其与中国之关系，证诸历史，确大有"得之则强，失之则亡"之势。如赵武得之，则攘地云中，下略西北；秦始皇得之，则筑城置郡，威镇匈奴；汉武得之，则北徙王庭，安靖边塞；北魏得之，则称强于华北；唐得之，则降服突厥、回纥以安西北；明得之，则设三卫以控蒙疆；满清得之，则入主中原。今日人鉴于诸般史证，洞悉蒙古地位在中国国防上之重要，于占我东北后，乃别设兴安省，以作侵略我内蒙诸省与袭击苏俄保护下外蒙之根据地，是以并吞满蒙乃为实行日本大陆政策必经之初步。盖蒙古现在所处地位之重要与明清之间相同，蒙古苟属于日伪满洲国，则日本攻入中国至便；反之若仍为我国所有，不独可以用之捍卫华北与内地，即将来对我收复东北上亦必较易。蒙古于日、俄间所处之地位亦实具有举足重轻之势，盖日人得之，则可直捣苏俄之后方，不独使其远东诸省陷于包围之中，即其中亚各地亦将因而大受威胁，是以日本之侵略布置，正在由察、绥而宁、新，向俄属中亚推进中。蒙古苟为俄人占之，俄因无后顾之虑，则可专注力于远东一隅，如此不独日本在高丽与我东北之霸权因而动摇，即其本岛亦必为之震惊，是以日、俄双方对我蒙古莫不正在积极拉拢中。且蒙古高原地势空旷，于新式陆空军事行动非常便利，又为东亚与欧西陆空交通必经之自然捷径，只此一点，中国亦不能坐视其为任何外强所掠据，况其在我军事国防上又具有生死关键之重要乎？

《独立评论》（周刊）

北平独立评论社

1936 年 222 期

（马小勇　整理）

察北伪军组织概况

作者不详

　　自伪军占领察北后，一切消息均极沉闷，来往行人，均受检查，外间欲明真象，颇为困难。顷有察北来人，谈称察北近况，及该地驻军之组织甚详，兹略述其军事、政治情形如次。

军事

　　伪内蒙古第一军司令官李守信，年四十余岁，热河省蒙旗人，系崔兴五之旧属，九一八事变时，曾追随崔司令在热河凌源、团〔围〕场一带抗日，艰苦备尝，嗣以时局变迁，日伪压迫，崔司令下野，李则率所部投降于伪。其部下多半系热河省人，占据多伦后，其兵力尚有四千之众，经伪军几次缩编，只余二千余名，编为两旅一团，第一旅旅长刘某，第二旅旅长尹某，炮兵团团长丁某，彼时被人监视颇严，待遇亦苛，官兵均愿倒戈。自去冬该部进展至张北后，纪律较前严肃，伪方对之，则不似过去之严厉矣，并将之扩为一军，第三旅（旅长王某）人数尚未补足，现驻宝昌、沽源一带。该部枪枝，颇为整齐，完全为韩麟春所造之新枪（数约三千支），官兵薪饷，亦随而提高。近伪方又委李为德化市市长（即化德县），故李往复于张北、德化间，伪方颇重视其兵力，不过亦仅骑兵三千，炮十三门，机枪八挺而已。该部之指挥与教育，悉听某国人主持。该部第一旅旅长刘某，山东人，亦为崔兴五之旧属，人极忠诚，颇具服从性，对于祖国萎弱，恒自悲泣，其部属亦大半为热河省人，政治手腕，亦极敏活，现又被伪方委为张北卫戍司令，旅部设在张北，第一团驻在大囫囵、宝昌一带，第二团驻南壕堑、土木路（张北管），第三团驻张北城内。第二旅旅长尹宝山，年五十岁，热河人，亦崔兴五之旧属，为人奸险，与伪方关系较为密切，其部队驻商都、尚义、康保等地。第三旅旅长王某，队伍现在沽源、多伦一带，闻系久在延庆北部杂牌军队归伊收编者。炮兵团团长丁某，年三十二岁，热河人，现在张北西门外驻扎。另外有通信连、特设队等组织，均驻于张北城内。

伪边防自治军司令于子谦，年四十余岁，绥远人，前在绥远省会公安局充局员，今春即以地方自治为标帜，奔走于张北、绥远间，因与伪方某最高军事长官秘密接洽，拉得绥省一般失意军人及地方自卫团匪等，集合地点，在张北二区三宝沟七甲村大虎山一带（绥街边境），现有五六百人，枪不过三二百枝，最近由某国人点名，只发给小米一百石，地方倍遭涂炭，现正在候编中。

伪兴亚联合军团总司令金甲三，奉天人，前在冯占海部下六十三军当旅长。伪副司令林竹轩，年四十余岁，奉天梨树县人。现任张北县总务科科长张松涛，年三十九岁，河北人，亦为伪副司令。七月二十日，金、林二人带随员三十余人潜至张北，现在只有该军团名义，未见一兵一夫，据闻伊等在北平与某国机关长已接洽妥当，酝酿多日，热河北部及边疆一带，以及杂牌军队，均有接洽，不久将齐集察北，人数〈较〉其他各部雄厚，伪方已允将察北私枪及自卫团枪支，完全编入，是否成为事实，尚不可测。

伪内蒙古第二军司令宝得勒额，年三十余岁，热河省蒙旗人，其队伍系在热河新召募者，约一千八百名，现在张北县三区公会镇驻扎，正由某伪方积极训练，纪律不甚整齐，枪支亦不全，将来不足为患也。

伪西北防共军司令王道一，最近由某国驻德化特务机关长组织伪西北防共军，其部队为吕二小之匪众，七月中旬，始齐集张北三区二泉井、三义城一带村庄，饷粮无着，给养完全由地方负担，抢劫之事，日有数起，民众逃避已空，因不堪其扰之绅商民众均请求移至尚义一带候编，闻不久将移至商都县境，以期在绥远边境做扰乱工作。至其人数，约二千二百名，马六百匹，枪一千二百支。

伪独立师师长王有济，年二十余岁，现充伪蒙公署科员，在事变时充指导员，现正从事拉拢地方素有声望之失意军人，相机活动，将组织伪独立师，在壕堑一带活动。已集有二百余人。

伪青年学校校长布某，蒙古人，现年四十岁，在伪蒙署充当教育厅蒙人科科长，今春该校成立，在察盟十二旗召集蒙古青年三百余名，由某国人当教官。

政治

察哈尔盟长卓特巴扎布，盟长公署设在张北县，盟以下设总务、教育、保安三厅，管辖察北八县（按察北原为六县，近被伪军将尚义、化德、崇礼三设治局划为县治），沽源并入他县，该旗军政各权，亦为某国特务机关长所操纵。察北化德县，即嘉卜寺，事变后不久，改为德化县，近又改为德化市，不属于察哈尔盟，沽源县因收入不丰，归并于多伦、宝昌两县，宝昌县政府改为保源县。

《中央周报》

中国国民党中央执行委员会宣传部

1936 年 428 期

（李红权　整理）

察北、绥东一周间情报

作者不详

绥东匪伪军现虽未进扰，但据报则在积极扩充中，预料不久仍将大举进犯。最近关东军参谋长板垣之赴绥视察，其用心可想而知，是则绥东匪军不啻其先头部队也。

伪军蒙匪准备联合进犯

北平二十一日电：蒙方旅平某要人谈，伪蒙此次进犯绥东，系去年底与某方预定之计划，当伪蒙匪首次进攻绥东时，本期一鼓而下，迨至二次进犯失败，始知我方军力雄厚，防守有方。现闻张海鹏伪军，亦由热省开抵商都，拟与王英等匪部联合进犯，预料九月中旬左右，战事又再发生。张垣来人谈：百灵庙方面连日蒙伪及某方人士集议甚忙，有企图下月初旬再图大举计划。其实力计划，为一、满蒙自治军，下辖三师，军长为王道一，由于子谦、马子荣、金甲山任师长。二、蒙汉防共军，军长为王英。三、蒙军，计编四军，由李守信、卓世海、包悦乡〔卿〕分任军长。每军下辖四师以上，各部人数，号称十余万，其实尚不足半数，除王英等匪部未能详加统计外，蒙军四军全部仅二万余人，且多系新自关外各地招募，尚未经正式训练，武器不齐，饷糈缺乏。闻承德方面最近有某方军队约一旅团，正向察北移动。现绥军傅作义、赵承绶各部，及达密凌苏龙所统之蒙军，约二千余，察西一带驻军、保安队等，已商妥联防办法，严密扼守。

二十二日北平电：前侵绥东匪首王道一，有在德化被杀讯，伪匪军再侵绥东，在准备中。第一线商都一带，为王英及刘桂堂〔棠〕党羽赵某等匪二千余，第二线德化、张北间，为李守信、卓什〔世〕海等部万人，第三线多伦、沽源一带，为日伪军，人数不详。王英现在张北与某方接洽军火，其伪司令部设商都。某方飞机三架，现停张北，动向不明。晋绥军近在绥东设防甚严，最近或不敢再犯，秋冬间为严重时期。

二十三日天津电：王英在张北接洽军火，有相当结果，定二十五日赴商都，集合李守信、张海鹏军约二万，图再大举犯绥。我晋绥军四师集中绥东，凭恃天险，全力严防。匪首王道一在嘉卜寺被刺身死，刺客逃，原因传说不一（接〔按〕：据北平电，王逆道一系因犯绥东失败，为其同党所杀云。揆其情势，此说较诸上电，似更可靠）。

塞北来客谈西蒙之危机

国人对于蒙边情形，向极关心，最近阿里河发现有某国人活动，并有浪人在阿拉善旗府架设无线电。甫自北方来客之某君，据云：某国人在阿里河活动，我官方派员往查，不意被苏剑啸带蒙兵数十名包围监视，额王未得见面，回时又被尾追四五站，原因不明。又七月二十三日下午，横田碌等率浪人三名，驼二十余头到达阿拉善旗府，即自动架设无线电台，据闻经旗府屡阻无效，该旗官民莫不痛恨，拟强力驱逐，又恐遭巨祸，迫不得已，只得忍耐支撑，消极抵制。查阿旗为西蒙屏藩，保阿旗即所以保西蒙，故各方对此，均极注意云。

绥蒙防务巩固五县戒严

绥讯：伪蒙军及匪部有日内再犯绥东说，绥蒙会二十二日开大会，傅作义派代表列席，对绥蒙联防，已提出缜密讨论，达总管密凌苏龙势力雄厚，已与傅作义取得联络，匪如再犯，亦难得逞。

二十五日北平电：绥东防务，经察绥当局积极布置，已极巩固，由曾延毅、赵承绥诸部配置，防范伪军来犯，陶林等五县已宣布戒严，平绥车照常通行，赵等在大同会商防守机宜，傅作义责成王靖国部防范绥西。

张家口讯：晋绥军集中平地泉、陶林、兴和、商都边境一带，严加防范，伪匪军杂牌队伍，虽有万余人，决无进犯绥东之可能。传闻某军共四师，亦开抵绥东一带，防范伪匪云。

归绥二十一日电：正黄旗总管兼绥东四旗剿匪司令达密凌苏龙，二十一日由集宁来绥谒傅作义，报告防务，并请示机宜。达谈：前次进扰绥东之匪，系汤玉麟残部王化一股千余人，李守信部尚在商都未动，刻匪之主力仍集中商都一带，日来强迫人民入伍过甚，已引起人民极端恐惧，多有逃入绥境避难者，现绥东平靖如常。报载匪军复扰绥东与我军在平地泉附近冲突说，并无其事，至本人被掳枪毙说，更属荒谬无稽。盖自匪军犯绥以来，两次接触，均为我军击溃，断无被掳可能，现我军布防周密，以尽守土责职。绥蒙会二全大会月底可召开，余拟参加大会后，即返旗坐镇。

西公旗变乱已告一段落

二十四日天津电：公庙子二十三日晨被石札萨克军攻破，同时占领该处，伊大喇嘛徒步逃涌中，被石军击毙，额宝靭〔斋〕率残众逃往乌拉山后，惟人数尚夥，山中亦有残众藏匿，石军除积极搜剿外，并分驻各要口，防其回窜。某国人亦匿迹西公旗，变乱暂告一段落（按：公庙子及涌中，均在绥远固阳县附近）。

德王在察北募蒙兵二万

张家口二十二日电：德王除在察、热积极招军外，并派李子祥在战区招收散匪，马某在津接洽各处股匪之驻津代表，在津密作军事活动之李国栋刻返蒙。德王被刺说不确。德王现驻嘉卜寺，共有蒙古兵万余人，纯为骑兵，分驻于嘉卜寺、滂江、百灵庙一带，枪枝尚称齐全。惟多系杂牌队伍与当地民众，缺乏军事知识，毫无作战经验，虽有成万之兵，实不当我三五百人之击。刻德王又从事征兵，规定为一万人，俱要蒙古籍人，闻现应征之兵，已有数千人，正由察东向察西开拔，亦将集中于嘉卜寺、滂江、百灵庙。蒙人因德王实行征兵，类皆不愿应征，故怨声载道。

二十四日北平电：察蒙会下月开大会，仍在百灵庙举行，德王已通知各旗王公、委员促赴庙参加。关东军参谋长板垣日内飞多伦、德化视察，与德王约定在百隐〔灵〕庙会晤。

二十四日天津电：察蒙间谣愈炽，传德王处于重重包围下，与某力〔方〕订有条件，供给饷款及军械，使德王扩编自治军。现德王四出派员招兵，赴蒙点编，津方派有马某等，战区派李子祥负责募兵。

板垣晤田代谈察、绥问题

北平二十七日电：关东军参谋长板垣二十五日由津飞绥，二十六日由绥飞平，廿七日下午接见中国记者。据谈，余廿五日由津飞绥，系考察性质，并无特殊任务，在绥停留一日，曾拜访傅主席（作义），惟仅作寒暄而已。绥东日前谣言甚炽，但地方甚安谧，且自王道一被枪决后，此种谣言近已渐趋平息。外报传日本要求将察北六县与绥东五县合并之说，此为梦想不到之事，岂值识者一笑。余此次来平，仅系路过，不拟拜访此间当局，定今日下午即行飞津，在津与驻屯军幕僚一度会议后，二十九日即飞返长春。关东军在最近将来，不欲在内蒙有所行动，并否认张北驻有日军说。

天津二十七日电：板垣抵津后，午后六时半赴张园，旋同田代等赴市政府拜会张自忠，晚七时许并赴北宁官舍出席张自忠之欢宴，日驻屯军高级官佐多人，均被邀作陪。闻板垣此来除与驻屯军商绥东事外，并代表关东军与驻屯军有所会商。

天津二十八日电：板垣、田代二十八日晨十时在张园日司令官邸会谈，桥本、武籐及驻屯军各高级官佐均参加，对绥东事件及日关东军与驻屯军联络事宜，有所商讨。午后继续在张园日司令官邸会议，桥本、河边、武籐及驻屯军高级幕僚多人均参加，迄午后三时许始散。据闻本日会议，首由板垣报告赴绥经过，及绥东、察北情形，继由桥本报告武官会议各项议案，旋对华北一般问题交换意见，同时对关东〈军〉与驻屯军权限亦有所商定，长城以内交涉事宜，由驻屯军负责，长城以外由关东军主持。

《中央周报》

中国国民党中央执行委员会宣传部

1936 年 430 期

（丁冉　整理）

日人在包头强筑飞机场经制止无效

作者不详

包头通信：一年以来，日本飞机往来包头，颇为频繁，最近复拟定期飞行，载运客货，并拟在包建筑飞机场，场址业经勘定在南门二里半村。事先地方当局并不知悉，当日本人于日前乘汽车勘查场址时，误将电信杆撞倒，公安局派员前往查验，始悉将建筑飞机场，该局当时曾加质问，并表示阻止，而该日人竟谓该处土地无主。现在日人业经托天津法租界福昌公司，代雇到华工三十余名，于数日前来包，并雇来日本工人四名，据华工谈称：该公司在津招雇时，曾声明系往张垣做工，而未声明为日本人做工，及到张垣后，乃谓系至绥远做工，及到绥远，复谓系至包头做工。当由津启程时，每一华工，向雇主预支养家费五元，并订定每日工资八角。该华工并称：早知为日人修机场，彼等决不应雇。刻该机场已于本月二十四日动工。包头县长赵仲容，当向日本驻包头办事员滨田交涉阻止，据滨田称：业已征得绥主席傅作义同意。赵氏乃向傅主席请示，傅氏除表示并不知之外，并饬赵氏务须设法阻止。赵氏复派公安局第二分局局长宋明卿、第三分局局长杜霞圃等，带警士数名，前往机场交涉。适此时滨田及四日籍工人，均离场入城，三十余华工，深明大义，见宋等系为交涉而来，当时宣称：愿牺牲工资，随宋等入城，不愿为日人做工，并要求设法送彼等回乡。宋等当即带彼等全体至公安局，并报告于赵县长，以便向滨田交涉阻止。乃滨田早已闻知，当日下午派员赴公安局交涉交出华工，赵县长已将华工一律交出，仍由日人率领而去。下午八时许，天色已晚，有日本飞机一架，由绥飞包，入城盘绕一周，降落于城外欧亚机场，盖来办交涉也。惟据赵县长表示，决设法加以阻止云。

《中央周报》

中国国民党中央执行委员会宣传部

1936 年 435 期

（丁冉　整理）

匪伪犯绥

作者不详

自本月十二〈日〉后，匪伪军以商都为根据地大举进犯，迭次向陶林县属之红盖图①地方猛扑。匪伪军中有某国军官指挥，某方飞机亦时常出动，掩护匪伪进攻，并不时向绥境侦察，投掷炸弹。幸经我绥军前方将士，勇敢沉着，随机应付，每次接触，均予匪以重创。迄至十九日止，将匪伪全部击溃，现红盖图附近已无匪踪。匪知实力与我悬殊，又有改扰绥北企图，但我方早有缜密准备，匪如来扰，决难得逞。自匪伪进犯以来，全国各界莫不同深愤慨，各地募捐运动，风起云涌，或节食集资，或募筹巨款，汇寄前方，俾对我忠勇之守土将士，聊表慰劳之忱。而各地学生之从事募款，尤为踊跃而热烈。此诚人心民气最可珍贵之现象也。政府对国民之期望固已无逾乎此，惟际此边情紧急之关头，尚有须对国人告者，即政府对于绥事，已有充分之准备与整个之计划，蒋委员长日前在太原召集各机关人员训话时，对此已有明白表示，故爱国人士惟有一切信赖政府，拥护政府，在整个国策之下，与政府取完全一致之步骤，然后方能期寇盗之迅速剿灭也。兹汇志各情如后。

---

① 后文又作"红格尔图"、"红盖尔图"。——整理者注

匪军数度犯红盖图均被击退

匪开始进犯红盖图情形

中央社归化十五日电：十三日起兴、陶沿边各县，不时有飞机多架侦察轰炸。十五日晨匪伪三千余众，附小野炮多门，围攻陶林红盖图，并以飞机七架掷弹助战，我军沉着抵抗，匪数度猛扑，均未得逞，且死伤极重。另电：兴和、陶林前线十四日起发生前哨战，我阵地稳定，将匪击退，达密凌苏龙刻赴红盖图指挥。又北平十六日电：十六日上午八时，伪军由某方军官指挥，再犯红格尔图。某方飞机掷弹百余，迄下午三时始退，晚或有大战。傅作义十六日上午七时抵平地泉指挥。兴和匪弃原有阵地，故该方形势较缓。

某方飞机助战掷弹百余

北平十七日电：张垣电，十五、十六两日，绥军续利用前筑工事应战，死伤仅及匪军十之一，士气益旺。匪军现惟借飞机、炸弹助战。现陶林红盖图之匪军王英、李守信、金甲三部，悉由某方特务机关长指挥，犯红盖图，战况甚烈。匪四千，大炮二十尊，飞机十五架，投弹八百枚（一说百六十枚，一说百枚）。我军在高呼"中华民国万岁"声中出击，旋将匪击退，匪机亦去。此役匪死亡枕藉，遗尸百余，内有匪骑五团团长朱恩一名。现匪军正向多伦、热河调匪军张海鹏等部助战，傅作义在×××主持，誓死守土。平地泉已成军事中心，匪机不时出没侦察投弹，盖系先以飞机、野山炮、战车三种利器助匪军，尤重空炸，将再增机助炸。

我军沉着应战士气振奋

归绥十五日电：陶林以北红格尔图地方十四日夜发生前哨战，伪匪军进扰数次，我军严守阵地，当将匪军击退。兴和前日亦有匪军投掷炸弹，无伤亡。达密凌苏龙在十二苏木，与红格尔图相隔十六里。达在前线指挥。平绥道上十四日晚至十五日午各地降大雪，我军冒雪布防，士气振奋。又北平十六日电：关系方面接绥电称，陶林、兴和一带，十五日被伪机轰炸后，人民损失颇巨。我军李服膺部在陶林，赵承绶部在兴和，已筑有坚固防地，誓死抵抗。十六日晨又有伪机数架，在该地继续轰炸，并掩护匪众前进，我军沉着应战，匪伪屡进屡退，终难得逞。匪伪计划将陶、兴占领后，再进犯卓资山、平地泉，截断平、绥交通。闻傅作义、赵承绶十六日晨到平地泉，指挥一切。又北平十六日路透电：今日此间接可靠方面消息，侵犯绥东之蒙"满"军，经两日来之战事，已放弃彼等在兴和区域之阵地，向察哈尔境内退却。据称，进犯之蒙"满"军昨日曾屡攻中国军队阵线，皆被击退。今晨复来侵犯，虽有飞机、坦克车、铁甲车为助，但终被中国军队击散。计两日来敌方飞机在中国阵地所投之炸弹，不下百余枚之多。绥省主席傅作义现在平地泉指挥军事，中国防军自战事发生以来，似已屡获胜利，目下该处已降大雪，对于进犯军队之行动，颇有妨碍云。

匪军迭次来犯受创败退

中央社归化十七日电：匪三千余人十六日晨再犯红格尔图，战况剧烈，肉搏四小时，卒被国军击退，匪机被国军击落一架，余均遁去。匪因受剧创，故迄十七晚止，未敢再犯。又十七日集宁电称：记者十六日晨抵平地泉，此间将士与民众精神异常兴奋，坚决而镇定，为九一八以来罕见之可喜现象。匪军三千余人，十五日午前十时起向我红盖图阵地猛攻，有重炮、机枪，并有飞机一架猛烈向我方掷弹，激战至午后五时，终被我军击退。我方伤一人，匪伤亡四五十人。十七日匪一再向我红盖图猛犯。计有李逆守信部骑兵第×师，尹宝珊〔山〕一师，王逆英全部。傅作义十六日晨抵×××，曾延毅十七日由津返绥。又十八日北平电：关系方面息，大批匪军开抵商都，积极准备侵犯工作。十八日前方战事稍沉寂。匪机仍不断飞往陶林、兴和一带侦察。又十八日天津电：匪十七日向红格尔图作波式攻击，计毙匪数百，匪军五百人开抵商都，已转赴前方督战。又十八日归化电：十八日匪军再以大力攻红盖图，前后袭击六次，均被国军击退。匪虽受重挫，势仍再犯，国军正严阵以待中。

匪伪企图越险进袭绥西

中央社北平十六日电：关系方面息，绥东情势日来转趋险恶，匪伪军确有取道绥北侵袭绥西企图。王英等匪部引用声东击西故智，一面用游骑骚扰兴和、陶林等地，一面即轻骑入大青山，越险进袭五原、河套等屯垦区，以实现其返回老巢企图。我晋绥军方面对匪奸谋洞悉无余，故绥西北防务极为巩固。加之绥主席傅作义为晋绥军名将，毋论其为国家领土、个人荣誉，亦决不使敌人能越雷池一步。又北平十九日电：关系方面息，匪军迭次进犯绥东失败，知难得逞，故将侵犯目标转向绥北，希图将大青山攻陷，东可横制陶林、兴和等五县，西可直趋五原、包头等垦区，以威胁归绥国军之根据地。顷据熟悉蒙情者谈，察境蒙人凭借匪伪，图谋不轨，绥蒙人士，对之极为愤慨。此次匪军企图由绥北进扰，无异自速灭亡，遗臭万代。刻绥盟旗均厉兵秣马，枕戈而待。匪如来侵，决予迎头痛击。又阿王在并谒阎锡山，行将事毕，短期内即取道大同返绥坐镇。

匪军中有某国军官指挥

中央社北平十五日电：关系方面息，某方军官百名，日前由热河到多伦，更换蒙衣，参加伪军李守信、王英等匪部，从事活动。平地泉至包头间，运输甚忙。伪军派员化装商人，赴口泉、下花园购煤甚夥。窥其情形，似在积极准备军事行动。

本报十五日北平专电：陶林以北红格尔图十四日夜发生前哨战，伪匪军进扰数次，经击退。兴和有某方飞机掷弹，幸无大伤亡。某国军官百余十五日抵多伦，易蒙人装，加入李守信、王英匪部。某方飞机五架，十五日上午八时飞平地泉、卓资山侦察。蒙匪一部由百灵庙拟犯西公旗，石王夫人已派兵防御。又北平十六日电：关系方面息，绥东伪军十五日晚迄十六日晨，续向陶林及红格尔图我阵线猛攻，伪军中有某国军官指挥，已证实。即飞机投下之弹，其未爆发者，上亦有某国年号暨制造厂名。一般人预测十六日晚将续有恶战发生，傅作义因前方紧张，十五日连夜赶赴平地泉亲自指挥。又归化十六日电：绥东战事渐烈，某方运毒瓦斯若干到商都，但未见用。傅作义十五日乘夜车赴平地泉视察。又绥远电：绥东战十五日渐烈，匪伪军十五日扑攻六次被击退后，闻某方定十八日对绥总攻，已运到毒瓦斯弹多车，绥方以绥东、绥北在在须防，决日内取积极行动，肃清绥境匪伪军。

日方正式否认日军参战

外交部亚洲司长高宗武，十八日下午三时半赴日本大使馆访川越大使，交涉绥远事件，闻日方否认日军有参与绥远事件之事。又据绥边来电称：有某方飞机多架，协助匪军进犯绥东，并投弹多枚轰炸，闻我方对此事刻正严密注意，并已从事调查证据，以便提出交涉。又中央社东京十八日电：日外务省正式发言人今日明白释明日本政府对于绥远战事之立场时，完全不承认日本政府对于"蒙军"进犯绥东担负任何责任，该发言人谓：绥东战事，纯系中国国内事件，与日本无关。纵使有日本人民参加"蒙军"作战，亦应认为个人行动，与日本政府及日本军队渺不相涉。该发言人又郑重称：按历史上外国人民参与他国内争之事例数端，并直承日政府对内蒙因反共而起之任何防御行动，表示同情。该发言人最后负责申明，日政府对于绥远战事，绝未与闻，并谓中国在其本国领土内，对于侵犯者，无论如何痛击，日本均无理由加以干涉，盖御寇之能力，为每一国家之基本要件也云。又此间各报登载关东军之意见，称日本对于德王领导"内蒙军"进犯晋绥，抱绝对同情，并虔诚祝其成功云。但关东军对于预知"蒙军"行动一层，则加以否认云。又中央社东京十九日电：《朝日新闻》、《中外商业新闻》、《读卖新闻》，今晨对绥东局势均有评论。《朝日新闻》评论之要旨，略谓绥东问题之为中国及内蒙间前线争斗之表征，虽为事实，但吾人对此所以特别注意者，实因日本对"满洲"、华北均有重大利益，而对上述局势，均有密切不可分离之关系，如内蒙战事扩大，则欲避免"满洲"不直接掺入漩涡，极感困难，加之绥远问题，使中日谈判暧昧不明，虽然吾人益感觉中日关系之全盘调整，为当务之急，而同时认地方问题以就地解决为适宜云。《中外商业新闻》则谓，目前绥军与蒙军间之战事，苟仅系中国之边境事件，则吾人揣测其为一不严重之问题，当属可靠，但目前战事有牵连华北在内之必然倾向，甚为明显，因此吾人不得不认其为中日关系不祥之暗示。总之现无足以保证中日谈判前途乐观之资料云。又《朝日新闻》谓绥远战事虽为中国边境之内部问题，但晋绥之纠纷，足以牵涉与日本特别有关之整个华北大局，同时内蒙之局势，亦将使"满洲"受有影响，是故日本对之自不能全然漠不关心，中日谈判之前途，原已为各种困难所梗阻，目前情形益使谈判前途趋于黯淡，则殊为明显也云。

国军奋勇进剿将匪击溃

中央社太原十九日电：匪伪军连日向红格尔图迭次进犯，皆未得逞。十七日王英匪率领李逆守信部之第二师尹宝山伪部，共聚五千余，复拟大举进犯，国军得报，当令骑兵彭师长亲率步、骑各三团，于十七日夜向十二苏木一带集结，准备袭击。顷据傅主席、赵承绶司令电称：国军彭师长率部十八日下午二时三十分，向打拉村、土城子、七股地、二台地一带，对匪伪部队开始袭剿前进。至拂晓，向匪猛烈攻击，激战三小时，匪势不支，狼狈向西北方面溃退。当国军剿击猛烈时，土城子有汽车七辆，仓皇东遁，匪首王英或在车内。是役毙匪百余名，获汽车、无线电机件、马车各一件。现饬各部分路追击。我前方将士对匪异常愤恨，作战勇猛，短期内定可歼灭丑类。又中央社平地泉十九日路透电：华军昨在红盖尔图反攻"满"蒙匪军获胜。闻绥远军借后方开到之生力军与炮队若干之助，奋力反攻敌人阵地，激战三小时，匪军遂向东败逃。华方声称：战后检获敌尸三百具，并夺得汽车、驴车若干辆，无线电报机一架及辎重一批。又二十日张家口电：商都匪伪十九日已退出商西阵线，改用游击战策。王逆特务团长常子义匪部千余人，十八日被绥军在红盖图全部解决，常亦阵亡。某方将调王英及热骑匪开绥北合犯武川、固阳、北河套。又平地泉电：红盖图正面之匪，经我军剿袭，已全部溃退。该镇附近，迄十九日已无匪踪。匪有化整为零，四出骚扰，破坏交通意。兴和方面，连日形势较紧。某方以王英部作战不力，颇不满。我方在某某两处间已配备重兵，因国人慰勉，前方士气极旺，铁甲车昼夜不断，傅作义对战事态度乐观。

由绥来京客谈匪方情形

据顷由绥省来京者谈，绥远战事发生，除各报所刊之消息外，尚有较为重要之事实多项，兹分述于后。

一、张北飞机场现有匪军轰炸机三架，战斗机八架，侦察机五架。商都停飞机七架，百灵庙五架，张北存汽油八千余箱。

二、匪军发饷，每团长百元，连长五十元，排长三十元，士兵七元，并在张北存给养甚多，商都亦大量征集大车、骆驼。

三、王英匪亲率骑兵一旅，炮兵两连，于十四日向百灵庙前进。

四、匪在百灵庙设立医院，并驻匪军两团。

五、匪决调两联队由承德开商都。

六、匪由多伦用汽车数十辆，满载飞机炸弹，卸于张北。

七、匪军布告，系用"成吉斯汗纪元七百三十一年"。

八、匪首领现有李守信、王英、张万庆、胡玉山、李振铭、德王、张海鹏等（张由承德西进中）。

晋绥将领一致矢志守土

北平十六日电：某某某接赵承绥电云：察匪进犯，我军早有准备，防御工事极固，决不使匪伪越雷池一步。军人守土有责，任何牺牲，在所不辞。又十七日太原电：匪军犯绥省边境，连日以飞机、大炮向我守军进攻，我前方将士在冰天雪地中奋勇剿匪，屡以痛击。阎锡山以国难当前，为争取民族生存，保全国土，已抱定最大决心，决不惜任何牺牲。十七日特在绥署召集晋绥高级将领徐永昌等十余人，对绥省防匪军事，讨论甚详，各长官一致表示愤慨，决遵奉中央命令，追随阎氏之后，矢志守土，抗战到底，以尽军人天职。汤恩伯十七日晚来并，谒阎锡山。又讯：自匪犯绥边以来，各地青年，同深愤懑。南京金陵大学于本月十五日致电傅主席，并告前方诸将士，愿以头颅热血，誓为后盾。十八日得傅主席覆电，略谓：匪部十五日晨间始向我陶林之红盖图进攻，并以飞机轰炸。十五日晚、十六日晨均有激战，悉被我骑兵及保卫团击退，毙匪甚多。杀敌致果，军人天职，辱荷慰勉，弥增感奋，除转示前方将士鼓励外，特电奉覆。

各盟旗当局商抗敌办法

中央社北平十四日电：关系方面息，沙王因王英等匪伪军有沿绥北大青山赴绥西企图，更为防范宁边残匪渡河窜扰起见，特于昨召集各盟旗当局会商防堵办法，闻结果均有所决定。又闻兴和、陶林边境，日来形势险恶，某方坦克车多辆，刻由商都向前线开动，以便为进袭时之前导。据熟悉蒙情者推测，察北地带苦寒，转瞬即届雪季，匪伪军人多粮少，运输困难，利在速战，如我方深沟高垒，坚壁清野，不出一月，则匪伪军内部必生变化。

蒋委员长由洛飞并、飞济经过

飞并经过

中央社洛阳十七日电：蒋委员长于十七日午后一时由洛乘飞机赴太原会晤阎副委员长，并视察一切，钱大钧等随行。祝绍周、王叔铭等到机场欢送，刘峙十七日来洛，候谒蒋委员长。又中央社太原十七日电：蒋委员长偕钱大钧等乘飞机于十七日下午二时许由洛阳来并，阎锡山、赵戴文及各军政要人，均到场欢迎。又电：阎锡山十七日晚七时在绥署宴请蒋委员长，阿王偕随员三人，十七日晚五时由京来并谒阎报告南下情形，并向蒋委员长、阎副委员长请示剿匪机宜。阿王对记者谈，匪犯绥东，国军防务巩固，士气极旺，盼全国民众一致奋起援助，本人俟谒蒋、阎后，即返绥主持一切。又十八日北平电：蒋委员长十八日晨在并召汤恩伯等指示剿匪机宜，后与阎锡山商讨绥事，有详密决定，十二时半乘机飞返洛。绥境十八日无战事，双方均在增加兵力中。

训话大意

太原十八日电：蒋委员长十八日上午十时，在绥署自省堂召集各机关公务员训话，大意略谓：（一）晋绥一般同志与全体将士，在国家最前线艰难奋斗，自强不息，本人时刻惦念，此来特表嘉佩慰劳之意。（二）绥东蒙伪匪军扰乱问题之性质与关系，虽至为重大，然政府已有充分之准备与整个之计划，以吾观之，实甚安全，无须惊异。现在吾人一切应以坚固宁静之态度，沉着处理。（三）我国自九一八后，不断进步，现已统一告成，全国团结一致，现代国家之基础已渐具备，今后但须自强自立，埋头苦干，任何外患，直不足惧。语云，人必自侮而后人侮之，国必自伐而后人伐之。我能统一团结，自强自立，必能实行三民主义，建立现代国家，复兴中华民族等语。次由阎锡山演讲，略谓：我们今天这个会有三个意义，第一个是我们对委员长表示欢迎。第二个是我们对委员长表示敬佩。第三个是我们要听委员长的训话。希望大家本此精神，敬谨听训后，并且要切实遵行。词毕散会。蒋委员长在绥署稍息，即返寓邸。

飞济经过

中央社济南十九日电：蒋委员长十九日午十二时乘飞机抵济，韩复榘及军政要人均在张庄飞机场欢迎。蒋委员长下机后即赴省府与韩谈约二小时，午后三时仍乘原机离济返洛。又中央社洛阳十九日电：蒋委员长于十九日午前十时，偕钱主任大均及职员、卫士十余人乘机飞济南，十二时到达。在济晤韩主席，并向省府各厅长及高级将领作简单训话，勖以奋发精神，在韩主席领导下，努力造成山东模范省。午后乘原机返洛，五时三十分抵阳洛〔洛阳〕。

中宣部发言人发表时局谈话

最近伪匪进犯绥远，情势日趋严重，民情舆论，尤为激昂，中央宣传部发言人二十日对中央社记者发表关于时局问题之谈话，特将其大意录载如左。

匪奸盗寇危害国家，誓必剿灭不容姑息

一、吾人要知一个独立国家，其国家之主权，无论对内或对外，必须有充分自由之行使。简单言之，即对内必使其主权为绝对，对外必使其主权为独立，中国目前问题，看来虽似复杂，然苟以此理为之纲领而贯通之，实为简单。中国现已完成统一，政令普及全国，仅西北极小部分"匪区"内之同胞，尚未脱离水深火热之苦境。此种"匪徒"，其组织，其号召，其背景，已为国人所深刻认识，其为破坏国家统一与妨害民族生存，殆无疑义。而伪匪军又复内侵，其存心何在，背景何在，亦属有目共睹，而其为侵犯国家主权与危害政府威信，更无稍异。故不论其所居之名为匪、为奸、为盗、为寇，其为害同，其为吾之敌亦同，站在国家与政府之立场，对此决不容稍事姑息，誓必尽力剿灭，盖已为今日之国是。

进行中之中日交涉，关键完全系乎日方

二、在南京进行中之中日交涉，时日推移，已逾两月，政府对此方针，早经我外交当局前后表明，即国交调整之原则，为平等与合理。近来国内及国际间之舆论，对于中日交涉，均谓中国政府及外交当局已尽其应尽之最大责任，甚希望日本方面能充分认清中国立场，并使中国人民对中日邦交调整交涉，确信能改善两国关系，达到弃嫌修好之愿望。此种论调，既能代表中国国民之心理，亦可见国际间共同合理之判断。今日中日交涉关键所在，完全系乎日本方面。事实之表示，最近伪匪大举内犯，边氛日亟，国民情绪高涨，注意绥、察军事之热心，已远过对于进行中之中日交涉。此中态度之歧异，实足为邻邦朝野极好之研究资料。

齐一步骤信任政府，匪寇歼灭奚待蓍龟

三、绥东情势紧张后，国民情绪甚高涨，而态度极沉毅，腹地如此，边省亦然。因今日绥、察之问题，极简单明了，来犯者不论其为伪为匪，或其他任何势力，同为国家民族不共戴天之大敌，于此应付之方，惟有迎头痛击，惟有根本剿灭。地方疆吏，于此有明显之表示，中央当局，更有明切之指导，态度显明，毫无犹豫研究之余地。故数日来前方军讯，匪众虽屡次猛犯，无不惨败。此固由前方将士之英勇，亦赖中央之统筹主持，始有此上下相维，内外一心之现状。全国人民，若更能鉴于此种事实，以沉着镇静之态度，整齐统一之步骤，信任政府，共赴国难，匪寇之扫荡歼灭，又奚待蓍龟。

国人募款慰劳将士，须注意组织与支配

四、绥、察警报传出后，全国民众对于前方将士所给与精神之

鼓励，效用甚宏。近数日来，各地学生及民众发起之募捐慰劳前方将士运动，尤为踊跃而热烈，此诚人心民气最可珍贵之现象，亦国事前途最堪乐观之点。惟是政府对于剿匪军事之接济，自有一定之筹划，而全国人民之捐募输将组织与支配，尤须双方注意，否则散漫混杂，虽一时之勇气可嘉，而其结果之有裨于实际盖寡，往事可为殷鉴。故本部前次于"贡献一日所得"运动，曾订定推行办法，登载全国报纸。前日复于慰劳绥远将士募捐运动，增订补充办法，刊载报章，深望爱国人民，能按照各该办法，以求贡献于国家也。

罗家伦由绥返京谈视察感想

中央委员兼国立中央大学校长罗家伦，日前由京赴平，出席中法教育文化基金委员会会议，并赴绥远视察义务教育。适匪军大举犯绥，绥主席傅作义率军杀贼，罗氏为慰勉守土将士，除亲赴前线视察外，并发表慰勉将士书。三军闻命，益深感奋。罗氏旋离绥，过平时，并在清华大学对学生演说。于十六日离平南返，十八日下午四时抵达浦口，入城后略事休息，即分访各当局，报告在绥、平一带视察印象。

罗氏谈话

中央大学校长罗家伦氏新从绥远归来，其所经历之处甚多，接触范围亦广。记者特往访问，记述其谈话如次：

这次兄弟在绥远前线考察的结果，使我非常兴奋，非常乐观。所到的地方有包头、绥远、十八台、平地泉、大同等处。所遇着的人，有傅作义主席、李服膺、赵承绶各军长和田树梅司令各位。对着讲过话的有学生、士兵和民众。参观过的有防御工事。我离开的时候，正是十四号的晚上，那时候前线的战事已经开始，我临离开赵承绥军长的一分钟，他正接到前方的报告，说是匪军在兴和丢了三个炸弹，我方并无一人死伤。

官民一致

讲起绥远的一般防御情形，我觉得最难得的，是人民完全与当地政府一致，当地政府完全与中央一致。绥远的民众，确乎与省政府打成一片，团队的组织和训练，非常严整，民团绝对可以听地方政府的指挥。人民爱国情绪的热烈，可以拿一件事体求〔来〕做比喻。政府征工建筑前方工事的时候，有一个六十二岁的老头子，前来应征，管理工事的人，说他年纪太老，要他回去，这个老头子说："我虽然六十二岁，但是一口气还在，就得铲几锹土，帮助政府去打敌人。"说到中央与地方的关系，可以说是完全打成一片，毫无隔阂。傅主席说：他每天都和中央文电往来，他所希望的，中央完全做到。李军长说："绥远的事，中央已经十二分的注意，不但今天，这一年多以来，中央与晋绥当局精神上已完全一致。所以在这个期间，晋绥军事上的进步，连我自己也预想不到。"

处置捐款

傅主席对于各方面的捐款，现在都以各捐款机关或个人名义存在银行。他说，现在还没有做出成绩来的时候，决不动用，如果将来没有事，他依旧退还。若是大规模战争发动以后，他再把这些捐款动用。他又说，若是正式大战发动以后，决不是绥远的问题，乃是全国的问题，那时候各方面的捐款应当由中央有全盘打算的办法。这种廉介光明的态度，真是值得我们佩服。十四日我和他在十八台分别的时候，他对我表示，前方的兵力对于匪军的侵犯，绝对可以驱散，给他们重大的打击。他又说，匪军的力量，只是绥远、山西军队都可击散，何况还有中央的兵力在一起。我亲自看到一切前方的工事，觉得很坚固。

坚强自信

但是比工事的坚固还要重要的，便是将领的自信心。因为我们知道，像傅主席一流的军人，是很稳重沉着，绝对不是浮夸的军人。所以他这种自信力，格外值得我们重视。至于中央军和当地国军打成一片，更是不成问题。在绥远住在我房间隔壁的，就是中央军某重要军官，不过现在我不负宣布他的姓名的责任罢了。

就一般情形而论，绥远的物质状况，还是缺乏，我们应当视其缓急，尽量补充，天时不如地利，地利不如人和，现在绥远确有人和，只要有物质的充实，一定是能作有声有色的表现，为我们民族争这口正气。

北平情形

记者又叩罗氏以北平情形，罗氏谓：北平教职员、学生态度均极坚忍沉着，毫无浮嚣无益之举动，在国防前线目击身受，感觉最深，故有志青年自反自省，亦最切实。如最近北大之全校体育检查，和其他优良大学之注重授课及研究，皆其实例。以一日贡献国家之运动，北大与清华教职员均已响应。又据李书华先生和清华几位教授告我，谓许多青年研究员及助教，都日夜从事实验工作，以求在外国标准学报发表结果，附上自己的名字，以为荣耀。这种埋头苦干从事学术之精神，尤为国难严重中的民族复兴之一种新希望云。

又中央社讯：中央大学校长罗家伦十二日在绥远发表《慰勉武装同志》一文。兹录原文如次：

绥远前线各军武装同志：经我们血染的山河，一定永久为我们所有，民族的生存和荣誉，只有靠自己民族的头颅和鲜血才可保持。这次我看见各位将士塞上的生活，已认识了我们民族复兴的奇葩，正孕育在枯草黄沙的堡垒中，等候怒放。我深信各位不久可以使世界认识我们中华男儿还是狮子，并非绵羊。我们全国同胞的热血，都愿意奔放到塞外的战壕里，助各位消灭寒威，激励忠勇愤慨。现在筹奉国币一千元，本欲供各位杀敌前的一醉，但是想起这是长期斗争，并非一次的慷慨赴难，所以愿将这些小的款项改为医药卫生设备之用，备各位壮士裹创再战。现在整个民族的命运，抓在我们手里，我们大家都无所逃于天地之间，只有我们血染的山河，更值得我们和后世的讴歌和爱护。我诚恳热烈的向各位致敬，更愿代表国立中央大学三千教职员和学生向各位致敬！罗家伦，二十五年十一月十二日，绥远。

全国各界纷电致慰守土将士

各级党部

一、中央党部　中央党部全体工作同志，近以匪军侵扰绥东，前方守土将士奋勇抗敌，异常劳苦，特自动发起捐款慰劳。闻此项捐款已集得五千余元，日内汇齐，即转发前方。并闻全体工作同志复致电傅主席，表示慰劳。兹探得原电如下：绥远傅主席并转前敌守土各将士均鉴：比以匪军侵扰绥东，我前方将士奋勇遄征，捍卫疆土，血气之伦，莫不兴起。同人等发起捐款慰劳前敌守土将士，聊尽微忱，除将捐款五千元即日汇上外，特电慰劳，统希亮察！中央党部全体工作同志叩。篠〔筱〕（十七日）。

二、粤省党部　中央社广州十八日电：粤省党部全体工作人员，以绥东将士剿匪，忠勇堪嘉，特捐薪一月，汇绥慰劳。并电傅主席，略谓：执事指挥将士，愤勇杀匪，扬我国威，戡彼贼焰，遥瞻武烈，曷胜振奋！尚祈继续努力，为国守土，全体同志同胞，誓为后盾等语。又粤省市党部定二十日召各机关、团体、学校及新闻界开会，讨论慰劳守绥将士办法。

三、京市党部　京市党部十七日电慰劳绥远将士，略谓：匪伪军在某方掩护之下，犯我绥边，为虎作伥，野心昭然。幸赖诸将士捍卫边陲，誓死守土，用能杜绝诡谋，戡彼寇氛，消息传来，国人莫不振奋。尚望赓续为国努力，固我疆圉，曷胜祷切，特此电慰，敬祈垂察！

四、汉市党部　中央汉口十七日电：汉市党部，以华北风云日急，绥东益趋紧缩〔张〕，幸前方守土将士，准备浴血抗战。惟塞外天寒，备极艰苦，应有精神与物质之慰劳，借壮士气。该部委职员集中所得汇出，并致电慰劳，一面分函市内各机关，予以倡导。其慰劳电，略谓：匪伪犯绥，为虎作伥，凡属血性，靡不发指。所赖同志指挥若定，抗战有方，冰天雪地，争传杀贼之英勇，冒镝冲锋，定奏守土之殊勋。北望燕云，同深悲愤，除全体委员、职员，愿以一日所得捐助，计洋百五十余元，另行汇上外，特电驰慰，伫盼捷音！

五、渝市党部　中央〈社〉重庆十七日电：渝市党部，以匪伪军犯绥，我守土将士，于冰天雪地之中，拼死抗敌，具见忠勇，除定十九日晨十时召各机关、团体、学校及各界代表，筹商募捐慰劳办法外，并于十七日电傅作义及全体将士致慰。原电云：绥远傅主席作义并转全体将领均鉴：匪伪犯绥，全国震动，贵同志率领将士，坚决抵抗，为国守土，风声所播，普海同钦。切盼帅我健儿，继续杀敌，保我疆土，还我河山。本会同人，决率全市民众，誓为后盾。国族存亡，系此一举，引领天北，不胜翘企！

又此间各团体，连日纷纷发起捐薪及节食运动者，计有重庆大学、华西公司、律师公会及各中小学，即以所得汇赴前方慰劳将士。

粤桂将领

一、李、白、黄电　中央社桂林十九日电：李宗仁、白崇禧、黄旭初十七日电傅作义、阎锡山，略谓：匪伪犯绥，赖守土将士各军奋勇杀贼，迭予巨创，捷音远播，钦奋无已。现在国内团结，人心齐一，望以大无畏之精神，坚持到底，全桂民众、将士，誓为后盾等语。

二、余汉谋电　中央社广州十九日电：余汉谋十九日电慰傅作义暨各将士，原电云：绥远傅主席宜生先生勋鉴：勃敌不道，率我丑贼以图扰荡我边疆，凡在国人，同深愤慨。吾兄愤起抗敌，志清妖孽，天戈所指，屡挫凶锋，韩、范临边，西贼胆破，歼渠犁穴，在指顾间。惟塞北之苦寒，值风雪之正厉，眷言袍泽，从事独贤，引企幢麾，毋任轸结，尚冀为国珍重，努力加餐！益励鹰扬，誓平豕突，还吾河山，伫闻凯奏，临风翘首，不尽拳拳。粤绥靖主任余汉谋叩。巧（十八日）。

三、香翰屏电　广州十九日电：四路军各将领电傅主席并转前方诸将士云：匪伪甘为虎伥，犯我边围，神人共愤，覆载不容。台麾率先，部曲奋勇前驱，屡遏妖氛，捍卫国土，神武仁勇，薄海同钦！逖听下气，距跃三百。忝附袍泽之末，愿执鞭弭以从。北地苦寒，贤劳敬念，想元老壮猷，指挥若定，蠢兹逆虏，不难一鼓荡平也。临电依驰，凄凄不尽！香翰屏等同叩。效（十九日）。

四、刘健群电　广州十九日电：军事委员会广州行营第二厅刘厅长健群，顷电傅作义慰勉，原电如下：绥远傅主席宜生兄：绥远事起，兄当其冲，往岁所设，今成事实。冰天血战，均念贤劳，此苦未随，实惭知友。吾兄以平昔之准备，获全国之后援，知必克敌致胜，为国争光，南中引领，切盼好音。弟刘健群叩。十九日。印。

工商团体

一、汉市商会　中央社汉口十七日电：汉市商会十七日召集各业分会主席暨业主界举行联席会，讨论募集寒衣暨征收一日所得，贡献国家办法。该会先电绥远傅主席，原电略谓：伪匪南犯，虎伥张牙，北望寒雪，同深愤慨。前敌将士，誓保岩疆，雪地冰天，披荆斩棘。懔中央守土之责，具军人报国之忱。血染沙漠，不辞粉碎，魂飞绝塞，犹仰羲黄。大义震天，群情向往，滔滔江汉，后备为援。正在募集寒衣，用资慰劳。我公英武卓越，总率师干，武略文韬，指挥若定，国权民命，保障维殷。抗战方张，伫候捷音。追奔逐北，复我山河。临电神驰，无任企祷！

二、汉市工会　中央社汉口十八日电：汉市工界负责人士，十八日午后二时假市党部大礼堂召集各业工会代表会议，计到五十余工会代表。决定全市工界以一日所得，汇齐慰劳绥远剿匪将士，并电慰劳绥主席傅作义及全体将士。略谓：匪军进犯绥疆，全国一致震动，幸我主席及全体将士，浴血苦战，屡挫匪锋，声威所树，薄海同钦。惟匪焰方张，蓄谋已久，切盼率我将士，直捣匪巢，保我疆圉，歼彼顽丑。本市全体工团同志，谨率我三十万工人，誓作后盾，国土保障，民族存亡，实深利赖。北望燕云，曷胜引领。

各地报界

一、本京报界　本京《新民报》、《大夏晚报》全体职工，于十六日议决以一日所得之薪金，捐助前方抗敌将士。《大夏晚报》

并电致傅主席转前方全体将士云：绥远傅主席并转前方诸将士勋鉴：贼伪猖獗，窥我边疆，端赖我戍边将士，荷戈执戟，捍敌绥疆，歼灭丑虏，指日可期。敝报职工同人，谨以一日薪金所得捐赠，以慰我抗敌将士。区区微忱，敬祈赐收。南京大夏晚报社全体职工同叩。铣（十六）。

二、徐埠报界　中央社徐州十七日电：徐埠新闻界十七日电绥远傅作义主席暨前敌将士云：匪氛日炽，犯我边围，人神共愤，我公暨前敌诸将士奋勇杀贼，捍卫疆土，风声所树，薄海同钦，徐州新闻界誓为后盾。

三、汉市报界　汉市记者公会十九日电傅作义及各将士慰劳，原电云：敝会同人忝司民众喉舌，除已商准各同业竭力鼓吹"一日所得运动"，迅速汇款前方慰劳外，并愿始终为公等精神上之后援。凡有利于国家及前线将士之处，同人等无不竭尽棉薄，为公等努力宣扬也。

学术团体

南京各学术团体，以前方将士忠勇剿匪，为民族争生存，现正联合共同发起大规模之募捐运动。中国社会问题研究会，致傅主席暨前方将士一电，特录于下：绥远省政府傅主席暨前方全体将士勋鉴：匪军犯绥，赖公等严整师旅，迎头痛剿，塞宵小之恶胆，捷报传来，薄海同钦。南京各学术团体、各教育机关，现正联合作大规模之捐款运动，一俟集有成数，即可汇上，以慰劳我忠勇将士于万一。尚望公等挥戈杀敌，再接再励！谨先电达，静候佳音！南京中国社会问题研究会叩。

又中山学社电慰前方剿匪将士云：太原阎主任、绥远傅主席并转前方将士勋鉴：匪军犯境，幸我忠勇之将士，于冰天雪地中，冲锋杀贼，其为国牺牲誓死不屈之精神，足以开金石而动天地。

敝社同人，除正进行捐款援助外，谨先电慰。中山学社。巧。

又武大教〔职〕员职工全体，致电绥远傅主席慰劳，原电如下：绥远傅主席并转全体守土将士公鉴：伪逆入寇，强邻狞伺，诸君于冰天雪地之中，浴血潦〔奋〕战，为我羲〔炎〕黄华族固其生命阵线，丹忱碧血，可泣鬼神。同人等感念忠义，誓为诸君应援！谨先捐奉一日薪工，聊尽后方棉薄之助。祖宗寸土，不能再失，伏望努力杀贼，为复兴民族之先驱，诸君殊勋，永垂不朽！国立武汉大学全体教员职工同叩。篆〔筱〕。

《中央周报》

中国国民党中央执行委员会宣传部

1936 年 442 期

（李红权　整理）

大庙克复后绥北战事暂可告一段落

作者不详

　　大庙亦称锡拉木楞召，位于乌盟四子部落旗，西距百灵庙百八十里，南距乌兰花六十里，再南距武川百五十里，东距匪之老巢嘉卜寺约百余里，迩来为匪伪军所盘据，作为反攻百灵庙之根据地。自匪伪军反攻百灵庙惨败后，我方即决意将该庙收复。日来一面收容反正军，一面调某骑兵师沿乌兰花及大庙附近肃清残匪，截至九日夜，王英匪部下之金宪章、石玉山等旅完全反正，德王之木〔穆〕克登保师复由金部缴械，匪势已穷。九日夜我方动员令下，围攻大庙。在庙之蒙匪伪部初尚拟固守，故激战颇久，直至十日上午九时许，我军始迫近。十时以后，遂完全收复，残匪溃窜，是役我又获得辎重不少。按百灵庙及大庙为敌侵扰绥北之二重要根据地，今既相继被我克复，敌已失其凭借，故最近乃变更其目标而侧重于绥东之陶林、兴和。连日热境伪军纷纷西开，密布察北，并积极向南壕堑增兵运械，战事有一触即发之势。国军对此已严加防范，敌如来扰，决迎头予以痛击。兹汇志各情如后。

匪众投诚日多，内部有瓦解势

　　十日归绥电：绥北方面我军连战皆捷，声威大震，匪伪一部久存反正之心，一部无力迎战，自八日起，纷纷反正。先后到达乌兰花我军阵地及原驻地点，而由长官前来投诚者，计有旅长石玉山，师长金奎斌，副师长王惠民，旅长葛子厚、赵奎阁，宪兵大队长张荫梧，团长张占山、祁凤林等，主要军官达二百余名，士兵五千余人。并携来马匹无数，汽车十余辆，炮四门，机枪、轻机枪二十余挺，并电台、烟幕弹、毒瓦斯及一切辎重、文件极多。副师长王惠民、旅长葛子厚，且于九日夜先行到绥，十日晨谒傅作义，报告反正前后经过，其余除少数留前方外，余分批于十日晚十一日晨陆续到绥。

王英匪部石玉山旅反正经过

中央社归绥八日电：绥北剿匪军事现获一极可欣慰结果，即盘踞大庙间王英匪逆台柱人物石玉山旅长，率全部人马共三个半步兵团，一个炮兵连，突向国军投诚反正。石氏本人已于八日下午四时亲至某地谒曾延毅副军长，接洽收编该部办法，并表示爱国至诚，誓不为匪伪作伥之决心。曾副军长当面深致嘉许，一面急电傅作义，赵承绥、王靖国等各将领，莫不表示欣慰，对石氏幡然悔悟，深致嘉许。

傅作义拨巨款奖励石玉山部

中央社归绥九日电：王英部石玉山投诚后，九日晨傅作义特拨巨款，电令前方曾延毅副军长，就近招集石部各官长训话，并发款以资奖激。至王英本人投诚事，现仍在商洽中。又归绥九日电：接洽王英部反正事，赵承绥负责甚多，此次与石玉山办妥反正手续事，孙师长长胜出力为大。孙数电赵承绥、傅主席，对反正官兵加以特别优容，以为未来者法。寓宽厚于制裁之中，此种精神，颇为伟大。另电：傅作义九日拨款万元送绥北，交曾延毅，犒赏反正将士。

石等发表通电，所部将受点编

本京十日接到由太原转来石玉山等八日通电，原文如下：（衔略）均鉴：窃以国家多故，外患日亟，分属国民，何□背叛？只□处境日非，不得不暂为屈服，以待时机，再遂来归。玉山等效命党国，历有年矣，决难为虎作伥而助桀为虐，故几经筹维，积成劲骑一旅，睹时机已届，顺正义而行。为此于十二月八日实施国民救国之义，从此愿居阎主任、傅主席、戈军长领导之下，以尽保国卫民之责。尚希亮察！石玉山、苏义和、张效援、曹辅臣、王凤俊同叩。齐（八日）。印。又中央社归绥十日电：石玉山、金宪章二部反正后，傅作义正派员前往点编，并电蒋委员长、阎副委员长报告经过。拟对石、金以旅长任用，至该两部驻防地点，刻亦在研究中。傅、石于十日晨已来绥谒各军事长官。

反正军官谈话：爱国初无二心

十日归绥电：反正各师旅长相继到绥，《中央日报》记者顷访原属王英之步兵二师副师长王惠民、旅长葛子厚于旅次。时王、葛方谒傅作义归来。据谈：请君转告全国同胞，余等今日已返我本来面目，余等一时或为国人所误会，但相信一切事实，当局已全部明了。盖余等初入匪伪各部，即存囊括其所有，待机而动之决心，只以时机未至，且枪炮不全，未敢妄动。截至最近，一切新式毒器及新式武器已全部分发到部，余等认为时机已至，无可再缓，乃举义旗，号召所部，扫数反正。相信凡属国人，爱国初无二心，或为一时压迫，或受环境束缚，或为别有用意，先入其部属，以便乘机而动，一旦时机成熟，必能倒戈反正也。另电：葛子厚谈，王英部共两师步兵，三旅骑兵。一师驻南壕堑，师长为张树棠，二师即驻大庙者，师长为奎斌，即金宪章。现二师已全部反正，一师仍未动。骑三旅，一旅旅长为石麟川，即石玉山，已反正；二旅为杨寿臣，尚未脱王，人数已无几；三旅为胡宝山，已脱王，但未反正，已奔草地。步兵之一、二两师共辖四旅，一旅马旅长，二旅安华亭，三旅赵奉阁，四旅葛子宇，外有骑炮营。外传之金甲三部，并未正式成立，即被解□，本人在离大庙前，先于九日晨六时半解决德王之骑七师穆克登宝部，只费一小时，即全部解决。

某方恐王英反正已悬赏缉拿

归绥九日电：近日绥远情况如下：（一）石玉山、金宪章等之反正，使某方在绥北扰乱之凭借顿失所依。即以势力言，石、金等占王英伪大汉义军全部百分之八十以上，而且为精华所在，故绥北军事只剩收编、安抚、救济战区等问题，如察北无新敌袭入，该方不致再有重要战事发生。（二）王英本人只余二百左右之卫队，彼决难能再回察北，重受某方之卵翼，故如坚不投诚，只有流落而死，或被我歼灭之一途。（三）反正事实，给军民以极大兴奋，到底中国人始终是中国人，如欲利用中国人以亡中国，已为不可能之事。（四）绥东方面，完全看某方是否再策动进攻，如其不然，则绥可暂安一时。（五）中央在绥筹设大规模后方医院，由桑沛恩主持其事，刘瑞恒九日来绥，即谒傅主席商议此事。又十日张家口电：驻嘉卜寺察某方特务机关闻王英有反正事，十日通知察北各机关，悬赏缉王，王本人下落不明。又十日归绥电：王英匪只身乘轿车，向大庙东北约八十里之法启谓召哈拉巴盖方面逃窜，我军正追剿中。又十一日北平电：某方以王英数债事，大为愤恨，悬赏购缉。王后方留守部队半被缴械，半被坑杀，十一日盛传王英已被刺。

反正将官金宪章等联名通电

中央社归绥十日电：王英部旅长金宪章、石玉山，前后率十团反正，十日通电如下：（衔略）宪章、玉山等自离军伍，备尝艰难，而爱国之心，未肯后人。当王英赴察北时，曾力劝其不应作危害国家、害子孙之事，限于环境，未获成效。转思事既不能中止，与其困守无补，曷如参入其间，相机反正。不意入察北以来，精神痛苦，有十倍于当日所想像者，盖人豢我育我，无非一时之利用，遇之如奴隶，轻之如刍狗，稍一不遂，杀戮随之。凡残害同族之利器，如毒瓦斯、坦克车、飞机、大炮等，补充惟恐不完；凡挑起民族之恶感，离间国人之团结，分割国土之密谋计画，惟恐其不毒。利用时则诱吾人以不甚爱惜之金钱禄利，不用时则饷吾人以备极惨酷之刀锯斧钺。尤可痛者，察北民众，横遭涂炭，征调聚敛，奸抢掠夺，凡此种种，不但宪章等目击心伤，饮泣切齿，即察北人民，亦均攘臂忍泪，矢复祖国。当时辽、吉、黑、热、察同人，均此心理，忍痛待机，誓为同胞复仇者，已非一日。适值被迫调至绥北，宪章与玉山不约而同，于八、九两日，分率王英全部十团，先后归诚，实现初衷，并枭仇者首数十以自效。因思宪章、玉山等，个人虽幸自拔，而有下列数义，不能不为社会及友邦告者：（一）友邦对吾民族应有新的认识，与远大之期待。盖我民族已迈进于复兴之途，从前之自私自利，贪图禄位金钱，徇私人情感者，均成过去。此后友邦贤明政治家，应变狂噬狡逞之暴行，为和平互尊之心理，则两大民族携手互助，自足增东亚和平之地位。否则吾国人为生存计，已决不致为人利用而自残同类，可断言也。（二）辽、吉、黑、热、察同人及其他被迫同胞，久历艰苦，素晓大义，徒以环境所限，未敢零碎牺牲。现蒋、阎二公领导救国，全民众已作生存之殊死战，为诸同志计，如能忍辱待时，即不妨暂缓反正，时不及待，亟盼早日来归，共负救国大业。盖宪章既邀非分之遇，更盼同人之早见天日也。（三）吾中华民族当此国难严重，势须团结自救，中国人不打中国人，殆为全民一致心理。此日〔次〕绥远战时〔事〕，即可证明吾民族已彻底觉醒，吾国家必能复兴。就绥东百灵庙诸役言，敌以数倍之众，佐以飞机、毒瓦斯、坦克车等利器，并在主使者之机枪督战下，而吾国军沉勇抗战，甘为民族流血之精神，与对于被迫同胞不忍战、不肯战、不能战，徘徊颓丧之态度，相较霄壤。同时民团、蒙民之裹创助战，全国父老之踊跃输将，均足证吾民族意识之旺盛，更可推知昔之被人利用者，今日必将继续自拔，即有一二丧心，亦难制止其部下不作爱国行动。救国伟业已肇良基，凡吾袍众愿共努力！特布区区之忱，伏俟明教！金宪章、石玉山、曹凯、张子敬、王奉钧、葛子厚、赵奎阁、王惠民同叩。灰（十日）。

国军收复大庙，肃清附近残匪

匪心涣散，其根据地完全动摇

五日归绥电：匪再犯百灵庙均遭失败后，匪心涣散，气焰衰颓，其根据地之大庙业已完全动摇，似有放弃准备。匪主力部卓世海股已退出大庙，向后撤退，暂驻西苏尼旗境，王英部属亦四散分离，大多反正。某方指挥官因无法约束，乃移恨德王，闻对德王行动已实行监视。现大庙残匪虽在赶筑工事防御，但皆系为某方威勒所致，实则匪众惊惶无措，已无斗志。又六日归绥电：匪此次再犯百灵庙，实欲一举而得，不意惨遭失败，颓丧已极。现匪内部分歧，意见不一，人心散漫，势将瓦解。号称主力之王英部，此次死伤特巨。损失尤大，全部业已消灭殆尽。王匪及少数亲近恐遭某方计杀，已流窜草地。又中央社归绥八日电：蒙匪伪三日、四日二次袭击百灵庙溃败后，八日复遇王英部属反正，其所盘据大庙根据地，匪势已瓦解，而百灵庙战事可云已告一小段落。即自武川以北乌兰花一带之匪，亦大致廓清，且当匪反攻百灵庙时，虽尽量使用现代之新式武器，但以国军皆能奋勇杀贼，故卒获胜利，并获得匪方毒瓦斯弹甚多。又当战斗时，确有某方重要人员从中指挥。

我军出击攻下大庙附近山地

六日北平电：匪军轰炸百灵庙后，我军民愤激，五日晚我军由百灵庙、武川两路出击，已收复五圙圙。又七日归绥电：国军目〔自〕六日下午二时起，在大庙附近与匪激战，至七日午止，国军前锋已逼近大庙。匪伪军虽携有毒瓦斯及烟幕弹，但短兵相接绝无效力。六日德王已到大庙，残部极少，狼狈不堪。又七日北平电：我军由百灵庙出击部队，六日晚已攻至大庙附近，伪军据庙顽抗，战况甚烈，大庙即可攻下。又八日归绥电：国军七日晚已占领大庙附近之山地，八日晨仍在接触中。滂江匪伪军及某方正规军五千余人，已开往增援。日机十余架，翱翔上空掷弹。又九日归绥电：大庙方面战事爆发，残匪一部企图南窜，经国军于九日拂晓进击，残匪不支，分两股向东北、西北两方溃散。东北股人数较多，西北较少，国军追剿中。但大庙仍集有多数伪军，国军已向匪人原驻之哈拉附近某地开进。本日曾有某步队私入匪人阵地，大刀砍毙匪众甚多，经长官制止，始原队整队而回。

李团克复大庙，蒙民热烈欢迎

中央社归绥十日电：自王英匪部纷纷反正后，国军傅作义部李团长率部于十日上午十一时将大庙（即贝勒庙）克复，匪溃逃无遗，外传九日晚已克复大庙说不确。另电：国军十日上午十一时克复大庙，当地蒙民热烈欢迎国军入境，争先前来慰劳。另电：大庙附近零匪已完全剿清，武川以北乌兰花之匪亦肃清。曾延毅正收抚蒙民，救济伤亡，赶办善后。又北平十一日路透电：今日此间接得归绥方面来电称，国军昨日克复大庙，入镇时，当地蒙古喇嘛均张臂欢迎。国军与匪在大庙东数哩之处激战后，将匪击退。

蒋、阎拨洋万元嘉奖出力将士

中央社归绥九日电：蒋委员长、阎锡山主任，以蒙匪伪此次反攻百灵庙，幸国军防御得法，奋勇进剿，使匪不得逞，深属可嘉，特奖洋万元。又归绥十日电：此次匪军反攻百灵庙，我守庙部队沉着应战，将匪击溃，蒋、阎极欣慰，特奖洋万元鼓励。

匪伪军调遣忙，企图再扰绥东

绥远六日电：确息，由热调察伪军计分两部，一为伪兴安省警备司令吴瑕亭部，约三千人，由热河北部开察北宝昌，拟增防潢江；一为伪满第五军管区司令王静修部，计辖伪教导团两团，及伪承德地区警备司令王某所部骑兵两团、步兵一团，共五团，由承德经丰宁大阁镇至察北古〔沽〕源，前锋已到张北。又七日张家口电：某方因匪军进犯百灵庙难得手，将侧重陶林、兴和，而移其正规及伪军密布察北。张海鹏匪部三千已集中陶林境八台地方，大青沟匪伪连日正向商都开进。

热境伪军源源西开准备进犯

七日集宁电：李守信匪部吴旅三千余人，在热境向多伦开拔，准备进扰陶林、兴和。某方调奋勇队四百余人，至察北参加工作。又某方因迭次进扰均失败，日内召集匪伪军中某方指挥官，举行会议，决定新企图。又九日张家口电：九日热境伪军三千由多伦抵宝昌境葫芦峪。驻德化、商都间昔尼乌苏之热境伪军三千，十五日前开抵商都前线。德王近征锡林果勒盟各群、旗壮丁入伍，大举犯绥，蒙人闻讯，怨声载道。又十日张家口电：九日张逆海鹏部骑兵八百，到宝昌榆嵬沟，炮兵千余，携钢炮三十门，抵李家营子。康保属土城子现集中张部步兵八百，某正规军三百。另电：热境匪军王静仪〔修〕部二千人，九日晚抵张北境馒头营公会，另有千余人抵崇礼县属西湾子，十日赴南壕堑，尚有四千人由沽源西进中。南壕堑匪伪军每连内均有熟习华语之某方指挥官二三人。

敌集结南壕，堑我军严阵以待

八日张家口电：匪伪迭次进犯失利，驻嘉卜寺某特务机关传出消息，谓已不许匪伪再战败，必要时即实行以热境匪军作进犯主力，同时并向绥东南壕堑增兵。某指挥官十余人，二十日由寺抵张北，即赴南壕堑。张北属土木路，有热境匪军三千集中，将与驻南壕堑某军及热境匪军六千，向绥东兴和猛犯。七日晚由多伦开出某正规军及热境匪军共五千余人，八日分驻康保、宝昌及沽源属高山堡、榆林沟一带。八日由张北运南壕堑军火及麻袋十余汽车，即由张逆万庆部抓当地民夫，将袋实土，垒堆阵地。又九日张家口电：某方决由南壕堑西犯兴和，连日积极向该堑增兵运械。九日晨由沽源续到张海鹏部六百人，另由津运军火百八十吨，八日晚已有烟幕弹三汽车抵张北，余尚在途中。又归绥九日电：傅作义九日午访王靖国、赵承绶，协商剿匪事。王在此约尚有数日勾留，始可赴并谒阎锡山。据闻绥东情势迩来虽明弛暗张，迄未有若何接触，但国军防范未敢稍懈，盖以匪之企图实有一触即发之可能。又所幸绥境现仅为防剿匪扰一项工作，凡关外交事项，均听中央处理，而情势尚不复杂，故可应付裕如。

匪机仍不时至绥境侦察掷弹

五日张家口电：某方特严令各伪机关防护军事设备工程，王英在商都被软禁，行动受监视。四日早八时由多伦过张北飞机六架，九时又过三架，去绥北侦察掷弹，返停嘉卜寺。现寺旁即商都机场，约共停机五十余架。又归绥五日电：犯袭百灵庙之匪军经三、四两日国军痛击惨败后，未敢再大举侵犯，推〔惟〕五日午刻，某方派机八架，先后至庙方上空掷弹轰炸，共掷弹百余颗，幸国军方面防御得法，未受若何损失。又归绥八日电：八日上午有匪机八架，飞乌兰花轰炸，掷弹达百枚以上，幸国军防御得法，未受若何损失。即当地民众，亦因经过临时相当训练，亦未受若何损害。

某方将以热伪军为犯绥主力

十一日北平电：大庙克复后，绥北无事，匪积极向商都增援，图以热河伪军主力进犯，绥东形势转紧。又十一日张家口电：察北匪伪现状：（一）热境匪军大部正向沽源集中，张海鹏部任康保、宝昌及商都等攻守事，王静修任多伦、张北、南壕堑等攻守。十一日据嘉卜寺某特务机关宣称，今后决不再退却一步。前方兵站设寺，张北总站设多伦，必要时即沿长城据壕筑垒。（二）李守信大部悉驻商都，李时往返商、寺间。（三）伪匪三千驻商西哈托哈。（四）张海鹏部二千驻滂江，某军在商、寺间集中者三千余。（五）某方督战队现分驻商西十台及乌兰哈达。正规军约千余，分驻滂江及商西七台、八台等处。另电：南壕堑匪伪因迭犯绥东兴和，步、骑、炮兵均难收效，决用毒瓦斯及飞机，为再度进犯之主要器。连日由张北运南壕堑毒弹甚多，某方技术员十余名，十一日晨由张北抵垦，驾驶员三十余人，七日由赤峰□抵多伦，十一日或十二日亦可到达。

绥东天主教友协助国军杀贼

本京息，据绥远前方来京之旅客谈称：绥东居民多信仰天主教，由国籍樊主教主持一切，樊主教住玫瑰营子，该地离南壕堑、兴和仅百余里。红格尔图系教区北部总堂，全村村民悉为教友。匪伪王道一于七月底曾犯袭一次，其时驻兵甚少，由教友以土炮、火枪助守，匪未得逞。上月二十一日至二十四日之间，王英匪部两次进犯，连袭三天，每攻必有某方飞机七八架先来掷弹爆炸，村中居民协同国军死守，至第三日，国军援军开到，始得脱险。战后匪遗尸遍地，教民死二十人，妇孺估〔占〕半数。学校及教友民宅大半为匪机炸毁。由百灵庙溃窜之残匪，于上月廿九日犯袭北部陶林县地大脑包堂口，该处教堂未驻兵，溃匪目的在抢掠，该堂刘司铎率领教友卅八人抵御死守，匪见目的难达，始退去。刘司铎奋不顾身，曾击倒匪九人，退回堂院时，子弹声从耳旁吱吱飞过。是役教民亦死伤十余人，房屋多被烧毁。北部另一堂口名二十号地，及格荷可太，均被窜匪抢掠一空。各堂神父除刘司铎因弹尽返总堂外，余均在各本堂誓与居民共生死，御匪守土。雷鸣远司铎，六日晚抵玫瑰营，将招集救护人员从事救护工作。雷神父前在察哈尔办理军人残废医院，极具劳绩，又于长城战役，曾率教友在炮火下服务，极为各方所敬重。此次在绥与傅作义主席商洽救护工作，傅极为嘉慰，并予以协助云。

《中央周报》
中国国民党中央执行委员会宣传部
1936 年 445 期
（朱岩　整理）

绥远战讯

作者不详

察北匪伪，现仍纷纷调动，对绥东虎视眈眈，欲伺机来犯。缘匪伪军两度受创后，经某方月余来之补充改编，现已就绪，加以中央对陕、甘问题，尚未解决，某方认为最好之机会，故连日将所谓"兴安警卫军"及张海鹏部热境伪军，开往南壕堑一带，以备向绥东兴和进犯，同时调包悦卿、尹绍先、卓什海等部，分驻商都、大青沟等地，以作后备。并据可靠消息：匪伪准备成熟，决自本月二十五日起开始进犯。连日兴和境内，相继发现散匪侵扰，足证其侵绥之企图，仍在积极中进行也。我前方各军严阵以待，倘匪伪果来犯时，决即实施攻剿。兹志一周来情况于后。

阎发表告民众书并宣传清除汉奸

中央社太原二十一日电：阎锡山顷发表告民众书云：现在全国的难题，集中于晋、绥，晋、绥的人民，对这难关要有真确的认识，并且要拿出十分的勇气来，支持过渡这难关，不可有一点气馁的样子。事到难处倍努力，这是过渡难关的最好法子，我在此第三期《民调旬报》中，和大家唱一个共同的口号，努力！努力！倍努力！以渡过我们的难关。又电：当局为彻底清除汉奸，将在春节后灯节前，全省民众利用娱乐清闲时，普遍举行清除汉奸示威运动，由各县村公民团部负责领导，并将贴标语，游行示威。

中央社归绥二十一日电：阎锡山因国难危亟，曾定去岁为责任年，并制定公务员遗误罪法规，呈中央审核，以示策动，经中央于去岁元月二十一日核准，由晋、绥先试行，时历一年，成效甚佳。绥省府二十一日晨在公共会堂举行责任节运动大会，以为纪念，计到公务员及军、警、宪二千余人，由傅作义致开会词，首述阎主任主张，凡为公务员均应具有负责任之决心，次谓救亡图存，国民均须奋起，而公务员尤须克勤职责。继由赵承绶暨各厅长及纪守克等讲演，十一时散会，聚队游行。

新运会代表献旗，金、石等到绥请示

中央社归绥十五日电：新运总会代表李蔚英等，十五日午至省府向傅作义、赵承绶、王靖国献旗，当由傅、赵躬自接受，并致谢词。

中央社归绥十七日电：秦绍观十七日谒傅作义，报告点验金宪章、石玉山、葛子厚部经过，十八日赴平地泉，转兴和点验安华亭、王子修部。秦谈：金、石、葛三部共三千余人，服装、枪械、马匹均齐全，军纪甚佳，刻拟移防，训练地址正在筹划中。又称赴兴和后，约有三二日勾留，即径返并，谒阎锡山覆命。

中央社归绥十七日电：金宪章、石玉山、葛子厚，以所部已点毕，十七日由武川防次来绥，谒傅作义请示移防训练事宜。

中央社归绥二十日电：新编独立第二师长金宪章，前由武川防次来绥，谒傅作义，请示该部训练及防地事宜，已获相当结果，二十日晨特复返防实施训练。

阎派员慰劳蒙民，周、曹等出发放赈

中央社归绥十八日电：阎派石华岩，傅作义派李居义，十九日偕放赈团同赴百灵庙等处，慰劳蒙民，又绥蒙政指导长官公署特印告蒙民文一种，带绥北灾区散发。

又电：绥灾区放赈视察团曾仲植，暨监委周利生等，十九日晨由绥出发，赴百灵庙、大庙、四子王旗及乌蓝花四地，对蒙民及喇嘛放赈，并宣示中央德意。达尔罕旗蒙民，全体苏木，已于十六日由沙贝子率领，齐集百灵庙恭候，放赈团到后，决即发放现款，以上四地共发急赈二万元。

中央社归绥十九日电：绥灾区放赈团周利生、曹仲植、李居文等十余人，十九日晨出发赴百灵庙，对蒙民及喇嘛放赈。

中央社上海十九日电：红十字会十九日运寄各方捐助之急救包二万包交傅主席，各种救护药品及急救包一万包交绥军民联合会，另急救包一万包，交该会华北救护分会，以便应用。顷闻经济委员会派公路处督察工程司杨梓齐赴绥远省，协助督修公路，期早完成，以利交通。

中央社桂林二十一日电：黄旭初以绥东、绥北战区人民，惨遭兵燹，殊堪悯恻，特捐助法币二千元，由广西银行汇绥傅主席收转，代为分发赈济。

各地侨胞汇捐巨款援助前敌将士

本京息：侨务委员会近续接到海外各地侨胞汇捐巨款，援助绥远前敌将士，益见侨胞能本既往精神，为复兴国族慷慨输将之热忱。兹将侨胞捐款名单志次：（一）逸罗竹板华侨四百一十九元六角六分；（二）高棉磅清杨华侨临时助边救国会二千元；（三）边罗北榄坡乌桥龙尾爷社华侨集款援绥委员会五百元；（四）马六甲机器研究社三百五十元；（五）旅暹程竹竿华侨临时捐款慰劳会四百六十九元六角五分；（六）毛里斯亚留尼汪岛霍宝成四万四千四百七十一佛郎。

中央社桂林二十日电：桂省党部连日续收到各县援绥团体捐款约七千余元，均已转汇前方。

中央社归绥二十一日电：全国各界迩来向绥运送捐品者，仍络绎不绝，廖仲凯〔恺〕夫人何香凝，近特以卖画所得□，购药三箱寄绥，秋瑾女公子王璨芝购饼干九筒寄绥，物品虽少，意义重大，前方将士尤为感激。

中央社上海二十日电：绥远剿匪慰劳救护会二十日运出第二批各界慰劳品三○七箱，及急救药包四万包，交晋绥署驻京办事处转运前方，另急救包一万包，同车运交傅主席及军民联合会、华北救护分会应用。

中央社上海十六日电：沪文化界绥远剿匪后援会经收各代募机关援绥捐款，去年十二月份凡三万五千五百余元，拟先拨慰劳金一万元，十六日电询傅作义，是否需要现款抑慰劳品，以便遵办。

绥东局势日紧，前方国军决予攻剿

中央社归绥十五日电：察北匪伪刻仍纷纷调动，对绥东虎视眈眈，伺机来犯，各军事长官已饬令前防驻军严加戒备，倘匪来犯，决即实施攻剿。又骑兵第一师长彭毓斌，日前来绥谒傅（作义）赵（承绥），请示机宜，事毕十五日午返平地泉防次。

二十二日归绥电：绥东形势日来渐紧张，商都、南壕堑骑匪，不断游行兴和边境，侦察我方军情，并以苏美龙等散匪，分扰兴和、陶林沿边各乡，试探我军动静。傅作义见前方情劳〔势〕恶劣，顷电日前赴兴和点验安华亭、王子修等反正部队之曾延毅，就近督饬各部，严加防范。

阿王就区防司令职——中央社归绥十九日电：阿王十八日就任区防司令后，十九日赴包头返杭锦旗，并呈中央暨各省市通电就职，原电云：（衔略）案奉军事委员会委任内开：兹派阿勒坦鄂齐尔为绥远第一区区防司令，此状等因。奉此，遵于一月十八日在绥就职视事。猥以菲材，忝膺边寄，慨值时艰孔亟之际，益切受命危难之感。矧兹西北国防攸关，得失安危，系乎邦本，尔世受国恩，食毛践土，重领国命，益凛冰渊，就职之后，谨当在统一政治领袖领导之下，勉竭驽钝，努力以赴，肃清匪患，巩固边防。唯是自分庸陋，深虞弗胜，海内贤达，谅多茞筹，他山攻错，幸辱教言，谨布微忱，伏维亮察。阿勒坦鄂齐尔叩。巧。

潘王谒傅报告防务——中央社归绥十九日电：潘王十九日下午谒傅作义，报告四子王旗防务，并请示就任蒙边第二区防司令职日期。据谈：就职期拟三月初，该旗境内现甚平安，各重要隘口暨全旗十个台驿地点，均有国军及旗下蒙兵驻守戒备，以防嘉卜寺一带之匪西来侵犯。以最近所得旗东前方报告，匪方刻无西犯具体动作，潘拟在此再作十数日勾留，即行返旗坐镇。

孙师长谈不足为患——中央社归绥二十日电：孙长胜师长谈：匪伪声东击西，图扰绥北阴谋，国军久已洞悉，早经相当准备，匪方绝无隙可逞。绥东边境虽不时有小股匪骚扰，亦不足为患。察北匪伪实数，迄今仍不过二万，日前某方派员至商都北屯垦地，点验王英匪部，王因人数过少，曾临时拉农民四五百人应卯，其外强内干之势，当可想见。

曹专员谈前方平静——中央社归绥十七日电：财政部专员曹仲植，暨沪慈善联合会代表冯学莠等，十二日赴绥东视察，十七日晚返绥。据谈：十二日抵丰镇，十三日至兴和，十四日赴兴和一、二号及土城子、窑子沟等地慰劳灾民，窑子沟距南壕堑仅十二里，匪方配备甚积极，但以枪械缺乏，无战斗能力。国军在彼方戒备甚严，尤以民团实力雄厚，勇于剿匪，极可嘉许。曹等十五日转往红格尔图，十六日至陶林返绥。复称：兴和、陶林两县，除正黄旗十六日发现小股匪外，大致均甚平静。又曹等十九日赴绥北灾区视察放赈。

匪伪议定进犯，计划重心仍在绥北

中央社归绥十九日电：伪匪在某方指使之下，日前曾集合张北会议一次，听取犯绥计划，复由李匪守信衔命至商都，召集王英、尹宝岳诸匪首，宣达某方意旨，并集合附近匪军检阅训话。闻其决定计划，仍以侵犯绥北为重心，对绥东则仅虚张声势，以眩惑国军注视力。据军事家观察，匪军正式动作，为期当不远。又匪军在绥东边境所筑工事，均已完成，极为坚固，其为防守之准备甚明。伪匪刻仍不时窜入兴和、陶林二县境界拉夫、抢掠粮草。

亟谋西犯委定指挥——十五日张家口电：十五日据可靠消息：某方以察北匪伪准备成熟，决自本月二十五日起，开始由南壕堑向绥东兴和等地进犯，以王英、张万庆匪军及张海鹏部热境伪军为主力，以伪兴安警备军副之，又由某处续运面粉千八百袋，汽油五百箱抵张北。

十七日天津电：集宁电：蒙伪军包悦卿、卓世海两部约四千人，开赴商都附近，伪方委尹宝山为前敌总指挥，并强征壮丁，扩充军额，候机犯绥之心，至为明显。

十七日归绥电：某方拟扰正太路，曾在石庄设立秘密机关，已被我方查悉。伪军旅长吴碬庭，现被伪方任为伪蒙政府参谋主任，德王之第五师尹绍先部，号称"满洲"军，近亦极力扩充中。

绥东连日发现散匪——十八日归绥电：多伦、沽源一带伪军六百余名，近开抵嘉卜寺，另有一千名开抵德化东北之四贝子，商都内外大工事已完成，匪军此后可经由战沟内往来，城内外匪军并以给养困难，时越境潜至绥边抢掠。兴和境内相继发现散匪扰乱，窥其用意，似有分途进犯企图，黄花川、黑家庄所发现匪军数十名，由我服务队围剿中，同时大达连东北廿余里之二、三号地，亦发现数十名，五号附近之散匪，经包围击散，并俘获八名，获枪九枝。又店子沟、双脑包亦相继发现匪军，连日兴和境内已有六处发现散匪。确息：绥东正黄旗境十二苏木西南方，十六日突发现匪伪数十人，向当地强征粮草，并肆抢掠，正黄旗总管达密凌苏龙闻报后，即派骑兵追剿，毙匪一人，伤一人，匪已溃退。达氏刻特电后方，遣调骑师前往戒备。

十九日归绥电：张北现驻有某方人员六十余名，附属特殊队一队，服装极整齐。十二苏木、东柳子沟之伪匪，已被达密凌苏龙击退，伪军连日在各处积极构筑工事。

二十一日张家口电：近日时有小股匪徒出没绥东边境，掠夺食物，二十日某方由张北分遣汉奸三十余人，图破坏平绥路绥、同间交通，以截断晋绥军联络。卓世海部三百余人已开至大青沟，二十一日晨某方以面粉千一百袋及大批子弹等，由张北运商都，接济匪伪。

匪伪飞机仍来投弹——二十日归绥电：关于伪机十二架连日沿绥边飞翔，据查：系演习性质，并曾投弹，但大部均投入商都境内，二十日飞机一架飞十二苏木侦察，投弹九枚，但我方并无损失。

热境伪军陆续开到——十七日归绥电：伪军张俊哲部，已续到五千人，分驻张北、公会、南壕堑等处，在该项伪军开拔途中，沿途抢劫，到处骚乱。于芷山部伪军约一千余人，由多伦开赴商都，原驻嘉卜寺之伪警备军约四百余人，则开赴南壕堑。

派探侦察绥西状况——二十日张家口电：十九日下午四时某军参谋官二人由长春飞抵嘉卜寺，晤德王商洽西犯事，李守信部骑兵郭彬儒团，十九日由商都开抵南壕堑，朱恩五团步兵，开至商西北八台，王英十九日晚由嘉卜寺领到机枪十架，子弹二十箱，二十日运商都，王顷派便探六十余，分赴包头、临河、五原等地刺察陕局演变情况，及绥西防军状况，准备绥犯〔犯绥〕方策。

二十一日张家口电：二十一日早八时某军参谋长西一介等二人，由嘉卜寺乘机飞返长春，二十日在寺曾召各军尉官以上军官训话。

德王组伪府，在冀东等处积极招兵

十七日归绥电：德王最近曾成立所谓察群蒙伪政府，最近向各县征兵，即系以此项名义通令各县。

十七日张家口电：德王以现有运输汽车不足用，派张继承订购汽车二十辆，价款向某方支领。王英拟赴嘉卜寺见某特务机关长，索军费扩编新兵六十余人，十七日由易县运张北。又南壕堑伪军增加已逾两千人。德王十七日派李某订做棉衣二万套，马靴一万七千双，化德近改称为市，由德王兼市长。

承德来人谈：热伪省府为扩充军力，对于地方财政极力搜刮，所有各县富户均被强迫勒捐，如派捐之数至期不能缴纳，即送某方宪兵部施以酷刑，情殊悲惨。至搜刮农民之法，尤为苛虐，近勒令地亩登记，照地价每百元收费八元。该财政监督署署长某，新规定热省捐税七十二种名目，已施行者十三种，其余亦将陆续实行，在热人民恨之入骨，但慑于暴力，均敢怒而不敢言。

十八日张家口电：德王十七日严令各旗，限废年内交足壮丁五千人入伍，军械已由某方预行发给，棉军服十八日晚亦由某方运抵嘉卜寺，另有弹药、汽油数车。各县所驻匪伪军近向地方征索白面及荞麦面，康保一县，计共摊两万斤。王英、李守信两部积极操演野战，驻赤峰某师团，连日向多伦推进，热伪军最近亦有大批开入察北说，十八日晨王英由商都到嘉卜寺。

十五日归绥电：德王近强迫察北人民与喇嘛服兵役，并派人与冀东殷汝耕接洽，由殷代为招兵，闻蓟、密、玉、遵等县，已相继发现该项招兵人员。

《中央周报》

中国国民党中央执行委员会宣传部

1936 年 451 期

（李红权　整理）

炮声机翼下的内蒙

程章　撰

几年前，侵华专家田中义一曾经向日皇奏说："内外蒙既王公旧制为治，其主权明明在王公手中，我如欲进出于内外蒙，可以与蒙古王公为对手，而缔结权利，便可有绰绰机会，而增我国力于内外蒙也。"其用计之深，何等惊人！如今田中虽然死了，然而日本的军阀们，在这系统的计划之下，更进一步而作军事的侵占。"九一八"事件发生后，东北三省马上就被占领，接着热河也在他的铁蹄之下，随后察北六县又被他轻取；直到现在，残酷的大炮，又向绥东和绥北轰过来。这次傅将军铁一般的抗敌决心，使我们感到非常兴奋，同时又使我们对于这血肉横飞的内蒙，发生了极度的注视，兹以阅读所得，列述如下。

（一）蒙旗之现况

所谓内蒙，即漠南与长城间的一段地方，东界辽宁、黑龙江二省，南界河北、山西、陕西三省，西接甘肃、新疆，北连外蒙古。其盟旗的分布，可分十个单位，即六盟与四部旗，六盟中又有东四盟与西二盟之分，东四盟中，哲里木盟在辽东，卓索图盟和乌昭〔昭〕达盟在热河，锡林格勒盟在察哈尔（现今报端常见之德王，即锡林格勒盟副盟长），西二盟中，乌兰察布盟及伊克昭盟都在绥远境内。其他四旗部阿拉善旗与额济纳土尔扈特旗在宁夏省，呼伦贝尔八旗在黑龙江边区，察哈尔部八旗在察哈尔省。

自"九一八"后，东北沦亡，在日人指挥下的伪满，设兴安总署来统制他们，总置〔署〕之下可分四省：（一）北兴安分省，以呼伦贝尔都统贵福之长子林陞为省长，以海拉尔为中心。（二）东兴安分省，日人派布里雅特王鄂伦春为省长，以布里雅亚特旗（呼伦贝尔八旗中之一旗）为中心。（三）兴安省，日人派名延禧海顺者为省长。（四）中兴安分省，日人将锡拉木伦河一带地划归该省，以卓盟盟长巴林王扎咯尔为省长。四分省均归总署统制，现在锡林格勒盟又在日伪的势力统制之下，锡盟副盟长德王常驻的百灵庙，竟变成日伪军队侵攻绥北的根据地了。

（二）内蒙与国防

左宗棠说："新疆不固，内蒙不安，匪自陕、甘、山西各边，时虞侵轶，防不胜防，即直北关山，亦将无晏眠之日。"果然不错，自热河失陷以来，华北的关山就不容易守了，而且现在的华北，竟成了敌人横行的世界。内蒙如果全部都被占领，那末非但陕、甘、山西各边有匪时虞侵轶之患，而且山、陕各省，亦有不保之势。就整个中国而论，则此时三面受人包围，抗战也要难到万分。敌人有鉴于此，所以早就拟定计画，所谓切断中俄联络的意思，就在占领内蒙。故内蒙在国防上的地位，吾人已不可再忽视了。

（三）内蒙之产业

内蒙之主要物产，可分农产物、食盐、畜牧、矿产等。

农业在内蒙虽不占最重要的地位，但其农产物之数量，也不在少数，农产物有小麦、胡麻、蘑菇、药材等，蘑菇之产额尤大。近年河套一带，荒田日辟，农业之兴盛有望，近据调查，内蒙可耕之地竟达十分之五，亦可以证明将来农业必可兴盛。

食盐以池盐产额最多，在阴山山脉西北坡一带地方，盐湖星列，实为察、绥、宁之大宗产物。盐池中之最著称者有二，一是乌珠穆沁盐池，在察哈尔乌珠穆沁旗地方，范围颇广，在池周五十里地，有不少人民集聚取盐，池中的盐水，浓度很大，殆可凝固成块，故随采随结，产额很大；这里盐的运销地带，可达东三省、平、津等地，即所谓"蒙盐"者是。一是吉兰泰盐池，在宁夏省贺兰山之西，周围有百多里，池畔的盐水，差不多都凝固成块，自二尺以至六七尺之厚，自远处望之，宛如池畔积雪，盐质既白净异常，又毋劳晒煎之力，采取非常容易。所产多运销于甘肃、陕西二省，号称"吉盐"，近年销路颇为畅旺。在此阴山西北坡地带，除产池盐外，还有多量的天然碱，每年采取，亦不在少数。

畜牧在内蒙，直如耕稼之在江南。蒙人初晤的时候，不说什么"发财"、"长寿"这一类的客套话，他们第一句要说的话便是"牛羊好否"？"牛羊多少"？因为畜牧是蒙古人的第二生命，蒙民的财产与希望，都在于此。又因为蒙古是一个最好而最有希望的牧场，所以常引起敌人的觊觎。

孙中山先生尝说："阿根廷为供给世界肉类的最大产地，而蒙古牧场，尚未开发，以输运之不便利也。阿根廷既可代美国而以肉类供给世界，如蒙古地方能得铁路便利，又能以科学之方法改良畜牧，将来必可取阿根廷之地位而代之。"可见内蒙之畜牧所产，亦占吾国产物上的重要地位。

内蒙的畜牧分三项，即马、牛、羊是。我国所产的马，十分之

七八都在内外蒙古，察哈尔省的多伦，是我国的第一马市。所谓
"北口马"者，就是内蒙所产的马。蒙古牛身躯高大，产乳量极为
丰富，大约每头牛每日可产十斤牛乳。内蒙的羊场多在绥远，每
头每年出毛斤余。内蒙畜产品中，即以羊毛为最多。张家口、包
头为内蒙最大皮毛市。现时吾国西北最重要的工业，即为毛织工
业，尤以地毯为最驰名，花纹的精美，颜色的鲜艳，织工的细巧，
均使人生爱。兹将内外蒙所有牲畜及畜产列表如下：

牲畜（以千头为单位）

马　　一，八五〇

牛　　一，七二五

羊　　一一，五〇〇

骆驼　三七〇

共计　一五，四五五（约言一万五千四百万）

畜产品

羊毛　二三，〇〇〇，〇〇〇磅

骆驼毛　二，二〇〇，〇〇〇磅

马尾毛　一，八〇〇，〇〇〇磅

羊皮　三，二〇〇，〇〇〇张

牛皮　四五五，〇〇〇张

马皮　四二〇，〇〇〇张

乳（每年产额单位为百万桶，每桶等于二七〇磅）

牛乳　四九

羊乳　三二

马乳　三四

骆驼乳　六

合计　一一一

综合起来说，内蒙地域虽黄，人口不到二百五十万。敌人的侵

占和离间的手段，已经是一着着的开始了。观前德王要求自治的宣言："蒙人自治，如中央能允许此种请求，当无异样，设或不然，则蒙人不难自寻另一方面之出路，惟蒙人决无意与政府挑战。不幸或有意外，启□者亦决非蒙人也。"读此数据，令人不寒而栗。何况现今敌人的大炮。已经摧毁了内蒙的一半。我们对此，还能再忽视吗？

《中央校风》（二日刊）

南京中央大学校风出版组

1936 年 457 期

（李红菊　整理）